复·旦·卓·越
法务会计系列

江西财经大学法务会计系列

民商事案件法务会计分析

主　编　熊进光
副主编　冯　莹　吴红生

复旦大学出版社

内容简介

《民商事案件法务会计分析》集作者多年来法务会计理论研究与民商事案件处理实务工作经验编写而成，具有理论与实务紧密结合、注重实操技能训练与案例研究的特点。

本书根据我国目前法务会计的学术科研成果和教学实践，在对法务会计的基本理论知识进行梳理和探讨的基础上，以法务会计的独特视角，介绍了法务会计在不同类型的民商事案件中的具体应用，同时对实务中的经典案例进行了全面、深入的分析，揭示了民商事交易的前沿热点问题。

本书可供高等院校法学类专业和财经类（会计、财务管理、审计等）专业的本科生和研究生作为教材使用，也可供从事法务会计领域的专业人员参考和学习。

目 录

上篇 基础理论

第一章 民商事案件法务会计分析基础理论 …………… 003
一、民商事案件法务会计的目标 …………… 003
二、法务会计人员的主体及责任 …………… 008
三、民商事案件法务会计的表现 …………… 011
四、民商事案件法务会计分析的法律规范 …………… 014
五、案例分析 …………… 020

第二章 民商事案件法务会计应用 …………… 025
一、民商事案件法务会计的一般作用 …………… 025
二、民商事案件法务会计的诉讼支持 …………… 030
三、民商事案件法务会计的非诉支持 …………… 036
四、案例分析 …………… 043

下篇 法务会计实务

第三章 金融借款案件法务会计分析 …………… 055
一、基本理论 …………… 055
二、案例援引 …………… 065
三、案件法务会计分析 …………… 076
四、金融借款法律风险及防范 …………… 079

第四章 融资租赁案件法务会计分析 …………… 086
一、基本理论 …………… 086
二、案例援引 …………… 098
三、案件法务会计分析 …………… 102

四、融资租赁法律风险及防范 …………………………………… 110

第五章　保理案件法务会计分析 …………………………………… 114
　　一、基本理论 …………………………………………………… 114
　　二、案例援引 …………………………………………………… 118
　　三、案件法务会计分析 ………………………………………… 123
　　四、保理法律风险及防范 ……………………………………… 126

第六章　银行票据案件法务会计分析 ……………………………… 129
　　一、基本理论 …………………………………………………… 129
　　二、案例援引 …………………………………………………… 135
　　三、企业票据法务会计分析 …………………………………… 141
　　四、票据法律风险及防范 ……………………………………… 147

第七章　保兑仓案件法务会计分析 ………………………………… 155
　　一、基本理论 …………………………………………………… 155
　　二、案例援引 …………………………………………………… 158
　　三、案件法务会计分析 ………………………………………… 172
　　四、保兑仓业务法律风险及防范 ……………………………… 174

第八章　股权融资并购案件法务会计分析 ………………………… 178
　　一、基本理论 …………………………………………………… 178
　　二、案例援引 …………………………………………………… 186
　　三、案件法务会计分析 ………………………………………… 197
　　四、股权融资并购法律风险及防范 …………………………… 204

第九章　企业破产清算案件法务会计分析 ………………………… 213
　　一、基本理论 …………………………………………………… 213
　　二、案例援引 …………………………………………………… 226
　　三、案件法务会计分析 ………………………………………… 230
　　四、企业破产清算法律风险及防范 …………………………… 234

第十章　建设工程索赔案件法务会计分析 …………… 238
- 一、基本理论 ………… 238
- 二、案例援引 ………… 248
- 三、案件法务会计分析 ………… 258
- 四、建设工程索赔法律风险及防范 ………… 263

第十一章　上市公司财务舞弊法务会计分析 …………… 267
- 一、基本理论 ………… 267
- 二、案例援引 ………… 271
- 三、案件法务会计分析 ………… 285
- 四、上市公司财务舞弊法律风险防范 ………… 291

参考文献 ………… 296

后记 ………… 300

上篇　基础理论

- 第一章　民商事案件法务会计分析基础理论
- 第二章　民商事案件法务会计应用

第一章 民商事案件法务会计分析基础理论

一、民商事案件法务会计的目标

(一) 法务会计的概念及由来

1. 法务会计的概念

目前国内学者对法务会计的定义主要有两类观点。第一类是会计学界基于会计视角的代表性观点。以李若山[①]、盖地[②]、戴德明[③]等为代表，他们认为，法务会计是特定主体运用会计知识、财务知识、审计技术与调查技术，针对经济纠纷中的法律问题，提出自己的专家意见作为法律鉴定或者在法庭上作证的一个新兴行业。它是会计的一门新兴学科，主要分为两大部分，即法律支持与舞弊审计。第二类是法学界基于法律视角的代表性观点。主要代表为张苏彤教授，其对法务会计的定义如下：法务会计是特定主体综合运用会计学与法学知识以及审计与调查的技术方法，旨在通过调查获取有关财务证据资料，并以法庭能接受的形式在法庭上展示或陈述，以解决有关的法律问题的一门融会计学、审计学、法学、证据学、侦查学和犯罪学等学科的有关内容为一体的边缘科学[④]。

法务会计的产生是由于社会环境、专业局限、职业限制与发展产权等多种因素的共同作用。基于法务会计本土化和促进学科发展、职业建构、发展经济等多元视角，可以将法务会计界定为特定主体综合运用调查、审核、估算、分析、判定与鉴别等技术方法处理和解决不同主体财产的被非法侵占、受损害赔偿、保值增值问题的社会专业活动[⑤]。

2. 法务会计的起源与发展

现代意义上的法务会计始于20世纪70年代的美国，这一学科是社会经济发展与全球经济一体化的必然产物。究其原因，主要包括：一是市场经济对法务会计的需求；二是大量财务纠纷和财务犯罪出现；三是办案人员综合素质落后使得市场需要大量法务会计从业人员；四是法务会计可以量化经济损失，将诉讼成本降到最低；五是会计过

---

① 李若山、谭菊芳、叶奕明等：《论国际法务会计的需求与供给——兼论法务会计与新〈会计法〉的关系》，《会计研究》2000年第11期。
② 盖地、张敬峰：《法务会计研究评述》，《会计研究》2003年第5期。
③ 戴德明、周华：《法务会计若干基本问题研究》，《贵州财经学院学报》2001年第3期。
④ 张苏彤：《法务会计高级教程》，中国政法大学出版社，2007，第3页。
⑤ 董仁周：《法务会计的概念与特征探析》，《南京审计学院学报》2011年第2期。

程控制功能需求弱化导致需要法务会计;六是人们法律意识不断增强,需要综合性较强的法务会计[1]。市场经济与法治化的发展使得会计这一国际通用的市场经济语言受到越来越多的关注,对于拥有法律及会计等专业综合素质的法务会计人员的需求也越来越强。作为美国前20种"热门行业"之一,法务会计在国际上发展得相当快,与从业热相对应的是法务会计教育及研究工作的快速发展。此外,据美国注册会计师协会[2]的统计数据,诉讼支持业务是注册会计师业务中增幅排在前10位的领域。美国的诉讼支持中涉及民事和刑事诉讼案件,有40多个领域涉及法务会计业务。

我国继受了大陆法系国家的传统,在诉讼中把专家作为鉴定人来看待,涉及会计方面问题的即司法会计鉴定人,并设有专门的司法会计鉴定中心。随着我国司法鉴定管理体制改革和"专家辅助人"制度的实施[3],司法会计鉴定业务由原先的司法机关内部设立的司法会计鉴定机构包揽,转向主要由社会中介机构即会计师事务所承揽。这为我国法务会计的发展提供了必要基础。

3. 法务会计新兴职业的前景展望

近年来,会计信息质量低下,企业财务报告造假行为频频发生,人们迫切要求审计人员承担起对财务欺诈的审计责任。然而,与社会公众期望不同的是,审计实务中对财务欺诈行为是否要承担审计责任、承担多大审计责任分歧很大。这与现实中频繁发生的上市公司财务欺诈形成强烈反差:一方面,法务会计人员由于能够帮助社会公众看到财报数字背后的猫腻而大受欢迎[4];另一方面,会计处理逐步走向电算化,加上计算机信息技术的迅猛发展,使企业内部的舞弊行为变得更加复杂和隐蔽,表现形式更加多样化,与会计有关的法律纠纷更需要法务会计人员作出审查和判断。随着我国市场经济的蓬勃发展和社会主义法治建设日趋完善,将会有越来越多涉及财务、会计和审计等法律问题的诉讼案件,需要专门的法务会计人员对涉及的财务会计事实进行鉴定,为司法机关的侦查、审判活动提供重要依据。

(二) 民商事案件法务会计的应用

1. 法务会计应用的案件类型

纵观世界各国法务会计的服务领域,可以发现其范围较广,主要包括企业税务会计、司法会计、债权债务理算会计、保险赔偿责任理算会计、海损事故理算会计、社会公正会计、物价利得会计和社会福利保障会计等。"9·11"事件后,美国甚至在反恐调查中也大量运用了法务会计[5]。

从实践看,国外法务会计的服务范围要比我国的司法会计广泛得多。司法部 2000

---

[1] 齐晋:《法务会计主体制度分析》,《会计之友》2013年第11期。
[2] 美国注册会计师协会(American Institute of Certified Public Accountants,AICPA)成立于1887年,是美国执业会计师(注册会计师)专业机构。它在128个国家的企业和行业、公共实践、政府、教育、学生的分支机构和国际联营等领域拥有超过394 000名会员,为行业和美国审计准则制定道德标准,为私营公司、非营利组织、联邦、州和地方政府提供审计。
[3] 张苏彤:《论法务会计的法律环境》,《南京审计学院学报》2012年第3期。
[4] 何芹:《法务会计在上市公司财务欺诈案件中的应用研究》,《财会通讯》2010年第10期。
[5] 温美琴:《法务会计:财务报告舞弊的克星》,《南京财经大学学报》2008年第1期。

年颁布的《司法鉴定人管理办法》已经明确高校、科研、社会团体和其他组织或机构可设立司法鉴定机构,接受司法机关、仲裁机构和其他当事人或组织的委托,开展活动并收取费用。尽管该管理办法于 2005 年因《全国人民代表大会常务委员会关于司法鉴定管理问题的决定》第 16 条规定而废止,但从立法趋势来看,对司法会计执行主体和委托方的限制必然会越来越小,其报告可适用范围将越来越广泛[①]。比如:企业因商品购销产生的债权债务纠纷,需要法务会计人员运用会计、合同法、证据学等专业知识收集证据以支持当事人的诉讼请求;因纳税引起的税务纠纷,也需要法务会计人员从会计、税法方面提供专业支持,确认应纳税款。

2. 民商事案件法务会计的作用

(1) 治理会计假账,防范财产侵占。自会计产生以来,就存在会计假账问题,治理会计假账是全球性难题。会计假账无论在企业、事业单位还是行政单位都比较严重。主要表现包括:一是企业会计假账泛滥,非上市企业为逃避税收,上市公司为上市融资等不同目的,均有可能编制会计假账;二是事业单位会计假账普遍,从国家审计部门每年对全国高校、科研等事业单位的审计结果就可见一斑;三是行政单位会计假账严重,国有财产浪费惊人。法务会计专家作为专家证人,在法庭诉讼过程中对于保护相关利益者如股东、债权人、客户,无疑起到了重要作用[②]。

(2) 准确计量损失,确保损害赔偿。损害赔偿是违约或侵权方用金钱补偿另一方由于其违约所遭受到的损失或因侵权造成的损害(包括财产损失、产品损害、人身伤害、精神损害、侵权损害、环境损害等各类损害)的赔偿。各类损害赔偿的关键在于确定赔偿范围、具体项目的损失计量。损失计量是指运用适当的数学模型对违约行为、侵权行为、人为事故、环境侵权、自然灾害等各种损害赔偿的经济损失、损害后果进行货币计量,为损害赔偿的诉讼与非诉讼法律事务提供专业支持。

(3) 控制决策风险,实现保值增值。决策风险是指决策损失的不确定性。任何主体的决策活动,目的均在于控制决策损失,确保主体财产保值增值。加强决策风险管理是对决策风险的量度、评估和应变策略。一是识别决策风险。风险识别是确定何种风险可能会对主体财产产生影响,量化不确定性的程度和每个风险可能造成损失的程度。二是控制决策风险,采用积极有效措施,制定切实可行的风险应急方案,控制风险,降低决策损失发生的概率,缩小其损失程度。当决策风险发生后,按照预定方案实施,可将损失控制在最低限度。三是主动规避风险。在既定目标不变的情况下,改变方案的实施路径,从根本上消除可能发生的决策风险[③]。

(三) 法务会计的目标

关于法务会计的目标,张羽瑶提出:"法务会计的目标是研究和解决法律中的会计问题,它是特定主体运用会计、财务、审计知识与调查技术,对经济案件中的财会问题进

---

① 林钟高等:《论专家证人制度下的法务会计诉讼支持——基于中外案例比较的研究》,《新会计》2009 年第 5 期。

② 林钟高等:《论专家证人制度下的法务会计诉讼支持——基于中外案例比较的研究》,《新会计》2009 年第 5 期。

③ 董仁周:《论法务会计的本质与目标》,《学术论坛》2012 年第 1 期。

行计算、检验、分析、认定,提出自己的专业意见作为法律鉴定或者在法庭上作证的一门新兴职业或专业领域。"① 董仁周认为,法务会计的目的在于适应市场经济发展需要,综合运用多元学科理论与专业知识、技术手段与专业工具处理和解决主体财产的被非法侵占、损害赔偿、保值增值法律问题,它既不属于以提供客观真实会计信息为目的的会计学,也不属于以建构权利义务关系为目的的法学和以审查会计信息真实、合法、有效为目的的审计学,更不属于以计量确定财产价值为目标的评估学,而是横跨会计学、审计学、法学、评估学、证据学、侦查学和犯罪学等多种学科的新兴复合交叉学科②。张苏彤将法务会计的总目标概括为"为相关人士或组织提供、陈述或解释会计证据信息,满足法律的需要,解决法律问题"③,并将法务会计目标的研究具体分解为三个方面的内容:一是谁需要法务会计提供的证据信息;二是他们需要什么样的证据信息;三是法务会计如何提供这样的证据信息。

1. 法务会计的证据需求者

法务会计的证据需求者常见的有政府部门,司法机关如侦查机关、检察机关、审判机关,律师,公司,银行等金融机构,以及各类商务调查事务所、私家侦探和其他个人。

法务会计的证据需求者对会计证据的需求各不相同。政府部门需要法务会计能够提供有关公职人员贪污受贿与职务犯罪的证据信息;侦查机关需要法务会计师参与有关欺诈与经济犯罪案件的调查取证以及对财务数据进行解读;检察机关在对贪污贿赂犯罪、国家工作人员的渎职犯罪等经济案件进行立案侦查和对犯罪嫌疑人提起公诉过程中,需要法务会计配合收集有关会计证据并对这些证据进行司法鉴定;法院在审理涉及财务与会计专业问题的复杂经济案件时会要求法务会计人员以"专家证人"或"专家辅助人"的身份出庭,对有关的会计证据进行陈述与解释;律师在诉讼代理或者辩护业务中,需要法务会计师提供专业性的诉讼协助与支持;公司的管理与监管部门需要法务会计师介入公司内部欺诈舞弊的调查与取证,以弥补内部审计的不足;银行等金融机构需要法务会计师在涉及洗钱、保险欺诈等金融犯罪的调查方面提供专业的证据支持;各类商务调查事务所以及私家侦探在涉及债务清讨、合同纠纷、人身伤害、婚姻调查、财产追踪等问题的业务活动中,也需要法务会计提供专业协助与支持。

2. 法务会计提供的证据信息类型

鉴于各方主体对法务会计证据信息的需求多种多样,法务会计不能像财务会计那样以一套标准的财务报告来满足各方面的需要。法务会计需要的是以格式与内容都迥然不同于财务报告的专家意见报告书等形式,来满足不同证据信息需求者的需求。

在法务会计的最终成果即专家意见报告书中,应该将调查结果所涉及的复杂专业问题以简明的文字、图表、指示图等易于理解的方式表示出来。虽然法务会计报告可能并不对最终的法律问题做出判断,但应当尽量以一定的线索将各类信息串联起来形成一个有力的、符合法律规定的证明系统,以表明法律规则要求的各个构成要件。

---

① 张羽瑶:《关于我国法务会计主体的理论探讨》,《财会月刊》2009 年第 9 期。
② 董仁周:《法务会计的概念与特征探析》,《南京审计学院学报》2011 年第 2 期。
③ 张苏彤:《论法务会计的目标、假设与对象》,《会计之友(下旬刊)》2006 年第 1 期。

3. 法务会计提供证据信息的方法与途径：从会计资料角度

会计资料是法务会计人员进行财会分析普遍使用的书证。会计资料作为证据最大的特点是客观性强、稳定性强，很多情况下可以直接证明经济案件的主要事实。以辽宁省朝阳市双塔区检察院办理的贪污贿赂案件为例，1995年以来，共查办154件，其中从会计资料中获取线索或者需要会计资料进行佐证的案件有116件，占立案总数的75.3%[1]。可见，会计资料在发现犯罪线索及作为证据使用方面发挥的作用是十分重要的。一般而言，法务会计人员可以从会计资料的收入、支出、往来账、银行存款、非常规账务处理这五个角度，判断分析被调查者是否涉嫌财务造假，及相关数字金额、方式方法。

第一，收入方面。机关、企事业单位的收入不管哪种，都反映在单位的收款收据上。收据是一个单位收款的凭证，正规的收据是经税务部门检印或者在财务部门领取的。所有收据都有原始编号，号码相连，如果收据填写错误，只能标明作废，不允许使用人员毁损。收据中的疑点主要可以从以下方面审查：一是检查收据存根是否齐全；二是检查收据存根上的收入是否入账，收据存根齐全并不说明该账目就没有问题，还要看收据的记账联是否都记入了现金日记账或者银行存款日记账；三是检查收据存根与收款联是否一致；四是检查注明作废的收据存根是否附有作废联，如果收据存根注明作废，而其他联却不明去向，可能是被贪污；五是检查不确定性收入的入账情况，不确定性收入有保险赔偿收入、资金拆借收入、废旧物品变卖收入、接受赞助或救济收入等。

第二，支出方面。一个单位支出的主要表现形式是发票，发票的特点是易于取得而难以查对，隐藏在发票中的财务造假可能性很大。审查支出发票可以从以下方面寻找疑点：一是看发票填制日期有无涂改或者矛盾；二是从发票填写金额上审查各种数据，如单价、数量、总金额等有无添加、涂改、划擦、挖补等现象；三是从发票开具单位名称看开具原始凭证的单位是否真实存在；四是审查发票抬头是否有添加、涂改的现象，是否有不该由单位报销的发票拿到单位核销，必要时可以找经手人核对、与实物核对、找发票出具单位核对；五是从发票内容上看出具原始凭证的单位与收款内容是否合理，收款内容与收款单位的业务范围是否相关；六是从发票记录的商品价格是否正常找疑点，除特殊情况（如互利互惠关系）外，同一商品材料购销价格在同一时间、地点、市场状况、购销关系、品质等级、价格上有明显差异，可能存在造假；七是从不含物质内容的费用发票（如劳务费、运输费、装卸费、工程费）中发现问题，这样的发票是当事人从有关机构取得的，如经办人到运输管理部门开具的运费发票，提供发票的部门一般不了解事实真相，发票的内容是按照客户的要求出具的，没有其他有效制约关系，容易出问题；八是从自制付款凭证中找疑点，自制付款凭证包括员工的工资表、奖金表、加班费表、临时雇工工资表等。

第三，往来账方面。往来账是记载单位与单位之间及单位与个人之间在经济业务活动中发生的债权债务关系的账户，包括应收款、应付款、预收预付款等。企业间应收应付关系是大量存在的，应收账款和应付账款也是法务会计人员应重点审查的项目之

---

[1] 姚涛、沈冰：《如何从会计资料中收集犯罪证据》，《人民检察》2004年第9期。

一。其中,应收账款是指单位销售产品或者提供劳务后未收回的款项,应付账款是指购入产品或者接受劳务后尚未支付的款项。企业常见的经济犯罪手段是截留单位收回的货款暂不入账,存入个人账户或预先准备的账户,供自己或者他人使用;将单位应付货款以收款单位的名义支出而不转给收款单位,存入其他账户,由自己控制使用。

第四,银行存款账方面。银行存款账是反映单位资金收付动态的账户。由于企业在银行开设账户往往不止一个,而通常是在一个银行开设基本账户,又在其他银行设辅助账户,故要了解企业在银行开设的全部账户,然后提取银行对账单,与银行日记账核对两者余额是否相符。若核实结果既排除了未达账项造成的差异,也不存在记账差错,则可能存在舞弊。舞弊常见的三种情形如下:一是银行存款日记账余额小于对账单余额,可能是财务人员将本企业收取的结算支票存入企业账户后故意不记银行存款日记账,以待时机成熟后将此款转出,进行贪污或者挪用;二是银行存款日记账余额大于对账单余额,这是因为财务人员将收取的外单位转账未存入本企业的银行账户,而是存入别处,挪作他用;三是银行存款日记账余额等于对账单余额,但过程中的余额不相符,可能同样隐藏着舞弊行为①。

第五,非常规账务方面。非常规账务处理是日常会计核算中不常使用的、违反常规的账务处理业务,如财产损失、商品损耗、坏账冲销、未明原因的库存商品红字等。这些科目和账务处理由于不常使用,所以隐藏其中的犯罪往往容易被忽略。对于这些账务处理应细心核查,从蛛丝马迹中发现疑点。

二、法务会计人员的主体及责任

(一) 法务会计人员的主体资格

我国现行法律法规对从事法务会计鉴定的人员应该具备的资格没有明确规定。实际操作中,从事法务会计工作的人员比较杂乱,既有注册会计师、证券分析师、律师,也有司法鉴定中心的工作人员等②。

有学者认为,应建构单一的法务会计主体,即具有执业资格的法务会计师。如果将法务会计行为界定为诉讼支持、专家证人和仲裁支持活动,则该观点是正确的。在美国,法务会计执业的主体主要是注册舞弊审查师和资深注册会计师。在欧美其他国家,则大部分是由经过专门法务会计组织或协会培训合格后的注册会计师担任。也有学者认为,诉讼支持、专家证人和仲裁支持活动仅仅是法务会计行为的一个方面,不能包括法务会计行为的全部内容,并且诉讼支持、专家证人和仲裁支持活动并不是法务会计行为的目的,而仅仅只是过程而已,法务会计的主体不能只限于具有执业资格的法务会计师,而是应具有多元性,包括法务会计司法主体、法务会计执法主体、法务会计单位主体、法务会计中介主体、法务会计国际主体等③。但无论从事主体为何,都应当具备相

---

① 姚涛、沈冰:《如何从会计资料中收集犯罪证据》,《人民检察》2004年第9期。
② 陈矜:《关于我国法务会计人员主体资格问题的思考》,《技术经济》2005年第12期。
③ 董仁周:《法务会计的概念与特征探析》,《南京审计学院学报》2011年第2期。

应的专业知识,遵守职业道德,具备从业资格。

1. 专业知识

虽然我国目前暂时未出台对法务会计资格进行系统考试和认证的制度,但法务会计师作为专家证人,其专业的严肃性和对诉讼司法活动的公正公平裁决影响的巨大性,要求任职人员有严格的专业知识系统。精通专业知识,培养良好的专业能力,才能给委托人提供高效、优质的服务,维护法律的公平正义,客观上最大边际化地保障委托人的利益。

根据《中华人民共和国会计法》《中华人民共和国注册会计师法》以及最高人民法院、最高人民检察院的相关规定,法务会计人员应具备以下知识技能[1]:① 精通会计、审计和调查技能;② 精通证据学;③ 精通诉讼法学;④ 精通刑法、民法和经济法学;⑤ 拥有精湛的职业判断能力;⑥ 拥有甄别舞弊和欺诈的技能等。

2. 职业道德

会计职业道德可以概括为"爱岗敬业、诚实守信、廉洁自律、客观公正、坚持准则、提高技能、参与管理以及强化服务";律师职业道德可以概括为"坚持原则、忠于职守、诚实守信、勤勉尽责、提高技能、保守秘密"。将二者融合并结合法务会计主体的自身特点,可将法务会计职业道德概括为坚持原则、客观公正、诚实守信、勤勉尽责、提高技能、保守秘密以及保持应有的独立性[2]。

3. 建立法务会计人员资格认证制度

只有有效把握法务会计主体的职业要求,才能更好地解决社会经济发展中的财务案件,为社会主义市场经济提供保障[3]。法务会计人员主导司法鉴定过程,其知识结构和业务水平会直接影响鉴定结论质量,进而影响司法活动的实质性公平,因而有必要建立一套完善的法务会计人员资格认证制度,保证从业人员的执业质量,促进行业学科的发展[4]。

所谓法务会计专家证人的资格,是指法务会计专家证人在分析案件事实方面所具有的能够向法官提供权威意见、为法庭认定事实提供正确依据的能力。法务会计专家证人一般由注册法务会计师担任,依据其丰富的财务会计经验,对有关的商业交易以及相应的会计记录进行科学解释,并提出自己的意见。为了统一规范法务会计专家证人的资格,应建立严格的法务会计师资格认证制度。认证标准应该包括以下方面:① 具有较高的教育程度。法务会计专家证人须为高等院校本科毕业,具有学士以上学位。② 具有注册法务会计师资格证书。有学者建议在中国注册会计师协会内设立注册法务会计师专业委员会,并设立"中国注册法务会计师"认证制度,要求有一定工作经验的资深注册会计师参加专门强化培训后通过考试取得"中国注册法务会计师"的资格。设立专门的法务会计资格考试,能够保证法务会计人员的基本技能,考试科目可以包括财务会计学、审计学、民商法学、诉讼法学、犯罪心理学[5]。③ 具有从事法务会计领域的实

---

[1] 陈矜:《关于我国法务会计人员主体资格问题的思考》,《技术经济》2005年第12期。
[2] 齐晋:《法务会计主体制度分析》,《会计之友》2013年第11期。
[3] 齐晋:《法务会计主体制度分析》,《会计之友》2013年第11期。
[4] 陈矜:《关于我国法务会计人员主体资格问题的思考》,《技术经济》2005年第12期。
[5] 李明辉:《亟待发展的法务会计》,《法学》2004年第4期。

践经验。法务会计专家证人应至少具有 3~5 年的法务会计工作经验。④ 具有良好的法务会计执业品行,能够公正、独立地履行专家证人的职责。

(二)法务会计人员的职责、权利与义务

1. 法务会计人员的职责

英国《专家证人指南》第 2 条规定,专家证人的一般职责包括:① 提供独立的意见;② 专家仅就对当事人之争议至关重要的事项以及就其专业领域内的事项提供意见;③ 专家在发表意见时,须列明其意见形成所依据的事实、文献或其他材料,如有需要进一步考虑的情形,或者因任何其他原因对最终表达的意见不甚满意,认为不符要求的,则须陈述其意见为临时性意见(或者根据不同情形,陈述为合格意见);④ 专家对重要事项的意见如有改变,不论意见改变的原因如何,皆应立即告知指示方当事人①。

作为法务会计专家证人,一旦接受当事人委托或法庭指派以专家证人身份参与民事诉讼,就成为特殊的诉讼参与人,除了上述具体的职责外,其承担的职责分为两个阶段:在起诉前,作为当事人的专业顾问,应当了解案件事实、查阅相关资料、计算损失、做好诉讼的准备;起诉之后,作为专家证人,提供专家意见,出具专家报告,在法庭上接受询问和质询。

2. 法务会计人员的权利

在英美法系国家,法务会计人员作为专家证人,主要权利包括:① 要求委托人提供所需的资料,包括各类账册、银行财务凭证、报表以及有关经营活动的函件与合同文本等;② 查阅所需的案卷材料,征得司法机关同意,询问相关的当事人和证人;③ 对不合法或者不具备条件的委托,可以拒绝;④ 按有关规定取得报酬;⑤ 其他应当享有的权利。

3. 法务会计人员的义务

专家证人应履行的义务包括:① 严格遵循科学、公正、客观的原则,遵守职业道德和操作规范;② 对作证过程中涉及的国家秘密、商业秘密和当事人隐私保密;③ 出庭作证并接受询问;④ 其他应当履行的义务②。法务会计人员作为专家证人,其权利和义务与其他专家证人的并无本质区别。一般而言,作为法务会计人员在诉讼中享有包括知情权、查阅权、询问权、拒绝权、获取报酬权等在内的专家证人的权利,同时承担遵守职业道德和职业规范、保密、出庭作证、接受法庭及对方当事人询问、质证等义务。

结合我国相关规定,法务会计人员的权利包括知情权、查阅权、拒绝权、获取报酬权等,其义务包括遵守职业道德和操作规范、保密、出庭作证并接受询问等③。

(三)法务会计人员的责任

法律责任通常是规范人们行为最为有效的方法。法务会计专家证人本身所承担的职责,要求必须设置相应的法律责任机制,以保障专家证言的客观性④。

---

① 张卫平:《外国民事证据制度研究》,清华大学出版社,2003,第 112 页。
② 谢玉爽:《注册会计师诉讼协助和专家证人》,《审计与经济研究》2003 年第 1 期。
③ 王艳丽:《论我国法务会计专家证人制度的构建》,《南京审计学院学报》2010 年第 3 期。
④ 王艳丽:《论我国法务会计专家证人制度的构建》,《南京审计学院学报》2010 年第 3 期。

首先,追究法务会计专家证人责任的前提,应当是作为专家证人的法务会计人员存在过错,即法务会计人员由于故意或重大过失而提供了错误的专家证言,如果尽到了合理注意义务之后仍然未能提供可靠的证言,则不能导致其承担责任。

其次,应建立起包括法院、当事人、专业团体等在内的责任追究机制。具体而言,在法务会计专家证人存在虚假陈述且情节严重等情况下,法院可以追究其伪证和藐视法庭等刑事责任;在法务会计专家证人因故意或重大过失致使当事人遭受损失时,当事人可以追究其违约或侵权责任;对履行职责过程中违反职业道德或职业规范执业的成员,专业团体对法务会计专家可以给予取消资格、限制从业等处理,追究其行业责任。

再次,为了保障法务会计专家证人的合法权益,鼓励其大胆发表专业性意见,应当为法务会计人员建立责任追究后的救济机制和处罚复议机制,如申诉、听证、复议、诉讼等途径。

三、民商事案件法务会计的表现

按照业务性质,可将法务会计服务分为专家证据、专家辅助和专业咨询三种类型。所谓专家证据服务,是指法务会计人员以专家证人或鉴定人身份出庭,就案件或法律事项的财会专门问题发表专家意见。所谓专家辅助服务,是指法务会计人员以专家助理的身份作为法律事项承办人、当事人或其代理人的助手,随时为其解答或处理相关财会问题。所谓专业咨询服务,是指法务会计人员以专业顾问的身份受法律事项承办人、当事人或其代理人的委托为其提供会计调查、取证、评估损失、追踪财产、解答会计问题等服务①。

(一)提供可为法庭接受的证据

法务会计专家的一大作用,就是作为专家证人或者司法会计鉴定人,提供有力的证据支持,因而其工作方式受到证据制度的约束。结合我国司法实践,证据制度主要体现在两个方面,证据能力和证据力。法务会计专家提供的证据之证据能力与证据力,有着与其他证据大相径庭的特点②。

一是法务会计专家所提供证据的证据能力较强。法务会计专家的意见或法务会计报告本身是一种法庭证据,法务会计专家由于其专业知识横跨会计、审计、法律等多个学科,能够对会计信息是否可以作为法庭证据进行斟酌。例如,要证明注册会计师对于未查出一个有 10 亿元资产企业的一笔 100 万元虚构的应收账款的企业会计违规事项负责,由于该违规事项的分量很小,证明价值就非常有限。但如果要证明该公司的高层管理人员应该对企业内控失效从而导致的财务报表舞弊负责,那么 100 万元虚构的应收账款可能就是非常重要的证据了。

二是法务会计专家所提供证据的证明力较强。我国的司法会计鉴定属于鉴定证据的一种,相较于书证和普通的证人证言而言,具有较强的证明力。这与审计结论不同,

---

① 谭立:《法务会计报告探析》,《会计之友》2005 年第 12 期。
② 金彧昉、李若山:《法务会计专家在虚假陈述证券民事诉讼中的作用:国际经验及启示》,《会计研究》2007年第 4 期。

审计结果(审计报告)在法庭上只能作为普通书证。证明力的要求对于法务会计专家的取证工作也是有影响的。在获取会计信息时,必须获得充分的、有证明力的会计信息,如原始凭证或记账凭证,其证明力就大大高于对应收账款坏账计提的估计。例如,虚假陈述证券民事诉讼案件中,法务会计专家所依据的材料主要是书证。

三是法务会计专家提供的证据符合同一认定原理。司法鉴定中,鉴定人必须以同一认定原理为指导,并在此基础上得出结论。同一认定原理对法务会计工作具有很大的影响。同一认定理论作为司法鉴定的一般基础理论,提出了客体的特定性、稳定性、反映性要求,并将其作为司法鉴定的科学依据。但法务会计工作中,仅有这些是不够的。这是因为法务会计工作不是以鉴定对象、检验对象的物质属性和形象结构作为依据①,相反,它必须从动态平衡的角度去考察问题,既要认识到资金运动规律、会计核算方法的特定性(如资产=负债+所有者权益),又要认识到财务会计方法的相对稳定性。

(二) 法务会计专家意见

法务会计专家证人是专家证人制度中的一种特殊类型。所谓专家证人,是指具有法律、会计、审计等相关知识,被允许帮助法官和陪审员理解某些普通人难以理解的复杂专业性问题的证人。专家证人提供的意见又称专家证言。专家证言作为英美法系原本保有的一种法律制度,是指由一方当事人委托的具有相关专业知识和实践经验的专家就某些专门性问题在法庭上运用专业知识发表意见作出推论或结论的一项法律活动。我国司法实践实行的不是单纯的司法鉴定人制度,而是将鉴定人制度和专家证人制度及其当事人当庭质证制度有机融合,专家鉴定意见属于专家证据。

法务会计专家证人与普通证人的最显著区别在于其所提供证言的性质。普通证人是基于目击或者观察所得,对发生的事件作出一种感性的判断;而法务会计专家证人可以超越感性,依据其掌握的法务会计专业知识和从业经验对所涉案件作出专业的判断。

法务会计专家证言的基本要求可以分为实质和形式两个方面:实质方面,专家证言有两方面内容:一是对案件涉及法务会计专业问题的证据材料进行研究并形成专家报告,将法官难以理解的证据材料转化为易于使非专业人士理解和接受的专家意见,从而帮助法官正确审理案件;二是随着现代科学技术的高度发达,诉讼案件越来越多地涉及专业性极强的专业术语或者行业规则,双方当事人往往会对这些专业术语及行业规则的具体含义提出不同的意见,如何正确认定这些专业术语及行业规则的具体含义,对于案件审理具有重要意义。此时,需要法务会计专家证人对这些规则和术语进行解释,以帮助法官作出正确判断。形式方面,法务会计专家证言需要采用书面形式,并具有严格的格式性。其目的在于限制当事人为了案情需要随意请求法务会计专家证人改变证言,强化法务会计专家证人的法律责任感②。

(三) 审计报告

加拿大会计学家弗兰克·戈瑞浦(Frank Goreep)认为:"法务会计作为一门科学,

---

① 庞建兵:《试论司法会计学学科体系的构建与完善——兼评"二元论"理论模式》,《现代法学》1998年第2期。

② 林钟高等:《论专家证人制度下的法务会计诉讼支持——基于中外案例比较的研究》,《新会计》2009年第5期。

它是将运用会计、审计的方法与程序获取的有关财务证据资料应用于相关法律问题的解决。法务会计通常会涉及财务问题与估价问题,它不同于传统的审计,法务会计是对一项指控的调查,其调查证据是要在法庭辩论中展现或陈述的。"[1]根据独立审计准则的规定,独立审计师应在实施必要的审计程序后,以经过核实的审计证据为依据,分析、评价审计结论,形成审计意见,出具审计报告。审计报告应说明审计范围、会计责任与审计责任、审计依据和已实施的主要审计程序等事项。审计报告还需要说明被审计单位会计报表的编制是否符合企业会计准则及国家其他有关财务会计法规的规定,在所有重大方面是否公允地反映了其财务状况、经营成果和现金流量情况。

可见,法务会计报告与独立审计业务报告的内容与格式相差甚远。此外,两者还存在以下三个方面的重要区别[2]。

一是使用目的与使用人不同。法务会计报告是一种专家意见,一般作为专家证据提供给法庭,并需要法务会计人员以专家证人或鉴定人身份出庭说明,接受询问或质证,其使用人主要是公安司法人员、当事人、律师等法律事项承办人和参与人。审计报告主要起经济鉴证作用,其主要使用人是投资者、债权人、供应商、政府机构、社会公众等利益相关者。

二是报告类型不同。法务会计需要对相关财会事实进行严密推断,以形成专家证据供委托人使用。它通常只能提供完整意见报告和不表示意见报告两种,偶尔可出具部分意见报告。独立审计则不同,审计师根据审计范围是否受到限制、是否存在未调整事项及未充分披露事项等,并根据其对会计报表反映的影响程度,可分别出具无保留意见、保留意见、否定意见和拒绝表示意见的审计报告。

三是直接说明的对象不同。法务会计报告需要说明的是与法律事项相关的财会事实的状况;而审计报告需要说明的是被审计单位的会计报表的公允性和合法性,以此间接而非直接说明其相关财会事实。显然,尽管两者都是推断性意见,但后者的误差通常较大于前者。

(四) 法务会计报告

法务会计专家应报告其调查的事实和结论。法务会计报告包括意见信、法庭书面报告和口头报告等,不管报告形式如何,都应符合法务会计工作的信息质量要求。财务会计报告要求"公允表达",而法务会计报告的要求比此要高得多,因为专家证人必须证明的是"我是对的,对方是错的"。法务会计报告必须用清晰、准确的语言描述,如"他盗取了现金",或者"他们没有按照会计准则编制财务报表,因此导致了我们的损失"。例如,在"中国股市第一案"东方电子公司证券民事赔偿案中,原告专家就应当说"由于烟台东方电子信息产业股份有限公司披露了虚假不实的会计报表……,导致我们在购买了该公司股票后……损失……万元"。需要注意的是,如果法务会计专家从事实中可以得出多个结论,那么他还必须说明为什么最后采用的是这个结论,而不是其他。

---

[1] 张苏彤:《法务会计高级教程》,中国政法大学出版社,2007,第4页。
[2] 谭立:《法务会计报告探析》,《会计之友》2005年第12期。

四、民商事案件法务会计分析的法律规范

法务会计的健康发展与社会主义法治建设密不可分。法务会计人员应当以事实为依据、以法律为准绳,通过专业判断查明法律事项所涉财务会计事实①。

(一) 会计法学

1. 会计法

《中华人民共和国会计法》(以下简称《会计法》)及其统领的准则与制度体系是我国经济法治框架的重要基础,为其他经济法律制度的实施创造了必不可少的条件。与此同时,会计法学研究也完成了从传统的部门法向法律与会计交叉的嬗变②。

我国《会计法》自1985年1月21日颁布实施以来,先后于1993年12月29日、1999年10月31日两次进行修订,后又于2017年11月4日进行了修正。1993年《会计法》修改和补充的内容包括:① 确立会计工作在发展社会主义市场经济中的地位和作用;② 扩大《会计法》的适用范围,将《会计法》的适用范围由原来的"国营企业事业单位、国家机关、社会团体、军队"扩大到"国家机关、社会团体、企业、事业单位、个体工商户和其他组织";③ 强调单位领导人对会计资料合法、真实、准确、完整负责,并规定了单位领导人在会计监督中的责任,特别是对决定性的经济收支要承担相应的法律责任;④ 完善会计制度,主要对记账本位币、用电子计算机进行会计核算以及代理记账等问题作了相应规定或对原有规定作了进一步完善;⑤ 进一步明确了违反会计法的法律责任。1999年修订后的《会计法》,主要有以下一些重大变化③:一是规范了会计行为;二是强化了单位负责人的会计责任;三是对公司、企业的会计核算作出专门规定;四是重构了会计监督体系;五是加大了对违法行为的惩治力度;六是强化了会计从业资格管理。

现行《会计法》对伪造、变造会计凭证、会计账簿,编制虚假财务会计报告(第43条),隐匿或者故意销毁依法应当保存的会计凭证、会计账簿、财务会计报告(第44条),授意、指使、强令会计机构、会计人员及其他人员伪造、变造会计凭证、会计账簿,编制虚假财务会计报告或者隐匿、故意销毁依法应当保存的会计凭证、会计账簿、财务会计报告(第45条),单位负责人打击报复会计人员(第46条),工作人员在实施监督管理中滥用职权、玩忽职守、徇私舞弊或者泄露国家秘密、商业秘密(第47条)等行为的法律责任进行了规定。但现行《会计法》所规定的法律责任仅仅包括行政责任和刑事责任,并未涉及虚假财务报告民事责任,没有摆脱旧有体制模式下行政性法规的特点。

为了进一步推动中国特色社会主义市场经济法治建设,2019年10月21日,财政部公布《中华人民共和国会计法修订草案(征求意见稿)》,公开向社会征求意见。与现

---

① 张殿军、张凯:《法务会计:法律思考与制度构建》,《财会月刊》2010年第26期。
② 刘燕:《从"会计法"到"法律与会计"的嬗变——我国会计法与会计法学三十年发展》,《政治与法律》2010年第2期。
③ 胡光志:《会计法律制度及其前沿问题探讨》,《现代法学》2003年第3期。

行《会计法》相比,《中华人民共和国会计法修订草案(征求意见稿)》将原来的7章52条修订为6章60条,主要变化包括六个方面。

一是总则部分。适应政府会计改革新变化,将需要规范的财务会计报告的范畴明确为企业财务会计报告、政府会计主体的财务报告和决算报告、民间非营利组织财务会计报告以及其他会计主体的财务会计报告,并根据政府机构改革和军队改革的有关变化,进一步理顺会计行政管理体制。

二是会计核算部分。对需要进行会计核算的经济业务事项,按照主要财务会计报表项目进行了高度概括,突出企业与政府会计主体会计核算的共性要求;充分考虑会计法与会计准则等下位法的定位及分工,删减了会计法中部分针对会计核算的细节性规定,如会计凭证错误的具体更正方法等;增加了对会计信息化的原则性要求,同时,考虑到信息化条件对会计核算的流程产生的影响,修改部分条款表述,以兼顾手工记账与信息化条件的情况。

三是会计监督部分。为确保内部控制对规范会计核算行为、提高单位会计信息质量发挥有效作用,增加了对单位建立和实施内部控制提出总体性要求的内容;从优化政府监管、社会监督、单位内部会计监督的"三位一体"的会计监管体系出发,完善了单位内部会计监督和财政部门会计监督的范围;破解会计监管难题,明确了政府业务监管与政府会计监督的基本关系以及相应的处理方法;从保障会计师事务所的社会监督权力的角度,增加了单位或个人不得干扰、阻挠会计师事务所正常开展工作的规定。

四是会计机构和会计人员部分。修改了对单位会计工作的组织方式的强制性规定,以激活单位内部会计管理活力;明确必须设置和可以设置总会计师的单位范围,并进一步保护总会计师的法定职责;落实"放管服"改革要求,放宽会计机构负责人(会计主管人员)的任职条件;加强对具有签字权的会计人员的管理,增加对单位财务负责人、会计机构负责人(会计主管人员)实行备案制度的要求;顺应社会管理新趋势,增加对依法成立的会计人员、会计机构的自律组织开展自律管理、自我服务的总体要求。

五是法律责任部分。按照权责对等原则,进一步明确了会计违法行为的内容,并根据违法行为的动机、后果等,进行了适当分类,提高会计执法监管的可行性;完善会计责任体系,在现有行政责任、刑事责任的基础上,引入会计民事责任;加大违法处罚力度,在行政责任的处罚中,增加了"没收违法所得"的处罚规定,即"先没后罚",并适当提高了经济处罚的数额;增加了代理记账机构的法律责任的规定;保障会计人员合法权益,增加了雇员免责条款。

六是附则部分。增加了对国家统一的会计制度、代理记账等术语的解释;适应对外开放需要,增加了国务院财政部门对境外机构在我国境内发行证券等金融业务所涉及会计管理的特殊规定的授权;适应跨境监管需要,增加了国务院财政部门开展跨境会计、审计监督管理合作机制的授权。

2. 审计法

法务会计工作也会运用到审计技术,审计法在法务会计领域应用广泛。《中华人民共和国审计法》(以下简称《审计法》)颁布于1994年8月,2006年2月进行第一次修正,2021年10月再次进行修正。新修正的《审计法》相比于原审计法,着重修改了以下五个方面。

一是加强党对审计工作的领导,巩固和深化审计管理体制改革成果。审计法总则明确规定坚持党对审计工作的领导,构建集中统一、全面覆盖、权威高效的审计监督体系。

二是健全审计工作报告机制,更好发挥审计监督对人大监督的支持作用。审计法明确规定,审计工作报告应当重点报告对预算执行及其绩效的审计情况,按照有关法律、行政法规的规定报告对国有资源、国有资产的审计情况。

三是扩展审计监督范围,推进审计全覆盖。审计法在既有审计范围的基础上,将国有资源、国有资产,关系国家利益和公共利益的重大公共工程项目,国家重大经济社会政策措施贯彻落实情况等纳入审计范围,并明确领导干部自然资源资产离任审计的法律地位。

四是优化审计监督手段,规范审计监督行为。一方面,审计法赋予审计机关履行职责必需的权限,为审计工作顺利开展提供必要的保障;另一方面,它对加强审计机关自身建设、规范审计权力运行、强化对审计机关和审计人员的监督制约作出一系列制度安排,构建日臻完善的监督和制衡机制。

五是强化审计查出问题整改,提升审计监督效能。审计法明确了被审计单位对审计查出问题的整改责任以及各级人民政府、有关主管机关单位和审计机关对被审计单位整改情况的监督责任,同时强化审计结果运用,规定审计结果以及整改情况应当作为考核、任免、奖惩领导干部和制定政策、完善制度的重要参考。

(二)诉讼法学

《最高人民法院关于民事诉讼证据的若干规定》(法释〔2019〕19号)第84条规定:"法官可以对有专门知识的人进行询问。经法庭准许,当事人可以对有专门知识的人进行询问,当事人各自申请的有专门知识的人可以就案件中的有关问题进行对质。有专门知识的人不得参与对鉴定意见质证或者就专业问题发表意见之外的法庭审理活动。"

《最高人民法院关于行政诉讼证据若干问题的规定》(法释〔2002〕21号)第48条规定:"对被诉具体行政行为涉及的专门性问题,当事人可以向法院申请由专业人员出庭进行说明,法庭也可以通知专业人员出庭说明。必要时,法庭可以组织专业人员进行对质。当事人对出庭的专业人员是否具备相应的专业知识、学历、资历等专业资格有异议的,可进行咨询。由法庭决定其是否可以作为专业人员出庭。专业人员可以对鉴定人进行询问。"

《中华人民共和国民事诉讼法》(2021年第四次修正,以下简称《民事诉讼法》)涉及司法鉴定制度的条款包括第66条(法定证据形式)、第75条(司法鉴定的启动模式)、第79条(鉴定人出庭)、第81条(鉴定人出庭)、第82条(专家证人出庭)、第114条(对鉴定人的保护措施)。

《刑事诉讼法》(2018年第三次修订)涉及司法鉴定制度的条款包括第50条(法定证据形式)、第64条(对鉴定人的保护措施)、第146条和第194条(鉴定人参与法庭质证)、第192条(鉴定人出庭)、第197条(专家证人出庭)。

我国三大诉讼法及相关司法解释都有关于证据形式和效力的规定,这些规定是我国法务会计发展必不可少的制度平台①。法务会计之所以能进入我国并得以发展,一个重要原因是我国诉讼制度从 20 世纪末开始由传统职权主义向职权主义与当事人主义融合的方向转变。这主要体现在以下方面:一是将法定证据形式由原来的"鉴定结论"改为"鉴定意见";二是民事诉讼活动中司法鉴定启动模式发生变革,法律赋予当事人启动司法鉴定的权利,形成了当事人和法院均可启动司法鉴定的混合模式;三是强化了我国司法鉴定人的出庭制度;四是进一步明确了鉴定人在法庭上就鉴定意见接受质证的法定义务;五是通过设置保护性条款对出庭的鉴定人提供保护性措施,解除鉴定人出庭的后顾之忧;六是在高阶位法律层面首次提出"有专门知识的人"的概念,并赋予其可就鉴定人作的鉴定意见提出自己意见的权利。

总之,三大诉讼法及其司法解释的修订和实施对我国司法会计鉴定制度带来深刻影响。作为法定证据形式之一的"鉴定结论"被改成"鉴定意见",貌似字面上的简单改动,却折射出我国证据理念的重大转变,为完善我国司法鉴定人出庭制度奠定了统一的法律基础;赋予当事人司法鉴定启动权,司法鉴定启动模式由过去单纯由司法机关启动的单一模式转变为当事人和司法机关均可启动的混合模式,司法鉴定人员由过去的单纯为司法机关服务转变为为当事人和司法机关服务;法律明确了司法鉴定人出庭就其出具的鉴定意见参与质证的法定义务及其相应的法律责任,进一步完善了我国鉴定人出庭作证制度,搭建了专家证人制度在我国运行发展的法律框架②。这为法务会计理论研究提供了更广阔的空间,拓展了法务会计服务市场。

(三) 司法鉴定程序通则

《司法鉴定程序通则》的制定源于 1998 年国务院的改革方案授权司法部"指导面向社会服务的司法鉴定工作"的职责③。为了履行这一新职责和"规范面向社会服务的司法鉴定活动",司法部于 2000 年出台了《司法鉴定机构登记管理办法》和《司法鉴定人管理办法》。为了规范司法鉴定活动,2001 年司法部颁布了具有规范性文件性质的《司法鉴定程序通则(试行)》,共 7 章 48 条。

2005 年《全国人民代表大会常务委员会关于司法鉴定管理问题的决定》颁布后,司法部实地调研了 2001 年《司法鉴定程序通则(试行)》的实施情况,在充分调研论证的基础上提出了修改,经过多方意见求证,《司法鉴定程序通则》于 2007 年 8 月 7 日颁布实施。2007 版《司法鉴定程序通则》共计 5 章 40 条,在遵循司法鉴定活动规律基础上,按照司法鉴定活动的工作流程,对司法鉴定的委托与受理、司法鉴定的实施、司法鉴定应遵循采用的技术标准和技术规范、司法鉴定程序的特殊规定等作出了全面规定④。

《司法鉴定程序通则》颁布实施后,对规范司法鉴定程序发挥了重要作用,但也暴露出一些问题。2008 年公安部修订《公安部刑事技术鉴定规则》并提出《公安机关鉴定规

---

① 张殿军、张凯:《法务会计:法律思考与制度构建》,《财会月刊》2010 年第 26 期。
② 张苏彤:《新诉讼法的实施带给法务会计的影响》,《会计之友》2014 年第 5 期。
③ 参见《国务院办公厅关于印发〈司法部职能配置内设机构和人员编制规定〉的通知》(国办发〔1998〕90 号)以及《司法部关于组建省级司法鉴定协调指导机构和规范面向社会服务的司法鉴定工作的通知》(司发通〔1999〕092 号)。
④ 柴黎、倪晓:《司法部有关部门负责人解读〈司法鉴定程序通则〉》,《法制日报》2007 年 8 月 13 日。

则(征求意见稿)》后①,司法部《司法鉴定程序通则》、最高人民检察院《人民检察院鉴定规则(试行)》(高检发办字〔2006〕33号)、公安部《公安机关鉴定规则(征求意见稿)》三个不同的鉴定规则之间存在的矛盾暴露出来。2008年8月,中央要求制定一个"统一鉴定规则",并要求司法部分析对比这三个规则之间的异同以及《司法鉴定程序通则》实施以来的经验与存在的问题,形成报告报中央司改办。经过多次研讨并向学者、各地司法鉴定中心征求意见,在实地调研、召开座谈会、吸收专家意见的基础上,最终形成了2016年版《司法鉴定程序通则》②。这次修订不仅对内容进行了删减与增补,同时还在体系结构上进行了较大调整。修订后的《司法鉴定程序通则》共6章50条,新增10条,主要修改内容包括以下五个方面③。

一是进一步优化了司法鉴定的程序。明确了司法鉴定人回避的具体情形,严格规范了鉴定人到现场提取检材的程序要求,完善了鉴定标准、重新鉴定和终止鉴定的规定。

二是进一步健全了司法鉴定的防错纠错机制。提高了重新鉴定的司法鉴定人资质条件,完善了专家参加咨询的相关要求,明确了司法鉴定机构应当指定具有相应资质的人员对鉴定程序和鉴定意见进行复核。

三是进一步完善了司法鉴定文书规范。明确规定司法鉴定机构决定受理鉴定委托的,应当与委托人签订司法鉴定委托书,强调司法鉴定机构和司法鉴定人应当按照统一的文本格式制作司法鉴定意见书,增加了对有瑕疵的司法鉴定意见书进行补正的条件和补正措施。

四是进一步规范了鉴定机构与诉讼当事人之间的关系。司法鉴定人不得违反规定会见诉讼当事人或其委托的人,司法鉴定机构应当统一受理办案机关的司法鉴定委托,诉讼当事人对鉴定材料有异议的,应当向委托人提出,从制度上保障鉴定机构和鉴定人的鉴定活动不受干扰,保障鉴定活动合法、公正。

五是对鉴定人出庭作证作了规范。明确规定司法鉴定人无正当理由不得拒绝出庭作证、司法鉴定人出庭作证必须遵守诉讼程序和法庭规则、司法鉴定机构应当支持司法鉴定人出庭作证等。

(四) 司法会计工作细则

会计材料是反映刑事案件事实的重要部分,能够证明被告人犯罪情节、违法所得等案件信息。实践中,出现了以鉴证报告代替司法会计鉴定意见的案件。鉴证业务和司法会计鉴定无论在法律依据、目的,还是使用材料的标准等方面,均具有较大差异,这直接导致二者的业务过程和最终结果的不同。为了进一步规范刑事案件侦查、审查起诉的证据效力,最高人民检察院于2015年颁布了《人民检察院司法会计工作细则(试行)》,对刑事案件司法会计鉴定工作提出了明确要求。

---

① 公安部2008年修订1980年《公安部刑事技术鉴定规则》并提出了《公安机关鉴定规则(征求意见稿)》。《征求意见稿》改变了原来的规章名称,由原来的15条增至60条,增加了45条。
② 郭华:《司法鉴定程序通则的修改与解读》,《证据科学》2016年第4期。
③ 程军伟:《立法与实践之困惑:〈司法鉴定程序通则〉的解读》,《中国人民公安大学学报(社会科学版)》,2017年第2期。

首先,司法会计鉴定意见的目的。根据《人民检察院司法会计工作细则(试行)》第8条等相关法律法规的规定,司法会计鉴定意见的目的可归纳如下:① 解决特定案件涉及的会计专门问题;② 为诉讼提供证据支持;③ 查明案情,还原案件事实。

其次,核查送检材料真实性、完整性、合法性。第一,送检材料真实性,司法会计鉴定不同于鉴证业务的一点是需要核查材料的真伪①。根据《人民检察院司法会计工作细则(试行)》第12条、第14条、第18条的规定,司法会计鉴定机构需要审查送检材料来源是否合法、真实,送检材料来源不可靠或虚假时,应当进行核查,并可以依据核查结果中止、终止鉴定。第二,送检材料完整性,鉴定机关应当审查财务会计资料是否完整、取证是否充分。第三,送检材料合法性,《人民检察院司法会计工作细则(试行)》第24条规定,"鉴定意见不得依据犯罪嫌疑人供述、被害人陈述、证人证言等非财务会计资料形成"。由此,对鉴证报告进行审查时,应当特别注意报告是否存在依据言词类证据作出的情况。如果鉴证报告以该类证据作为材料,应当否认其合法性。

再次,委托程序合法性。司法鉴定机构应当按照《司法鉴定程序通则》的规定,统一受理办案机关的鉴定委托。此处的办案机关应仅限于侦查机关、监察机关、检察机关和审判机关。如果会计师事务所接受案件当事人或其家属的委托进行鉴定,则属于鉴定启动程序违法,相关结论应当予以排除。《人民检察院司法会计工作细则(试行)》第10条、第11条规定了委托司法会计鉴定的应当填写委托鉴定书以及委托鉴定时需要提交的相关材料②。

最后,司法鉴定的范围。一是法律问题的评价上,《人民检察院司法会计工作细则(试行)》第24条第3项规定,司法会计鉴定不应涉及对定罪量刑等法律问题的判断。实践中往往会出现鉴定意见或鉴证报告对当事人"违法所得""犯罪所得""虚开发票行为"进行认定,这都属于对司法活动的评价,应当予以排除。二是对资金性质或现金轨迹作出认定,因货币具有同质性,鉴定活动不能对其运动轨迹进行鉴定。若鉴定意见将某一账户现金的减少与其他账户现金的等额增加视为同一笔资金,则不符合司法会计鉴定标准,超出司法会计鉴定范围。三是对当事人主观心理的评判上,基于鉴定的客观性原则,司法会计鉴定不能对当事人的主观心理进行评判。如果鉴定意见认定当事人存在"故意隐瞒、销毁财务资料""恶意透支""明知"等主观故意,这就超出了法定的司法会计鉴定范围,不符合司法鉴定客观性原则。

(五) 法务会计执业准则及道德规范

任何业务的执行都需要有统一、权威、完整的标准。法务会计也需要相关准则,以明确任务和职责,规范从业者的行为,保证其工作质量。我国的会计鉴定业务中,对于鉴定资格、工作程序、报告形式等缺乏统一规范,造成严重负面影响。为实现会计鉴定

---

① 鉴证业务是注册会计师按照标准对鉴证对象进行评价和计量的结果提出结论,以增强除责任方之外的预期使用者对该结果信任程度的业务。根据《中国注册会计师鉴证业务基本准则》第31条的规定,鉴证业务通常不涉及鉴定材料的真伪性。

② 相关材料包括:鉴定涉及的财务会计资料及相关材料,如会计报表、总分类账、明细分类账、记账凭证及原始凭证、银行对账单等;与鉴定有关的勘验检查笔录、扣押清单、调取证据通知书;鉴定所需其他相关材料。

与专家证人服务的健康有序发展,应尽快出台相关的资格认定制度①,建立法务会计执业规范,如对法务会计人员搜集证据、出庭作证等程序进行必要的规范,并制定法务会计人员职业道德准则,明确相关法律责任。

法务会计执业活动涉及三个规范,即会计准则、法务会计准则和专家证据规则,前两者为会计行业规范,后者为法律规范。它们之间关系密切,同时又存在内涵与功能的重大区别。会计事实经由法务会计人员之手以专家意见形式送达法官手中,成为法官认定案件事实的证据。法务会计的工作可以看作将会计语言记录的会计事实转化成以法律语言表述的案件事实。这一过程中,法务会计准则起着由会计准则通向专家证据规则的桥梁作用,是会计与法律两个职业的联结纽带,既不能代替会计准则与专家证据规则,也不能被这两项准则或规则所代替。

法务会计准则应分为一般准则、工作准则和报告准则。一般准则包括法务会计的定义、特点等基本理论,工作准则和报告准则分别用来指导具体实务的开展和撰写法务会计报告等,明确相关要求。另外,还可以发布实务公告或者业务指南的方式对具体工作准则中的法务会计事项进行规定,针对具体实施情况进行额外的解释、补充和删减,结合行业特点和司法实践,制定出我国法务会计执业准则。现阶段作为过渡,可以先参照独立审计准则或国际内部审计实务标准的一些具体准则,如《独立审计具体准则第 5 号——审计证据》《独立审计具体准则第 8 号——错误与舞弊》《独立审计具体准则第 24 号——与管理当局的沟通》等,结合法务会计鉴定技术标准,来指导和规范法务会计业务工作。但是从长远考虑,我国必须制定独立的法务会计执业准则及道德规范基本准则②。

五、案例分析

浙江省东阳第三建筑工程有限公司、淮安纯高投资开发有限公司建设工程施工合同纠纷③

【基本案情】

2010 年 2 月,淮安纯高投资开发有限公司(以下简称纯高公司)与浙江省东阳第三建筑工程有限公司(以下简称东阳三建)签订了一份《工程承包合同》,约定:工程名称为上海纯高(盱眙)国际现代产业服务园,工程质量标准合格率达 100%,合同价款一期工程暂定金额 15 800 万元。施工过程中,纯高公司与东阳三建签订了三份补充协议,对于承包合同的工程款(进度款)支付的方式和时间进行了变更,《补充协议(三)》约定,纯高公司应当在 10 天内支付已完工程量的 50% 的工程进度款,40 天内支付至工程量的 75% 的工程进度款,且以后按月支付实际完成工程量的 70% 的工程进度款。

---

① 谭立:《法务会计专家制度的构建与改进》,《社会科学战线》2005 年第 3 期。
② 郑春、美叶丹:《法务会计理论体系的构建研究》,《财会通讯》2006 年第 10 期。
③ 最高人民法院(2017)最高法民终 19 号民事判决书。

东阳三建于2011年7月3日已施工至《工程承包合同》约定支付工程款(进度款)时间,至今已累计完成工程量8 086万元(已完成工程量报告),向纯高公司发出《催款通知》。2012年10月25日,东阳三建向纯高公司邮寄一份《函》,再次催收工程款项。2012年11月19日,东阳三建向纯高公司出具一份《施工节点确认书》。

2012年12月5日,东阳三建提起诉讼。诉讼过程中,经双方当事人确认,双方之间的建设工程施工合同于2012年9月26日实际终止,东阳三建已收到的工程款数额为11 330 593元。诉讼过程中,对于东阳三建的施工界面及其已完工程量如何确定的问题,双方争议很大。因纯高公司对工程造价不予认可,东阳三建向一审法院申请对其施工的工程量进行工程造价的司法鉴定。2014年1月,一审法院根据东阳三建的申请,委托江苏天华工程项目管理咨询有限公司(以下简称天华公司)对本案工程造价以及东阳三建的停窝工损失进行司法鉴定。

2015年1月12日,天华公司出具《工程造价司法鉴定报告书》。鉴定结论如下:①可确定的实体工程项目部分造价为68 811 594.53元。其中,建筑工程为67 244 463.52元,安装工程为1 567 131.01元。②无法确定部分项目的造价鉴定结论意见,如A1—A6、C1—C13栋土方开挖及土方场内运输。天华公司鉴定人员对于东阳三建提出的异议出庭答复如下:关于土方挖运143 844.06元,是按照放坡系数1∶0.33以及操作面0.3米计算。东阳三建提供了其自行编制的工程造价的计算书,按照东阳三建的施工工艺,经计算费用是143 844.06元。

2014年9月15日,纯高公司申请对其为东阳三建支出的费用进行司法会计鉴定,一审法院于2014年10月20日委托南京应天会计师事务所(以下简称应天会计所)对纯高公司2010年2月—2012年3月为案涉工程支付的相关费用进行司法会计鉴定。2015年7月3日,应天会计所作出应天专审字(2014)第045号司法会计鉴定报告书。结论如下:①纯高公司代垫付安监费、工伤保险费24.57万元及中标交易费2.77万元,合计27.34万元;②纯高公司支付何某借款及代付农民工工资244.10万元;③纯高公司实际支付工程款939.61万元;④纯高公司支付人工费506.25万元;⑤纯高公司支出材料费404.56万元;⑥纯高公司支出机械费78.66万元。以上共计2 200.52万元。

【案件焦点】

1. 本案施工合同的效力应如何认定。
2. 东阳三建的工程价款如何认定,是否享有工程价款优先受偿权。
3. 东阳三建主张的停窝工损失、工程款利息及违约金如何认定。

【裁判要旨】

关于焦点1,本案施工合同的效力应如何认定。本案工程并非关系社会公共利益、公众安全的公用事业项目,不属于法律、规章规定的必须招投标的工程。该《工程承包合同》及三份补充协议系双方当事人真实意思表示,内容不违反法律、行政法规的强制性规定,合法有效。

关于焦点2,东阳三建的工程价款如何认定,是否享有工程价款优先受偿权。

关于东阳三建工程价款的认定,对于东阳三建有权主张的工程价款,应根据双方签订的施工合同、图纸、签证等施工资料,并结合《已完工程量确认清单》《施工节点确认书》及东阳三建保全证据过程中经公证对工程现场拍摄的光盘等证据认定,其中应扣除作为东阳三建施工部分所发生的由纯高公司垫付的相关材料、人工等合理费用,辅以工程造价司法鉴定和司法会计鉴定的方法予以确认。鉴定机构天华公司所依据的资料由双方提交并经质证,鉴定人员至工程现场进行核验,在与双方当事人多次核对工程量后,出具正式鉴定报告书并经双方质证,对双方异议也予以了答复,天华公司的工程造价鉴定报告应作为认定东阳三建工程款的依据,对于鉴定报告中认定的可确定造价 68 811 594.53 元,应予以确认。

关于焦点 3,东阳三建主张的停窝工损失、工程款利息及违约金如何认定。① 关于违约责任的认定。东阳三建提供了有戴某签名确认的《施工节点确认书》,可以证明在 2011 年 7 月 3 日,东阳三建已施工至主体一结构九层,已达到《补充协议(三)》中约定的支付工程进度款的时间节点,且东阳三建已于 2011 年 7 月 26 日向纯高公司发出了《催款通知》,要求纯高公司支付工程进度款,因此,纯高公司应当按照双方合同约定向东阳三建支付工程进度款。② 关于停窝工损失。东阳三建对于停窝工损失中的后勤人员工资、职工工资、水电费损失、方木胶合板等备料损失费、临时设施费超支等费用没有提供相应证明,且大部分系其自行采用估算方式计算得出,依据不足,不予采信。对于鉴定机构天华公司确认且计算的下列费用,包括脚手钢管和扣件租赁费用 1 504 069.53 元、普通塔式起重机等机械租赁费 636 480 元、管理人员工资 750 000 元,合计 2 890 549.53 元,予以确认。③ 关于工程款利息及违约金。工程款利息属于工程款的法定孳息,从纯高公司应当支付工程款时,产生了工程款利息。

【案例评析】

法务会计鉴定的采信是一个法官对鉴定意见可采性的审查、双方当事人对鉴定意见质证的对立统一的过程。法务会计鉴定意见的可采性是采纳的前提,是采信的基础;质证是采信的核心内容,采纳是采信的关键环节①。结合本案审理与结果,以下五个方面值得借鉴。

1. 法务会计鉴定的委托与程序理性

法务会计鉴定的委托涉及司法的程序理性,即鉴定由诉讼双方协商确定或者由法院依法委派。法务会计鉴定委托的合法性是法务会计鉴定具有可采性的条件之一,也是当事人及其律师质证法务会计鉴定意见证据能力的内容之一。英美法系国家由当事人各自聘请专家证人,往往使得诉讼中专业问题的解决成为"专家大战",不仅无助于争端的解决,还增加了诉讼成本。大陆法系国家一般由法官指定专家证人,这一做法使得专家证据拥有得天独厚的优势,似乎专家证据具有天然的证据能力和证明力,但容易滋生司法腐败,不利于司法公正。合理做法是将两大法

---

① 张蕊、杨书怀:《法务会计鉴定意见的采信机制研究》,《会计研究》2013 年第 8 期。

系的专家证据制度进行融合,诉讼双方当事人对委托法务会计鉴定人形成"合意",这样不仅可以减少质证环节中对法务会计鉴定人资格与能力的质疑和询问,节约诉讼成本和诉讼时间,而且可以增强双方当事人对法务会计鉴定意见的认同。我国相关法规也规定,鉴定人由双方协商确定,协商不成由法院指定。司法实践中,未得到对方当事人或第三人认可的法务会计鉴定意见,很可能因为带有偏见,而不被法官作为证据使用。

2. 法务会计鉴定的必要性

法务会计鉴定的必要性是专家证据可采性的标准(相关性和有用性)的体现。相关性是指法务会计鉴定的内容和结论与案件中所需要解决的争议问题有关联,并且这种关联是一目了然的;有用性是指专家证据能否对法官判断案件中的争议问题提供实质性的帮助。如果法官不需要法务会计鉴定的帮助就可凭借自己的知识、能力、经验和常识对案件中的财务会计事实作出判断,那就没有使用法务会计鉴定的必要,所提供的法务会计鉴定结论或意见也就不具有可采性。此外,如果法官根据诉讼双方当事人提供的证据已经可以对财务会计问题作出准确的判断,则也没有使用法务会计鉴定的必要。本案中,对于东阳三建的工程价款、停窝工损失数额确定,涉及会计权责发生制与会计职业判断的运用,超出了法官的判断能力,有必要聘请独立第三方发表专家意见,以增强对争议事项判断的可信性,更充分地体现司法公平与公正。

3. 法务会计鉴定人员出庭接受质询

法务会计鉴定人员出庭接受质询是其应尽的义务,是直接言词原则和交叉询问原则的体现,但这一问题向来是我国司法鉴定制度中的关键问题和一大难题[①],虽然我国法律明确规定证据必须经过法庭当庭质证才能成为定案的根据,但是鉴定人不出庭作证仍是普遍现象。鉴定人不出庭,当事人对于鉴定结论的疑点就无法得到澄清,法官只能依据鉴定人所提交的书面鉴定结论进行审判,而对于鉴定结论的科学性就无从判断了,因而也就自然无法保证审判结果的准确性。本案中,法务会计鉴定人员出庭作证,对鉴定过程和鉴定疑点进行了解释和说明,明确了得出鉴定结论的程序和步骤,有利于当事人及其律师对法务会计鉴定意见的充分质证,从而有助于法官正确审查和判断法务会计鉴定的可靠性,确保法务会计鉴定意见被法官采纳,使诉讼中双方当事人争议的财务会计事项(东阳三建工程价款、停窝工损失、工程款利息及违约金数额认定)得以公平、公正地解决。

4. 法务会计鉴定意见的可采性

法务会计鉴定的可采性主要解决的是法务会计鉴定意见作为证据的资格和能力,即法务会计鉴定意见符合什么样的标准才可以被法官所接受并展现在当事人面前接受质证,涉及鉴定意见的证据能力。法官对法务会计鉴定的可采性审查主要是形式上的,如审查鉴定人的资格能力、取证和鉴定过程的合法性等。司法实践

---

① 季美君:《专家证据制度比较研究》,北京大学出版社,2008,第37页。

中,如果诉讼双方当事人对法务会计鉴定的结论或意见的真实性没有异议,法官一般会直接接受法务会计鉴定意见作为证据,很少再主动对法务会计鉴定的可采性进行进一步审查。如果当事人对法务会计鉴定作为证据使用持有异议,法官则会依法对其可采性进行审查①。在本案中,原告与被告对《会计鉴定书》真实性无异议,法院因此对该《会计鉴定书》真实性予以确认并作为证据使用。

5. 法务会计鉴定意见的采纳

法官对法务会计鉴定的采纳是对法务会计鉴定意见的证明力判断的结果。法官应综合考虑法务会计鉴定意见过程中所使用的会计审计理论、技术与方法的恰当性以及法务会计鉴定意见与其他证据之间的逻辑关系等因素,并在双方当事人及其律师充分质证的基础上,遵循逻辑规则和经验法则形成自己对法务会计鉴定意见证明力的最终判断。本案中,法官听取了法务会计鉴定人员出庭接受质询时对鉴定过程的解释和说明(关于土方挖运数额的计算依据),对鉴定内容(工程造价、支出费用)进行了分析,并结合双方签订的施工合同、图纸、签证等施工资料,《已完工程量确认清单》《施工节点确认书》及东阳三建保全证据过程中经公证对工程现场拍摄的光盘等证据,对争议事项(工程造价)进行了判断。法官最终采纳了法务会计鉴定人员的意见,并作为审判合同纠纷的依据。

结合本案可以看出,法官依法履行职责,借助法务会计鉴定对诉讼双方当事人争议的财务会计问题进行了客观的认定,从而有助于案件的公平、公正裁决,增强当事人及社会公众对司法的认同度。

复习思考题

1. 简述法务会计的需求者、证据信息类型以及提供证据信息的方法与途径。
2. 法务会计人员的主要职责有哪些?
3. 法务会计在民商事案件中的主要表现形式包括哪些?
4. 简述法务会计专家意见与普通证人证言的主要区别。

---

① 徐继军:《专家证人研究》,中国人民大学出版社,2004,第23—24页。

第二章 民商事案件法务会计应用

一、民商事案件法务会计的一般作用

法务会计人员在法律实施的过程中提供专家意见和证据支持,协助司法人员、律师等法律工作者查证相关财会事实,为解决、处理法律问题提供专业服务。法务会计所提供的专业服务包括专家证据服务、专家辅助服务和专家咨询服务。专家证据服务是指法务会计人员以专家证人或鉴定人的身份出席法庭,就案件涉及的财会专门问题发表专家意见。专家辅助服务是指法务会计人员以专家助理的身份作为法律事项承办人、当事人或其代理人的助手,随时为其解答、处理相关的财务会计问题。专家咨询服务是指法务会计人员以专业顾问的身份受法律事项承办人、当事人或其代理人的委托,为其提供会计调查、取证、评估损失、追踪财产、解答会计问题等服务[①]。

（一）法务会计的内容

就法务会计的内容而言,国外学者普遍认为其涉及的内容广泛,但核心内容主要包括两个方面:一是调查会计;二是诉讼支持。

调查会计（investigative accounting）是指通过对各类会计资料以及财务数据的调查与分析,获取犯罪的证据,并将有关证据以法庭能够接受的形式予以提交或陈述。调查会计通常和欺诈舞弊与经济犯罪有关,其主要业务包括财务报表欺诈的调查、保险欺诈舞弊的调查、破产欺诈的调查、招投标欺诈的调查、洗钱与金融犯罪的调查、内部雇员舞弊与白领犯罪的调查等。

诉讼支持（litigation support）是指在诉讼过程中法务会计人员协助律师或法官查明和认定相关的财务会计事实,并以专家证人的身份出庭作证、参与质证、提供其他相关专业协助的活动。诉讼支持是对正在进行或悬而未决的法律案件中具有会计性质的问题提供帮助,主要用于经济损失的量化方面。其主要业务包括收集、审查和鉴定财务会计事实的证据,会计与审计准则遵循情况的认定,确定损失范围、损失内容和计算方法,出庭作证与质证,评估诉讼风险并参与诉讼策略的制定等。

1. 法证调查会计

法证调查会计是指通过对各类会计资料以及各类与财务数据有关的证据进行调查与分析,获取犯罪的证据,并将有关证据以法庭能够接受的形式予以提交或陈述。调查会计与经济纠纷舞弊和经济犯罪有关,最为普遍的调查会计任务包括财务报表舞弊的调查、保险舞弊的调查、电子商务以及计算机与网络舞弊的调查、洗钱与金融犯罪的调

[①] 王业可:《基于诉讼支持的法务会计研究》,浙江大学出版社,2013,第15—16页。

查、内部雇员舞弊与贪污腐败的调查、藏匿资产追踪、婚姻财产纠纷调查、税务舞弊的调查、知识产权保护、破产舞弊的调查、个人与公司背景调查和招标舞弊调查等。

2. 损失计量会计

损失计量也称为损失量化或损失计算,是指运用适当的数学模型对自然灾害、人为事故、违约以及各类损害赔偿案带来的经济损失和损害进行货币计量的过程。这需要确定损失范围、损失的项目内容及影响因素、计算的方法与手段等。损失计量的具体内容包括损失与损害量化、个人伤害损失计算、收入损失估算、自然灾害损失估算、环境污染损失计算、事故损失计算、股票及有价证券损失计算和保险索赔损失计量等。

3. 诉讼支持

诉讼支持也有人称之为诉讼援助,是指在涉及会计专业知识的诉讼过程中提供法务会计服务,在诉辩、发现、审判、判决和上诉各个环节为法律工作者提供会计和财务技术上的支持。具体工作包括进行诉讼前的诉讼风险评估以及胜诉后获得经济赔偿的预测、参与诉讼策略的制定、收集商业书证、协助律师鉴别和解释有关的会计信息与会计证据、对对方当事人的专家报告和分析意见进行反驳等。

4. 专家证人

专家证人是指由一方当事人委托的具有相应专业知识和实践经验的专家就某些专业性问题在法庭上运用专业知识发表意见并作出推论或结论的一项诉讼活动。随着现代经济活动的日益复杂,涉及会计专门性问题的纠纷以及需要运用会计与财务手段的案件日益增加,如财务贪污、贪污腐败、职务犯罪、白领犯罪、医疗事故、交通事故和保险索赔等。法官只不过是从事纠纷解决的法律专业人员,没有可能也没有必要拥有专业性极强的会计背景。设立法务会计专家证人制度,能够扩大法官的感知能力,帮助法院查明有关事项的因果关系,进行事实认定。

5. 舞弊风险管理

舞弊风险是指一个或多个行为人实施能够给他人或组织带来损失的舞弊可能性。舞弊风险管理主要研究舞弊的相关理论、舞弊的识别与侦测、舞弊风险的评估、舞弊的防范对策、反舞弊政策的制定、舞弊风险防控制度的设计与安排等。其主要目的是预防舞弊、发现舞弊、应对舞弊,降低舞弊风险,以及减少舞弊带来的损失。舞弊是威胁组织实现其目标的一种主要风险,不仅威胁组织的财务状况,更关系企业的形象和声誉。

(二)法务会计在各类民商事案件中的作用

随着国家治理体系不断完善,经济体制与司法体制改革不断推进,需要法务会计人员检验鉴定的案件逐渐增多。根据北大法宝案例库1994—2018年的检索数据,司法会计鉴定在"合同、无因管理、不当得利纠纷""与公司、证券、保险、票据等有关的民事纠纷"和"物权纠纷"三类民事诉讼案中运用的情况最多,这三类民事纠纷案例数占民事案例总数的88.49%。其中,"借款合同纠纷""买卖合同纠纷""建设工程合同纠纷"和"与公司、证券、保险、票据等有关的民事纠纷"运用司法会计鉴定的情况最多,占"合同纠纷"这类案例总数的72.18%[①]。

---

① 张苏彤:《我国法务会计的发展回顾、应用实践及未来展望研究》,《商业会计》2019年第19期。

1. 金融借款案件

金融借款合同是指以银行等金融机构为出借人,以自然人、其他企业或者组织为借款人所订立的借款合同。金融借款合同纠纷是以金融借款合同为基础,结合保证合同、抵押合同等从合同的一系列法律关系中产生的纠纷。随着国家对金融监管的日趋严格,中小企业通过商业银行获取资金进行直接融资也日趋困难,因此纷纷转向多层嵌套的通道融资模式,名股实债作为一种新型融资模式应运而生。

随着《全国法院民商事审判工作会议纪要》(以下简称《九民会议纪要》)、《最高人民法院关于适用〈中华人民共和国民法典〉有关担保制度的解释》(法释〔2020〕28号)(以下简称《担保制度解释》)发布,名股实债这种投融资模式的法律适用已愈发明确,但名股实债、永续债等新兴的金融工具使我国现行会计制度及准则的发展面临着较为严峻的挑战。目前,多数企业将名股实债业务作为一项股权投资业务来处理,它们进行会计处理的出发点不是尊重会计事实的经济实质,而是企业自身的发展需求。结合法务会计在相关案例中的作用,从名股实债的实施目的及有关投资收益、投资主体退出、投资主体权利的约定等方面,对名股实债业务的定性问题、在债权投资和股权投资下的债务处理问题进行分析,厘清《九民会议纪要》《担保制度解释》对公司担保规则的新发展,对于金融机构的风险防范具有重要意义。

2. 融资租赁案件

融资租赁是社会经济发展到新阶段出现的新型交易方式,具有融资和租赁的双重属性。融资租赁是将租赁作为外在手段、最终实现融资目的的金融工具和融资手段。通过法务会计分析,可以对融资租赁项目的本金、利率、还租期数、资产余值、租金支付方式、租赁物成本、合理利润等进行确定。

在融资租赁项目立项前的尽职调查中,法务会计可以协助融资租赁公司对承租企业的历史数据和文档、管理人员的背景、市场风险、管理风险、技术风险和资金风险等做全面深入的审核和分析,以此识别租赁业务的潜在风险,对风险的程度做出准确的评判,对难以化解的风险做出提示并提出防范风险的建议,以便将风险控制在融资租赁公司可承受范围内,并且尽职调查也可以评估承租企业的还租能力。在融资租赁业务的税务分析中,法务会计人员可以结合专业知识对相关税费的适用主体、税率、计税基础、税前扣除办法等进行确定;在会计处理问题上,明确财务报表披露信息的内容;运用财务管理知识,在融资租赁合同纠纷中,法务会计可以根据出租人加速租金到期导致的承租人期限利益受损情况,计算出准确的期限利益货币价值,帮助法官具象化这项损失。

3. 保理案件

保理法律关系是指因应收账款转让而在保理商、债权人以及债务人三者之间形成的权利义务关系。保理是以应收账款转让为前提,集融资、应收账款管理、催收和坏账担保为一体的综合性金融服务。

保理法律关系以应收账款债权转让作为成立的前提。保理商通过承购应收账款向卖方企业提供融资,以卖方企业的供货合同为基础,这一融资方式的主要依据是卖方的产品在市场上的被接受程度和盈利情况,而非其资产负债表的状况。保理业务中,卖方企业的会计处理也不同于传统的银行贷款。其会计核算应根据应收账款到期前是否预先支付相应对价,区分为融资保理和非融资保理。根据受让人是否保留对转让人的追索权,区分为有追索权保理和无追索权保理。法务会计人员可以根据保理业务的不同类型,采取不同的账务处理方法,明确应收账款的定义、范围、追索等,规范保理法律关系,使之切实起到增加企业现金流、缓解融资难题的作用。

4. 银行票据案件

票据是指出票人签发的,由自己或委托他人无条件向收款人或持票人支付一定金额的有价证券。票据资产由于兼具流动性高、信用风险低、资本占用低、交易线上化等优点,深受众多金融机构的青睐。票据已成为金融机构特别是商业银行资产配置的重要选择,在金融机构资产负债结构和流动性调节等方面发挥了重要作用。

随着社会经济的不断发展,各类经营主体涌入票据市场,我国票据的种类和数量迅速增加。票据在企业经营发展过程中,不仅仅扮演着支付结算的角色,也是一种重要的融资工具。企业在日常经营中加大对企业票据的管理和使用,不仅有助于提升企业票据管理的水平,还有助于防范企业财务风险,重视票据的使用和管理对于企业的财务管理是十分重要和必要的。

企业在经营活动中签发、持有的商业汇票属于金融资产或金融负债。在会计处理方面,通常计入"应收票据""应付票据"科目。法务会计可以根据企业选择将汇票持有到期、将汇票进行贴现或是通过汇票的背书将汇票用于支付结算,对商业汇票进行不同的会计处理,从而助力企业加强票据管理、审慎开展票据业务。

5. 保兑仓案件

保兑仓是指以银行信用为载体,以银行承兑汇票为结算工具,由银行控制货权,卖方(或者仓储方)受银行委托保管货物,对于买方到期无法偿还的承兑汇票保证金以外的差额部分(敞口)由卖方负责回购质押的货物作为担保,银行向买卖双方提供银行承兑汇票的金融服务。标准的保兑仓交易一般包括卖方、买方、仓储方以及银行四方主体。保兑仓业务的基本交易模式有:卖方、买方和银行三方签订保兑仓合作协议;买方向银行申请开具银行承兑汇票;银行根据买方保证金缴存情况,向卖方发出发货指令;卖方按照银行发货指令向买方发货;卖方对银行承兑汇票敞口部分以货物回购作为担保。实践中常见的一般为厂商银模式和厂商仓银模式。

保兑仓交易合同具有混合合同的性质,其中包含着多种法律关系。在卖方与买方之间存在着买卖合同关系,在买方与银行之间是基于银行承兑汇票的借款合同关系,在卖方与银行之间是对保证金与银行承兑汇票之间差额部分的清偿承担保证责任的保证合同关系。此外,当事人之间还可约定其他法律关系,如在有第四方作为仓储方监管货物的情况下,银行或者卖方与仓储方之间的监管协议,银行与卖方之间的质押合同关系。保兑仓交易中无真实交易关系的效力认定在实务处理中也存在争议。厘清保兑仓交易合同中存在的法律关系、确认各方当事人各自的义务是处理保兑仓合同纠纷的关键。

保兑仓业务当事人间往往会涉及多个不同的交易活动,如买卖、融资、仓储等,企业应该按照交易发生的具体内容分别做会计处理。同时,从实践来看,保兑仓业务风险主要在于核心企业(供货商)违约风险、客户信用风险、贸易背景真实性以及操作风险。

6. 股权融资并购案件

股权并购是指并购方通过协议购买目标企业的股权或认购目标企业增资方式,成为目标企业股东,进而达到参与、控制目标企业的目的。

财务报表是公司金融分析的基础工具,通过分析拟收购企业的历史数据,投资者可对企业历史、增长率以及收入表现有更加深刻的了解。通过研究拟收购企业历史财务报表中的相关运营指标(如存货周转率、收入增长趋势等),可明确企业未来的发展方向。当投资者明确了解收购企业未来的发展方向与趋势之后,便可由此制作出合理的预计财务报表。一家公司运营情况的好坏通常是由资产负债表、利润表及现金流量表所反映的。这三个表相互独立又相互依赖,共同呈现公司经营状况。法务会计人员通过分析库存现金、预测出预计利润表、计算预计库存现金量、通过债务远期分析计算杠杆的变化及偿还、确定预期回报和资本倍数、计算股东权益与相关信用度指标、就投资的预期回报创建敏感性分析,就可以预测不同状况下相应的预期回报,从而使整个分析变得更加完整。

管理层收购是指管理层通过杠杆融资的手段获得资本对公司股份进行购买,以期变动目标企业的财产所有权,实现拥有实际控制权并重组公司,达到产权收益目的的收购行为。其具有提高公司治理效率、减少企业成本、完善企业治理结构等作用。在管理层收购中,法务会计可以对其需要披露的内容进行审核、检验,包括资产评估报告、董事会决议公告、独立董事意见、独立财务顾问意见、股东大会决议公告等。在海外并购的过程中,面对资产评估风险、融资风险、产业风险、定价风险、税务风险的识别与应对,法务会计人员可以有针对性地提前做好规划,关注目标公司并购期经营状况,合理设计控股构架和融资架构。

7. 企业破产清算案件

破产清算是指企业破产以后,由清算组接管公司,对破产财产进行清算、评估、处理和分配。企业清算最核心的内容是法律业务与会计业务的结合。对每一个具体清算事务的处理,几乎都要以会计资料为基础,按照法律规范或程序去处理。法务会计为企业清算服务,能够给清算业带来新的业务处理方法和技巧,极大提高清算效率,最大限度地保护、平衡相关利益各方的合法权益,实现清算的最终目的。从法务会计的知识结构与业务技能来看,能够主导所有市场主体的清算,并适应各种类型的清算。

企业破产重整是指当企业法人未能清偿到期债务时,不立即进入破产清算程序,在人民法院的主持协调下,债务人和债权人达成协议,并制定重整计划,规定在一定期限范围内,由债务人全部或部分清偿其债务,同时,债务人可以继续经营其相关业务。法务会计作为重整计划的监督人,其监管工作贯穿于重整计划的全过程。只有法务会计真正履行其监管职责,并按法定程序、约定计划去监督执行,才能体现重整效力,并达到救活企业的目的。

法务会计在破产和解中应审查债务人相关情况,协助其完成审查债务人是否符合破产条件、分析判定债务人的财务和经营资料、提供和解协议的方案等任务。在预重整中,法务会计可在法律范围内保全企业破产资产、合理估值、使破产资产价值最大化、识别欺诈、提高效率等。

8. 建设工程索赔案件

在工程建设活动中,合同管理是关键。合同管理最主要的是工程变更和索赔处理,工程索赔则是有经验的承包人通过工程变更的权限更改合同价格和工期的有效机制。工程索赔案件中,争议焦点经常出现在工程价款总额依何标准确定、建设工程施工合同效力等问题上。通过让法务会计专家参与工程索赔案件,可以提高和深化企业家对工程索赔的认识、组织和领导索赔工作组、审查施工合同等法律文件、提示索赔事项及索赔时机、及时固定证据、协助编制索赔报告、参与索赔谈判、代理索赔仲裁或诉讼,从而促进在工程建设过程中形成良好的合同管理、树立索赔意识等。

9. 上市公司财务舞弊案件

舞弊是指被审计单位的管理层、治理层、员工或第三方使用欺骗手段获取不当或非法利益的故意行为。《第2204号内部审计具体准则——对舞弊行为进行检查和报告》指出,舞弊是指组织内、外人员采用欺骗等违法违规手段,损害或者谋取组织利益,同时可能为个人带来不正当利益的行为。

上市公司财务舞弊的常见方式有关联方交易舞弊,资产重组舞弊,与管理层、监管机构串通,政府协助舞弊,利用不当或随意变更会计政策和会计估计舞弊,掩饰交易事项或事实舞弊。法务会计具备扎实的法律知识,在上市公司财务舞弊案件的诉讼中会起到关键性作用,主要体现在以下两个方面:一是在犯罪证据的收集、提供方面,法务会计会运用证据学、犯罪学和会计学知识,及时准确地对上市公司财务舞弊行为的犯罪信息进行收集,以便为案件诉讼提供证据,确保打击上市公司财务舞弊行为的万无一失;二是计算这些案件涉及的损失数额,划清公司对各方主体的民事赔偿责任,敦促上市公司民事赔偿的进行,最大限度地维护股东等投资者的利益,让投资者对我国资本市场不丧失信心。

现行《中华人民共和国证券法》(以下简称《证券法》)对信息披露义务人披露的信息提出了"及时、真实、准确、完整、简明清晰、通俗易懂"的要求,同时也对信息披露的内容作出相应规定,主要包括定期报告、临时报告、自愿披露与公开承诺三类。防范财务舞弊,不仅需要外部监管部门依据《证券法》的规制,上市公司也应当对本公司内部控制的设计和实施的有效性进行自我评价,披露年度自我评价报告,并且聘请会计师事务所进行内部控制审计。同时,通过公司治理从企业内部加强对财务舞弊的约束。

二、民商事案件法务会计的诉讼支持

2006年10月23日,安然案最后一个涉案的高层官员被判处24年零4个月监禁。安然财务丑闻案使美国的注册会计师经受了有史以来最为严重的公众信任危机。与此同时,在安然案的前期调查以及诉讼过程中发挥了重要作用的法务会计人员开始为人熟知。法务会计人员不但参与了案件调查,帮助政府监管部门收集了安然公司会计造假的大量证据,还在诉讼中作为专家证人出庭作证,帮助控方在法庭上对安然公司编造虚假会计信息以误导公众的事实进行了指控,为该案的成功审判做出了重大贡献[①]。安然案是法务会计人员参与诉讼活动并提供来自会计专业诉讼支持的典型案例,也是法务会计人员成功为政府监管部门以及法律工作者提供诉讼支持的标志性事件。

根据2001年11月5日中国证监会公布的对渤海集团虚假上市、提供虚假财务数据的调查结论,以及《最高人民法院关于受理证券市场因虚假陈述引发的民事侵权纠纷案件有关问题的通知》(法明传〔2001〕43号),渤海集团民事侵权案成为第一例证券市场民事侵权赔偿案。在法院开庭审理过程中,原被告在"财务报告中是否存在虚假数据""赔偿损失如何计算""原告损失与被告的违规行为是否有必然的因果关系"等问题上争论激烈。由于这些问题都涉及相当复杂的会计专业知识,一定程度上已经超出了法官的相关专业知识与能力范畴,引发了学界对案件裁判结果的关注和争议。

法务会计是以会计学、审计学和法学基本理论方法与准则为基础,以法律法规以及相关的证据规则为依据,通过对各类经济犯罪与经济纠纷中涉及的会计活动和财务数据进行专业判断与鉴定分析,从而为法律实施过程提供专家意见和证据支持的新兴学科。一般认为,法务会计的诉讼支持是指在涉及会计专业知识的诉讼过程中为法律人提供会计专业服务,具体来讲就是在刑事案件的侦查、审查起诉、审判以及民事案件的起诉、庭审调查等各个环节中为检察官、法官、律师和诉讼当事人提供会计和财务技术上的支持与协助。

(一) 法务会计诉讼支持的基本特征

1. 法务会计诉讼支持活动具有较强的专业性与技术性

法务会计诉讼支持活动具有会计的全部特征与性质,会计作为一个以提供财务信息为主的信息系统,具有极强的技术性特征。会计学的技术性特征表现为运用一系列的专门方法对会计信息进行系统的加工,使之变成对决策有用的会计信息。法务会计诉讼支持的主要业务活动包括诉讼风险评估、重要会计书证与电子证据的收集与分析、相关会计文件的技术鉴定、参与诉讼策略制定、律师辩护状相关会计问题咨询、评论与反驳对方专家报告、准备详细的专家报告、在法庭陈述专家证言并接受质证与交叉询问。这些业务活动都涉及会计的专业技术问题,都需要对来自会计信息系统的信息进行分析与加工,所以其具有较强的专业性与技术性。

2. 法务会计诉讼支持具有客观独立性

独立性是指提供诉讼支持服务的法务会计人员及其所属机构必须保持独立,客观公正地对受委托的事项发表自己的独立意见,既不能卷入当事人的利益冲突,也不能直接或间接依附于司法机关或其他机构。在对诉讼支持客观独立性的要求上,英美法系国家的法务会计专家证人依附于其委托的当事人,提出的专家意见往往对委托的当事人有利,很难具有独立性;大陆法系国家的司法会计鉴定由司法机关启动,其所指派或聘请的司法会计鉴定人及其所出具的鉴定结论由于缺乏双方当事人专家意见的质证与交叉询问,往往有失客观公正与独立,易于导致司法不公。其实,法务会计的诉讼支持原本就是一项运用会计科学知识来对某些法律现象进行研究,从科学的角度指出这些

[①] 张苏彤:《法务会计的诉讼支持研究》,中国政法大学出版社,2012,第1—2页。

现象能够说明什么的论证活动,这样的科学论证活动如果不客观、不独立就没有其存在价值。鉴于此,随着诉讼制度的改革,两大法系国家各自的诉讼构造都在不同程度上吸收了对方构造的因素:原来强调专门机关职权在控制犯罪方面作用的国家,采取了一些限制国家司法权滥用和保障被告人权利的措施;而对专门机关职权作用重视不够的国家,则对发挥职权作用以更有效地追诉犯罪给予了关注。

3. 法务会计诉讼支持主要提供用价值量信息表述的证据信息

在涉及财产权益的各类民商事案件中,相关的涉案金额、犯罪或违法金额、贪污受贿金额、合同金额、损失金额、赔偿金额等都需要由法务会计计量查证。对于这些重要会计事实的计量、记录与报告是会计的专业特长,也就是法务会计诉讼支持应该担负的重要任务。法务会计人员参与诉讼活动的每一个环节,包括诉讼风险评估、重要会计书证与电子证据的收集与分析、相关会计文件的技术鉴定、参与诉讼策略制定、相关会计问题咨询、评论与反驳对方专家报告、准备详细的专家报告、在法庭陈述专家证言并接受质证与交叉询问等,都无一例外地会涉及运用会计、审计的手段提供以价值量信息表述的证据信息。

(二)法务会计参与诉讼支持的理论基础

1. 从证据的角度[①]

诉讼的目的是使纠纷得以解决。在此过程中,法官必须遵循以事实为依据、法律为准绳的要求,才能保证审判结果的公正性,而证据无疑是法官认定事实的前提[②]。对于证据的认定,有自由心证与盖然性两种理论。自由心证包含自由与心证两个层次的含义[③]。前者是指对证据真实性、客观性与有效性的认定,法官具有自由裁量权,可以凭借自己的理性和经验做出判断;后者则是指法官对于自身做出的判断在内心达到了深信不疑的程度,即在内心形成了确信。盖然性是指某一事件发生的概率,高度盖然性即指某一事件发生的概率高。对于证据的认定,在高度盖然性理论中,要求法官对于案件的事实推定以及证据认定必须是高概率发生的结果。

无论是自由心证理论下对证据的判断,还是盖然性理论下对概率大小的判断,这些判断都必须由法官作出。然而,法官无法精通所有领域的专业知识,在大量的经济类案件中,若涉及的财务知识超越了法官所掌握的知识范围,那么法官在证据的认定过程中就会陷入困顿,并影响审判的公正性。为了确保裁判结果的公正性,法官必须寻求专业人员的支持和帮助,由此法务会计人员向法官提供诉讼支持服务就有其必然性。

此外,不仅法官需要法务会计人员的支持和协助,当事人、律师等人出于对案件事实的认定和分析的需要,在证据材料准备和应诉过程中也往往需要法务会计人员的专业辅助。

2. 从诉讼的角度

从诉讼角度看,法务会计人员参与诉讼支持的理论基础,是诉讼对抗制理论。对抗

[①] 张苏彤:《法务会计的诉讼支持研究》,中国政法大学出版社,2012,第16—27页。
[②] 吴家友:《法官论证据》,法律出版社,2002,第358页。
[③] 洪浩:《证据法学》,北京大学出版社,2005,第29页。

制是指案件双方当事人都提出最有利于自己的事实,并就对方提出的证据通过交叉询问来质疑其合理性。对抗制是在分权与制衡理论下产生的,目的是期望以权力的制约来防止权力的滥用。对抗制表现为诉讼对抗原则,双方当事人都有充分的机会对案情进行陈述并就对方当事人提出的主张进行质疑①。

虽然对抗制是英美法系的产物,但在职权主义的诉讼模式中同样存在,任何诉讼模式都不同程度地体现出当事人之间的对抗性②。只是在职权主义诉讼模式中,这种对抗性在程度上有所降低。诉讼过程中,当案件涉及对财务会计事实的认定时,由于当事人、律师缺乏该领域的专业知识,会使得对抗不能有效进行。为了保证对抗的有效性,最大限度地帮助法官对有关财务内容的证据进行认定,让法务会计人员出庭作证就是一个很好的方式。法务会计人员作为专家证人参与诉讼,帮助当事人就专业性问题与对方当事人及其代理人进行质证,可以更好地协助法官查明案件事实。

(三) 法务会计诉讼支持的作用

1. 评估诉讼风险、制定诉讼策略

诉讼是一个漫长且复杂的过程,任何细小的疏漏都可能会导致当事人的诉讼请求落空。法务会计人员可以基于其拥有的会计和法律双学科专业知识背景,为当事人提供更准确的评估,如预计诉讼成本、收益,判断经济承受能力,帮助当事人充分掌握各种风险及大小,从而更准确地做出是否诉讼的判断。当事人决定诉讼后,法务会计人员将更详细地进一步分析案件细节、对方信息、司法环境,以尽量全面地预想出诉讼中可能出现的各种情况以及某些可能发生的变化,并做出相应的计划,全力争取胜诉的机会。

2. 咨询谈判

诉讼过程中,法务会计人员针对各类诉讼参与人遇到的问题提供相应的意见。这些问题往往是由诉讼引起的,法务会计人员的意见不仅帮助诉讼参与人解决问题,同时也有助于将诉讼往当事人所预期的方向推动。当诉讼进行到和解阶段时,对于案涉的财务部分,同样需要法务会计人员介入谈判过程,以便掌控当事人在财产上的收益。

3. 审查、鉴定和收集会计证据

在证据方面,法务会计人员一般比律师更具专业优势,因为他们精通各种会计事务,同时掌握诉讼程序与证据规则。在帮助律师整理证据时,他们能够准确判断现有证据的真伪,协助律师搜集尚未发现的证据,探寻证据中的细节信息,从而确保所有证据真实、有效地反映案件事实,为正确处理诉讼奠定坚实的基础。

作为独立专家时,法务会计人员在细致审查所有被提交的相关证据之后,则会依据其专业知识做出判断,并站在中立的立场上发表专家意见,从而支持某一方当事人的诉求。

4. 认定会计与审计准则遵守情况

在涉及会计、审计人员违法犯罪,以及由于会计、审计人员违规操作可能影响证据效力的案件中,需要法务会计人员进行专业判定。判断会计与审计人员是否在处理财

---

① 宋冰:《程序、正义与现代化》,中国政法大学出版社,1998,第380页。
② 鲁千晓、吴新梅:《诉讼程序公正论》,人民法院出版社,2004,第180页。

务信息时存在故意或重大过失,最重要的是判断他们是否违反了相关法律法规、是否遵循了公认的会计和审计准则,从而认定会计、审计人员是否应承担相应的法律责任。

5. 损失计量

在侵权、违约诉讼等涉及财产权益的诉讼中,标的的计算是最重要的一环。但由于许多财产的价值变动幅度很大或变动迅速,间接损失的范围难以界定,数额难以估算,往往导致争议很大。选用的损失计量方法不同,计算结果也有所不同,甚至差异很大。法务会计人员的介入可以带给当事人更好的选择,为诉讼提供保障。

6. 出庭作证

法务会计人员可以专家证人或鉴定人员的身份参与诉讼,就法官或双方律师提出的问题进行说明,接受询问或质疑,并就财会事实方面的问题与对方当事人或其专家对质,以协助法官确定案件法律事实。

(四)法务会计诉讼支持与损失计量

损失计量是对损失进行确认、计量的一种技术手段,伴随着法务会计越来越广泛地应用于解决具体法律问题。作为一个多学科交叉的新兴研究方向,其尚未形成自身完整的方法体系,实践操作中采用多学科专业技术手段和方法解决损失计量的技术问题,现在较为常用的有成本重置法、收益估算法、市场对比法等①。

1. 成本重置法

成本重置法指从现实条件下被计量损失的重置成本中,扣减各项附加损失来确定损失量值,其产生的理论基础是生产费用价值论。成本重置法类似于承担民事责任的方式之一——恢复原状,考虑的是一种可行的恢复、保持发生损失前的相同或相似状态。因此,用成本重置法进行损失计量对损失的形态、性质具有一定的限制,一般用于计量物品、机器设备、房地产、固定资产等的损失②。

成本重置法的计算公式如下:

$$损失计量值 = 重置成本 - 实体性损失 - 功能性损失 - 经济性损失$$

(1)重置成本是指在现行条件下恢复、保持发生损失前的相同或相似状态所必需的成本。

(2)实体性损失是指在存放、使用的过程中,由于磨损和自然力等作用,造成实体损耗而引起的损失。根据使用磨损和自然损耗时设备功能、使用效率的影响程度,判断设备的成新率,从而估算实体性损失。其计算公式如下:

$$设备实体性损失 = 重置成本 \times (1 - 成新率)$$

(3)功能性损失是指由于无形损耗引起资产损失前价值的损失。估算功能性损失时,主要根据损失设备损失前的效用、生产能力、工耗、物耗、能耗水平等方面差异造成的成本增加和效益降低,确定功能性损失额。还要重视技术进步因素、替代设备、替代技术、替代产品的影响,以及行业技术装备水平现状和资产更新换代速度。其计算公式

---

① 齐兴利、王艳丽:《法务会计理论与实务》,中国时代经济出版社,2018,第154页。
② 王业可:《基于诉讼支持的法务会计研究》,浙江大学出版社,2013,第158页。

如下：

$$功能性损失 = \sum (被评估设备年净超额运营成本 \times 折现系数)$$

（4）经济性损失是指由于外部环境变化造成的设备减损，主要根据产品销售困难导致开工不足或停止生产，从而形成资产的闲置、价值得不到实现等，确定其损失额。

2. 收益估算法

收益估算法是依据未来的预期收益折算为现值来进行估算的损失计量方法，从收益的角度对损失进行计量，在现时基础上对远期收益进行估算，进而计量损失的量化值。损失时的现实价值是确定的。该方法一般适用于对无形资产、自然资源性资产、长期投资等的损失计量。

收益估算法的计算公式如下：

$$QI = \sum_{i=1}^{n} Y + Ln$$

其中：QI 指计量对象的损失计量值；Y 指未来各期的收益；Ln 指现时的损失值；n 指预先确定的远期期限。

（1）未来各期的收益。若各期收益相同，则计量只需要考虑一期的收益值即可；若各期收益不同，则要分期对收益值进行估算，但各期收益都可以借助一定的技术手段，总结出相应规律进行估算。

（2）预期确定的远期期限。远期是指选定一个确定、合理的计量期限。真实反映出损失的时点性、影响及大小的同时，要充分结合现实条件及技术条件，考虑损失计量的实际性，保证计量的损失真实性。期限的计量单位也要预先选定，一般按年、月、日等分期。

3. 市场对比法

市场对比法是指根据损失发生时的类似状态选定多个参照标准，通过对参照标准的计量、比较、调整和分析，最终确定损失值。参照标准的选择：首先，其必须与计量的损失具有一定的相似性且大体上是可以替换的；其次，要充分考虑时间、空间、功能因素等；最后，要选取多个具有可比性的参照标准，避免偶然性因素的影响，才能较为真实、全面地反映出计量的损失形态、性质等。

市场对比法从多个参照标准入手，相对而言是最具客观性的一种计量方法。一般用于普通物品、货物、房地产等的损失计量，但对于没法选定参照标准的损失就存在着计量的技术障碍。

由于我国尚未建立全国统一的司法会计鉴定专用标准，实务中基本引用财务会计标准作为司法会计鉴定标准。但制定财务会计标准是基于经济管理和经济监督需要，并不考虑诉讼需要，因而财务会计标准应用于司法会计鉴定时具有一定的局限性。质言之，并不是所有的财务会计标准都可以引用为司法会计鉴定标准。鉴定人在引用财务会计标准时，不能千篇一律，应视不同情形区别对待。对审计过程中执行函证、存货监盘、询问、审计抽样、审计调查等符合审计法律或准则但不符合诉讼法律或司法鉴定程序的审计报告,或者因审计证据不完整不充分出具的保留意见的审计报告,以及无法表示意见的审计报告,不能作为司法会计鉴定使用。相反,不违反上述规定且由具有司法鉴定资质的注册会计师出具的审计报告,可以视作司法会计鉴定意见而使用①。

三、民商事案件法务会计的非诉支持

(一)法务会计防范企业舞弊

1. 企业舞弊的相关理论

关于企业舞弊动因的理论主要有企业舞弊形成的三角形理论、GONE 理论和企业舞弊风险因子理论等。

(1)舞弊三角理论。该理论最初是由美国注册舞弊审查师协会(Association of Certified Fraud Examiners,ACFE)的创始人、原美国会计学会会长、美国著名的内部审计专家史蒂文·阿尔布雷克特(Steve Albrecht)提出的。他认为,尽管舞弊形成的因素很多,但最为主要的有三个方面的基本要素,即感受到的压力、舞弊的机会和自我合理化。舞弊者得到作案的机会越多或承受的压力越大,实施舞弊所需要自我合理化的借口就越少;相反,某人的诚实程度越低,其实施舞弊活动所需的机会与压力程度会越小。人们一般会认为,预防舞弊发生的主要途径是通过完善公司内部控制,减少为舞弊者提供的机会,较少有人注意到在压力和自我合理化两个方面的改进。

舞弊可以为舞弊者个人或组织带来短时的利益或好处,这样的利益或好处可以有效地缓解或消除舞弊者所承受的各种压力。大部分专家认为这些压力可以分为四种类型,即与财务相关的压力、与恶习相关的压力、与工作相关的压力和其他压力。

舞弊发生的另一个重要因素是环境为舞弊者提供的机会。一般认为,至少有六个主要因素可以形成组织内部个人实施舞弊活动的机会:缺少或绕过能够防止或发现舞弊活动的控制;无法评价雇员工作质量;疏忽了对员工的纪律约束;缺乏信息的沟通;无知、冷漠、低能;缺乏内部审计追踪。

舞弊三角理论的第三个因素是"自我合理化",是指人们在实施舞弊时通常会找各种借口或理由说服自己,让自己的舞弊行为成为自我想象中的可接受行为。自我合理化实质上是忠诚性的缺乏。忠诚性是自始至终都按照最高的道德价值标准来约束行动的一种能力。缺乏忠诚性的员工,在适当的动机和压力下就可能实施舞弊行为。这时,忠诚性缺乏就转化为自我合理化。大部分的舞弊者实施舞弊活动之前都会找到一些似乎合理的借口或理由:组织有负于我;我只是借些钱,我将来会还的;我不会伤害任何人;这是我应得的;我的出发点是好的;只要我们渡过财务困难,我们会恢复真实的账簿记录;我这样做是为了大家的利益;我是不得已才牺牲个人的诚信与声誉的。

(2)GONE 理论。GONE 理论是由杰克·布鲁根(Jack Bologna)和热赛弗·韦尔斯(Joseph Wells)在 1993 年提出的。该理论是在舞弊三角形理论的基础上进一步拓展得到的,是理论界对舞弊风险因素的另一种解释方法。该理论认为舞弊由 G、O、N、E

---

① 章宣静:《不能把审计报告误作司法会计鉴定使用》,《尚权刑辩》2022 年第 1 期。

四个因子组成,因而又称舞弊四因素理论。GONE 由四个英语单词的首字母组成,分别是:"G"表示"greed",即贪婪、贪欲;"O"表示"opportunity",即机会;"N"表示"need",即需要;"E"表示"exposure",即暴露。其意为"过去的;用完了;无可挽救的",意思是在这四个因素共同作用下,舞弊或财产的侵占就会发生,受害者的财产利益等就将离他而去。

舞弊主体贪婪的心理特征在企业中可以体现在管理层的风险偏好水平、管理层持股比例以及管理层控制权和剩余索取权的不匹配等方面。管理层风险偏好和管理层持股比例更容易激发贪婪心理,使舞弊主体通过舞弊来攫取超过自身合法程度的额外利益,即舞弊收益。获得的舞弊收益越多,个人的贪婪心理越容易膨胀,由此形成实施财务舞弊的恶性循环。

机会是行为主体实施舞弊而避免被处罚的时机,即实现舞弊行为可能的途径与手段。机会同潜在的舞弊者在组织中掌握的一定权力有关,由于资产必须在具体的岗位由雇员掌握和控制,所以这种机会不可能完全消除,只能尽力减少或消除,以确保这种风险要素低于一定水平。

对于上市公司,实施财务舞弊的"机会"因子可区分为内部因子和外部因子两大方面。内部"机会"因子主要是指股权结构、董事会、监事会及内部控制等公司治理结构方面。股权结构决定了公司治理结构的基调与框架,合理的股权结构可以保证董事会、监事会及内部控制等公司治理具体安排的有效设计及落实。股权结构主要涉及股权构成、股权集中度,股权适度集中能在一定程度上产生利益趋同效应,使控股股东和中小股东的利益趋于一致,有利于公司治理效率的提升。但股权过度集中将产生利益侵占效应,即在控股股东和非控股股东发生利益冲突时,控股股东可能以牺牲小股东的利益为代价来追求自身利益。外部"机会"因子主要是指外部审计监管方面。财务报告披露前必须由注册会计师实施审计,外部审计作为防范财务报告舞弊的最后一道防线,其不足或无效无疑为财务报告舞弊提供了机会。

需要是指个人基本生活消费需求的满足程度,是一种行为的动机,舞弊者的需要由一系列复杂繁多的因素构成,最基本的动机是经济需求。动机是会计舞弊行为产生的关键,不良的行为动机容易在外界刺激下产生不正当的会计行为,即会计舞弊。舞弊的"需要"来源于公司期望获取不当利益,这些利益或来自资金渴求,或来自良好股价表现,抑或是来自企业经营者谋其自身利润的分红计划等。具体表现就是虚假信息破坏了市场资源职能的合理配置有效性,从而导致资源配置不当或者市场调节能力低下。

暴露有两部分内容:舞弊行为被发现、揭露的可能性;对舞弊者惩罚的性质及程度。舞弊行为为达到目的,总是具有一定欺骗性和隐蔽性的,发现这种行为可能性的大小就会影响舞弊者在行为实施之前对舞弊行为结果能否成功的判断。惩罚的性质与程度也会影响行为实施前的判断,从而给潜在的舞弊者以足够的威慑力。

从这个理论可以看出,在防范财务舞弊的过程中,需要对 GONE 理论的四个方面同时控制,否则就很难将财务舞弊的风险控制在较低的水平。财务舞弊不仅含有内部动机,外部环境更加重要。企业缺乏内部控制、监管法律法规不到位,甚至只是恶劣的外部总体环境,都会像"破窗理论"一样对财务舞弊产生影响。因此,对于财务舞弊应该进行基于各种因素的联合控制,不给财务舞弊以任何可乘之机,从根源上杜绝财务舞弊产生的因素,否则就会导致财务舞弊治理的失败。

(3) 舞弊风险因子理论。舞弊风险因子理论也是由杰克·布鲁根(Jack Bologna)和热赛弗·韦尔斯(Joseph Wells)提出来的,该理论在 GONE 理论基础上进一步完善。风险因子理论有道德品质、动机、舞弊机会、发现可能性、舞弊受惩罚的性质和程度五个因素,归类为个别风险因子与一般风险因子。

个别风险因子指不在团体或者组织控制范围之内的因素,个别风险是由个体的道德扭曲和动机不良引起的,主要包括道德品质和动机。

一般风险因子是舞弊者可以控制的因素,一般风险是暴露的可能性小以及受惩罚程度轻等问题所引起的风险,包括潜在的舞弊机会、舞弊被发现的概率以及舞弊被发现后受到惩罚的性质和程度。

2. 舞弊检查方法

注册会计师在决定采用何种审计程序收集审计证据时,有七大类程序可供其选择,即检查、观察、询问、函证、重新计算、重新执行和分析程序①。这些类别也被称为审计证据的类型或收集审计证据的方法,每一项审计程序总能获得一类或多类证据。借助注册会计师查找重大错报的审计方法,舞弊检查法务会计人员可以采用八种方法,即分析程序、检查、询问、换位思考、盘点、函证、利用专家工作和追踪现金流量。

(1) 分析程序。调查人员通过分析不同财务数据之间和财务数据与非财务数据之间的内在关系,发现与其他数据不一致或与预期值差异重大的波动,据以识别企业中存在的犯罪风险因素。即使舞弊者能够篡改某些财务信息或非财务信息,但无法改动所有的信息,信息之间有一定的勾稽关系,分析程序就是利用不同信息之间的相关性来识别舞弊风险因素。因此,分析程序在识别上具有很好的效果。

(2) 检查。犯罪者的舞弊行为在相关书面资料中会有一定程度上的反映。调查人员通过对企业中以书面形式存在的资料进行审阅,来判断所发生交易或事项的合理性和真实性。

(3) 询问。企业管理层舞弊可能会指使其他人员去完成,其他人员必然知道一些管理层的犯罪线索。但是,其他人员也有可能为了报复管理层而提供一些虚假的信息。所以,对相关人员进行适当询问可以很好地识别风险因素。在询问时,调查人员应当充分应用语言技巧,对被询问者察言观色,既要从被询问者那获取想要的信息,又要避免被询问者告诉正被调查的舞弊者,而使得存在舞弊或犯罪行为的管理者有了防备。

(4) 换位思考。调查人员在调查过程中假设自己是企业舞弊的实施者,在面对存在的压力、机会和借口时,将会采取哪些把企业财产据为己有和掩盖自己犯罪行为的方式和手段。然后,调查人员对其假设推导出来的犯罪方式和手段进行调查,以获取舞弊者的犯罪证据。

(5) 盘点。调查人员对企业的实物财产(包括有价证券、现金、存货等)进行清算和盘点,以证实账面数和实有数是否相符。通过实物财产的盘点,能够及时发现企业财产

---

① 中国注册会计师协会:《审计》,中国财政经济出版社,2017,第48页。

的减少,取得舞弊犯罪证据,保护企业财产的安全和完整。

(6) 函证。函证是调查人员向相关部门发询证函,以证实企业财产真实存在性的一种取证方法。盘点法只能证实财产存在,并不能证明存在的财产是否为企业所拥有、所有权是否属于企业。函证法就是从外部获取财产所有权是否归属企业的证据。函证法包括积极式函证和消极式函证。在对舞弊犯罪进行调查时,主要采用积极式函证,不管财产是否属于被调查的企业,被询证者都要回函。

(7) 利用专家工作。在一些超出调查人员能力的领域,有必要请求专家来帮忙解决。利用专家工作主要包括资料真伪的识别和财产价值的评估。盘点和函证只能证明存在的财产属于被调查的企业所有,但无法证明存在的财产价值是否正确,舞弊者很可能利用财产价值的不公允来侵占企业财产。财产价值的评估就是帮助判断企业财产价值的公允性是否合理。

(8) 追踪现金流量。现金是流动性最强的资产,舞弊往往与谋取现金有关。对侵占现金的调查应当从现金流动的路径为着手点进行调查。调查人员根据现金的流程实施调查,检查现金流转的各个环节,以证实现金是否被侵占。追踪现金流量包括追踪现金的流入环节、在企业内部流动环节和流出环节。在追踪现金流量时,要注意调查现金流入与流出的时点和金额是否合理,是否存在截取企业现金的犯罪行为。

3. 法务会计防范财务舞弊的途径

(1) 事前预防舞弊发生。事前预防是减少损失最有效的方法,但是在实际的财务舞弊案例中,通过监管部门、社会审计等的力量很难做到事前进行预防。法务会计对财务舞弊的事前预防是指运用多学科知识和技术,在调查中着重关注内部控制存在的漏洞,防止给管理层舞弊制造机会。

同时,法务会计具有诉讼支持的功能。通过损失计量,可以对公司财务舞弊行为造成的损失进行计量,形成相关诉讼证据,从而反向增加公司的舞弊成本,预防公司舞弊行为的发生。在瑞幸咖啡财务舞弊案发生之前,如果有法务会计介入了公司的内部治理,那么公司的董事、高管将考虑到自身的舞弊行为最终会带来巨大的损失,法务会计对公司相关损失的精准计量会让管理层更怯于进行舞弊行为,从而发挥事前预防的作用。

(2) 事中控制舞弊发展。在很多财务舞弊案件中,利益相关者都能察觉到财务信息的异常,但受限于对专业知识的掌握,无法收集到有力的证据,导致不能及时指出舞弊行为。法务会计在对公司进行舞弊调查时,得益于在法律、会计、审计等方面的专业性,其调查思维和方式将不局限于某一方面,能够全面地展开调查,发现舞弊行为证据。通过法务会计专业、敏锐的调查,可以尽量缩小财务舞弊的影响,相应减少损失。

在瑞幸咖啡财务舞弊案件中,如果有法务会计人员对公司日常的经营进行调查,就能利用其法学专业知识更加清晰地发现股权架构中存在一股独大的现象,同时结合会计学的理论和实践,能更敏锐地发现公司大股东融资套现的行为,准确发现舞弊证据,从而有效控制财务舞弊事件的发展。

(3) 事后进行诉讼支持。如今的经济市场非常活跃,财务舞弊现象很难完全被控制。法务会计的诉讼支持功能可以帮助投资者减少损失,准确找到舞弊证据,提起诉讼。法务会计拥有财务、法律知识双重学科背景,可以针对财务报表中异常的项目提出质疑,从专业角度进行损失计量,在现行的法律规定下提出具有证明力的证据,指控公司的舞弊行为,从而让企业受到法律的制裁,维护投资者的权益。

(二)法务会计介入公司内部治理

公司财务舞弊案件的发生往往与管理层有着千丝万缕的联系,是公司治理出现问题的不良后果。据统计,72%的公司舞弊案件涉及首席执行官(CEO),43%的舞弊案件涉及首席财务官(CFO),29%的案件涉及包括副总经理在内的其他管理人员,管理舞弊已经成为严重突出的舞弊问题。法务会计兴起于20世纪70年代,是一个随着公司内部股票舞弊案和储蓄信贷丑闻大量出现而兴起的行业①。伴随着经济发展活动中大量舞弊问题的发生而产生的法务会计,在舞弊调查方面专业性更强,调查技术方法更为合法高效,不仅可以高效地介入公司内部舞弊调查,还可以降低公司内外部各方利益相关者参与内部治理的法律风险,保证投资者等各方利益相关者的合法权益。

公司利益相关者对公司经营活动付出了一定的代价并承担了一定的风险,企业经营决策者必须考虑接受他们的约束。管理舞弊可能致使外部利益相关者在虚假信息的误导下做出错误决策,损害利益相关者权益并产生利益冲突。该冲突为作为第三方的法务会计公正合理地介入并解决冲突、整合矛盾提供了可能性。

法务会计借助管理舞弊引发的公司内外部利益相关者的利益纠纷,通过被授权等方式依法介入公司内部,独立进行舞弊调查并参与公司内部治理,协助公司内外部利益相关者解决冲突。通过发挥法务会计善于发现舞弊的专业优势,能及时发现公司内部管理舞弊行为并依法对外披露,从而推动社会公众对公司进行监督,在此压力下实现外部利益相关者参与内部治理,形成公司内外部联动治理,倒逼公司及时遏制管理舞弊,主动完善内部治理结构。

法务会计参与公司内部治理具有综合多样的舞弊调查手段。法务会计融合了会计学、审计学、法学、证据学等多学科知识,相较于传统审计舞弊手段更为综合和高效。首先,通过多样综合调查手段,法务会计不仅关注公司财务方面的舞弊活动,也可以从非财务视角切入对管理舞弊进行调查,更为高效地识别出企业早期舞弊的苗头和隐匿性较强的舞弊行为,从而起到事前舞弊预防和控制的作用,避免更高的事后成本。其次,法务会计介入公司舞弊调查,能规避公司各利益相关者介入治理的法律风险。最后,法务会计调查取证方法更符合法律要求,将依法取得的证据凝结成一个系统完整、令人信服的证据链,可以直接有效地支持法庭诉讼活动,及时高效地识别和遏制管理舞弊的发生。

法务会计介入舞弊治理具有持续性和独立性。公司内部治理和内部控制偏向于在事前和事中控制管理舞弊的发生,但不可避免地存在内部治理结构不完善和高管合谋等问题,导致内部控制机制失灵,难以有效地约束公司管理舞弊;外部治理偏向于事后控制,处于信息劣势的外部治理力量难以及时有效地实现对公司管理舞弊的监督。通过法务会计介入治理可以丰富和拓展公司治理手段,对公司舞弊治理更具持续性。

---

① 王平、宋鑫:《法务会计介入公司内部治理及内外联动治理机制构想》,《财会月刊》2021年第11期。

法务会计的调查事项具有针对性和高效性。传统审计一般通过审查财务资料,聚焦于对被审计单位全部财务状况和经营成果的审计,而非全面聚焦于财务领域舞弊的调查,其对舞弊的针对性较弱,效率和效果不佳;法务会计则可以采取更有针对性的专项舞弊调查,聚焦于小范围的专项调查,高效地针对特定调查对象并围绕某一法律事项开展调查。

法务会计的舞弊调查具有主动性和及时性。法务会计的舞弊审计是不定期、主动的,无论是事前、事中和事后,都能在不影响公司正常经营的情况下有针对性地对管理舞弊事项进行突袭调查。同时,法务会计调查方式也不拘泥于常规审计或经营审计,对发现的所有可疑舞弊线索都会进行调查和收集,包括对职工相关情况进行调查,以综合识别舞弊行为,有效地弥补了外部审计和内部审计的不足。

(三) 法务会计对投资者的保护

上市公司财务舞弊的手段不断变化、更新,给投资者和债权人造成的损失愈来愈大,维护股东和债权人的利益、预防和控制财务舞弊案件的发生就显得尤为重要。法务会计对财务信息保持高度的敏感性,若能参与到公司的财务治理中,通过调查分析企业现金资产的流入与流出之间存在的关系、财务报表流动资金及企业的应收账款与营业收入的比率、库存周转率及库存的数量、在职人员和聘用时的背景调查等,及时发现问题,建立全方位的监督体系,在一定程度上能够遏制财务舞弊行为,降低投资者和债权人的利益损失。

在财务舞弊案件发生前,法务会计能发挥预防和控制的积极作用;在财务舞弊案件真实发生后,法务会计可以运用数据分析等技能为投资人和其他利益相关者提供相关的财务资料等,参与案件的调查取证,尽可能降低损失①。

2020年4月2日,美股上市公司瑞幸咖啡财务舞弊案爆发。瑞幸咖啡当天股价暴跌75.6%,市值缩水至16亿美元。一时间,摩根士丹利、瑞士信贷、中金公司、海通国际等知名投行如坐针毡,四大会计师事务所之一安永亦忙于自保。在瑞幸咖啡财务舞弊案爆发两个月前,著名的做空机构浑水公司(Muddy Waters Research)公开了一份匿名的做空报告,指控瑞幸咖啡涉嫌财务造假,门店销量、商品售价、广告费用、其他产品的净收入都被夸大,2019年第三季度瑞幸的门店营业利润被夸大3.97亿元。

浑水公司运用实地观察法,调动92名全职和1418名兼职人员进行实地观察,成功记录981个工作日的门店流量,覆盖了620家门店100%的营业时间;运用实物验证法,通过到门店观察到的数据推算单门店每天的订单数量;运用票据核实法从10119位客户那里收集了25843张客户收据,分析出单笔订单商品数呈下降趋势;运用对比分析法,将瑞幸给出的净销售价格与浑水公司收集的收据表明的净销售价格进行对比,得出瑞幸所报告的数据膨胀率为12.3%;运用外部咨询法,根据CTR市场研究公司的追踪数据,瑞幸夸大2019年第三季度广告费用超过了150%;运用会计试算法,比较真实情况与报告中情况,瑞幸多报了2019年第三季度的门店层面经营利润3.97亿元,恰巧瑞幸所报告的广告费用与CTR追踪的分众传媒实际支出的差额为人民币3.36亿,

---

① 齐梦宣:《浅议法务会计在上市公司财务舞弊中的作用与发展》,《会计师》2019年第14期。

这与多报的门店级经营利润十分接近①。

运用税务反推法,浑水公司为了确认相关产品的增值税税率为13%,在瑞幸进行消费并索要增值税记录,发票清晰显示坚果、松饼、果汁等增值税税率为13%,鲜制饮品和配送费税率为6%。运用关联调查法,根据瑞幸在2020年1月8日发布的招股书,董事长陆正耀、CEO钱治亚和陆正耀的姐姐Sunying Wong分别质押了30%、47%和100%的股份,但瑞幸的招股书未披露陆正耀与Sunying Wong是兄妹关系,他们的关系是在另一上市公司2018年年报中被披露的。瑞幸的管理层总共通过股票质押兑现了近一半的股份,而其余投资者则面临股票崩盘的巨大风险。运用尽职调查法,发现瑞幸联合创始人兼首席营销官杨飞曾因非法经营罪被判处有期徒刑18个月,彼时他是北京口碑营销策划有限公司的联合创始人兼总经理,后来口碑与北京氢动益维科技股份有限公司成为关联方,后者现在是神州租车的子公司,并且正在与瑞幸进行关联方交易。杨飞曾代表瑞幸多次公开露面,与瑞幸董事长兼CEO关系密切,然而他的名字从来没有显示在瑞幸官方网站的任何文件上面。

浑水公司这份研究报告内容翔实、证据充足、视角独到,尽其所能地收集瑞幸咖啡的经营数据、信息,揭露公司隐藏在"繁荣"背后的"真相",让投资者更全面、直观了解企业的经营情况、财务数据等信息,从而帮助投资者进行理性判断,降低投资受损。

瑞幸咖啡事件给在美国上市的中概股企业敲响了警钟②。瑞幸咖啡事件属于典型的虚假陈述,其对业务数据造假的行为将引发美国投资者对其巨额的索赔。依据美国《1934年证券交易法》项下的一般性反欺诈条款,即著名的10b-5规则,基于对上市公司披露信息之信赖买入股票的投资者,可以对股票发行人提出民事诉讼。同时,对实施业务造假的责任人也有相应的刑事处罚予以制裁③。为了能够对投资者进行救济,美国《萨班斯-奥克斯利法案》设立公平基金制度,可以将对实施业务造假者的罚款、没收和刑事罚金纳入公平基金,用于赔偿投资者损失。

我国最新修订的《证券法》已于2020年3月1日生效实施。新修订的《证券法》分别从司法及行政两个维度入手,进一步强化了对投资者的保护措施。设立专章规定了投资者保护制度,确定了投资者以及投资者保护机构的权利、发行人及证券公司等多方主体的义务,明确了证券纠纷调解制度以及证券诉讼制度如何实施、谁来实施等重要问题。解决了长期以来存在的投资者维权难问题,为注册制下的投资者保护提供了制度保障,进一步完善了我国投资者权益保护机制。

强化投资者的保护是市场经济健康发展的基石。法务会计能够结合企业的相关数据资料、经营情况、资产信息等,运用专业的分析方法,在企业内部控制系统不够完善、控制手段不健全、内部审计无法保证独立性的情况下,帮助投资者尽快发现可能存在的财务问题,起到事前预防的作用。管理人员或财务人员在不知情的情况下处理财务舞

---

① 具体内容参见《浑水公司瑞幸咖啡做空报告(中文翻译版)》,道客巴巴,2020年6月20日,http://www.doc88.com/p-68739799487829.html。
② 寇鑫、崔彩萍:《瑞幸咖啡财务造假事件的分析及启示》,《财会研究》2020年第8期。
③ 李有星、潘政:《瑞幸咖啡虚假陈述案法律适用探讨——以中美证券法比较为视角》,《法律适用》2020年第9期。

弊事件,可以通过法务会计人员与审计员核对相关文件,检查经济交易的合法性,从而起到事中控制的作用,保障投资者的合法权益。

法务会计可以参与处理企业财务舞弊等领域的整个法律程序,包括证据调查和收集、测试专家证词和法庭辩护,还可以利用经济纠纷专业知识与法律会计知识之间的关系,更加清晰客观地展现案件真实情况,从而全方位保证投资者利益。

四、案例分析

案例一

福建省高德工程建设有限公司诉恒丰行物业管理有限公司、溧阳峰达置业有限公司①

【基本案情】

再审申请人福建省高德工程建设有限公司(以下简称高德公司)因与被申请人恒丰行物业管理有限公司(以下简称恒丰行公司)、溧阳峰达置业有限公司(以下简称峰达公司)执行异议之诉一案,不服(2019)苏民终110号民事判决,向最高法院申请再审。高德公司提出再审请求:改判追加恒丰行公司为(2016)苏04执407号案件的被执行人,对峰达公司欠高德公司的债务承担连带责任。其事实和理由如下:① 原判决程序违法,认定事实不清。其认定案件事实的主要依据为常州华行会计师事务所出具的常华专审[2017]第051号专项审计报告、常华专审[2018]第073号专项审计报告。两份审计报告所依据的财务资料未经当事人质证;相关账目也并不完整;审计签字人员未参与审计工作。以上情况影响审计结论。原判决认定审计结果属于程序违法,进而导致事实认定不清。② 原判决中恒丰行公司提交的《独立核数师报告》存在以下问题:该报告为其单方委托;该份报告形式上并不符合法律对鉴定意见的要求;内容上该报告所依据的检材未经双方质证;财务资料不完整。原判决认定该报告属程序违法,进而导致认定事实不清。综上所述,原判决认定事实的主要证据包含两份审计报告、一份《独立核数师报告》,其报告所依托的检材并未经当事人质证,资料不完整,违反证据规则,属于程序违法。

【案件焦点】

独立委托的专项审计报告能否作为认定案件事实的根据。

【裁判要旨】

最高法院经审查认为,高德公司的再审申请不符合《民事诉讼法》第200条第2项、第4项规定情形②。① 高德公司的再审申请不符合民诉法第200条第2项规定

---

① 最高人民法院(2020)最高法民申356号民事裁定书。
② 当时法院引用的是2017年修正版《民事诉讼法》。该法后于2021年修正,法条序号有所调整(现第207条)。

情形:《中华人民共和国公司法》(以下简称《公司法》)第63条规定,一人有限责任公司的股东不能证明公司财产独立于股东自己的财产的,应当对公司债务承担连带责任。一人有限责任公司股东为一个自然人或一个法人,在缺乏股东相互制约的情况下,一人有限责任公司的股东容易利用控制公司的便利,混淆公司财产和股东个人财产,将公司财产充作私用,同时利用公司独立人格和有限责任规避债务,损害债权人利益。在此情况下,为了保护公司债权人利益、降低交易风险,公司法通过规定公司法人格否认举证责任倒置来加重股东义务,加强对一人有限责任公司的法律规制。本案中,作为一人有限责任公司股东的恒丰行公司已提交《公司董事会决议证明》《独立核数师报告》及人民法院委托会计师事务所作出的专项审计报告等证据证明其财产与峰达公司财产相互独立。《最高人民法院关于民事执行中变更、追加当事人若干问题的规定》(法释〔2016〕21号)第20条规定,作为被执行人的一人有限责任公司,财产不足以清偿生效法律文书确定的债务,股东不能证明公司财产独立于自己的财产,申请执行人申请变更、追加该股东为被执行人,对公司债务承担连带责任的,人民法院应予支持。根据该条规定,在恒丰行公司已证明峰达公司财产独立于其自己财产的情况下,原判决驳回高德公司追加恒丰行公司为被执行人的诉讼请求并无不当。② 高德公司的再审申请不符合《民事诉讼法》第200条第4项规定情形。就《独立核数师报告》、两份专项审计报告而言,在案件审理过程中,人民法院已组织当事人质证。各方当事人对上述证据均已阐述各自观点,上述证据可以作为认定案件事实的根据。

【案件评析】

关于《独立核数师报告》,《最高人民法院关于民事诉讼证据的若干规定》(法释〔2019〕19号)第41条规定,一方当事人自行委托有关部门作出的鉴定结论,另一方当事人有证据足以反驳并申请重新鉴定的,人民法院应予准许。《独立核数师报告》虽是恒丰行公司单方委托,但《独立核数师报告》的内容与专项审计报告、《公司董事会决议证明》等相印证,高德公司虽对《独立核数师报告》提出异议,但其未能提交足以反驳的证据并申请重新鉴定。原判决根据《独立核数师报告》认定案件事实并无不当。

关于专项审计报告。本案审理过程中,一审法院根据恒丰行公司的申请依法委托常州华行会计师事务所对峰达公司进行专项审计。该会计师事务所在审计后,向一审法院出具[2017]第51号专项审计报告。在高德公司对[2017]第51号专项审计报告提出相关质证意见后,一审法院要求常州华行会计师事务所进行补充审计。后常州华行会计师事务所向人民法院出具[2018]第073号专项审计报告。高德公司对[2018]第073号专项审计报告提出专项审计报告依据的财务账册不完整、财务账册未经质证等意见后,一审法院向常州华行会计师事务所进行询问,常州华行会计师事务所审计人员对高德公司提出的质证意见进行了回复。高德公司主张专项审计报告依据的财务资料未经当事人质证、相关账目不完整、审计签字人员未参与审计工作,但专项审计报告与《公司董事会决议证明》《独立核数师报告》等相互印证,且高德公司提出的上述异议未能提交相关证据证明,故高德公司依法应承担举证不能的法律后果。原判决将专项审计报告作为认定案件事实的依据并无不当。

丁红春等与上海飞乐音响股份有限公司证券虚假陈述责任纠纷案①

【基本案情】

被告飞乐音响公司系上市公司,其公开发行的A股股票代码为600651,股票简称原为"飞乐音响",2020年5月7日起变更为"XST飞乐"。2017年8月26日,被告飞乐音响公司发布2017年半年度报告。该公告发布后,飞乐音响股价连续三个交易日(2017年8月28日、8月29日、8月30日)上涨,涨幅分别为3.58%、1.08%、2.03%。2018年4月13日,被告飞乐音响公司发布《2017年年度业绩预减及股票复牌的提示性公告》,载明:经公司自查,发现2017年半年报和三季报存在收入确认方面的会计差错,初步预计该等差错将导致2017年1—9月份营业收入减少17.4亿元,导致2017年1—6月份营业收入减少7.5亿元。该公告发布后,飞乐音响股价连续3个交易日(2018年4月13日、4月16日、4月17日)跌停。

中国证监会上海××局《行政处罚决定书》[编号:沪(2019)11号]认定,被告飞乐音响公司因"智慧沿河""智慧台江"项目确认收入不符合条件,导致2017年半年度报告合并财务报表虚增营业收入18 018万元、虚增利润总额3 784万元;导致2017年第三季度报告合并财务报表虚增营业收入72 072万元,虚增利润总额15 135万元;导致2017年半年度、第三季度业绩预增公告不准确。上述行为违反了2014年修正版《证券法》第63条"发行人、上市公司依法披露的信息,必须真实、准确、完整,不得有虚假记载、误导性陈述或者重大遗漏"的规定,构成了2014年《证券法》第193条第1款"发行人、上市公司或者其他信息披露义务人未按照规定披露信息,或者所披露的信息有虚假记载、误导性陈述或者重大遗漏"所述情形,因此,依据2014年《证券法》第193条第1款的规定,决定对被告责令改正,给予警告,并处以60万元罚款。被告于2019年11月2日发布收到该《行政处罚决定书》的公告。双方当事人一致确认,被告飞乐音响公司上述被处罚的信息披露行为构成证券虚假陈述行为。该虚假陈述行为的实施日为2017年8月26日,即被告发布2017年半年度报告之日;揭露日为2018年4月13日,即被告发布《2017年年度业绩预减及股票复牌的提示性公告》之日;以自揭露日起至飞乐音响股票累计成交量达到其可流通部分100%之日为基准日,即2018年7月30日;以揭露日起至基准日期间每个交易日收盘价的平均价格为基准价,经计算为4.826元/股。

本案审理过程中,双方当事人均申请法院委托专业机构对投资损失数额、证券虚假陈述行为以外的其他风险因素导致的损失扣除比例等进行核定,但对委托机构意见不一。原告申请委托中证资本市场法律服务中心(以下简称中证法律服务中心)进行损失核定,被告飞乐音响公司则申请委托上海××大学中国××研究院进行损失核定。根据《最高人民法院关于审理证券市场因虚假陈述引发的民事

---

① 上海市中级人民法院(2020)沪74民初2402号民事判决书。

赔偿案件的若干规定》(法释〔2003〕2号)(以下简称《虚假陈述司法解释》)①第24条,法院组织双方当事人当庭随机抽取,最终确定中证法律服务中心为本案损失核定机构。2021年3月11日,中证法律服务中心出具了《证券投资者损失核定意见书》(以下简称《损失核定意见书》)。《损失核定意见书》载明:① 确定投资者可索赔股票范围。在计算损失前,先逐日考察投资者在实施日至揭露日期间交易记录的证券余额情况,若收盘后证券余额为0的,依法推定该日前买进的股票已全部卖出,该日前的交易记录不参与损失计算(包括投资差额损失和证券市场风险扣除计算),该日后的首笔买入交易为第一笔有效买入,参与损失计算;若未出现证券余额为0的情形,则以实施日后的首笔买入交易为第一笔有效买入,参与损失计算。② 计算投资差额损失。首先,采用移动加权平均法计算买入均价。该算法公式是:买入均价=(本次购入股票金额+本次购入前持股总成本)/(本次购入股票数量+本次购入前持股数量)。然后,再计算投资差额损失。该算法公式是:投资差额损失=(买入均价-卖出均价)×揭露日有效持股余额在揭露日至基准日期间卖出股数+(买入均价-基准价)×揭露日有效持股余额在揭露日至基准日期间未卖出股数。③ 投资者最终应获投资差额损失为投资差额损失扣除证券市场系统风险。对于系统风险的确定,首先,确立'3+X'组合参考指标体系。在本案中,'3'代表综合指数(本案为上证综合指数000001.SH)、申万一级行业指数(本案为电子行业指数801080.SL)和三级行业指数(本案为LED行业指数850832.SL)(统称行业指数),'X'代表热点比较突出的反映系争股票特点的概念指数,本案未选取。其次,证券市场系统风险的考察区间为第一笔有效买入日到基准日前最后一笔卖出日或基准日。再次,不同情况下组合指数参与系统风险扣除计算的判定方法如下:综合指数下跌,说明存在全局性系统风险,三种参考指数均参与计算;综合指数上涨,且一级行业指数下跌,说明存在行业性的系统风险,故仅一级行业指数、三级行业指数参与计算;综合指数和一级行业指数均上涨,且三级行业指数下跌,说明存在局部性的系统风险,故仅三级行业指数参与计算。最后,采用同步指数对比法进行具体计算。从投资者第一笔有效买入开始,将每个投资者持股期间的综合指数、行业指数的平均跌幅与个股跌幅进行对比,用相对比例法扣除证券市场系统风险的影响。证券市场系统风险扣除比例=组合指数平均跌幅/个股跌幅。其中,组合指数平均跌幅是将案件选取的参考指数分别计算出涨跌幅后,按照前文组合指数的判定规则判定纳入证券市场系统风险比例计算的指数涨跌幅数值,计算出参考指数的平均跌幅。即组合指数平均跌幅=(参考指数1跌幅+参考指数2跌幅+……参考指数N跌幅)/N,N代表参与计算的指数的数量。④ 投资者佣金=投资差额损失×佣金费率0.03‰。印花税=投资差额损失×印花税税率0.1‰。资金利息=(投资差额损失+佣金+印花税)×银行同期活期存款利率0.35%×第一笔有效买入日

---

① 2022年1月21日,《最高人民法院关于审理证券市场虚假陈述侵权民事赔偿案件的若干规定》(法释〔2022〕2号),对2003年出台的"虚假陈述司法解释"进行了系统性的修改和完善,进一步强化了证券投资者保护。本案审理时,仍适用之前的司法解释。

至最后一笔卖出日或基准日的实际天数/365天。

2021年5月11日,上海金融法院判决被告飞乐音响公司应向315名原告赔偿投资损失共计123 547 952.4元。此外,被告还应当支付原告通知费15 500元和律师费945 000元。2021年5月25日,因不服上述一审判决,飞乐音响向上海市高院提出上诉。2021年9月29日,上海市高级人民法院通过公开宣判方式对原告丁红春等315名投资者与证券虚假陈述责任纠纷一案作出终审判决,驳回飞乐音响上诉,维持原判。

【案件焦点】

1. 被告虚假陈述行为与原告买入被告股票是否存在交易上的因果关系,即原告买入股票是否受虚假陈述行为诱导所致。

2. 被告虚假陈述行为与原告的损失是否存在因果关系。

3. 被告虚假陈述行为与原告的损失存在因果关系的情况下,损失金额如何确定,其中包括原告的损失或部分损失是否由证券市场风险因素导致,如果存在证券市场风险因素的影响,应当如何确定其影响程度及相应的扣除比例。

【裁判要旨】

1. 关于交易因果关系的认定

《虚假陈述司法解释》第18条规定:"投资人具有以下情形的,人民法院应当认定虚假陈述与损害结果之间存在因果关系:(一)投资人所投资的是与虚假陈述直接关联的证券;(二)投资人在虚假陈述实施日及以后,至揭露日或者更正日之前买入该证券;(三)投资人在虚假陈述揭露日或者更正日及以后,因卖出该证券发生亏损,或者因持续持有该证券而产生亏损。"即《虚假陈述司法解释》推定在虚假陈述对市场产生影响的时段内进行相关股票交易的投资者,是基于对虚假陈述的信赖而进行的交易。本案中,根据双方当事人均已认可的各原告证券持有变更记录,315名原告均于涉案虚假陈述实施日(含)至揭露日(不含)期间买入飞乐音响股票,并在揭露日(含)后因卖出或继续持有产生亏损,应当推定其买入行为与虚假陈述行为之间存在交易因果关系。

对于上述推定,被告飞乐音响公司可以提出反证,以否定交易因果关系的存在。本案中,被告提供了产业发展规划和收购公告,以证明原告主要是受宏观利好政策和被告自身经营性利好消息吸引而买入股票,并主张部分原告在揭露日后仍多次买入,其交易行为并非出于对虚假信息的信赖。法院认为,被告提供的上述证据仅能证明在半导体照明行业曾存在利好政策以及被告存在收购事宜,而未能证明原告实际做出交易决策时,系基于前述因素的考虑买入飞乐音响股票。部分原告在揭露日后有买入行为,亦有可能是基于降低持仓成本等多种因素考虑,不能证明其此前的交易行为并非出于对涉案虚假陈述行为的信赖。现被告不能证明原告明知虚假陈述行为的存在仍买入股票,也不能证明原告的交易行为未受到虚假陈述行为的影响,故其该项抗辩主张尚不足以推翻依据《虚假陈述司法解释》确立的推定因果关系,法院不予支持。

2. 关于损失因果关系

对于损失因果关系的认定,《虚假陈述司法解释》亦采纳推定信赖的立场,推定在虚假陈述对市场产生影响的时段内进行相关股票交易的投资者,因此产生的损失与该虚假陈述之间存在因果关系。同时,根据《虚假陈述司法解释》第19条的规定,被告举证证明投资者的损失或部分损失是由证券市场系统风险等其他因素所导致的,则应认定虚假陈述与损害结果或部分损害结果之间不存在因果关系。在证券市场中,个股股价除受其自身价值影响外,还同时受到市场风险因素的影响。如果被告有证据证明原告损失的形成存在其他致损因素,该等因素对股价的波动具有相当的影响程度,且与虚假陈述行为无关,则应当认定该等因素所导致的损失不属于被告的赔偿责任范围。本案中,被告飞乐音响公司提供了上证指数历史行情、同类企业历史行情等证据,以证明本案实施日到基准日期间A股市场存在整体波动,飞乐音响股价受此影响同步下跌。法院认为,被告提供的证据能够初步证明原告损失受到了证券市场风险因素的影响,对于该等因素所造成的损失部分,应当认定与虚假陈述行为之间不存在因果关系。至于证券市场风险因素所造成的影响比例,应根据专业分析核定扣除。

被告飞乐音响公司还主张,投资者的部分损失系因被告个股经营风险所致,属于《虚假陈述司法解释》第19条所规定的"其他因素",并为此提供了两份证据。法院认为,为因证券市场虚假陈述受到损失的投资者提供民事赔偿救济,其目的在于保护投资者合法权益,规范证券市场行为,维护资本市场的公开、公平、公正。因此,对于《虚假陈述司法解释》第19条规定的"其他因素"的适用,应严格把握。股票是一种特殊的金融商品,公司经营状况与股票的价值密切相关,但是,股价的形成和波动是综合宏观环境、行业发展、公司业绩、股东构成变化、市场供求关系等多种因素的结果。在判断是否存在个股经营风险因素造成投资者损失时,应当评判有关信息是否对市场产生或可能产生重要影响。同时,市场中影响股票价格的因素众多,既包括利空因素也包括利多因素,如果仅考虑利空因素对股价的影响而扣减投资者获赔比例,对于投资者而言亦不公平。本案中,对于被告提供的2018年年度报告,该报告发布时间为2019年4月20日,并不在涉案虚假陈述行为所影响的时间区间内。即便如被告所言,2018年季报、半年报也反映了其亏损情况,被告亦未提出合理理由和相关证据证明该等情况对股价是否产生影响、影响程度如何。对于被告提供的《2017年度内部控制评价报告》,经查,该报告发布时间为2018年4月28日,报告指出的重大缺陷与被告2018年4月13日发布的《2017年年度业绩预减及股票复牌的提示性公告》所披露的虚假陈述内容基本一致,均指向PPP项目工程进度监控不到位、项目未履行招投标程序已实施等情况,对于报告指出的一般缺陷,公司已组织整改,对体系运行不构成实质性影响,因此,该报告并未披露涉案虚假陈述行为以外的其他重大信息,其发布并不属于涉案虚假陈述行为以外的影响股价的"其他因素"。综上,被告未能提供有效的初步证据证明原告损失或部分损失系《虚假陈述司法解释》第19条所规定的"其他因素"所致,对其该项主张,法院难以支持,亦无法委托损失核定机构予以核定。

3. 被告应赔损失金额的确定

(1) 损失计算方法的认定。双方当事人对《损失核定意见书》采用移动加权平均法计算原告的买入均价进而计算投资差额损失并无异议,其争议在于原告存在多个证券账户时,应将交易记录合并计算还是分账户单独计算。法院认为,根据《虚假陈述司法解释》的规定,应以投资者为主体确定实际损失的计算方式。在同一投资者持有多个证券账户的情况下,其选择某一账户做出买入或卖出的交易决策均出于整体投资策略的考虑,若采用各个账户独立计算的方式,则割裂了投资者投资策略的整体性,未能反映其真实的投资意图。具体到每一名投资者,因其交易情况各不相同,难谓合并计算或是分账户单独计算对个体投资者更为有利。虽然中证法律服务中心亦有分账户独立计算的做法,但在双方当事人对此存有争议时,将多账户交易记录合并计算的方法更为合理。故本案中,《损失核定意见书》采用多账户合并计算投资差额损失的方法并无不妥。

(2) 证券市场风险因素扣除比例的界定。《损失核定意见书》中选用的市场风险比例认定方法是以《虚假陈述司法解释》规定的损失计算公式为基础,结合每名投资者的具体持股期间,将个股跌幅与综合指数、行业指数的平均跌幅进行同步对比,用相对比例的方法确定市场风险因素对每名投资者股价跌幅的具体影响程度。

关于行业指数的选取,原告认为被告飞乐音响公司属于电气机械及器材制造业,进一步细分为电器仪表行业。法院认为,中国证监会制定的《上市公司行业分类指引》①规定,应以上市公司营业收入等财务数据为主要分类标准和依据,当某类业务的营业收入比重大于或等于50%,则将其划入该业务相对应的行业。被告2017年—2019年经会计师事务所审计并已公开披露的合并报表数据显示,光源电器及灯具类产品生产及销售占其年度营业总收入的50%以上,其中,LED产品所占比重在2018—2019年亦在50%以上。因此,中证法律服务中心选取申万电子行业指数和申万LED行业指数作为本案考察市场风险的参考指标并无不妥。原告提出的该项异议与事实不符,法院不予支持。

关于组合指数判定方法,被告飞乐音响公司认为该判定方法与计算组合指数平均跌幅时的算术平均法矛盾,而且相关指数走势不同时可能导致涨跌幅抵销,降低系统风险扣减比例。法院认为,鉴于证券市场的复杂性和不确定性,难以精准地计算和还原证券市场风险因素对股价影响的绝对值,在判断《损失核定意见书》所确立的组合参考指标体系是否合理时,应从其纳入考量因素的全面性、计算方法的合理性、逻辑体系的自洽性等方面综合考察,从而判定该算法对上市公司和投资者双方是否相对公平、合理。《损失核定意见书》采用综合指数、申万一级行业指数、申万三级行业指数作为证券市场风险因素的参考指标,从不同范围、不同维度上反映了市场整体与个股价格变化的相对关系,考量因素较为全面。由于综合指数与

---

① 法院引用的为2012年修订版,该指引后于2022年废止。

判断证券市场风险因素具有较强的对应关系,《损失核定意见书》先行判定综合指数并无不当,在综合指数上涨的情况下,难谓存在市场整体性的风险。在计算平均跌幅时,由于不同指数之间互相影响,其对个股亦产生共同影响,因此,《损失核定意见书》对于选定的指数,无论是上涨还是下跌,均采用算术平均法计算平均跌幅,该种处理方式符合指数与指数、指数与个股之间相互影响的逻辑,对双方较为公平。被告所主张的仅考虑下跌指数,可能导致市场风险因素扣除比例不当扩大,相较而言,中证法律服务中心的解释更具有合理性,法院予以采信。

关于同步指数对比法,该算法是将个股跌幅与同期指数平均跌幅作对比。在确定指数涨跌幅时,并非简单地将投资者首次有效买入日和最后一次卖出日或基准日两端区间的综合指数、行业指数相减,而是将投资者具体的买卖情况与同期指数变动做紧密贴合的比对,取个股第一笔有效买入日后的买入期间内、卖出期间内以及揭露日至基准日期间与各笔交易时点相对应的指数,并以不同交易时点的股票交易数量作为权重系数,以加权计算的方法计算均值,然后根据对应期间指数均值之间的差值,得出相关指数的平均跌幅程度。该指数平均跌幅的计算方法,与个股跌幅中买入均价、卖出均价及基准价的计算完全同步,充分考虑了投资者每笔交易的权重,从而更加客观、精准地反映出每个投资者在不同持股期间市场风险因素对股价的具体影响程度。在计算投资差额损失与市场风险因素扣除比例时,均采用加权计算法测算股价变化及指数变化,计算方法上也具有逻辑上的统一性。被告飞乐音响公司主张指数跌幅应按照实施日至揭露日期间最高点与基准日之间的指数差值统一计算,无法反映原告各时点交易受到市场风险的影响程度,法院不予采信。

综上分析,针对原、被告就《损失核定意见书》提出的异议,中证法律服务中心的解释具有相对合理性。《损失核定意见书》确定的证券市场风险因素扣除方法准确界定了被告飞乐音响公司所属行业,并将综合指数、申万一级行业指数、申万三级行业指数作为组合参考指标体系,采用同步指数对比法扣除市场风险,涵盖了原告的整个持股区间,且针对每名原告的不同交易记录分别判断证券市场风险因素的影响,较为公平客观。因此,对于《损失核定意见书》所确定的证券市场风险因素扣除方法,法院予以采信,并据此确定投资差额损失。

(3)佣金损失、印花税损失和利息损失的计算。鉴于双方当事人对《损失核定意见书》中佣金损失、印花税损失和利息损失的计算标准和计算结果均无异议,法院予以确认,并依据《损失核定意见书》计算结果确定各原告的佣金损失、印花税损失和利息损失,其中,原告方某仅就投资差额损失提出诉讼请求,未主张佣金损失、印花税损失和利息损失,故在本案中仅就其投资差额损失作出认定。

【案件评析】

飞乐音响(600651)股票索赔案是继 2020 年 7 月 31 日颁布施行《最高人民法院关于证券纠纷代表人诉讼若干问题的规定》(法释〔2020〕5 号)后首个适用证券纠纷普通代表人诉讼的案子,同时也是迄今首个走完一审、二审诉讼流程,投资人收到生效胜诉判决的普通代表人诉讼案例。其中,关于被告飞乐音响公司所提出的身份证明文件问题,《虚假陈述司法解释》要求投资者提起民事赔偿诉讼需要提交身份证明文件,宗旨在于避免虚假诉讼。本案系适用代表人诉讼程序进行审理,根据司法解释的规定,权利登记可以依托电子信息平台进行。为便利投资者加入诉讼,法院自主开发了代表人诉讼在线平台,适格投资者可通过该平台进行身份核验后,在线进行权利登记。本案中,原告均通过该平台进行了身份核验,且能够与法院通过中国结算上海分公司调取的交易记录相印证,因此,各原告适格投资者的身份可予认定。被告关于原告未提交身份证明文件故应裁定驳回起诉的抗辩与事实不符,法院不予支持。

被告飞乐音响公司在发布的财务报表中虚增营业收入、虚增利润总额的行为,构成证券虚假陈述侵权,应当承担民事赔偿责任。涉案虚假陈述行为的实施日为2017年8月26日,揭露日为2018年4月13日,基准日为2018年7月30日。各原告均在实施日(含)到揭露日(不含)期间买入飞乐音响股票并持有至揭露日(含)以后,因此遭受损失,应推定与涉案虚假陈述行为存在因果关系,可以获得赔偿。但其中受证券市场风险因素所致的部分损失,与涉案虚假陈述行为之间没有因果关系,被告不应对此承担赔偿责任。法院采纳中证法律服务中心《损失核定意见书》中以第一笔有效买入后的移动加权平均法计算买入均价和投资差额损失,以及将个股跌幅与同期指数平均跌幅进行同步对比的方法扣除证券市场风险因素的意见,认定各原告(除原告方某外)最终应获得的赔偿金额为《损失核定意见书》中核定的各原告(除原告方某外)在扣除证券市场风险因素后的投资差额损失与相应佣金、印花税、利息损失之和。

复习思考题

1. 如何理解民商事案件法务会计的作用?
2. 法务会计诉讼支持有哪些基本特征?
3. 如何从证据和诉讼角度理解法务会计人员参与诉讼支持的理论基础?
4. 如何理解法务会计介入公司内部治理的有效性?

下篇　法务会计实务

- 第三章　金融借款案件法务会计分析
- 第四章　融资租赁案件法务会计分析
- 第五章　保理案件法务会计分析
- 第六章　银行票据案件法务会计分析
- 第七章　保兑仓案件法务会计分析
- 第八章　股权融资并购案件法务会计分析
- 第九章　企业破产清算案件法务会计分析
- 第十章　建设工程索赔案件法务会计分析
- 第十一章　上市公司财务舞弊法务会计分析

第三章 金融借款案件法务会计分析

一、基本理论

(一) 金融借款合同的法律识别

1. 金融借款合同的概念和涉及的合同类型

金融借款合同是指以银行等金融机构为出借人,以自然人、其他企业或者组织为借款人所订立的借款合同。金融借款合同纠纷是以金融借款合同为基础,结合保证合同、抵押合同等从合同的一系列法律关系中产生的纠纷。

关于"金融机构"的范畴,根据中国人民银行发布的《贷款通则》(中国人民银行令第2号)第21条相关规定,贷款人必须持有金融牌照且许可内容包含贷款业务。目前,业务内容包含贷款的持牌金融机构可以区分为银行类金融机构和非银行类金融机构。按照监管部门的规定,银行类金融机构包括商业银行、农村合作银行、农村信用社等能够经营存款业务的机构,而非银行类金融机构包括证券公司、保险公司、信托公司、财务公司、金融租赁公司、汽车金融公司、货币经纪公司、资产管理公司、基金公司以及其他受金融监管当局监管的机构[①]。

2. 金融借款合同的特征

金融借款合同作为借款合同的一种,具有下述三个特征。

(1) 有偿性。金融机构发放贷款,意在获取相应的营业利润,因此,借款人在获得金融机构所提供的贷款的同时,不仅负担按期返还本金的义务,还要按照约定向贷款人支付利息。利息支付义务系借款人使用金融机构贷款的对价,所以金融机构借款合同为有偿合同。在这一点上,该合同与自然人间的借款合同有所不同,后者为无偿合同,当事人对支付利息没有约定或者约定不明确的,视为不支付利息。

(2) 要式性。金融机构借款合同应当采用书面形式。没有采取书面形式,当事人双方就该合同的存在产生争议的,视为合同关系不成立。如果双方没有争议或者一方当事人已经履行主要义务,对方接受的,合同仍然成立。在要式性上,该合同也与自然人间的借款合同不同,对于自然人间的借款合同,当事人可以约定不采用书面形式。

(3) 诺成性。金融机构借款合同,在合同双方当事人协商一致时,合同关系即可成立,依法成立的,自成立时起生效。合同的成立和生效在双方当事人没有特别约定时,无须以贷款人贷款的交付作为要件,所以金融机构借款合同为诺成性合同。自然人间

---

① 《商业银行资本管理办法(试行)》附件四之三。

的借款合同则有所不同,该合同自贷款人提供借款时生效。

(二)金融借款合同的利率规制

《中华人民共和国民法典》(以下简称《民法典》)生效前,我国民法上的借款合同长期区分为金融机构借款和非金融机构借款,在贷款主体方面是二元的。这样的规范模式很大程度上是源于我国特定的金融管制模式。这种二元构造在借款合同的利率规制上同样有所体现。根据《合同法》①第 204 条的规定,金融机构贷款的利率"应当按照中国人民银行规定的贷款利率上下限确定"。由于缺乏直接、明确的规范,实务中普遍以《合同法》第 211 条②作为规制非金融机构的法人或非法人组织借款合同利率的实体法依据。虽然《民法典》没有继续采用类似《合同法》第204 条的表达,而是以第 680 条"统一"规定了利率规制,消除了规范表达层面的"二元构成"。但是,由于金融牌照的特许制继续存在,《民法典》中的借款合同仍然是二元构成的,金融机构借款与非金融机构借款将继续适用不同的规范。

1. 金融机构借款的利率种类

(1) 贷款利率。根据《中华人民共和国中国人民银行法》(以下简称《中国人民银行法》)的规定,中国人民银行是制定和实施货币政策的法定机关。金融机构贷款的基准利率长期由中国人民银行规定,而各商业银行根据《中华人民共和国商业银行法》(以下简称《商业银行法》)第 38 条,只能按照中国人民银行规定的贷款利率的上下限来确定贷款利率。2003 年,党的十六届三中全会《中共中央关于完善社会主义市场经济体制若干问题的决定》进一步明确了"利率市场化"的改革方向。在具体利率政策方面,2004 年 1 月起,中国人民银行扩大了商业银行自主定价权,企业贷款利率最高上浮幅度扩大到 70%,下浮幅度保持 10% 不变。2004 年 10 月起,金融机构(城乡信用社除外)贷款利率不再设定上限。2013 年 7 月,中国人民银行取消了金融机构贷款利率浮动的下限。需要说明的是,此后中国人民银行仍然制定金融机构贷款的基准利率,因而金融借款市场上存在贷款基准利率和市场利率并存的"利率双轨制"问题。2019 年 8 月,中国人民银行迈出了"利率市场化"的重要一步,以具有一定市场化程度的"贷款市场报价利率"(loan prime rate, LPR)来替代贷款基准利率,每月20 日发布。中国人民银行意图通过 LPR 新机制的发布来推动实际利率水平的下降,为实体经济提供更多的助力。由此,"利率双轨制"的问题不复存在。《民法典》的实施并没有改变上述利率规制模式,金融机构贷款的利率仍然是以每月发布的LPR 为基准。

毫无疑问,贷款利率是金融借款合同的核心要素,支付利息是借款人的主要合同义务,利率的高低将直接影响借款人是否立约的决策。借款人只有实际获得货币才需要支付利息,因而只有实际利率才如实反映借款人的用资成本。故实际利率构成了借款合同的核心要素,关系到借款人的根本利益。一些贷款机构利用其与借款人在专业知

---

① 所谓《合同法》,即 1990 年发布施行的《中华人民共和国合同法》,《民法典》生效后废止。
② 《合同法》第 211 条规定:"自然人之间的借款合同对支付利息没有约定或者约定不明确的,视为不支付利息。自然人之间的借款合同约定支付利息的,借款的利率不得违反国家有关限制借款利率的规定。"

识上的不对称,只展示较低的日利率或月利率,掩盖较高的年利率;只展示较低的表面利率,或每期支付的利息或费用,掩盖较高的实际利率;以服务费等名目收取砍头息等方式,给金融消费者带来"利率幻觉"。2021年1月4日,上海金融法院首次适用《民法典》二审审结一起金融借款合同纠纷案,对此类现象作出回应,判决贷款机构在贷款合同中负有明确披露实际利率的义务,因贷款机构未披露实际利率而收取的超过合同约定利率的部分利息应予返还。2021年3月12日,中国人民银行发布〔2021〕第3号公告对该裁判规则予以认可,该公告明确要求,所有从事贷款业务的机构应当以明显的方式向借款人展示年化利率。

(2)复利。除了就原本的本金约定的利率之外,借款合同可能还存在"复利"的问题,即将利息计入本金重复计息。按照中国人民银行《人民币利率管理规定》(银发〔1999〕77号)的规定,金融机构对于逾期贷款是可以"改按罚息利率计收复利"的。现行的罚息利率则由《中国人民银行关于人民币贷款利率有关问题的通知》(银发〔2003〕251)号第3条予以规定,即罚息利率"在借款合同载明的贷款利率水平上加收30%～50%"。对于金融机构收取复利,法院是承认相关约定有效性。《最高人民法院关于审理涉及金融资产管理公司收购、管理、处置国有银行不良贷款形成的资产的案件适用法律若干问题的规定》(法释〔2001〕12号)[①]第7条对此曾有明确规定。同时,最高人民法院认为,复利的计算基数是借款期限内的应付利息,并不能就逾期利息计算复利[②]。

但是,最高人民法院已在案件裁判[③]中表明,收取复利的主体须具备金融机构的资格。该案中,受让人受让之债权系基于金融借款而产生,债权包含了复利请求权。但法院认为受让人并非金融机构,对于债权让与时既存的复利和继续产生的复利都无权请求。

(3)循环利用利率。信用卡业务是商业银行金融业务的重要组成部分,信用卡持卡人与商业银行订立了允许持卡人在特定周期内连续借款的基础合同(信用卡使用协议)。在持卡人分期支付的情形中,商业银行会因此收取循环信用利息。根据不同的消费情形,商业银行收取的循环信用利息的年化利率在0%～20%。如中国农业银行的循环信用年化利率最高可达16.04%,中国建设银行则可达25%。需要注意的是,若以2021年12月10日中国人民银行发布的LPR为基准,上述利率的最高值已经超过了LPR的四倍。

(4)委托贷款利率。除了进行存贷款业务,金融机构还有大量的中间业务(通道业务),其中与贷款有关的主要是委托贷款。所谓委托贷款,是指金融机构作为受托人,按照委托人的指示将委托人的资金出借给借款人,并监督使用、协助收回。根据当时中国银监会《商业银行委托贷款管理办法》的规定,受托人只是收取代理手续费,并不承担信用风险。但从外观上看,委托贷款的贷款人仍然是金融机构,由此就产生了如何确定利率标准的问题。

[①] 该规定已于2021年废止。
[②] 最高人民法院(2019)最高法民终1990号民事判决书。
[③] 最高人民法院(2019)最高法民申2412号民事裁定书。

对此,最高人民法院认为虽然委托贷款行为在金融监管的范围之内①,但其实质上是民间借贷合同,应适用民间借贷的利率规制②。以此类推,金融机构通过中间业务形成非利息收入的,即便以贷款合同为表现形式,其利息(代理手续费或服务费)约定也不受中国人民银行公布的利率基准的限制。

2. 借款利率的"双轨"制

相对于金融借款利率规制,处于另外"一轨"的民间借贷则由司法机关承担规制民间借贷利率上限的任务③。1991年,最高人民法院印发了《关于人民法院审理借贷案件的若干意见》(以下简称《借贷意见》),规定民间借贷的利率"最高不得超过银行同类贷款利率的四倍(包括利率本数)","四倍银行利率"的"利率红线"由此形成。这不仅得到了监管部门的背书,也在之后的实践中被司法部门不断重申和执行。就监管部门的背书而言,1996年发布的《中国人民银行关于取缔私人钱庄的通知》(银发〔1996〕230号)(以下简称《取缔通知》)中明确"民间个人资金临时借出仅限于其本人合法收入的自有资金,其借款利率不得超过银行同类同期贷款利率(以中国人民银行公布的基准利率为准)的四倍(含利率本数)"。就司法实践而言,1999年发布的《最高人民法院关于如何确认公民与企业之间借贷行为效力问题的批复》明确,"借贷利率超过银行同期同类贷款利率4倍"的民间借贷无效。尽管上述文件后已相继失效,但此后的司法解释中,最高人民法院的不断重申该规则。例如,2011年发布的《最高人民法院关于依法妥善审理民间借贷纠纷案件促进经济发展维护社会稳定的通知》重申:"人民法院在审理民间借贷纠纷案件时,要依法保护合法的利息,依法遏制高利贷化倾向……应当依据合同法和《最高人民法院关于人民法院审理借贷案件的若干意见》第6条、第7条的规定处理。"

2015年,《最高人民法院关于审理民间借贷案件适用法律若干问题的规定》(法释〔2015〕18号)(以下简称《民间借贷司法解释》)发布。该司法解释规定了"三区间"的利率规制模式。年利率24%以下的利息债权处于"有效区",年利率超过36%的利息债权处于"无效区",而年利率在24%~36%的利息债权则处于"自然债务区"。但裁判实务似乎并不考虑"自然债务区"内当事人自动履行的可能性,会径直以24%作为借款合同的利率上限。"三区间"的利率规制模式曾被最高人民法院认为是《民间借贷司法解释》主要亮点之一④。2020年,《最高人民法院关于修改〈关于审理民间借贷案件适用法律若干问题的规定〉的决定》(法释〔2020〕6号)发布,"三区间"的模式戛然而止。根据2020年第二次修正的《民间借贷司法解释》(以下简称《新民间借贷司法解释》)第25条的规定,民间贷款的利率上限为"合同成立时一年期贷款市场报价利率四倍",而"一年期贷款市场报价利率"即一年期LPR。以《新民间借贷司法解释》施行当月的LPR为

---

① 《中国人民银行办公厅关于将委托贷款信息全面纳入金融信用信息基础数据库的通知》(银办发〔2014〕153号)。
② 胡东海:《"〈合同法〉第402条(隐名代理)评注"》,《法学家》2019年第6期。
③ 程金华:《四倍利率规则的司法实践与重构——利用实证研究解决规范问题的学术尝试》,《中外法学》2015年第3期。
④ 李想、葛晓阳:《最高法详解民间借贷司法解释亮点》,《法制日报》2015年8月10日。

基准,2020 年 8 月 20 日—2020 年 9 月 19 日的民间借贷的最高利率从之前的年利率 36％陡降为 15.4％(2020 年 8 月 20 日中国人民银行发布的一年期 LPR 为 3.85％)。

理论上,"中国人民银行管金融借款"和"最高人民法院管民间借贷"的双轨制度可谓"井水不犯河水",二者并行不悖。但实践并非如此,当金融借款合同因履行不能而进入诉讼程序后,法院对民间借贷纠纷的审判经验渗入金融借款纠纷审判领域,继而令两种利率上限规则发生交集。虽然《民间借贷司法解释》第 1 条将"金融机构及其分支机构"规定为非适用主体,但即便是最高人民法院,对该问题的立场也是分裂的。有的案件中,最高人民法院在承认"非银行业金融机构借贷的利息、复利、罚息、违约金、其他费用等总计融资成本的最高限制并无明确的法律规定"的同时,认为本着为实体经济服务的宗旨,金融机构不应追求过高的"剩余价值",从而"金融借贷利率不应高于民间借贷的利率……"①。2017 年 8 月,最高人民法院印发《关于进一步加强金融审判工作的若干意见》(法发〔2017〕22 号),其中第二点意见指出:"金融借款合同的借款人以贷款人同时主张的利息、复利、罚息、违约金和其他费用过高,显著背离实际损失为由,请求对总计超过年利率 24％的部分予以调减的,应予支持,以有效降低实体经济的融资成本。"最高人民法院近年来的案件裁判也延续了上述立场,仍然将民间借贷的利率上限作为金融机构借款利息范围的界限②。即便是银行发放的贷款,法院也判决"罚息、复利之和不得超过以贷款本金人民币 3 亿元为基数按年利率 24％计算的范畴"③。但是,2019 年 11 月最高人民法院发布的《九民会议纪要》却又指出:"区别对待金融借贷与民间借贷,并适用不同规则与利率标准。"这表明,在金融机构借款利率的规则适用方面仍存在争议。

3. 金融借款利率上限规制

现实中,金融机构很少会直接与借款人约定一个过高的利率,而金融借款纠纷通常都是在借款人发生违约的情况下合计复利、罚息、逾期利息等各种费用之后才产生涉及利率上限的争议。在具体适用规范层面,以最高人民法院司法解释为主导的控制方式也极具特色。虽然金融机构贷款以中国人民银行发布的利率为基准,但法院通过裁判实务已经将金融机构贷款的相当部分纳入了民间借贷的范畴。但这样的倾向无论在《民法典》还是司法解释层面都难以获得直接、明确的正当性。实际上,由法院来主导高利率的标准,从中长期看是缺乏"可持续性"的。中国人民银行改革贷款市场报价利率(LPR)形成机制之后,利率市场化改革又推进了一大步。可以想见,在不久的未来,体现即时货币供求关系的市场利率会取代央行基准利率,此时的高利率标准将主要由市场决定。最高人民法院是否有能力"及时""准确"地对货币市场行情作出判断,可能是需要质疑的;有学者就认为,最高人民法院的做法实际上会破坏利率市场化改革的相关努力④。如果法院将来以市场利率作为裁判的基准,那么只要结合个案情况考虑约定

---

① 最高人民法院(2017)最高法民终 927 号民事判决书。
② 最高人民法院(2019)最高法民终 197 号民事判决书。
③ 最高人民法院(2019)最高法民终 1880 号民事判决书。
④ 苏盼:《司法对金融监管的介入及其权力边界——以金融贷款利率规范为例》,《上海财经大学学报》2019 年第 3 期。

利率与市场利率的背离程度就足够了。

（三）金融机构的风险管理

1. 我国信贷风险管理现状

随着市场需求以及经济发展，我国商业银行在各级分行都实现了内部结构的调整，将原本的信贷部主管信贷业务的旧体制转变成为资产保全部和风险审查部门对不良贷款进行处置以及对贷款风险进行评估。但是审贷部门依旧负责信贷政策的管理以及信贷资产组合风险管理的业务，对于信贷各部门的细化工作完成得还不够彻底。从近几年我国商业银行出现的不良贷款概率来看，由于银行信贷风险内部控制存在问题，商业银行运作中存在次级类和可疑类信贷风险。加强和完善商业银行的信贷风险管理，可以帮助商业银行在具体工作中以企业的长期发展和风险管理作为自己的发展导向，进而保证银行的健康稳定发展。

由于受到很多因素的影响，商业银行风险管理背后承担着巨大的压力，国有企业的不良贷款使商业银行的发展运营受到了巨大冲击，虽然大部分的商业银行贷款并没有出现较大问题，但银行和客户之间依旧存在负债关系，有不良贷款存在的隐患。从股份制银行的运营情况来看，由于建立了一定的内部控制以及风险控制，使得商业银行在运营和约束上有了很大成效，但也带来了诸如信贷业务资金周转以及资金来源流动风险等潜在问题。从商业银行的发展趋势来看，商业银行的发展规模没有达到预期目标，存款和信贷比例也不够完善。换言之，如果资产的流动性没有达到使用安全的范围，一旦信贷风险发生了变化，那么资金的周转就会受到影响。除此以外，工作人员的专业程度、自我约束能力、按规操作情况以及职权分配情况都需要进一步提高。

2. 基于内部控制的商业银行信贷风险管理

（1）信贷业务组织结构的内部控制。在商业银行可以设置一定的风险管理部门，通过建立信贷业务风险管理的子公司来负责商业银行的信贷业务。信贷业务风险管理可以通过对信贷业务风险的评级、对信贷业务风险管理目标的设置以及具体的指导来实现，从而使商业银行能够掌握各分行的风险管理现状并加以掌控。分行的风险管理部门需要对所属的信贷业务风险进行统一管理，将下级行的信贷风险材料和向上级行的汇报评估风险在本行进行汇总。此外，风险管理部门对于风险的监控实现了对信贷风险的集中管理。在开展信贷业务之前，风险管理部门需要对商业银行所面临的风险进行动态识别，为新业务的发展奠定良好的基础，及时对所开展的业务提供保障和进行反馈，以实现商业银行内部监控的全方位。

商业银行利润的主要来源就是信贷业务。信贷业务部门主要负责信贷业务的发展。在业务方面，信贷业务部门与风险管理部门是互相协调、互相合作的关系，而在环节上则呈现出相互制衡的关系。在为下级分行制定信贷业务目标时，应根据高层制定的战略目标以及下级分行信贷业务开展现状进行分析，经风险管理部门对信贷业务风险进行评价后，交由各分行执行。

区域性信贷审批中心建立在集中对信贷进行审批的原则上，将信贷审批权限分配在各商业银行分行和区域审批中心，以进一步提高信贷的审批效率。区域信贷审批中心是总行在各地区各支行行使审批权的代表,通过这样的设置可以使审批工作从各地区的实际发展情况出发更好地控制信贷业务的开展,以降低信贷业务风险的出现。各分行和区域性信贷审批中心需要加深对信贷业务发展部门以及风险管理部门的了解,针对各部门提供的客户评价进行分析,进而做出审批决定。

(2)信贷业务信息内部控制。包括信贷业务会计信息控制、信贷业务信息归集控制和信贷业务信息的使用控制。

信贷业务会计信息控制。在信贷业务的发展过程中,需要加强会计部门的监督作用,制定严格的会计处理流程,要在贷款发放和回收过程中及时处理,保证入账凭证的完整和账务处理的清晰,实现会计系统对贷款整个业务流程的实时监控,使会计工作能够真实全面地反映信贷业务的实际情况。

信贷业务信息归集控制。在进行每一笔信贷业务时,必然会留下商业银行用户的信息以及信贷发展情况,而在信贷业务发展过程中也需要不断搜集信贷业务发展材料,对可能影响信贷业务的发展因素进行分析,并及时采取措施以降低风险发生的可能。与此同时,需要及时对所有的信息进行存档,以方便日后的查询使用。

信贷业务信息的使用控制。信贷业务的信息很多都涉及客户或者银行机密,所以各商业银行应针对信贷业务材料建立起严格的保护措施,对于重要的信息进行授权控制,只有经过授权的个人才可以对部分材料进行查阅。同时要注意电子信息的备份,以防止因为发生意外而造成的信息丢失。

(3)信贷业务环节内部控制。信贷业务是从贷款人提出申请到商业银行对信贷业务完成评价的整个过程,具体包括贷款申请、贷款决策、贷款审批、签订贷款合同、贷款发放、贷款检查、贷款回收以及贷款业务的自我评价。

第一,贷款申请与决策。对于客户的发展,贷款业务发展部门需要根据信贷业务的发展政策积极地开展贷款营销策略,以吸引优质客户。根据客户提交的相应申请,对客户进行风险和内控调查,从而确定该用户是否符合发展条件。如果客户符合商业银行发展客户制定的信贷业务发展目标,那么就可以将客户的相关资料传递到各部门进行风险评估;如果客户不符合商业银行制定的信贷业务发展目标,那么就可以拒绝该用户。信贷业务发展部门需要加强与贷款企业的联系,利用银行的信息资源为企业的经营发展提供帮助,加强银行与企业间互惠互利的良好合作关系,而不是单纯的借贷关系。

第二,贷款审批和合同的签订。贷款审批部门负责贷款的审批工作,主要根据业务发展部门和风险管理部门提交的材料对贷款是否发放进行确定,如果经过审批同意发放贷款,那么就可以将签署后的意见交给负责的业务部门进行后续操作。贷款合同的签订是一个需要相关的法律部门以及有经验的法律人员参与的过程,在合同正式签订之前,需要咨询法律部门的建议,进而使合同格式的制定和合同条款的协商等过程做到有法可依,通过商业银行自我保护意识的提高来降低因合同制定不合理造成的商业银行损失。

第三,贷款发放以及检查。贷款的发放需要贷款业务部门和会计部门的协调,会计部门主要在贷款发放时做好账务处理,在这一过程需要注意对贷款内容的再次检查,其他部门要配合贷款业务部门以及会计部门依据贷款合同的约定来进行贷款发放,以降低贷款发放过程中因操作问题造成的风险。在我国商业银行信贷业务中,贷款检查一直就是一个薄弱的环节,很多贷款业务部门发放完贷款后,没有充分地意识到贷款检查的重要性,并没有加强对贷款使用情况的检查。风险管理部门应该在贷款发放后对贷款的企业进行定期和不定期检查,了解贷款企业的财务状况和行业发展状况,根据高管人员变更和企业经营状况进行风险分析,如果出现了影响贷款回收的因素,应该及时进行风险讨论,并及时向上层传递和反馈信息。

第四,贷款回收和贷款业务的评价。在贷款到期之前,商业银行应根据贷款合同的规定及时向贷款企业发送到款通知,并部署贷款回收工作。如果贷款可以正常收回,就要及时进行账务整理。对于无法正常收回的贷款,就需要依据企业资信情况进行分析,如果企业资信情况较好,只是因为短暂的困难而无法正常还款,那么商业银行就需要积极帮助企业渡过难关,以实现企业和银行的互利互惠。对于资信状况不好、故意不归还贷款以及无法正常经营的企业,商业银行就应该及时采取资本保全措施,以降低企业无法正常还款的损失。在商业银行完成信贷业务后,应该及时对信贷业务开展评价,以完善和补充在信贷业务开展过程中出现的内部控制缺陷,以进一步修正信贷业务内部控制。

(四)金融机构的表外投资:名股实债

随着国家对金融监管的日趋严格,中小企业通过商业银行获取资金进行直接融资变得更加困难,因此纷纷转向多层嵌套的通道融资模式,名股实债作为一种新型融资模式应运而生。金融机构除了作为贷款人从事信贷业务,往往会成为名股实债中的投资方和通道方,提供资金的融通服务。

1. 名股实债的基本概念

(1)相关定义。名股实债的交易模式具有广义和狭义之分。广义的名股实债通常包含对赌协议式、有限合伙基金式和典型的名股实债。对赌协议式名股实债,指投资方与被投资方在签订协议时,双方对未来可能出现的各种不同情况进行约定,约定的条件成就或不成就时,双方均可按照约定行使不同的权利。有限合伙基金式名股实债,即间接名股实债,是在其中加了一层有限合伙公司架构,融资方或其关联方出资设立普通合伙企业,相应理财资金投资优先和劣后级有限合伙企业,到期后由项目融资方或其关联方定期回购承诺。狭义的名股实债即典型的名股实债,是一种名为股权投资、实为债权投资的新型投融资模式。

有学者认为,名股实债是指在 PPP 项目资本金融资过程中,社会资本方引入金融机构充当名义上的股东,实际上通过抽屉协议的方式将股权转让给社会资本方,金融机构的投资回报与项目公司经营业绩无关,而是与资金需求方签署回购协议并获得固定回报,实质是一种债务性的融资安排。有学者则将名股实债定义为投资者同意采取形式上的股权投资方式,实际上是以该股权投资本金的远期有效退出和约定利息收益的刚性实现的债权投资效果为前提条件的一种融资工具。

也有学者认为,名股实债实质是一项债权债务交易,可以理解为"股权的买断式回购",即投资人通过出资购买企业股权,让渡资金使用权,交易相关方(包括资金使用企业或资金使用企业的股东)承诺在远期予以回购,并通过加价回购或直接支付费用的方式承担资金使用的利息。

在2017年发布的《G06理财业务月度统计表》中,中国银保监会并未采用"名股实债"的称谓,而是将名股实债定义为一种结构性的股权融资安排,其特征包括:当事人为投资者和资金需求方;核心要素是资金需求方承诺按照一定溢价比例对投资者的股权进行全额回购;方式为投资方与资金需求方事前签订回购协议,到期后全额回购。

中国证券投资基金业协会在《证券期货经营机构私募资产管理计划备案管理规范第4号——私募资产管理计划投资房地产开发企业、项目》文件中,对"名股实债"进行了详细定义。这一规定明确"名股实债"的特征包括:投资回报不与被投资企业经营业绩挂钩,不根据投资企业投资收益或亏损分配;存在保本保收益承诺,即定期支付固定收益,并在满足一定条件后由被投资企业赎回股权或偿还本息;常见形式包括回购、第三方收购、对赌、定期分红等。

综上所述,作为一种新型的融资工具,"名股实债"并不是一个法律术语,因其交易模式兼具股权投资和债权投资的双重属性,俗称"名股实债"。但其可以作为交易各方在一系列合同安排下权利义务关系的概括表述,即依据交易各方的真实意思形成的、体现各方交易目的、交易方式和交易过程的一种权利义务安排。

(2)创新动机。"名股实债"的产生、兴盛有其现实的存在价值,可以帮助市场主体规避监管和法律要求达成交易目标。正是因为有需求,才会多年来始终屡禁不止,其创新动机和主要作用体现在六个方面。

① 绕开授信额度占用。"名股实债"有其存在的背景:早期的业务模式为融资方质押股权从出资方获取贷款;后来变为让渡部分股权,以此来优化资产负债率;再后来就变成一种绕监管的创新模式,该交易模式在房企融资、地方政府融资平台、PPP项目融资中使用较多,其创新的动机就是融资方自有资金不足,希望通过股权方式融资,在项目后期安排大股东回购,实现出资方本金和收益(利息)的退出。

② 绕开放贷资质限制。根据《贷款通则》的有关规定,只有具有经营贷款业务资质的金融机构才能发放贷款,而具有经营贷款业务资质的经营金融机构只有中国银保监会监管的持牌金融机构和地方政府批准的小额贷款公司。除资金信托外,其他特殊目的载体(special purpose vehicle,SPV)只能以投资形式投资非标准化债权资产。因此,投资方借助通道,一方面可以规避自身不具备放贷资质的限制,另一方面可以在较低风险下获得相应收益。

③ 获取通道管理报酬。受《商业银行法》不得向非银行金融机构和企业投资的限制,银行自有资金不能直接投资股权,因此,名股实债必须要借助持牌金融机构发行的资产管理计划(asset management plan,AMP)或私募基金来实现。作为通道方,资产管理人可以通过这种模式扩大管理规模,获取相应的管理报酬。

④ 部分企业尤其是上市公司和需要公开发债/改善评级的企业,希望降低资产负债率,纯债权融资不利于改善资产负债表。通过名股实债的设计,从披露的会计报表信息看,对评级等有很好的帮助作用。

⑤ 近年来地产行业大量使用名股实债,更重要的目的是应对监管机构对地产行业

降杠杆越来越严格的要求,通过名股实债获得资金来替换负债融资,达到监管机构对房企杠杆率的硬性要求。

⑥ 政府投融资项目、政府融资平台广泛采用名股实债则是为了规避政策对政府融资的禁止性规定,应对监管层对地方政府隐性债务越来越严厉的管控,变相达到政府融资的目的。但是2018年隐性债务登记时,大部分地方政府还是将其登记为隐债了,财政部在登记系统里面也多数做了确认。

2. 典型的名股实债的交易关系图

以下是典型的资管/信托计划投资模式下名股实债交易关系图①

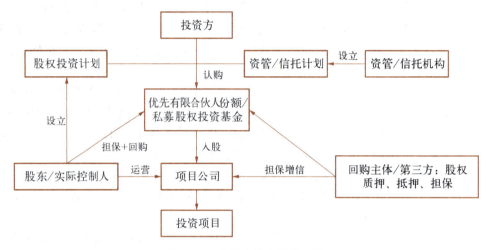

图 3-1 名股实债交易关系图

3. 名股实债的会计处理

会计准则中并没有明确规定"名股实债"的处理方式,鉴于"名股实债"兼有"股"与"债"的双重属性,应遵守《企业会计准则第37号——金融工具列报》(财会〔2017〕14号)第7条的规定:"企业应当根据所发行金融工具的合同条款及其所反映的经济实质而非仅以法律形式,结合金融资产、金融负债和权益工具的定义,在初始确认时将该金融工具或其组成部分分类为金融资产、金融负债或权益工具。"依据"实质重于形式"原则,在金融工具初始确认为金融负债或权益工具。针对典型名股实债模式,会计层面认为,出资方可以确认为债权性投资。虽然出资方在法律形式上持有项目公司的股权,但由于回购的存在,未真正承担此部分股权对应的剩余风险和报酬,投资回报并不与企业经营情况挂钩,因而其在经济实质上不属于股权投资。根据《企业会计准则第37号——金融工具列报》和《企业会计准则第22号——金融工具的确认和计量》(财会〔2017〕7号)的有关规定,在编制财务报表时确认为应收款项类投资,属于债务工具投资。但实务中,也有会计师倾向同时确认长期股权投资和衍生工具。

---

① 柯军、邓相红、熊进光:《名股实债案件司法裁判规则探究》,载最高人民法院民事审判二庭编《商事审判指导》,2019年第1辑(总48辑),人民法院出版社,2019,第222页。

融资方却并不必然列为金融负债,应根据还本付息义务承担主体不同而有所不同。第一种情况由项目公司承担回购义务,则在项目公司层面和合并报表层面均确认为金融负债。第二种情况由母公司承担回购义务,则在项目公司层面可确认为权益工具,因为回购由项目公司母公司承诺而非项目公司本身,项目公司编制个别财务报表时收到资金为实收资本(股本),而合并报表层面确认为债务,因为融资方母公司回购义务满足《企业会计准则第37号——金融工具列报》和《企业会计准则第22号——金融工具的确认和计量》中关于金融负债的定义,即"向其他单位交付现金或其他金融资产的合同义务"和"在潜在不利条件下,与其他单位交换金融资产或金融负债的合同义务"(即使未来回购时项目公司股权的公允价值低于约定的回购价,大股东也必须以该固定价格回购),融资方母公司编制合并财务报表时确认长期应付款(负债)。第三种情况由项目公司和母公司分别承担不同还本付息义务,则应根据实际情况分别确认。例如,项目公司承担固定股利支付,母公司承担本金回购义务,项目公司层面固定股利部分确认为金融负债,投入本金部分确认为权益工具,合并报表层面投资本金及利息均确认为金融负债。

二、案例援引

田某等与中原信托有限公司金融借款合同纠纷上诉案[①]

【基本案情】

2017年9月22日,田某、周某和中原信托签订《贷款合同》,约定田某、周某向中原信托借款6 000 000元,贷款期限8年,贷款利率具体以《还款计划表》为准,平均年利率11.88%。合同附有《还款计划表》,载明:如贷款合同中约定的还款方式与还款计划表有冲突,以本还款计划表为准,计划表明细共分96期,每期还款均包含本息,每年12期还款金额(本息之和)一致,每12个月递减一次还款金额(本息之和仍然一致)。该《贷款合同》经上海市徐汇区公证处公证,并赋予强制执行效力。

2017年9月26日,田某、周某先向中原信托汇款141 000元,作为第一期还款,中原信托于2017年9月27日向田某、周某转账支付6 000 000元出借款。田某、周某借款后按《还款计划表》逐月还款至2018年11月27日,后田某、周某申请提前还款获准,田某、周某于2018年12月17日向中原信托支付5 515 522.81元(其中本金5 505 522.81元、违约金10 000元),结清全部贷款。田某、周某在系争贷款发放后,于2017年10月28日、同年11月27日、12月27日、2018年1月28日、同年2月27日、3月27日、4月27日、5月27日、6月27日、7月28日、8月29日分别还

---

① 上海市中级人民法院(2020)沪74民终1034号民事判决书。

款141 000元；于2018年9月27日、同年10月29日、11月27日分别还款138 000元。

《贷款合同》第三条"还款"约定："甲方（田某、周某）必须在每月还款日或之前将当月偿还本息数额存入甲方专用账户中，甲方同意乙方（中原信托）委托合作的第三方支付机构每月从甲方的专用账户中，将当月甲方应当偿还的贷款本息、逾期违约金（如有）直接扣除并划付至乙方的账户中。乙方将以成功扣划甲方还款账户的还款金额时间为准记录甲方的还款时间。每期还款截止时间为实际放款日次月起的每月对应日中午12时整。合同所附《还款计划表》载明每期还款日为当月23号，实际放款日与还款计划表不一致的，以实际放款日为准，还款日相应顺延。贷款存续期间，甲方要求提前还款的，除须向乙方支付当前未还的本金、利息、逾期违约金以及剩余本金外，若甲方在贷款12个月之后提前还款的，如有逾期则需多支付一个月本息作为提前还款违约金。"关于提前还款时为何只收取10 000元违约金，田某、周某表示是因为还款逾期主要由中原信托扣划款时间拖延造成，仅有2018年10月是由于应还款日账户中余额不足而导致逾期，故其违约情节显著轻微，双方协商后确定收取少量违约金。中原信托则表示主要系考虑放款前已经收取了第一期本息，故在违约金方面予以减免，同时认同田某、周某仅在2018年10月存在还款逾期情形。

《贷款合同》关于律师费的约定出现在第五条"违约责任"中，具体为："甲方偿还金额不足时，偿还的先后顺序为因收回债权而产生的费用、违约金、应还利息、本金。处置抵押房屋所得价款偿还的先后顺序为：实现抵押权的费用（包括并不限于律师费、仲裁费、交通费、差旅费等）……"

一审中，中原信托为说明系争《贷款合同》每期还款金额如何确定，提交了另一版本《还款计划表》，除了载明每期应还款金额、剩余本金外，还载明每期应还款中的利息金额、本金金额、当年利率（第一年利率为21.8%，此后逐年为19.6%、17.2%、14.43%、10.01%、6.67%、3.92%、1.32%），此外在表格尾部还载明贷款本金6 000 000元，利息合计5 702 400元，本息合计11 762 400元，总利率为95.04%，年利率平均值为11.88%。经本院核算，前述各年利率系以当年应付利息总和除以初始贷款本金额6 000 000元，而11.88%系前述各年利率的算术平均值。

【案件焦点】
本案系争借款利率应如何确定。

【裁判要旨】
上海市普陀区人民法院于2020年7月3日作出（2019）沪0107民初13944号民事判决，判决：① 对田某、周某要求中原信托退还多收的887 190.19元的诉讼请求，不予支持；② 对田某、周某要求中原信托返还占用资金的利息损失（887 190.19元为基数，自2018年12月17日起按照年利率11.88%计算至实际返还之日止）的诉讼请求，不予支持；③ 对田某、周某要求中原信托赔偿律师费损失10 000元的诉讼请求，不予支持；④ 准予中原信托补偿田某、周某200 000元（该款应于判决生效之日起十日内一次性给付)。宣判后,田某、周某提出上诉。上海金融法院于 2021 年 1 月 4 日作出(2020)沪 74 民终 1034 号民事判决,因田某、周某的上诉请求部分成立;一审判决认定事实清楚,但适用法律错误,予以纠正,遂改判:① 撤销上海市普陀区人民法院(2019)沪 0107 民初 13944 号民事判决;② 中原信托应于判决生效之日起十日内向田某、周某返还 844 578.54 元,以及以 844 578.54 元为基数,自 2018 年 12 月 18 日至实际归还之日止,按照中国人民银行公布的同期人民币存款利率计算的利息;③ 驳回田某、周某的其他诉讼请求。

本院认为,利率是借款合同的核心要素,关系到借款人在合同项下的根本利益,贷款人应当向借款人明确披露实际利率。若贷款人以格式条款方式约定利率,还应当采取合理方式提请借款人注意该条款,并按照借款人的要求,对该条款予以说明。在借款人未明确披露实际利率的情况下,应当根据合同解释原则,结合合同的相关条款、行为的性质和目的、习惯以及诚信原则来确定借款的利息计算方式。中原信托应当对实际利率做出明确提示并说明,其主张按照《还款计划表》收取利息缺乏法律依据。在中原信托未明确披露实际利率的情况下,应当根据合同解释原则,结合合同的相关条款、行为的性质和目的、习惯以及诚信原则来确定利息计算方式。借款人田某、周某主张以 11.88% 为年利率,以剩余本金为基数计算利息,符合交易习惯和诚信原则,应予支持。

【案件评析】

近年来,我国零售贷款业务快速增长,贷款渗透率显著提升,2019 年仅消费贷款规模即超过 13 万亿元。零售贷款的借款人均为自然人,多为普通消费者、小微企业主或个体工商户,"90 后""00 后"正逐渐成为借款主力。实践中,一些贷款机构利用其与借款人在专业知识上的不对称,只展示较低的日利率或月利率,掩盖较高的年利率;只展示较低的表面利率,或每期支付的利息或费用,掩盖较高的实际利率;以服务费等名目收取砍头息等方式,给金融消费者带来"利率幻觉"。我国对金融消费者权益的保护力度也不断加大,2013 年修订的《中华人民共和国消费者权益保护法》(以下简称《消费者权益保护法》)将金融服务纳入消费者权益保护,并要求经营者对格式条款中与消费者有重大利害关系的内容进行提示和说明。监管机构多次要求金融机构加强金融消费者权益保护工作,其中包括保障金融消费者知情权,及时、真实、准确、全面地向金融消费者披露可能影响其决策的信息,使用有利于金融消费者接受、理解的方式,对利率、费用等与金融消费者切身利益相关的重要信息,不得有虚假、欺诈、隐瞒或引人误解的宣传。上述监管要求亦符合民法公平、诚信基本原则。

《民法典》第 496 条在沿袭《合同法》第 39 条的基础上,吸收借鉴《消费者权益保护法》《合同法》司法解释的相关规定,将格式条款提供方的提示说明义务扩大到"与对方有重大利害关系的条款",进一步明确未履行该义务时的法律后果。《最高人民法院关于适用〈中华人民共和国民法典〉时间效力的若干规定》第 9 条规定:"民法典施行前订立的合同,提供格式条款一方未履行提示或者说明义务,涉及格式条款效力认定的,适用《民法典》第496条的规定。"故该条款对《民法典》施行前订立的合同具有溯及适用效力。本案依据《民法典》关于格式条款告知的规定,认定贷款人负有明确披露实际利率的合同义务,对规范贷款业务、促进金融机构落实金融服务实体经济政策要求具有积极作用。

案例二

中信银行股份有限公司东莞分行诉陈某等金融借款合同纠纷案[①]

【基本案情】

2013年12月31日,中信银行股份有限公司东莞分行(以下简称中信银行东莞分行)与东莞市华丰盛塑料有限公司(以下简称华丰盛公司)、东莞市亿阳信通集团有限公司(以下简称亿阳公司)、东莞市高力信塑料有限公司(以下简称高力信公司)签订《综合授信合同》,约定中信银行东莞分行为亿阳公司、高力信公司、华丰盛公司提供4亿元的综合授信额度,额度使用期限自2013年12月31日起至2014年12月31日止。为担保该合同,中信银行东莞分行于同日与陈志波、陈志华、陈志文、亿阳公司、高力信公司、华丰盛公司、东莞市怡联贸易有限公司(以下简称怡联公司)、东莞市力宏贸易有限公司(以下简称力宏公司)、东莞市同汇贸易有限公司(以下简称同汇公司)分别签订了《最高额保证合同》,约定:高力信公司、华丰盛公司、亿阳公司、力宏公司、同汇公司、怡联公司、陈某波、陈某华、陈某文为上述期间的贷款本息、实现债权费用在各自保证限额内向中信银行东莞分行承担连带保证责任。同时,中信银行东莞分行还分别与陈某华、陈某波、陈某兴、梁某霞签订了《最高额抵押合同》,陈某华、陈某波、陈某兴、梁某霞同意为中信银行东莞分行2013年12月31日—2014年12月31日对亿阳公司等授信产生的债权提供最高额抵押,担保的主债权限额均为4亿元,担保范围包括贷款本息及相关费用,抵押物包括:① 陈某华位于东莞市中堂镇东泊村的房产及位于东莞市中堂镇东泊村中堂汽车站旁的一栋综合楼(未取得不动产登记证书);② 陈某波位于东莞市中堂镇东泊村陈屋东兴路东一巷面积为4 667.7平方米的土地使用权及地上建筑物、位于东莞市中堂镇吴家涌面积为30 801平方米的土地使用权、位于东莞市中堂镇东泊村面积为12 641.9平方米的土地使用权(均未取得不动产登记证书);③ 陈某兴位于东莞市中堂镇的房屋;④ 梁某霞位于东莞市中堂镇东泊村陈屋新村的房产。以上不动产均未办理抵押登记。

另,中信银行东莞分行于同日与亿阳公司签订了《最高额权利质押合同》《应收账款质押登记协议》。基于《综合授信合同》,中信银行东莞分行与华丰盛公司于2014年3月18日、19日分别签订了《人民币流动资金贷款合同》,约定:中信银行

[①] 最高人民法院(2019)最高法民再155号民事判决书。

东莞分行为华丰盛公司分别提供2 500万元、2 500万元、2 000万元流动资金贷款,贷款期限分别为2014年3月18日—2015年3月18日、2014年3月19日—2015年3月15日、2014年3月19日—2015年3月12日。

东莞市房产管理局于2011年6月29日向东莞市各金融机构发出《关于明确房地产抵押登记有关事项的函》(东房函〔2011〕119号),内容为:"东莞市各金融机构:由于历史遗留问题,我市存在一些土地使用权人与房屋产权人不一致的房屋。2008年,住建部出台了《房屋登记办法》(建设部令第168号),其中第八条明确规定'办理房屋登记,应当遵循房屋所有权和房屋占用范围内的土地使用权权利主体一致的原则'。因此,上述房屋在申请所有权转移登记时,必须先使房屋所有权与土地使用权权利主体一致后才能办理。为了避免抵押人在实现该类房屋抵押权时,因无法在房管部门办理房屋所有权转移登记而导致合法利益无法得到保障,根据《中华人民共和国物权法》(以下简称《物权法》)①、《房屋登记办法》②等相关规定,我局进一步明确房地产抵押登记的有关事项,现函告如下:一、土地使用权人与房屋产权人不一致的房屋需办理抵押登记的,必须在房屋所有权与土地使用权权利主体取得一致后才能办理。二、目前我市个别金融机构由于实行先放款再到房地产管理部门申请办理抵押登记,产生了一些不必要的矛盾纠纷。为了减少金融机构信贷风险和信贷矛盾纠纷,我局建议各金融机构在日常办理房地产抵押贷款申请时,应认真审查抵押房地产的房屋所有权和土地使用权权利主体是否一致,再决定是否发放该笔贷款。如对房地产权属存在疑问,可咨询房地产管理部门。三、为了更好地保障当事人利益,我局将从2011年8月1日起,对所有以自建房屋申请办理抵押登记的业务,要求申请人必须同时提交土地使用权证。"

中信银行东莞分行依约向华丰盛公司发放了7 000万贷款。然而,华丰盛公司自2014年8月21日起未能按期付息。中信银行东莞分行提起本案诉讼。请求:华丰盛公司归还全部贷款本金7 000万元并支付贷款利息等;上述担保人在抵押物价值范围内承担连带赔偿责任。

【案件焦点】
1. 陈某华、陈某兴、梁某霞是否应在案涉房产的价值范围内。
2. 上述三人是否应就本案中华丰盛公司所负债务向中信银行东莞分行承担连带赔偿责任。

【裁判要旨】
本院认为,以不动产提供抵押担保,抵押人未依抵押合同约定办理抵押登记的,不影响抵押合同的效力。债权人依据抵押合同主张抵押人在抵押物的价值范围内承担违约赔偿责任的,人民法院应予支持。抵押权人对未能办理抵押登记有过错的,相应减轻抵押人的赔偿责任。

---

① 当时法院仍遵照2007年公布施行的《物权法》,2021年《民法典》正式施行后,该法已废止。
② 该办法于2008年发布施行,已于2019年失效。

《物权法》第15条规定：当事人之间订立有关设立、变更、转让和消灭不动产物权的合同，除法律另有规定或者合同另有约定外，自合同成立时生效；未办理物权登记的，不影响合同效力。本案中，中信银行东莞分行分别与陈某华等三人签订(2013)莞银最抵字第13×79910、13×79912、13×79913号《最高额抵押合同》，约定陈某华以其位于东莞市中堂镇东泊村的房屋（房地产权证号为粤房地证字第××、14××24、14××25号）、陈某兴以其位于东莞市中堂镇的房屋（粤房地证字第××、C1××57号，粤房地共证字第××号）、梁某霞以其位于东莞市中堂镇东泊村陈屋新村的房屋（粤房地证字第××号）为案涉债务提供担保。上述合同内容系双方当事人的真实意思表示，内容不违反法律、行政法规的强制性规定，应为合法有效。虽然前述抵押物未办理抵押登记，但根据《物权法》第15条之规定，该事实并不影响抵押合同的效力。

依法成立的合同，对当事人具有法律约束力，当事人应当按照合同约定履行各自义务，不履行合同义务或履行合同义务不符合约定的，应依据合同约定或法律规定承担相应责任。案涉《最高额抵押合同》第6条"甲方声明与保证"约定："6.2 甲方对本合同项下的抵押物拥有完全的、有效的、合法的所有权或处分权，需依法取得权属证明的抵押物已依法获发全部权属证明文件，且抵押物不存在任何争议或任何权属瑕疵……6.4 设立本抵押不会受到任何限制或不会造成任何不合法的情形。"第12条"违约责任"约定："12.1 本合同生效后，甲乙双方均应履行本合同约定的义务，任何一方不履行或不完全履行本合同约定的义务的，应当承担相应的违约责任，并赔偿由此给对方造成的损失。12.2 甲方在本合同第六条所作声明与保证不真实、不准确、不完整或故意使人误解，给乙方造成损失的，应予赔偿。"根据上述约定，陈某华等三人应确保案涉房产能够依法办理抵押登记，否则应承担相应的违约责任。本案中，陈某华等三人尚未取得案涉房屋所占土地使用权证，因房地权属不一致，案涉房屋未能办理抵押登记，抵押权未依法设立，陈某华等三人构成违约，应依据前述约定赔偿由此给中信银行东莞分行造成的损失。原审法院认定陈某华等三人不存在违约行为不应承担损害赔偿责任不当，本院予以纠正。

关于中信银行东莞分行的损失认定问题。《合同法》①第113条第1款规定："当事人一方不履行合同义务或者履行合同义务不符合约定，给对方造成损失的，损失赔偿额应当相当于因违约所造成的损失，包括合同履行后可以获得的利益，但不得超过违反合同一方订立合同时预见到或者应当预见到的因违反合同可能造成的损失。"案涉《最高额抵押合同》第6.6条约定："甲方承诺：当主合同债务人不履行到期债务或发生约定的实现担保物权的情形，无论乙方对主合同项下的债权是否拥有其他担保（包括但不限于主合同债务人自己提供物的担保、保证、抵押、质押、保函、备用信用证等担保方式），乙方有权直接请求甲方在其担保范围内承担担保责任，无须行使其他权利（包括但不限于先行处置主合同债务人提供的物的担

---

① 1999年版《合同法》，2021年《民法典》正式施行后废止。

保)。"第8.1条约定:"按照本合同第二条第2.2款确定的债务履行期限届满之日债务人未按主合同约定履行全部或部分债务的,乙方有权按本合同的约定处分抵押物。"在案涉抵押合同正常履行的情况下,当主债务人不履行到期债务时,中信银行东莞分行可直接请求就抵押物优先受偿。本案抵押权因未办理登记而未设立,中信银行东莞分行无法实现抵押权,损失客观存在,其损失范围相当于在抵押财产价值范围内华丰盛公司未清偿债务数额部分,并可依约直接请求陈志华等三人进行赔偿。

同时,根据本案查明的事实,中信银行东莞分行对案涉抵押合同无法履行亦存在过错。东莞市房产管理局已于2011年明确函告辖区各金融机构,房地权属不一致的房屋不能再办理抵押登记。据此可以认定,中信银行东莞分行在2013年签订涉案抵押合同时对于案涉房屋无法办理抵押登记的情况应当知情或者应当能够预见。中信银行东莞分行作为以信贷业务为主营业务的专业金融机构,应比一般债权人具备更高的审核能力。相对于此前曾就案涉抵押物办理过抵押登记的陈某华等三人来说,中信银行东莞分行具有更高的判断能力,负有更高的审查义务。中信银行东莞分行未尽到合理的审查和注意义务,对抵押权不能设立亦存在过错。同时,根据《合同法》第119条,"当事人一方违约后,对方应当采取适当措施防止损失的扩大;没有采取适当措施致使损失扩大的,不得就扩大的损失要求赔偿"。中信银行东莞分行在知晓案涉房屋无法办理抵押登记后,没有采取降低授信额度、要求提供补充担保等措施防止损失扩大,可以适当减轻。综合考虑双方当事人的过错程度以及本案具体情况,酌情认定陈某华等三人以抵押财产价值为限,在华丰盛公司尚未清偿债务的二分之一范围内,向中信银行东莞分行承担连带赔偿责任。

【案件评析】

该案作为最高人民法院第168号案例,是正确区分抵押合同效力与不动产抵押权登记效力,准确认定违反抵押合同的违约赔偿责任的典型案例。虽然该案发生在《担保制度解释》以及《九民会议纪要》施行之前,适用的是《物权法》《合同法》的相关规定,但是该案裁判要点所贯彻的法律原理在上述法律中却是一脉相承的,对于人民法院正确理解适用《民法典》及相关司法解释的规定、依法正确裁判担保物权纠纷案件、维护担保物权人与物上担保人的合法权益,具有重要的规范指导作用。

1. 清晰区分了不动产抵押合同的效力与不动产抵押权登记的效力

当事人是否办理不动产抵押权登记仅决定不动产抵押权成立与否,对于不动产抵押合同的效力不发生影响。该合同只要成立就生效,除非法律另有规定或者当事人附条件或附期限。以往,《中华人民共和国担保法》(以下简称《担保法》)①第41条曾错误地将不动产抵押权登记作为不动产抵押合同的生效要件,即不登记的,抵押合同不生效。为了纠正这个错误,《物权法》第15条明确规定:"当事人之间订

---

① 即1995年公布施行的《担保法》,2021年《民法典》正式施行后废止。

立有关设立、变更、转让和消灭不动产物权的合同,除法律另有规定或者合同另有约定外,自合同成立时生效;未办理物权登记的,不影响合同效力。"这就是说,即便是以不动产物权变动为内容的合同,不动产物权登记也不会影响合同效力,登记所能影响的只是不动产物权变动本身的效力。换言之,除非法律另有规定,否则基于法律行为的不动产物权的设立、变更、转让和消灭,以登记为生效要件,依法登记的,不动产物权变动发生效力;未经登记,不发生效力(《物权法》第9条第1款)。理论界将这种区分不动产物权登记的效力与不动产物权变动合同本身的效力的理论称为"区分原则"。

本案中,中信银行东莞分行分别与陈某华等三人签订多份《最高额抵押合同》,约定陈志华等人分别以相应的房屋为案涉债务提供不动产抵押担保。虽然这些抵押物没有办理不动产抵押权登记,但是,依据《物权法》第15条,该事实并不影响上述抵押合同的效力。对于抵押合同本身效力的判断应当依据《合同法》中合同无效、可撤销等相关法律规定。正是由于区分原则清晰地区分了合同的生效要件与发生不动产物权变动法律效果的要件,有利于贯彻合同严守原则,维护交易中善意一方当事人的合法权益,《民法典》第215条完全承继了《物权法》第15条的规定。故此,《民法典》实施后,本指导案例的裁判要点对于正确地理解与适用《民法典》第215条也具有极为重要的意义。

2. 依法确定了违反不动产抵押合同的责任性质及赔偿的范围

依据《民法典》第215条,未办理不动产抵押权登记的,不影响不动产抵押合同的效力。那么,在抵押合同合法有效的前提下,由于没有办理登记,债权人未取得抵押权,此时,抵押人是否应承担责任以及承担何种范围内的责任,实践中曾存在很大的争议。本指导案例的裁判要点解决了该争议,其明确指出,抵押人违反不动产抵押合同的责任性质上属于违约责任,抵押人向债权人承担的违约赔偿责任以抵押物的价值范围为限。此外,抵押权人对未能办理抵押登记有过错的,相应减轻抵押人的赔偿责任。

应当说,本指导案例上述裁判要点是非常正确的。一方面,抵押合同是以设立抵押权为内容的合同。依据抵押合同,抵押人负有与债权人共同申请不动产抵押权登记的义务,抵押人不履行该义务的,其行为自然就属于违约行为,抵押权人有权要求抵押人承担违约责任,包括继续履行和赔偿损失。另一方面,债务人违反合同给债权人造成的损失是履行利益的损失,具体到抵押合同就是因为不动产抵押权未能成立而给债权人造成的损失。作为物上担保的抵押权担保,债权人享有的是以抵押物的价值为限的优先受偿权。在抵押权成立的情形下,债权人也只能以抵押物的价值为限享有优先受偿权;同理,在抵押权没有成立的情形下,抵押人违反抵押合同的违约赔偿责任的范围也只能限定在抵押物的价值。故此,本指导案例将违反抵押合同的责任确定为违约责任,并将违约赔偿范围限定在抵押物的价值,是完全符合我国法律规定的。

通联资本管理有限公司与中国农发重点建设基金有限公司等股权转让纠纷上诉案[①]

【基本案情】

2015年9月11日,农发公司(甲方)、通联公司(乙方)、汉川公司(丙方)、汉台区政府(丁方)共同签订了《投资协议》,约定农发公司以现金1.87亿元对汉川公司进行增资,投资的年收益率为1.2%。该协议第3.1条约定:"甲方对汉川公司的投资期限为自完成之日起10年(以下简称'投资期限')。在投资期限内及投资期限到期后,甲方有权按照本协议第五条的约定选择回收投资的方式,并要求丁方收购甲方持有的汉川公司股权,汉川公司原股东放弃优先购买权;甲方亦有权选择乙方收购甲方持有的汉川公司股权,如果甲方选择由乙方承担收购义务,乙方无法按时支付收购价款的,则丁方应当承担差额补足义务。"协议第3.2条约定:"甲方按照汉川公司成立时原股东的出资价格进行本次增资,计算本次增资后甲方持有汉川公司的股权份额及比例,即甲方以人民币现金1.87亿元增资款项对汉川公司增加注册资本1.87亿元。汉川公司本次增资完成后,注册资本由原人民币4亿元增加至人民币5.87亿元。"协议第3.3条约定:"甲方按照上述第(1)款的约定将增资的款项付至汉川公司以下账户:户名:汉川公司;银行账号:20×××61;开户行:农发行汉中分行。"协议第5.1条约定:"甲方有权要求丁方按照本条规定的时间、比例和价格收购甲方持有的汉川公司股权,丁方有义务按照甲方要求收购有关股权(每一次收购的股权以下称为'标的股权')并在本条规定的收购交割日之前及时、足额支付股权收购价款。"

2017年10月26日,农发公司收到汉川公司发出的《告全体股东书》和所附的汉中市中级人民法院于2017年10月25日作出的(2017)陕07民破2号民事裁定,该裁定受理了案外人万向财务有限公司对汉川公司的破产重整申请。

2017年12月,农发公司向通联公司、汉台区政府发函要求一次性回购农发公司所持汉川公司全部股权的函件,但通联公司及汉台区政府未履行回购义务,农发公司遂将其起诉至陕西高院。一审审理期间,通联公司以农发公司存在出资不足及抽逃出资的行为,向一审法院申请中止审理。对此,该院认为,通联公司主张的事实与本案没有关联性,其中止申请不予准许。

一审中,陕西高院认为,本案《投资协议》虽约定了固定收益,但该收益是基于农发所持汉川股权而得的收益,并且协议约定了农发享有的股东权利,已超出借款法律关系的内容。故此,陕西高院认定该协议为股权投资协议,判决通联按约定以1.2%的收益率回购农发所持30%股权。通联公司不服,上诉至最高法院。

[①] 最高人民法院(2019)最高法民终355号民事判决书。

【案件焦点】

案涉《投资协议》的性质和效力。

【裁判要旨】

最高人民法院认为,对公司融资合同性质的认定应结合交易背景、目的、模式以及合同条款、履行情况综合判断。基金通过增资入股、逐年退出及回购机制等方式对目标公司进行投资,是其作为财务投资者的普遍交易模式,符合商业惯例。此种情况下的相关条款是股东之间就投资风险和收益所做的内部约定。在对合同效力认定上,应尊重当事人意思自治,正确识别行业监管规定,对合同无效事由严格把握,不轻易否定合同效力。

案涉《投资协议》的性质应结合合同签订时的背景、目的、条款内容及交易模式、履行情况综合判断,该协议为股权投资协议。通联公司于该判决生效后30日内向农发公司支付股权回购款1.87亿元,回购农发公司持有的汉川公司31.86%股权。

农发公司按照《专项建设基金监督管理办法》通过增资方式向汉川公司提供资金,投资方式符合国家政策,不违反公司法及行业监管规定。① 基金通过增资入股、逐年退出及回购机制对目标公司进行投资符合商业惯例,该交易模式不属于为规避监管所采取的"名股实债"的借贷情形。② 农发公司增资入股后,汉川公司修改了公司章程,农发公司取得了股东资格并享有表决权,虽然不直接参与日常经营,但仍通过审查、通知等方式在一定程度上参与管理,这也是基金作为财务投资者的正常操作,不能以此否定其股东身份。③《投资协议》的固定收益、逐年退出及股权回购等条款,是股东之间及股东与目标公司之间就投资收益和风险分担所做的内部约定,不影响交易目的和投资模式。投资期限内,农发公司作为股东对外承担相应责任。④ 协议约定的固定收益仅为年1.2%,远低于一般借款利息,明显不属于通过借贷获取利息收益的情形。交易本质是农发公司以股权投资方式注入资金帮助企业脱困的行为。只有如此,汉川公司及其股东通联公司方能以极低的成本获取巨额资金。一审认定《投资协议》属于股权融资协议,不属于名股实债,是正确的。

关于协议效力,本案《投资协议》有效。①《投资协议》实质上是投资人为保护资金安全和降低风险、目标公司和其他股东为促成融资交易,对投资人的投资收益和安全提供保障的约定,以回购方式自愿承担未来可能发生的潜在亏损。该协议是当事人的真实意思表示,且不违反法律、行政法规的禁止性规定。② 协议签订及履行经过了充分、完整的公司程序,汉川公司及其股东对协议签订背景、交易目的、条款内容均知悉。③ 汉川公司在交易中获得了经营发展所需资金,公司及包括通联公司在内的全体股东均从中获益。一审认定《投资协议》有效是正确的。

本案中,在投资期限内,通联公司、农发公司均是汉川公司的股东,在《投资协议》约定的回购条款因汉川公司破产而被触发后,通联公司是具有回购义务的股东,农发公司则是通联公司的债权人,通联公司应当按照合同约定承担支付股权回购款的义务。至于投资收益款及违约金,《投资协议》对此已有明确约定,当事人亦应依约履行,承担各自应当承担的义务。因此,一审判决《投资协议》通联公司向农发公司支付股权回购款、投资收益款及违约金是正确的。

最后,需要指出的是,无论是投资还是借贷,按合同约定使用资金是用款人及相关方的基本义务。本案中,农发公司依照国家法规和政策向相关企业提供巨额资金支持帮助相关行业和地区发展,汉川公司作为资金使用人,以极低的成本获得巨额投资,本应正确、充分地利用资金,勤勉经营,诚实守信。通联公司作为汉川公司的大股东亦受益于本次投资,应当遵守合同约定和承诺,而不应以资金性质用途、资金监管为理由逃避付款责任。对融资方而言,享受了股权融资具有的成本低、周期长的益处,却不承担因回购条款产生的损失风险,难言公平合理,其主张不能得到法律支持。

【案件评析】

名股实债这一新型融资方式刚出现时,实务界和理论界存在很多争议。随着《九民会议纪要》《民法典》以及《担保制度解释》的陆续出台,法院对于名股实债问题的态度逐渐明朗,特别是《担保制度解释》对让与担保和名股实债的相关规则直接进行了规定。《担保制度解释》的相关规定与之前的司法实践情况相比,发生了很大的变化,这种变化不仅仅会影响争议解决端,也会影响交易端。

《担保制度解释》第68条第3款规定:"债务人与债权人约定将财产转移至债权人名下,在一定期间后再由债务人或者其指定的第三人以交易本金加上溢价款回购,债务人到期不履行回购义务,财产归债权人所有的,人民法院应当参照第二款(让与担保)规定处理。"可见,《担保制度解释》认为从交易端开始名股实债类的交易安排就构成让与担保,双方之间股权转让并非真实意思,那么此类案件中法院认定名股实债构成股权投资的基础即不存在。这意味着,法院对于此类案件的总体裁判倾向有可能发生转变。

(1)《担保制度解释》明确认可了让与担保的合同效力,同时明确了让与担保产生物权效力的条件,名股实债类案件裁判有了法律依据。

如前文所述,《担保制度解释》在一定程度上将名股实债与股权让与担保画上了等号。虽然近些年让与担保有效在实践中已经不存在太大争议,但《担保制度解释》第68条第1款从司法解释的层面明确认可了让与担保的合同效力,同时也规定了让与担保产生物权效力的条件,即当事人已经完成财产权利变动的公示,使名股实债案件的处理具有了明确的法律依据。

(2)《担保制度解释》明确将名股实债中的受让人界定为名义股东。对于受让人是否取得目标公司股权,是实际股东还是名义股东,法院的裁判观点存在一定的波动。《九民会议纪要》出台之前的司法实践中,法院大多认为此种情况下受让人仅为公司的名义股东,并未实际取得公司股权。值得注意的是,最高人民法院出版的《九民会议纪要理解与适用》一书中又提出了不同的观点。该书中最高法院认为:"如果转让人将让与担保的真实意思告诉了公司及其他股东,则即便受让人在公司的股东名册上进行了记载，也仅是名义股东，不得对抗公司及其他股东。此时，作为名义股东，其并不享有股东的权利，即既不享有股权中的财产权，也不享有股权中的成员权。反之，如果转让人并未告知公司及其他股东实情，而是告知他们是股权转让，则法律也要保护此种信赖。在此情况下，一旦受让人在公司的股东名册上进行了记载，即便真实的意思是股权让与担保，受让人仍然可以行使股东权利，包括财产权和成员权。"①也就是说，受让人是否取得股东资格需要根据受让人、目标公司和其他股东之间的真实意思来进行判断，而不能依据客观条件直接做出判断。

《担保制度解释》第69条规定："股东以将其股权转移至债权人名下的方式为债务履行提供担保，公司或者公司的债权人以股东未履行或者未全面履行出资义务、抽逃出资等为由，请求作为名义股东的债权人与股东承担连带责任的，人民法院不予支持。"可见，《担保制度解释》直接将受让人界定为名义股东，并未区分公司与其他股东是否知情。

三、案件法务会计分析

（一）资产负债表中重点科目审查

金融机构特别是银行进行金融借款行为时，必须强化债权人视角，通过企业财务报表掌握其信用风险。银行债权人看企业财务报表的全部目的，是透过企业财务报表，分析、判断和推测企业的还款能力。在企业的财务报表中，资产负债表是对企业财务状况的结构性描述，资产不实，利润就不实。利润不实则影响企业的偿债能力。因此，银行债权人需要对资产负债表中余额较大或占比较高的重点科目进行详细的审核分析，并评估其对其企业损益及偿债能力的影响。

具体包括：① 货币资金。主要包括库存现金、银行存款和其他货币资金等三部分。银行存款主要包括结算账户的存款和用于开立银行承兑汇票、保函、信用证等向银行缴纳的保证金存款，对存在较多保证金存款的企业，要进一步审核保证金比例，并与对应的融资进行配比核对。货币资金一般不能低于总资产的10%（不包括保证金部分），货币资金太少就可能出现流动性风险。② 应收票据。重点关注银票和商票的构成情况。货币资金及企业持有的银票，是反映企业即时偿债能力的重要指标。③ 应收账款。应收账款的确认与主营业务收入的确认密切相关，审核时要与收入确认的条件、企业的销售对象、销售策略、议价能力等相结合，分析判断企业的谈判地位、交易对手的付款能力和应收账款的质量。应尽可能要求企业提供大额应收账款明细表，根据企业的经营特点，判断应收账款的账期是否合理、有无长期挂账应收款项、是否有提取坏账的准备；结

---

① 最高人民法院民事审判第二庭：《〈全国法院民商事审判工作会议纪要〉理解与适用》，人民法院出版社，2019，第405—406页。

合主营业务收入变动情况,判断应收账款的变动是否合理。④ 存货。不同行业和不同类型的企业之间存货差异较大,由于存货的存在状态和分布地域等原因,银行通常较难进行实地盘点,且存货单价难以确定,也很难通过存货单位价值和存货量来核实存货账面价值,一般只能通过综合分析的方法(条件允许的情况下可抽查部分存货)来进行审核。⑤ 其他应收款。主要包括企业主营业务以外发生的各种应收、垫付款项,如备用金、职工预支的差旅费、存出保证金、先行垫付的赔款和罚款等。通常其他应收款金额不会太大,如金额较大,要分析其内容,判断款项的性质。⑥ 长期投资。应重点关注长期投资的内容及投资收益情况,长期投资占总资产的比例一般不应高于20%,且长期股权投资的余额不应超过所有者权益。⑦ 固定资产。一是要了解企业固定资产的规模、成新率及其先进程度;二是审核固定资产折旧方法、折旧年限是否合理,是否遵守一贯性原则,是否存在少提折旧、不提折旧以虚增利润的现象等;三是要关注是否存在固定资产评估增值事项。⑧ 无形资产。无形资产主要包括五项权利,即商标权、专利权、著作权、土地使用权和矿业权,以及非专利技术和商誉。⑨ 对外融资规模。通常包括短期借款、长期借款、应付票据、应付债务和应付融资租赁款等。对外融资规模是银行债权人应该核实清楚的核心指标,否则就无法准确判断企业的还款能力。⑩ 应付账款。重点关注金额占比较大的客户是否与企业上游客户一致,是否符合企业的采购政策等。⑪ 实收资本。股东投入资本既可以以现金形式投入,也可以以实物资产和无形资产形式投入,对于以实物资产和无形资产投入的,可结合验资报告中依据的资产评估报告等,判断作价依据是否充分。⑫ 资本公积。重点关注三类资本公积形成的原因及其合理性。一是股本溢价,通常说明投资者对企业的发展前景比较认可;二是资产评估增值,重点审核其评估价值的合理性;三是接受捐赠或做债务豁免,主要应审查相关的捐赠协议或债权人放弃债权的书面文件,并关注是否在关联公司的账面有所反映。

(二) 名股实债会计处理的相关规定

名股实债作为一种新型的投融资模式,随着《担保制度解释》和《九民会议纪要》的出台,其法律适用已愈发明确。与此同时,名股实债、永续债等新兴的金融工具亦使我国现行会计制度及准则的发展面临着较为严峻的挑战。因此,可考虑从"名股实债"这一新兴的投资业务入手,重点探讨其会计处理中所存在的问题及难点。

为了规范"名股实债"这类经济业务的良性发展,国家税务总局于2013年7月29日出台了《国家税务总局关于企业混合性投资业务企业所得税处理问题的公告》(国家税务总局公告2013年第41号)(以下简称《公告》)。在《公告》中,国家税务总局提出了"混合性投资业务"这一术语,并对其进行了概念上的界定,对其企业所得税的处理进行了规定。

混合性投资业务是指兼具权益性投资和债权性投资双重特征的投资业务,但只有同时符合《公告》上所列的五个条件的混合性投资业务,才可以按照《公告》进行相应的企业所得税处理。

(三) 名股实债会计处理的相关问题

1. 名股实债的定性问题

要想解决名股实债业务的会计处理问题,首先需要明确的就是名股实债业务的性质问题。目前,多数企业将名股实债业务作为一项股权投资业务来处理。它们进行会计处理的出发点不是尊重会计事实的经济实质,而是满足企业自身的发展需求。被投资者将该业务作为一项股权入账,既可以实现资金募集的目的,又不会提高自身的资产负债率,同时也避免了公司控制权的稀释。那么,到底应如何对名股实债业务进行定性?究竟是将其作为股权投资业务还是债权投资业务?笔者建议可以从以下两个方面分析考虑。

(1) 考虑名股实债的实施目的。对于一项金融工具而言,需要对其进行会计分类。关于金融工具的分类与会计处理的规定主要有《企业会计准则第22号——金融工具确认和计量》《企业会计准则第37号——金融工具列报》,以及2014年3月17日下发的《财政部关于印发〈金融负债与权益工具的区分及相关会计处理规定〉的通知》。这些准则和规定都强调了一个原则:企业应根据所发行的金融工具的合同条款及其所反映的经济实质而非仅根据其法律形式,并结合金融资产、金融负债和权益工具的定义,在初始确认时对该金融工具或其组成部分进行分类,不得依据监管规定或工具名称进行会计处理。

名股实债这种投资方式的出现,一方面要满足被投资企业资产负债率的要求,另一方面也要考虑投资者的风险把控。从公布的《中国国家资产负债表2020》中可以看出,政府、居民、非金融企业这三个部门的债务与我国GDP的比例分别为53%、18%、113%。其中,非金融企业的杠杆率最高。过高的资产负债率将会限制非金融企业的发债融资能力。为保证自身的自有资金比率,不少企业纷纷取道名股实债业务。很显然,对于这些企业来说,该项融资业务具有明显的债务属性。另外,对于基金、信托等投资方而言,除了享有定期获取投资收益的权利之外,它们所持的股份也将在投资期满时被赎回,从这一点来看,名股实债应划归债权类投资业务。然而,实务中,由于被投资方缺乏资产抵押,投资方为降低自身的投资风险,常常需要通过掌控一定的控股权来保证自身权益的实现。因此,能否把这种权利当作划分该项业务是债权性投资还是股权性投资,抑或是兼具债权成分和权益成分的复合金融工具的一个依据呢?这值得考虑。

(2) 考虑名股实债的条款约定。主要包括三个方面。

第一,有关投资收益的约定。协议中一般都会涉及有关投资收益的条款约定。有的协议直接约定好了一个固定的报酬额,也就是说利息的具体金额已经事先确定,不受被投资方未来经营绩效的影响,这就使得投资更具债权的属性。还有的协议并未约定一个固定的报酬额,而是采用"固定收益和浮动收益相结合的模式",投资收益需要与被投资方的经营绩效挂钩,这就使得该项业务不再是单纯的债权性投资,而是兼具了债权和股权双重属性的特点。

第二,有关投资主体退出的约定。协议中一般都规定有一个明确的投资期限。但对于投资期限届满时投资主体将如何退出被投资企业,差异较大。有的协议约定由被投资方赎回或偿付投资本金,这就使得该项投资具有明显的债权属性,然而这种约定方式在现实当中非常少见。多数协议则是约定由被投资企业的大股东回购投资方的股权,从而实现投资方的退出,而且有些协议还约定了回购以溢价的方式进行。在这种情形下,投资方可能将该项投资作为一项债权投资处理,而被投资方则可能将回购行为视为一项增资行为。这就导致了对于同一项投资行为，投融资双方的定性和会计处理出现不一致的问题。

第三，有关投资主体权利的约定。协议中对于投资主体的权利问题也有一定的约定。多数协议都会提到"投资期限内，投资方不参与被投资企业的经营管理和分红"，由于投资方不熟悉被投资企业的经营业务，一般也不会参与被投资企业的日常经营管理。但投资方为了保障自身的经济利益，往往会委派自己的董事进入所投资项目的股东会，行使对于重大经营事项的表决权和监管权。此外，鉴于投资方是以股东的身份进入投资企业的，考虑到其性质上又兼具债权的属性，那么对于该项投资行为的优先受偿权该如何界定，也是值得考虑的一环。

2. 不同权属下的会计处理问题

（1）债权投资下的会计处理。如果名股实债业务被视为一项债权性质的投资，对于投资方而言，以投资名义投出的资金更像是自身的一笔贷款业务。投资期间所获取的投资收益则被视为利息所得。投资赎回时的赎回损益，《公告》将其界定为"债务重组损益"。然而对于这一界定，存在不少争议。会计上所说的债务重组，通常具有两个基本特征：一是债务人发生了财务困难；二是债权人做出了让步行为。很显然，《公告》上有关赎回收益的界定与会计上的债务重组存在不一致现象。对于被投资企业而言，该项融资可视为一项长期借款进行相应的会计处理。针对投资期限届满时的溢价回购，有学者提出可将溢价部分视为一项预计负债进行处理。融资人一方却并不必然列为金融负债，如前所述，应根据还本付息义务承担主体不同而有所不同。

（2）股权投资下的会计处理。如果名股实债业务被视为一项股权性质的投资，对于投资方而言，一般是作为一项长期股权投资入账，所获取的投资收益应确认为股息所得。对于投资期满的减资问题，依据国家税务总局 2011 年颁布的《关于企业所得税若干问题的公告》："投资企业从被投资企业撤回或减少投资，其取得的资产中，相当于初始投资的部分，应确认为投资收回；相当于被投资企业累计未分配利润和累计盈余公积按减少实收资本比例计算的部分，应确认为股息所得；其余部分确认为投资资产转让所得。"对于被投资企业而言，倘若由原始股东回购投资方的股权，则可视为一项增资行为。其中存在的问题在于，如何衡量赎回价格的公允性，是以赎回时被投资企业的公允价值为依据，还是通过评价赎回时所使用的约定利率是否符合市场利率为依据。

四、金融借款法律风险及防范

随着世界及国内经济形势的下行及民间借贷泛滥的影响，金融机构的借款出现大面积不良贷款，导致金融机构发放的贷款无法按期回收，在金融机构通过诉讼起诉债务人及担保人的过程中，暴露出了大量因贷款过程中审查不严格而导致金融机构提出的诉讼请求无法得到全部支持的情形。在金融机构与借款人签订借款合同的同时，往往存在由公司作为担保人的情形，而 2005 年修订《公司法》后，公司对外担保能力完全解禁[1]，

---

[1] 王毓莹：《公司担保规则的演进与发展》，《法律适用》2021 年第 3 期。

《公司法》第 16 条则成为法院裁判担保合同效力的主要依据,但对于该条款的适用,司法实践和公司法学界存在诸多争议。伴随着《九民会议纪要》和《担保制度解释》的相继出台,关于《公司法》第 16 条的规范性质、相对人的审查义务以及公司担保的无效后果等,已逐渐明晰。对于金融机构而言,担保合同的司法认定与贷款能否按期回收紧密相关,因此,厘清《九民会议纪要》和《担保制度解释》对于公司担保规则的新发展,对于金融机构的风险防范具有重要意义。

(一)《九民会议纪要》对于公司担保规则的发展

1. 公司越权担保合同效力规则的统一化

《九民会议纪要》首次对公司越权担保合同的效力状态做了统一、相对明确的规定。《九民会议纪要》第 17 条在条文主旨中开宗明义地指出:违反《公司法》第 16 条构成越权代表。其并未纠结于将《公司法》第 16 条的规范定性为效力性规范或者管理性规范,而是将其界定为"权限性规范"。尽管该规定并未明述合同效力状态,但是从其法律后果逻辑形式上看类似于"效力待定"状态,可以推知公司方事后同意担保则合同对其发生效力,公司方不同意担保则合同对其不发生效力,直观形式上与"效力待定"状态如出一辙。在适法路径上,《九民会议纪要》针对公司越权订立的担保合同,适用的是"代表规则",这一点可以从《九民会议纪要》第 17 条的"违反《公司法》第 16 条构成越权代表"推知。

2. 相对人审查义务规则明晰化

在公司担保合同订立中,对于相对人是否应承担审查义务,如果承担审查义务是形式审查抑或实质审查,对哪些事项负有审查义务,审查到何种程度才能被认定为尽到了审查义务,一直未能形成共识,而《九民会议纪要》在这方面规定得较为明确具体。针对"关联担保"和"非关联担保",《九民会议纪要》规定了债权人负有不同审查义务。针对关联担保,即公司提供对外担保的对象为其股东或实际控制人,债权人需要审查担保的决议机关和决议程序。在此情况下,债权人若主张担保协议有效,应当提供证据证明其在订立合同时对股东(大)会决议进行了审查,且该表决是在排除被担保股东表决权的情况下,由出席的其他股东所持表决权的过半数通过。针对非关联担保,即公司为其股东或实际控制人以外的人提供担保的情形,公司对外担保的决议机关由公司章程决定,倘若担保方公司的章程中未对此有明确规定,则股东(大)会和董事会均可以作为决策机关。因此,除非公司能够证明债权人明知公司章程中对决策机关有明确规定,只要债权人能够证明其在订立担保协议时对董事会决议或股东(大)会决议进行了审查,且同意决议的人数和签字人员符合公司章程的规定,就应认定其为善意。

《九民会议纪要》明确了债权人的审查义务一般限于形式审查,即只要求尽到必要的注意义务即可。其标准比较宽松,其第 18 条第 2 款规定:公司以机关决议系法定代表人伪造或者变造、决议程序违法、签章(名)不实、担保金额超过法定限额等事由抗辩债权人非善意的,人民法院一般不予支持。但是,公司有证据证明债权人明知决议系伪造或者变造的除外。

3. 是否需要决议区分化

《九民会议纪要》列举了公司对外担保无须经过其机关决议的情况,即对于是否需要决议的情形做了区分,《公司法》第 16 条之所以对公司对外担保的决策机关和决策程序进行限制,本质上是为了防止公司的法定代表人滥用其代表权为他人提供担保,损害公司的利益,如果并不存在上述情形,则无须决议。《九民会议纪要》将原则性与灵活性相结合,规定了四种无须决议的例外情况,包括:① 公司是以为他人提供担保为主营业务的担保公司,或者是开展保函业务的银行或者非银行金融机构;② 公司为其直接或者间接控制的公司开展经营活动向债权人提供担保;③ 公司与主债务人之间存在相互担保等商业合作关系;④ 担保合同系由单独或者共同持有公司 2/3 以上有表决权的股东签字同意。

4. 公司越权担保法律后果确定化

公司担保案件之所以会成为公司法方面的疑难案件,很大一部分原因在于《公司法》第 16 条没有规定公司越权担保的法律后果。《九民会议纪要》在这方面取得明显进步,具体体现在:其明确了善意相对人信赖保护规则,即只要相对人在订立担保合同时尽到了形式审查义务,"不知道也不应当知道"越权担保事实,就构成表见代表,担保合同对公司发生效力。《九民会议纪要》还分三个层面规定了越权担保的民事责任与权利救济:① 当债权人符合《九民会议纪要》第 18 条中的"善意"标准时,担保合同有效,公司承担担保责任;② 当债权人未尽审查义务,导致担保合同无效时,公司不承担担保责任,但可按照担保法及有关司法解释关于担保无效的规定处理;③ 当公司能够举证证明债权人明知法定代表人超越权限或者机关决议系伪造或者变造时,担保合同无效,公司既不承担担保责任也不承担其他的民事责任。

(二)《担保制度解释》对公司担保法律适用的新启示

《九民会议纪要》本着急用先立的精神,对于司法实践中迫切需要解决的问题予以规定。经过一年多的实践摸索,《担保制度解释》吸收了其大部分的内容,基调和观点与《九民纪要》基本一致。有些规则是对《九民会议纪要》的进一步强调和说明。其进一步明确《公司法》第 16 条是对公司法定代表人权限进行限制的授权限制规范。再次强调了公司债务加入参照适用公司担保的规定。《担保制度解释》在继承《九民会议纪要》的基础上对其进行了发展,构建了相对完整和体系化的公司担保规则。

1. 相对人的审查义务由"形式审查"到"合理审查"

《九民会议纪要》颁布前,《公司法》第 16 条在绝大多数情况下被法院认定为管理性规范,即使违反该规定,法院也通常会认定担保有效,公司是否召开股东会、股东会是否作出决议均被认定为公司的内部事项,甚至认为债权人对于公司决议的内容无须进行形式审查。《九民会议纪要》前进了一小步,明确相对人应当尽到"形式审查义务"。《担保制度解释》又迈进一步,按照《担保制度解释》第 7 条的规定,债权人不仅要尽到形式审查义务,还须尽到"合理审查义务"。这意味着《担保制度解释》对于债权人提出了更高的要求。"形式审查义务"与"合理审查义务"有何不同,这涉及证明标准问题。形式审查中,债权人只要举证形式上做了审查工作就完成了举证证明责任,法院可据此认定债权人为善意,公司主张债权人非善意的,由公司承担举证责任。合理审查中,债权人需要证明自己尽到了与合同注意义务相匹配的审查义务,才能证明自己是善意的,否则不构成善意,形式审查的证明标准要低于合理审查[①]。试举一例说明之,在非关联担保

---

① 邹学庚:《〈民法典〉第 65 条商事登记公示效力研究》,《国家检察官学院学报》2021 年第 1 期。

中,公司章程规定公司对外担保应当经过股东会决议,如果公司担保时仅提供董事会决议,对于担保合同是否对公司发生法律效力,依照《九民会议纪要》的规定,相对人只要尽到形式审查义务即可,该担保对于公司发生法律效力,而依照《担保制度解释》,相对人应当尽到合理的审查义务。换言之,在此情况下,债权人不仅需要审查决议,还要审查章程。如果没有进行审查,相对人非善意,担保对于公司不发生效力。

2. 限缩了无须决议的情形

首先,《担保制度解释》删除了《九民会议纪要》中"公司与主债务人之间存在相互担保等商业合作关系"的情形。《九民会议纪要》规定的初衷是,针对公司与主债务人之间存在着相互担保等商业合作关系的情况,由于过往的一系列担保合作,债权人有理由相信,在公司与主债务人之间存在着一个相互提供担保的"默示契约",这个"默示契约"本身就蕴含了作为公司最高权力机关的股东会的意思表示,所以无须再针对每一次的担保另行决议。但是,实践中存在的问题是,对于互联互保的认定不太好把握,该规定比较容易规避,从而损害公司利益。比如,甲公司为乙公司提供10万元担保,乙公司为甲公司提供1 000万元担保,很难认定双方不存在互保关系。而且,"等商业合作"的描述使得其适用范围过于宽泛,因为通常公司不会给与自己无任何关系的人提供担保,其与债务人或多或少会存在商业合作关系,上述规定容易导致《公司法》第16条被虚置。此外,《担保制度解释》将"公司为其直接或者间接控制的公司开展经营活动向债权人提供担保"限缩为"公司为其全资子公司开展经营活动向债权人提供担保"。这对于防止大股东通过公司担保进行利益输送、维护公司中小股东的利益有着积极的意义。

3. 改变了上市公司担保的规则

《担保制度解释》对于《九民会议纪要》的最大改变莫过于其对于上市公司担保规则的重构。依照《担保制度解释》,上市公司担保是否对公司发生效力完全看公告,"无公告,无责任"。这包含三层含义:一是虽然有决议,但没有公告,公司不承担担保责任;二是虽然没有决议,但有公告,公司仍然要承担担保责任;三是如果没有经过公告,债权人接受担保,公司不仅不承担担保责任,也不承担其他民事责任。

关于上市公司的担保规则,司法实践中存在的争议主要涉及公告对于担保合同的效力影响问题。一种意见认为,上市公司公告属于信息披露的范畴,不披露最多涉及行政处罚,但其不是担保合同的效力要件;另一种意见认为,上市公司不同于普通公司,其为公众公司,涉及众多中小投资者的利益,其担保规则应有别于一般公司。司法解释采纳了第二种观点。上市公司违规担保是资本市场的"顽疾"与"毒瘤",严重影响了证券市场的健康发展和投资者利益,从防范系统性风险、维护中小股东的利益考虑,司法解释将是否履行信息披露义务与担保合同效力挂钩。一般而言,担保决议一经作出即生效,但由于上市公司有大量的分散股东在未公告的情况下对做出担保的决议并不知情,所以必须公告,债权人方可以据此签订担保合同。

《担保制度解释》加大了债权人的审查义务,这能够倒逼上市公司及时履行信息披露义务。上市公司不仅要受到《公司法》的规制,还要受到《证券法》以及证监会等部门的部门规章的规范。为了保障众多中小投资者和潜在投资者的利益,相比非上市公司,法律法规对其治理结构与信息披露提出更为严格的要求。信息披露能够有效维护中小股东"用脚投票"的权利,也能让潜在的投资者准确判断风险。因此,对于上市公司的担保应适用与一般公司不同的规则,应课以相对人更高的审查义务。需要指出的是,"无公告无责任"的特殊担保规则不仅适用于上市公司,还适用于上市公司已经公开披露的控股子公司、股票在国务院批准的其他全国性证券交易场所交易的公司。该规定较以往上市公司担保的规则发生重大变化,其适用效果有待司法实践检验。

(三)金融机构的风险防范策略

我们常说"三分贷、七分管"。从贷款发放到贷款回收,整个过程的时间跨度更大,面临的不确定性更多,更需要银行加强管理,根据变化了的市场形势、客户情况及担保状况,相机抉择管控风险,才能保障银行债权安全。应根据银行在贷后管理过程中常见的风险预警信号(见表3-1),针对性地采取风险处置措施,以保障银行债权安全或减少贷款损失。

表3-1 常见的风险预警信号

序号	风险类别	风险预警信号的主要表现	相机抉择处置风险
1	资金用途异常	1. 借款人挪用资金或改变贷款用途 2. 受托支付贷款资金回流至借款人或关联企业账户 3. 贷款资金流入股市、房地产或民间借贷等领域	1. 采取符合监管规定的支付方式,尽可能通过受托支付方式将贷款资金支付至真实交易对手 2. 要求借款人立即纠正不按约定用途使用贷款的行为 3. 宣布贷款提前到期,要求借款人提前偿还贷款
2	资金结算异常	1. 近6个月通过本行结算的资金大幅下降或波动频繁 2. 存款沉淀大幅减少,存贷比很低 3. 与新增交易对手的结算量大 4. 关联企业交易频繁,虚增交易量	1. 核实资金结算异常的原因,如经营萎缩,应提前做好贷款风险处置预案;如转移到他行,应要求借款人在本行结算量与本行融资占比相匹配 2. 如发现借款人涉及经营造假,应尽快退出
3	信贷造假及欺诈	1. 贸易交易造假,如假合同、假发票、假单据 2. 银行流水造假 3. 签名印鉴造假 4. 财务造假	1. 核实信贷造假的情况,评估严重性及其影响程度 2. 不对借款人发放新增贷款,存量贷款做好风险处置预案,实现有序退出 3. 恶意信贷欺诈事件报司法机关处置
4	财务状况恶化	1. 客户应收账款、存货高企 2. 收入萎缩、成本大幅上升 3. 对外投资出现重大失误 4. 经营活动现金净流出量大,资金链紧张	1. 切实加强企业销售回笼资金管理 2. 摸清企业及其实际控制人的资产状况,必要时追加资产抵押 3. 做好贷款有序退出方案,保障债权安全

续表

序号	风险类别	风险预警信号的主要表现	相机抉择处置风险
5	过度扩张及过度融资	1. 负债增速远高于资产增速 2. 对外投资金额过大,长期投资超过所有者权益 3. 企业债务在短期内快速增长 4. 债务总量过大,超过其偿还能力 5. 债务与收入、利润、现金流的关系失调	1. 对快速扩张的企业,银行总体上要保持谨慎的态度 2. 借款人已过度融资的,要停止对其发放新增贷款,存量贷款到期收回;暂时不能收回的,要减少余额,追加增信措施或提高利率,实现有序退出
6	项目建设及投产情况异常	1. 项目资金未按期到位 2. 项目建设资金不落实 3. 项目建设进度滞后 4. 工程形象进度与资金投入不匹配 5. 项目未按期投产或大幅超支 6. 项目投产后产品质量有瑕疵等	1. 严格落实银行贷款与资本金同比例到位,本行贷款与他行贷款大致同比例到位,督促借款人或股东按期投入资本金 2. 对工程严重滞后的项目或形象进度与资金投入不匹配的项目,原则上暂不允许企业后续提款,应要求企业先投入资本金 3. 项目超支应由借款人或股东自筹解决;确需增加融资的,应提高资本金比例 4. 对项目投产后产品质量不达标或市场情况欠佳的,应要求借款人追加担保或抵押
7	担保情况异常	1. 保证人经营情况恶化 2. 保证人债务违约 3. 保证人或借款人对外担保增长过快 4. 关联担保或互保情况过多 5. 抵押物权属争议、毁损或大幅贬值	1. 要求借款人追加抵押物或追加保证人 2. 要求借款人置换抵押物或更换保证人 3. 提前收回部分或全部贷款 4. 要求借款人提供其他增信措施
8	涉嫌民间借贷	1. 企业资金在公私账户间往来频繁 2. 资金汇划时,用途多为"还款""投资"等 3. 借款人财务费用高企,与表内金融不匹配 4. 企业财产为表内借款设定了抵押	1. 核实企业涉及民间借贷的原因、金额及影响程度 2. 核查借款手续、担保手续、抵质押物实物及权属状况,确保无法律瑕疵 3. 对企业因资金链紧张参与民间借贷的,要尽早制定风险处置预案,加强对企业现金流控制,实现有序退出
9	关联交易异常	1. 关联企业数量多,关联交易频繁,交易金额大 2. 关联定价不合理 3. 关联账户资金对倒频繁,资金流与物流异常 4. 通过关联交易虚构收入与流水,掩盖关联交易虚构收入及流水,掩盖经营及财务困难	1. 审核关联交易清单,挤压非正常关联交易水分 2. 根据还原后的财务状况,决定信贷策略 3. 对涉及通过交易关联虚构收入及利润的企业,不对其发放新增贷款,存量贷款及时退出

续 表

序号	风险类别	风险预警信号的主要表现	相机抉择处置风险
10	有违约记录	1. 对他行违约 2. 对上下游交易对手违约 3. 在本行有逾期欠息记录等	1. 高度重视违约信息,核实违约原因 2. 对借款人因经营财务情况恶化无力履约的,要尽早做好风险处置预案,尽可能追加抵押或保证措施,实现有序退出或减少损失
11	企业出现不稳定因素	1. 频繁更换财务主管、会计人员等 2. 核心岗位或关键管理人员纠纷离职 3. 主要股东退出 4. 家族股权纠纷 5. 客户流失	1. 评估企业上述不稳定因素对借款人的影响程度 2. 严格控制对借款人的新增贷款 3. 加强对借款人现金流的控制,争取为存量贷款追加增信措施,逐步压缩存量贷款余额
12	涉及纠纷或诉讼	1. 因违约或诚信等原因产生纠纷 2. 因重大质量、技术事故引起诉讼或仲裁 3. 为他人担保引发纠纷 4. 民间借贷引发纠纷	1. 核实纠纷及诉讼原因、涉及金额对借款人的影响 2. 对于涉及金额大、对借款人影响大的纠纷或诉讼,要及早制定风险处置预案 3. 对涉及金额及影响较小的,可暂不采取措施,但要将其列入重点监测客户名单,加强跟踪监测

复习思考题

1. 金融借款合同与普通民间借贷合同有什么区别?
2. 名股实债交易模式的会计处理如何实现?
3. 如何理解公司对外担保规则及其限制?
4. 金融机构对企业资产负债表进行审查时,应重点关注哪些科目?
5. 银行在贷后管理过程中常见的风险预警信号有哪些?分别有哪些风险处置措施?

第四章　融资租赁案件法务会计分析

▶ 一、基本理论

(一) 融资租赁概述

1. 融资租赁的定义

融资租赁是社会经济发展到新阶段出现的新型交易方式。所谓融资租赁，是指出租人依照承租人的选择，向承租人指定的出卖人购买特定租赁物后出租给承租人使用，承租人向出租人支付租金，并且出租人将与租赁物所有权有关的全部风险和收益转移给承租人，最终租赁物的所有权可能由承租人取得，也有可能继续属于出租人。

融资租赁作为一种新型的交易方式，具有融资和租赁的双重属性。融资租赁与传统的租赁行业具有本质性的区别，实质上融资租赁是将租赁作为外在手段、最终实现融资目的的金融工具和融资手段。融资租赁与一些传统的交易信贷、所有权保留买卖、让与担保具有功能上、手段上的重叠。

2. 相关法律法规及财务会计制度对融资租赁的定义

《民法典》[1]《金融租赁公司管理办法》[2]《外商投资租赁业管理办法》[3]等法律法规、部门规章等规范性文件从法律制度的角度对融资租赁进行了规定。这些规定均体现了融资租赁涉及三方当事人、承租人对租赁物及出卖方具有选择权、出租人将使用权转让获得租金、承租人支付租金获得使用权的特点。

我国财务会计制度对融资租赁进行了界定。例如，《企业会计准则第21号——租赁》第35条规定："融资租赁，是指实质上转移了与租赁资产所有权有关的几乎全部风险和报酬的租赁。其所有权最终可能转移，也可能不转移。"《企业会计准则第21号——租赁》第36条规定："一项租赁属于融资租赁还是经营租赁取决于交易的实质，而不是合同的形式。"如果一项租赁实质上转移了与租赁资产所有权有关的几乎全部风险和报酬，出租人应当将该项租赁分类为融资租赁。一项租赁存在下列一种或多种情形的，通常分类为融资租赁：在租赁期届满时，租赁资产的所有权转移给承租人；承租

---

[1] 《民法典》第735条规定："融资租赁合同是出租人根据承租人对出卖人、租赁物的选择，向出卖人购买租赁物，提供给承租人使用，承租人支付租金的合同。"

[2] 《金融租赁公司管理办法》第3条规定："本办法所称融资租赁，是指出租人根据承租人对租赁物和供货人的选择或认可，将其从供货人处取得的租赁物按合同约定出租给承租人占有、使用，向承租人收取租金的交易活动。"

[3] 《外商投资租赁业管理办法》第5条第2款规定："本办法所称融资租赁业务系指出租人根据承租人对出卖人、租赁物的选择，向出卖人购买租赁财产，提供给承租人使用，并向承租人收取租金的业务。"该管理办法于2018年2月废止。

人有购买租赁资产的选择权,所订立的购买价款与预计行使选择权时租赁资产的公允价值相比足够低,因而在租赁开始日就可以合理确定承租人将行使该选择权;资产的所有权虽然不转移,但租赁期占租赁资产使用寿命的大部分;在租赁开始日,租赁收款额的现值几乎相当于租赁资产的公允价值;租赁资产性质特殊,如果不作较大改造,只有承租人才能使用。

《国家税务总局关于融资租赁业务征收流转税问题的通知》(国税函〔2000〕514号)规定:"融资租赁是指具有融资性质和所有权转移特点的设备租赁业务。即:出租人根据承租人所要求的规格、型号、性能等条件购入设备租赁给承租人,合同期内设备所有权属于出租人,承租人只拥有使用权,合同期满付清租金后,承租人有权按残值购入设备,以拥有设备的所有权。"

可见,财务税收制度对融资租赁的定义凸显了融资租赁交易方式的"融资"与"融物"相结合特点,并且特别强调融资租赁的融资功能。

(二) 融资租赁类型

1. 直接租赁

我国的法律法规及其他规范性文件中并没有直接定义直接租赁。前述法律法规对融资租赁的一般定义就是指直接租赁,直接租赁是融资租赁中最典型、最基础的类型。直接租赁业务流程如下:第一步,承租方选择出卖方、租赁物,承租方选择出租方,并向出租方提出融资租赁业务申请;第二步,出租方与承租方签订融资租赁合同;第三步,出租方向出卖方购买租赁物,签订买卖合同;第四步,出卖方向承租方交付租赁物;第五步,承租方向出租方支付租金;第六步,合同约定的租赁期限届满,承租方正常履行合同义务,在支付相应价款后,租赁物的所有权归承租方所有。

直接租赁的主要特点包括:一是涉及三方当事人,出租方分别与另外两方当事人签订融资租赁合同和买卖合同两份合同;二是租赁期限内,承租方有义务向出租方支付租金,承租方享有租赁物的使用权;三是租赁期限内,仅在出租方的决定影响承租方对租赁物的选择时,出租方需要承担租赁物的质量瑕疵担保责任。

直接融资租赁模式主要运用于大型设备采购、生产设备升级。操作中承租人更多是与设备厂商接洽。直接租赁的风险主要体现在,融资租赁公司为简化业务流程,会与设备厂商及承租人签订三方合作协议,将对承租人的审查工作交由设备厂商负责,使得融资租赁公司对承租人的了解十分有限,陷于被动境地。

2. 售后回租

售后回租也称为返还式租赁,是指承租人将其所拥有的资产出售给出租人,然后再通过向出租人支付租金取得上述资产使用权的融资租赁模式。租赁期间,租赁物的所有权归出租人,承租人只拥有租赁物的使用权。

售后回租的业务流程如下:第一步,承租方将其拥有的资产出售给出租方(融资租赁公司),出租方向承租方支付货款;第二步,出租方将上述资产作为租赁物出租给承租方(资产原所有者);第三步,承租方向出租方支付租金。

售后回租的主要特点包括:一是资产的原所有者身兼出卖方和承租方两个角色;二是租赁期限开始之前资产的所有权已经从原所有人转移到融资租赁公司;三是租赁

期限开始后,承租人不再享有租赁物的所有权,并且应当向融资租赁公司支付租金以获取租赁物的使用权。

售后回租的融资租赁模式有利于企业盘活资产,解决短期流动资金不足的问题,在不影响企业生产的同时,增加资金的流动性。但售后回租的出卖人和承租人实际上是一方当事人,承租方作为资金使用方,融资租赁公司作为资金提供方,双方的法律关系很容易与借贷关系混淆,司法实践中可能会被认定为以售后回租的形式掩盖非法借贷的目的,导致融资租赁合同无效。

3. 融资性经营租赁

融资性经营租赁是指在融资租赁的基础上计算租金时留有超过10%以上的余值,在租赁期限结束时,承租人有权利选择续租、退租、留购租赁物,出租人除了向承租人转移租赁物的使用权外,还向承租人提供租赁物的维修、保养等配套服务,出租人同时承担租赁物过时的风险。会计业务操作中,由出租人对租赁物计提折旧。

融资性经营租赁的业务流程如下:第一步,承租方选择租赁物和出卖方;第二步,承租人与出租方(融资租赁公司)签订融资租赁合同;第三步,出租方向指定出卖方购买租赁物;第四步,出租方向承租方交付租赁物;第五步,承租方向出租方按期支付租金;第六步,租赁期限届满,承租人按约履行义务,可以选择退租、续租或留购租赁物;第七步,若承租人选择退租,出租人可以自行处置租赁物。

融资性经营租赁的特点包括:在计算租金时,预留了10%的余值;融资租赁公司最终拥有租赁物余值。会计业务操作中,租赁物反映在融资租赁公司的资产负债表中,由融资租赁公司对租赁物计提折旧。融资性经营租赁模式的风险与租赁物的余值紧密相关。要考虑余值剔除后的成本与收益,还应当预先考虑租赁期间届满后租赁物余值的处理。

4. 杠杆租赁

杠杆租赁是指融资租赁公司通过财务杠杆手段,以少部分的自有资本加上吸收其他金融机构的资金来购买承租人所需的租赁物。杠杆租赁起源于20世纪70年代的美国,主要应用于大型租赁项目。这种融资租赁模式下,融资租赁公司能够以较少的资本撬动更大型的融资租赁项目,并且在项目中的资产折旧和利息扣减上,可以享受更优惠的税收政策。

杠杆租赁的业务流程如下:第一步,承租人确定租赁物、出卖方并向融租租赁公司提出租赁委托;第二步,融资租赁公司根据承租人的需求进行租金预算,并进行风险测算、效益分析;第三步,融资租赁公司与承租人签订融资租赁合同;第四步,融资租赁公司向其他金融机构贷款(通常将租赁物作为抵押物);第五步,融资租赁公司用自有资金和上述贷款自己购买租赁物;第六步,融资租赁公司将租赁物交予承租人,承租人按合同支付租金;第七步,租赁期间届满,承租人可以选择购买租赁、续约或解除合同退回租赁物。

杠杆租赁有如下特点:一是杠杆租赁涉及的除上述三方当事人和两个合同外还增加了贷款人和贷款合同;二是从事杠杆租赁的融资租赁公司从租赁期间开始时到租赁期间届满时,必须持续持有至少20%的最低投资额;三是融资租赁公司以贷款方式取得租赁物所有权,融资租赁公司对租赁物采取加速折旧法;四是租赁期间届满时租赁物的使用寿命应当不低于原使用寿命的 20% 或大于 1 年;五是租赁期间届满后,承租人若行使购买权,应当以不低于租赁物市场价格购买;六是杠杆租赁中的贷款人不能向出租人行使追索权。

杠杆租赁有信用、履约、利率汇率三方面风险。第一,信用风险。杠杆租赁经常应用于跨国融资租赁,涉及的出租人、承租人、贷款人、设备供应商等多方当事人可能来源于不同的国家,获取彼此的资信状况更为艰难。第二,履约风险。杠杆租赁涉及的租赁物具有价值高、专用性强的特点,承租人一旦出现履约不能的情况,出租人很难通过出卖租赁物来挽回损失。第三,利率汇率风险。杠杆租赁中涉及多个国家和多种货币,进口租赁物、支付货款、支付租金汇率的波动可能造成损失,应当在合同中对利率波动的情况做一定考虑,如在利率波动超过一定幅度时调整相应金额。

5. 融资转租赁

融资转租赁是指承租人通过融资租赁方式取得租赁物,再转租给第二承租人的融资租赁模式。融资转租赁中至少涉及四方当事人,即出卖方、第一出租人、第一承租人(第二出租人)和第二承租人。在这种融资租赁模式中,第一承租人既是第一份融资租赁合同中的承租人也是第二份租赁合同中的出租人,因而也被称为"转租人",第一承租人以赚取租金差为目的。

融资转租赁的业务流程:第一步,第一承租人与融资租赁公司签订融资租赁合同,按期支付租金;第二步,第一承租人与第二承租人签订租赁合同。

融资转租赁的特点:这种模式一共出现了三份合同,涉及四方当事人,其中第二出租人和第一承租人的身份复合于转租人一方。转租人在进行转租时需要取得第一出租人的书面同意,转租人以取得租金差价为目的。

融资转租赁涉及多层法律关系,其中转租人的风险来源最为复杂。第一,转租人自身面临的租金风险。根据《最高人民法院关于审理融资租赁合同纠纷案件适用法律问题的解释》(法释〔2020〕17 号)(以下简称《融资租赁合同解释》)第 10 条的规定,出租人享有选择权,可以要求转租人继续履行合同,支付全部到期未付租金及违约金,或者要求与转租人解除融资租赁合同,取回租赁物。转租人会面临融资转租赁业务陷入僵局的情形,难以实现其商业目的。第二,一般来说融资租赁的出租人不对租赁物的质量瑕疵承担责任,在租赁物出现质量瑕疵无法使用时,转租人不能以此为由拒绝向第一出租人支付租金。第二承租人可以租赁物无法使用为由解除租赁合同,拒绝支付租金。此时,转租人将面临无法向第二承租人收取租金却依然要向第一出租人支付租金的窘境。

6. 委托租赁

委托租赁是指拥有资金或设备的法人机构作为委托人,委托具有经营融资租赁业务资格的法人作为出租人,以委托人拥有的资金或设备为委托人指定的承租人提供融资租赁服务,在租赁期间内租赁物的所有权归委托人,出租人只收取手续费、不承担风险的一种融资租赁模式。

委托租赁的业务流程如下:第一步,委托人与受托人融资租赁公司签订委托租赁资金(设备)合同;第二步,融资租赁公司与委托人指定的承租人签订委托融资租赁合同;第三步,承租人按期向融资租赁公司支付租金;第四步,融资租赁公司扣除相关税费后,将剩余租金和相关票据交给委托人,租赁期间届满,租赁物所有权可以转移或不变。

委托租赁的特点包括:一是委托人拥有自己的设备但是缺乏融资租赁的"资质",委托租赁的方式可以达到"借权经营"的目的;二是委托租赁的委托人必须是法人,受托人必须是获准具备经营融资租赁业务资格的金融租赁公司;三是租赁物的所有权归委托人所有,出租人虽以自己名义与承租人签订融资租赁合同,但仅收取手续费,不承担风险。

7. 结构化共享式租赁

结构化共享式租赁是指出租人向承租人指定的出卖方购买特定的租赁物,并提供给承租人使用,承租人向出租人支付的租金依据租赁物投产后所产生的现金流核定,实现租赁项目的收益由出租人和承租人共享。

结构化共享式租赁体现了以项目本身为依托,租赁双方利益共享、风险共担,适用于港口、电力、城市基建设施等初期收益表现欠佳、中远期具有较好收益预期的项目。在这种融资租赁模式下,出租人需要做大量前期准备工作,并在项目执行过程中持续服务承租人。

(三)融资租赁业务会计处理

1. 融资租赁会计处理基本概念

租赁开始日是指融资租赁合同的签署日期及融资租赁各方当事人就主要条款作出承诺日期中较早的一个日期。融资租赁的出租人应当在租赁开始日之前将本次融资租赁划分为融资租赁或者经营性租赁。

新租赁会计准则中,租赁期开始日是指出租人提供租赁资产使该资产能够被承租人所使用的起始日期,也即承租人开始行使使用租赁资产权利的日期。如果承租人在融资租赁合同约定的起租日或者租金起付日前已经获得了支配租赁资产的权利,则表明此时租赁期已经开始,融资租赁合同中对起租日或租金起付日的约定并不作为判断租赁期开始日的依据。在租赁期开始日,承租人应当对使用权资产和租赁负债进行初始确认,而出租人应当确认融资租赁款并终止确认租赁资产。

在租赁期开始日,出租人应当对承租人行使购买选择权、续租选择权及终止租赁选择权的可能性进行评估。评估时可以从租赁不可撤销期间的长短,与终止租赁相关的成本,租赁资产对承租人运营重要程度、与行使选择权相比是否存在优势,承租人在融资租赁合同期限内是否进行或者预期进行重大改良,在承租人做出选择时能否为承租人带来符合其预期的经济利益,承租人使用该类资产的通常期限及原因等多方面因素考虑。

租赁期是指承租人有权使用租赁资产且不可撤销的期间。具体分为三种情况。一是出租人与承租人双方均有权在未经另一方许可的情况下终止租赁,且罚款金额、预计对交易双方带来的经济损失较小的,该租赁不再可强制执行。二是承租人有终止租赁选择权的,在确定租赁期时,企业应将该项权利视为承租人可行使的终止租赁选择权予以考虑。合理确定将不会行使该选择权的,租赁期应当包含终止租赁选择权涵盖的期间。若仅出租人有权终止租赁,则不可撤销的租赁期包括终止租赁选择权所涵盖的期间。三是承租人有续租选择权,且合理确定将行使该选择权的,租赁期还应当包含续租选择权涵盖的期间。

担保余值是指与出租人无关的一方向出租人提供担保,保证在租赁结束时租赁资产的价值至少为某指定的金额。从承租人角度出发,即由承租人或与其有关的第三方担保的资产余值。从出租人角度出发,即就承租人而言的担保余值加上独立于承租人和出租人的第三方担保的资产余值。

未担保余值是指租赁资产余值中,出租人无法保证能够实现或仅由与出租人有关的一方予以担保的部分。具体来说,即租赁资产余值中扣除就出租人而言的担保余值以后的资产余值。

资产余值是指在租赁期开始日估计的租赁期届满时租赁资产的公允价值。资产余值=担保余值+未担保余值。

可变租赁付款额,类似于旧租赁准则中的"或有租金",是指承租人为取得在租赁期内使用租赁资产的权利,向出租人支付的因租赁期开始日后的事实或情况发生变化(而非时间推移)而变动的款项,其主要特征是金额不固定且不随时间长短而变化。

2. 融资租赁出租人会计处理

(1)租赁开始日的会计处理。出租人应将租赁开始日最低租赁收款额作为应收融资租赁款的入账价值,并同时记录未担保余值,将最低租赁收款额与担保余值之和与其现值之和的差额记录为未实现融资收益。

在租赁开始日,出租人应按最低租赁收款额,借记"应收融资租赁款"科目,按未担保余值的金额,借记"未担保余值"科目,按租赁资产的原账面价值,贷记"融资租赁资产"科目,按上述科目计算后的差额,贷记"未实现融资收益"科目。

(2)初始直接费用的会计处理。出租人发生的初始直接费用通常包括印花税、佣金、律师费、差旅费、谈判费等。出租人发生的初始直接费用应当确认为当期费用。

借:管理费用
　　贷:银行存款

(3)未实现融资收益的分配。出租人每期收到的租金包括本金和利息两部分。未实现融资收益应当在租赁期内各个期间进行分配,确认为各期的融资收入。分配时,出租人应当采用实际利率法计算当期应确认融资收入,在与实际利率法计算结果无重大差异的情况下,也可以采用直线法和年数总和法。

出租人每期收到租金的会计处理如下:

借:银行存款
　　贷:应收融资租赁款

出租人确认每期的融资租赁收入时的会计处理如下:

借:递延收益——未实现融资收益
　　贷:主营业务收入融资收入

当出租人超过一个租金支付期没有收到租金时,当立即停止确认收入,已确认的收入应予转回,转作表外核算。待到承租人缴纳租金、出租人实际收到租金时,再将租金中所含融资收入确认为当期收入。

（4）未担保余值发生变动时的会计处理。出租人应当定期对未担保余值进行检查，如果有证据表明未担保余值已经减少，应当重新计算租赁内含利率，并将本期的租赁投资净额的减少确认为当期损失，以后各期根据修正后的投资净额和重新计算的租赁内含利率确定应确认的融资收入。如果已经确认损失的未担保余值得以恢复，应当在原已确认的损失金额内转回，并重新计算租赁内含利率，以后各期根据修正后的投资净额和重新计算的租赁内含利率确定应确认的融资收入。未担保余值增加时，不进行调整。

其中，租赁投资净额是指融资租赁中最低租赁收款额与未担保余值之和与未实现融资收益之间的差额。由于未担保余值的金额决定了租赁内含利率的大小，从而决定着融资未实现收益的分配，所以为了真实反映企业的资产和经营业绩，根据谨慎性原则的要求，在未担保余值发生减少和已确认损失的未担保余值得以恢复的情况下，都应重新计算租赁内含利率，以后各期根据修正后的投资净额和重新计算的租赁内含利率确定应确认的融资收入。未担保余值增加时，不进行调整。

期末，出租人的未担保余值的预计可回收金额低于其账面价值的差额的会计处理如下：

借：递延收益——未实现融资收益
　　贷：未担保余值

如果已确认的未担保余值得以恢复，应当在原已确认的损失金额内转回，科目与前述的会计处理方式相反。

（5）或有租金应当在实际发生时确认为收入。

借：应收账款（或银行存款）
　　贷：主营业务收入－融资收入

（6）租赁期届满时的会计处理。租赁期满时，承租人将租赁资产交还出租人。这时有四种情况。

第一种情况，存在担保余值，不存在未担保余值。出租人收到承租人交还的资产时的会计处理如下：

借：融资租赁资产
　　贷：应收融资租赁款

第二种情况，存在担保余值，同时存在未担保余值。出租人收到承租人交还的资产时的会计处理如下：

借：融资租赁资产
　　贷：应收融资租赁款（或未担保余值）

第三种情况，存在未担保余值，不存在担保余值。出租人收到承租人交还的资产时的会计处理如下：

借：融资租赁资产
　　贷：未担保余值

第四种情况，担保余值和未担保余值都不存在。此时出租人无须进行会计处理，只需要准备相应的备查登记。

租赁期届满时,如果承租人行使优惠续租选择权,则出租人应视同该项租赁一直存在而进行相应的账务处理。如果承租人没有续租,根据合同规定向承租人收取违约金时的会计处理如下:

借:其他应收款
  贷:营业外收入

租赁期届满时承租人留购租赁资产,行使优惠购买选择权。出租人应该按照收到的承租人支付的购买资产的价款进行会计处理:

借:银行存款
  贷:应收融资租赁款

(7) 相关会计信息的披露。出租人应在财务报告中披露下列事项:第一,资产负债表日后连续三个会计年度每年度将收取的最低收款额,以及以后年度内将收取的最低收款总额;第二,未确认融资收益的余额,即未确认融资收益的总额减去已确认融资收益部分后的余额;第三,分配未确认融资收益所采用的方法,如实际利率法、直线法或年数总和法。

3. 融资租赁承租人会计处理

(1) 租赁开始日的会计处理。在租赁开始日,承租人通常应当将租赁开始日租赁资产原账面价值和最低租赁付款额的现值两者中较低者作为租入资产的入账价值,将最低租赁付款额作为长期应付款的入账价值,并将两者之间的差额记录为未确认融资费用。但是如果该项融资租赁资产占企业资产总额的比例不大,承租人在租赁开始日可按最低租赁付款记录租入资产和长期应付款。这时的"比例不大"通常是指融资租入固定资产总额小于承租人资产总额的30%(含30%)。在这种情况下,对于融资租入资产和长期应付款额的确定,承租人可以自行选择,既可以采用最低租赁付款额,也可以采用租赁资产原账面价值和最低租赁付款额的现值两者中较低者。这时所讲的"租赁资产的原账面价值"是指租赁开始日在出租者账上所反映的该项租赁资产的账面价值。

承租人在计算最低租赁付款额的现值时,如果知道出租人的租赁内含利率,应当采用出租人的内含利率作为折现率;否则,应当采用租赁合同中规定的利率作为折现率。如果出租人的租赁内含利率和租赁合同中规定的利率都无法得到,应当采用同期银行贷款利率作为折现率。其中,租赁内含利率是指在租赁开始日,使最低租赁付款额的现值与未担保余值的现值之和等于资产原账面价值的折现率。

(2) 初始费用的会计处理。初始直接费用是指在租赁谈判和签订租赁合同的过程中发生的可直接归属于租赁项目的费用。承租人发生的初始直接费用通常有印花税、佣金、律师费、差旅费、谈判发生的费用等。承租人发生的初始直接费用应当确认为当期费用。其账务处理如下:

借:管理费用
  贷:银行存款

(3) 未确认融资费用的分摊。在融资租赁下,承租人向出租人支付的租金中包含了本金和利息两部分。承租人支付租金时,一方面应减少长期应付款,另一方面应同时将未确认的融资租赁费用按一定的方法确认为当期融资费用,在先付租金(每期起初等额支付租金)的情况下,租赁期第一期支付的租金不含利息,只需要减少长期应付款,不必确认当期融资费用。

在分摊未确认融资费用时,承租人应采用一定的方法加以计算。按照准则的规定,承租人可以采用实际利率法,也可以采用直线法和年数总和法等。在采用实际利率法时,根据租赁开始时租赁资产和负债的入账价值基础不同,融资费用分摊率的选择也不同。例如,租赁资产和负债以最低租赁付款额的现值为入账价值,而且以出资人的租赁内含利率为折现率,在这种情况下,应以出租人的租赁内含利率为分摊率。又如,租赁资产和负债以租赁资产原账面价值为入账价值,而且不存在承租人担保余值和优惠购买选择权,于此情形下,应重新计算融资费用分摊率。

如果租赁资产和负债以租赁资产原账面价值为入账价值,而且存在承租人担保余值,则应重新计算融资费用分摊率。在承租人或与其有关的第三方对租赁资产余值提供了担保或由于在租赁期满时没有续租而支付违约金的情况下,在租赁期满时,未确认融资费用应全部摊完,并且租赁负债也应减少至担保余值或该日应支付的违约金。承租人对每期应支付的租金,应按支付的租金金额,此时的会计处理如下:

借:长期应付款——应付融资租赁款
　　贷:银行存款

如果支付的租金中包含有履约成本,应同时借记"制造费用""管理费用"等科目。

同时根据当期应确认的融资费用金额,此处的会计处理如下:

借:财务费用
　　贷:未确认融资费用

(4) 融资租赁资产折旧的计提。承租人应对融资租入固定资产计提折旧,主要应解决两个问题。

第一,折旧政策。计提租赁资产折旧时,应与承租人自有资产计提折旧方法相一致。如果承租人或与其有关的第三方对租赁资产提供了担保,则应计折旧总额为租赁开始日固定资产的入账价值扣除余值后的余额。如果承租人或与其有关的第三方对租赁资产余值提供了担保,则应计折旧总额为租赁开始日固定资产的入账价值。

第二,折旧期间。确定租赁资产的折旧期间时,应依据租赁合同规定。如果能够合理确定租赁期满时承租人将会取得租赁资产所有权,即可认定承租人拥有该项资产的全部尚可使用年限,因而应以租赁开始日租赁资产的尚可使用年限作为折旧期间;如果无法合理确定租赁期满时承租人是否能够取得租赁资产所有权,则应以租赁期与租赁资产尚可使用年限两者中较短者作为折旧期间。

(5) 履约成本的会计处理。履约成本种类很多,对于融资租入固定资产的改良支出、技术咨询和服务费、人员培训费等,应予递增延分摊记入各期费用,借记"长期待摊费用""预提费用""制造费用""管理费用"等科目。

对于固定资产的经常性修理费、保险费等,可直接计入当期费用,此时的会计处理如下:

借:制造费用(或营业费用)
　　贷:银行存款

(6) 或有租金的会计处理。由于或有租金的金额不确定,无法采用系统合理的方法对其进行分摊,因而在实际发生时的会计处理如下:

借:制造费用(或营业费用)
　　贷:银行存款

(7) 租赁期满时的会计处理。租赁期满时,承租人对租赁资产的处理通常有三种情况。

第一种情况:返还租赁资产。此时的会计处理如下:

借:长期应付款——应付融资租赁款(或累计折旧)
　　贷:固定资产——融资租入固定资产

第二种情况:优惠续租租赁资产。如果承租人行使优惠续租选择权,则应视同该项租赁一直存在而做出相应的会计处理。如果期满没有续租,根据租赁合同要向出租人支付违约金时的会计处理如下:

借:营业外支出
　　贷:银行存款

第三种情况:留购租赁资产。在承租人享有优惠购买选择权时,承租人支付购价时的会计处理如下:

借:长期应付款——应付融资租赁款
　　贷:银行存款

同时,将固定资产从"融资租入固定资产"明细科目转入其他相关明细科目。

(8) 相关信息的会计披露。承租人应当在财务报告中披露与融资租赁有关的事项,主要包括:第一,每类租入资产在资产负债表日的账面原值、累计折旧及账面净值;第二,资产负债表日后连续三个会计年度每年将支付的最低付款额,以及以后年度内将支付的最低付款总额;第三,未确认融资费用的余额,即未确认融资费用的总额减去已确认融资费用部分后的余额;第四,分摊未确认融资费用所采用的方法,如实际利率法、直线法或年数总和法。

(四) 融资租赁合同的法律规制

融资租赁合同性质的争议是实践中常会遇到的问题。经常出现的情况是承租人认为虽然合同名义上为融资租赁合同,但实际上并不构成融资租赁法律关系,而应为借款、分期付款买卖或普通租赁关系,法院应认定合同无效或按实际法律关系处理。是否构成融资租赁法律关系,需要从多个角度、多个层次进行综合认定。

1. 租赁物

(1) 租赁物的范围。我国融资租赁公司采取分类管理的模式,导致不同种类的融资租赁公司经营的租赁物范围并不相同。金融租赁公司的租赁物范围源于中国银监会2014年公布的《金融租赁公司管理办法》的相关规定。《金融租赁公司管理办法》第4条规定:"适用于融资租赁交易的租赁物为固定资产。"固定资产为会计学上的概念,而非法学概念。根据现行法和相关会计准则,固定资产具有三个特征。

第一,固定资产为有形物(《企业会计准则第4号——固定资产》第3条)。

第二,固定资产为生产商品、提供劳务、出租或经营管理而持有(《中华人民共和国企业所得税法实施条例》第57条、《企业会计准则第4号——固定资产》第3条、《小企业会计准则》第27条)。

第三,使用寿命超过12个月(《中华人民共和国企业所得税法实施条例》第57条、《企业会计准则第4号——固定资产》第3条、《政府会计制度——行政事业单位会计科目和报表》第二部分、《小企业会计准则》第27条)。使用寿命是指企业使用固定资产的预计期间,或者该固定资产所能生产产品或提供劳务的数量。

国际通说认为,固定资产包括房屋、建筑物、机器、机械、运输工具以及其他与生产经营活动有关的设备、器具、工具。民法上的财产包括有形财产和无形财产,有形财产又分为动产与不动产。一般认为,固定资产包括动产和不动产,不包括无形资产。

(2) 租赁物法律特征。融资租赁合同兼具"融资"和"融物"两大特性,若该物不可融,则不能作为融资租赁合同的租赁物。判断一个物是否能作为融资租赁合同的标的物,需要结合标的物的性质、价值、租金的构成以及当事人的合同权利和义务,对是否构成融资租赁法律关系作出认定。

第一,租赁物应为可流通物。租赁物的买卖和租赁不违反法律及行政法规的规定。法律法规明令禁止或者限制流通的物(如军火、毒品、文物等)不能成为融资租赁合同的标的物。

第二,租赁物应为可特定化的有体物。《金融租赁公司管理办法》第4条规定的"固定资产"包括了动产和不动产,而排除了无形资产。《商务部、国家税务总局关于从事融资租赁业务有关问题的通知》第3条也未认可无形资产作为租赁物。租赁物应当可以特定化,必须是一个具体的物,而非抽象的"一批货物""一套生产设备"。在融资租赁合同中应当对租赁物的具体名称、型号、设备上的唯一性的编码进行标注。

第三,租赁物应为非消耗物。非消耗物是指经反复使用不会改变其形态、性质之物,如房屋、书籍、汽车等①。若租赁物为消耗物,则出租人的所有权就无法得到保障。租赁物的价值逐渐消灭殆尽,也无法起到担保租金债权的作用。《中华人民共和国融资租赁法草案》(2006年第三次征求意见稿)第2条也将适用于融资租赁交易的租赁物限定为机器设备等非消耗性动产。

第四,租赁物权属和所有权转移应当明晰。首先,租赁物的所有权应当明晰,不能存在权利瑕疵。《金融租赁公司管理办法》第34条规定:"售后回租业务的租赁物必须由承租人真实拥有并有权处分。金融租赁公司不得接受已设置任何抵押、权属存在争议或已被司法机关查封扣押的财产或所有权存在瑕疵的财产作为售后回租业务的租赁物。"其次,租赁物所有权与其他权能可以分离。《金融租赁公司管理办法》第32条规定:"金融租赁公司应当合法取得租赁物的所有权。"如租赁物所有权转移必须到登记部门办理登记,则应当进行登记。《融资租赁企业监督管理办法》第18条规定:"按照国家法律规定租赁物的权属应当登记的,融资租赁企业须依法办理相关登记手续。若租赁物不属于需要登记的财产类别,鼓励融资租赁企业在商务主管部门指定的系统进行登记,明示租赁物所有权。"

---

① 梁慧星:《民法总论》(第四版),法律出版社,2011,第156页。

2. 租赁物性质对合同定性之影响

根据《融资租赁合同解释》第 1 条的规定,租赁物的价值是考量融资租赁法律关系的重要因素之一。租赁物的价值是出租人支付购买对价的依据,也是承租人支付租金的基础。在直租型融资租赁中,出租人支付的租赁物购买价款与租赁物的实际价值相一致。在售后回租型融资租赁业务中,租赁物购买价款是双方协商所得。一些出租人和承租人采取变通的方式,通过对租赁物低值高估或高值低估的方式实现融资目的。发生纠纷后,承租人又以租赁物价值不符为由对融资租赁合同性质提出异议,主要有低值高估与高值低估两种情况。

其一,对租赁物价值低值高估。低值的租赁物无法起到租金债权的担保作用,租赁物严重低值高估不构成融资租赁法律关系。此种情况实际上是在信贷管制严格的金融环境下,出租人与承租人合谋,以融资租赁业务作为掩护,实际上为信贷业务。这种行为违背了融资租赁合同关系的一般规则,故不能按照融资租赁法律关系进行调整。比如,《天津法院融资租赁合同纠纷案件审理标准(试行)》第 4.1.3 条规定:"售后回租合同的出租人明知租赁物不存在或者租赁物价值严重低值高估的,不认定为融资租赁合同关系。"

其二,对租赁物价值高值低估。实务中,也存在承租人一方为了尽快解决自己的问题、获得融资,对租赁物的价值进行低评。比如,承租人花 500 万元新购入一套大型设备,为了尽快融资,以评估价 450 万元进行售后回租。产生纠纷后,承租人又以租赁物融资时评估价过低为由认为不构成融资租赁法律关系。在此情形下,与租赁物低值高估不同,租赁物高值低估符合租金债权担保的要求,不能以此否定融资租赁法律关系。售后回租型融资租赁业务中,租赁物的购买款低于租赁物评估价值很正常。出租人通常会考虑到租赁物发生贬值和今后的折旧情况,只有在签订合同之时使租赁物评估价格低于其实际价值,才能使租赁物的变现价值覆盖出租人拥有的租金债权,租赁物才能真正实现其担保价值。

3. 租赁物价值对合同定性之影响

租金是融资租赁合同的一项重要内容,租金的确定是融资租赁合同至关重要的问题。融资租赁合同的租金应当理解为承租人使用资金的对价,而不是简单地理解为让渡租赁物使用权、收益权的费用。融资租赁的租金包括租赁本金和租赁利息,而租赁利息取决于租赁业务的利率和本次租赁业务占用出租人资金的时间价值。融资租赁合同对租金的约定通常包括租金总额、租金的构成、租金的支付方式、租金的支付地点和次数、租金支付期限、每期租金金额、租金计算方法以及支付租金的币种选择。出租人和承租人一般都会在融资租赁合同中特别约定租金的构成。融资租赁的还租方式一般有等额年金支付方式、等额本金支付方式和折现冲抵本金方式三种,不同的还租方式采用不同的租金计算方法。在计算租金前,必须确定租赁本金、租赁期限、还租方式和租赁利率(或折现率)。

虽然《民法典》第 736 条关于融资租赁合同的定义并未明示租金是融资租赁合同的定性因素。但从融资租赁合同的法律特征和行业共识来分析,租金不仅是融资租赁合同中的重要条款,也是融资租赁合同区别于普通租赁合同和借款合同的重要特征。《融资租赁合同解释》第 1 条将租金构成纳入融资租赁合同性质考量的视野,这符合融资租赁合同的特点。在融资租赁合同中，承租人支付的租金并非使用租赁物的代价，而是融资的代价。融资租赁合同中的租金构成与出租人的融资成本及利润相关。

租金过高是相对于租赁物的价值而言的，由此出发判断租金构成是否合理，还需要结合租赁物的价值来判断。如果租金明显高于租赁物的价值，则可能被认定为借贷关系。在正常的融资租赁合同中，租金由出租人的资金成本加上费用及利润构成。但有的融资租赁合同约定的租金明显高于前述出租人购买成本及利润的数倍甚至数十倍，实际上是以融资租赁合同之名掩盖借贷合同之实，则不宜认定为融资租赁合同关系。

二、案例援引

案例一

中信国安化工有限公司诉民生金融租赁股份有限公司融资租赁合同纠纷二审民事案[①]

【基本案情】

2017年，民生金融租赁股份有限公司（以下简称民生金融公司）与中信国安化工有限公司（以下简称中信国安公司）签订《融资租赁合同》，约定中信国安公司向民生金融公司转让其享有所有权的设备（见图4-1），中信国安公司采用售后回租方式租用该设备。中信国安公司任何一期租金未按合同约定支付即构成违约，民生金融公司有权宣布合同项下的中信国安公司的债务全部到期，要求中信国安公司立即支付应付的所有违约金、损害赔偿金、全部或部分未付租金和其他应付款项。后中信国安公司未能按期支付租金，民生金融公司提起诉讼，宣布租金提前到期，要求中信国安公司支付全部未付租金以及违约金（加速到期之前正常给付，加速到期之后以全部未付租金为基数计算）。

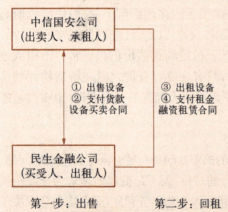

图4-1 案例一当事人关系示意图

【案件焦点】

出租人能否主张加速到期租金部分的违约金。

【裁判要旨】

法院认为，关于未付租金及违约金数额问题，案涉合同对违约金计收条件和计算方法约定明确，而且符合法律规定。中信国安公司应在债务提前到期日向民生

[①] 最高人民法院(2019)最高法民终1926号民事判决书。

金融公司支付全部未付租金及相应的违约金。民生金融公司宣布租金提前到期后,以全部未付租金(包括加速到期部分)为基数,自提前到期日至实际给付之日,按照合同约定的日万分之五标准计算违约金。

【案件评析】

本案是较为典型的出租人选择加速租金到期的案例,并且出租人请求承租人支付全部未付租金得到了法院支持。此外,违约金也是出租人请求的一部分,主要争议焦点在于提前到期后,出租人能否主张加速到期租金部分的违约金。实践中部分判例认为,租金加速到期后承租人要一次性支付所有未到期租金,将使其丧失分期付租的期限利益,相应违约金不应计算。承租人在承担已到期租金高额违约金的情形下,如还承担加速到期租金部分的违约金,违约责任明显过重,对承租人不公平。包括本案在内的另一部分判例则认为,提前到期日未支付的,从次日开始即可认定逾期,而逾期之后开始计算违约金符合加速到期理论。

北京国资融资租赁股份有限公司与山东飞达集团有限公司、中澳控股集团有限公司等融资租赁合同纠纷申诉、申请民事案[①]

【基本案情】

2014年10月28日,北京国资公司与中澳公司签署《融资租赁合同》,约定中澳公司将自有的一系列设备以融资租赁的形式向国资公司融资1.2亿元,双方约定租赁年利率7.872%,月度还款,租赁期限3年。同日,山东伟诺公司、山东飞达公司、张洪波分别签署了《保证合同》,约定由3个保证人为中澳公司向国资公司融资1.2亿元的行为承担连带保证责任,上述合同均已生效(见图4-2)。合同签署后,中澳

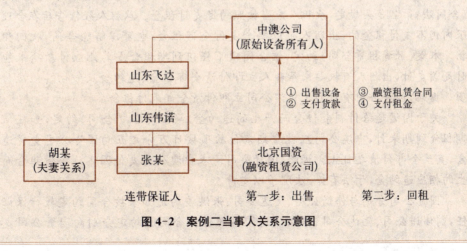

图4-2 案例二当事人关系示意图

---

① 最高人民法院(2017)最高法民申111号民事裁定书。

公司按照合同约定偿还了四期租金后未按合同约定支付剩余租金。按照国资公司与中澳公司《融资租赁合同》的约定，中澳公司逾期支付租金的行为已构成根本违约。胡金隆系保证人张洪波的配偶，未在保证合同上签字。

【案件焦点】
1. 涉案《融资租赁合同》的实质是否为借款合同。
2. 涉案《融资租赁合同》是否有效及违约金数额问题。

【裁判要旨】
1. 一审

关于涉案《融资租赁合同》的实质是否为借款合同，《融资租赁合同》和《保证合同》是否因此而无效的问题。《合同法》①第237条规定："融资租赁合同是出租人根据承租人对出卖人、租赁物的选择，向出卖人购买租赁物，提供给承租人使用，承租人支付租金的合同。"《融资租赁合同解释》第2条规定："承租人将其自有物出卖给出租人，再通过融资租赁合同将租赁物从出租人处租回的，人民法院不应仅以承租人和出卖人系同一人为由认定不构成融资租赁法律关系。"本案《融资租赁合同》约定的融资租赁模式即上述司法解释规定的售后回租，故不应因此认定本案不属于融资租赁法律关系。《融资租赁合同》及其附件中已明确约定了租赁物的名称、数量、购置日期、生产商、原值总价、账面净值购买价款、采购合同编号、使用地点，现飞达公司关于本案并非融资租赁而实为借款，《融资租赁合同》《保证合同》无效的抗辩理由不能成立，法院不予支持。

国资公司与中澳公司签订的《融资租赁合同》，系双方当事人的真实意思表示，内容不违反法律、行政法规的强制性规定，合法有效，双方当事人应按约履行各自义务。

国资公司已依约支付了租赁物价款，根据国资公司与中澳公司确认的《实际租金支付表》，中澳公司应于2015年4月20日支付第5期租金3 730 253.16元。中澳公司未按期支付租金，经国资公司催告后仍未支付，已构成违约，应承担违约责任。《合同法》第248条规定，承租人应当按照约定支付租金。承租人经催告后在合理期限内仍不支付租金的，出租人可以要求支付全部租金，也可以解除合同，收回租赁物。本案《融资租赁合同》约定，该合同项下任何到期租金或其他应付款项未能按时足额支付，出租人有权要求承租人立即付清全部租金、违约金及一切其他应付款项。据此，国资公司有权要求中澳公司立即付清全部未付租金。

关于因迟延给付剩余租金而产生的违约金。《融资租赁合同》约定，如任何一期租金到期未付，中澳公司应就逾期未付款项按日万分之五向国资公司支付违约金，直至全部付清之日止。据此，国资公司请求中澳公司支付因迟延给付租金而产生的相应违约金，于法有据，法院予以支持。

国资公司分别与伟诺公司、飞达公司、张洪波约定如未按合同约定履行保证责任，则伟诺公司、飞达公司、张洪波还应按照保证合同的约定分别向国资公司支付

---

① 此处引用的为1999年公布施行的《合同法》，本案审理时仍适用，2021年《民法典》施行后废止。

逾期未付金额每日万分之五的违约金。根据《最高人民法院关于适用〈中华人民共和国合同法〉若干问题的解释（二）》第29条之规定，当事人主张约定的违约金过高请求予以适当减少的，人民法院应当以实际损失为基础，兼顾合同的履行情况、当事人的过错程度以及预期利益等综合因素，根据公平原则和诚实信用原则予以衡量，并作出裁决。

因中澳公司向国资公司支付的违约金已经能弥补国资公司因中澳公司违约而遭受的损失，在国资公司未举证证明其有其他损失的情形下，国资公司要求伟诺公司、飞达公司、张洪波分别向其支付违约金明显高于其实际损失，故法院对国资公司此诉讼请求不予支持。

国资公司认为张洪波与胡金隆系夫妻关系，该笔债务为夫妻共同债务，亦应由胡金隆共同偿还。对此，法院认为，根据合同相对性原则，保证合同系张洪波与国资公司签订，与胡金隆无关，且该笔债务系对中澳公司的担保，明显不是用于夫妻共同生活，不属于夫妻共同债务，故国资公司要求胡金隆承担连带清偿责任于法无据，法院不予支持。

2. 二审

从本案所涉《融资租赁合同》的文义看，该合同是典型的售后回租形式的融资租赁合同。售后回租的融资租赁合同与借款合同主要区别在于，售后回租的融资租赁合同有租赁物的存在，且有租赁物所有权的转移，而借款合同则只有货币的借入与偿还。《融资租赁合同解释》第1条规定，人民法院应当根据《合同法》第237条的规定，结合标的物的性质、价值、租金的构成以及当事人的合同权利和义务，对是否构成融资租赁法律关系作出认定。

二审法院依据最高人民法院的该条规定，结合售后回租的融资租赁合同的特点，从以下三个方面来判断本案所涉《融资租赁合同》的实质法律关系。

第一，租赁物。根据国资公司与中澳公司《融资租赁合同》的约定，国资公司对租赁物原供货合同、销售发票及其他材料仅留存复印件，中澳公司保留原件，国资公司未能提交租赁物权属证明相关资料的原件属于"提交原件或者原物确有困难的"，结合其他证据和案件具体情况，认为国资公司提交的租赁物权属证明相关资料的复印件可以作为认定本案事实的证据。因此，本案所涉《融资租赁合同》有明确的租赁物。

第二，租赁物所有权的转移。《融资租赁合同》载明自2014年10月31日起，《融资租赁合同》项下全部租赁物的所有权自中澳公司转移至国资公司。因此，出租人国资公司对租赁物享有所有权。对于飞达公司认为的租赁物转让无效的事实，法院认为，《融资租赁企业监督管理办法》第20条系管理性规定，而非效力性规定，违反该规定并不导致《融资租赁合同》无效。此外，抵押人违反《担保法》第49条的规定，未通知抵押权人或未告知受让人的，转让行为亦非当然无效，只有在抵押权人或者受让人主张无效时，法院才可以确认无效。因此，在抵押权人及受让人没有主张转让无效的前提下，中澳公司将租赁物所有权转让给国资公司的行为应为有效。

第三,租赁物的价值。国资公司虽然没有对相关机器设备进行评估确定价格,但其依据相关机器设备账面净值总额 154 207 918.21 元(约 1.5 亿),确定转让价款总额为 1.2 亿元,在合理范围内。同时,飞达公司提交的中国农业银行股份有限公司庆云县支行作为抵押权人的《动产抵押登记书》所附抵押物概况中,与《租赁物清单》中名称相一致的机器设备的价值均高于《租赁物清单》的账目净值,因此,不存在本案所涉租赁物估价明显偏高的情形。

从本案租赁物的性质、价值、租赁物所有权的转移和当事人之间的权利义务的约定综合来看,本案所涉《融资租赁合同》符合融资租赁合同法律关系的要件,应为有效。本案《保证合同》并不存在无效的情形,亦应认定为有效。一审法院在《融资租赁合同》合法有效的前提下,认定飞达公司承担连带保证责任正确。

飞达公司关于国资公司与中澳公司之间不存在融资租赁法律关系,而应当属于企业间借贷法律关系,《保证合同》无效的上诉意见不能成立,法院不予支持。

最高人民法院认为二审判决事实清楚、证据确实充分,驳回了山东飞达集团有限公司的再审申请。

【案件评析】

对融资租赁合同性质进行认定时,应当按照合同约定、租赁物的性质、价值及租赁物所有权的转移等方面,综合认定涉案合同是否属于融资租赁合同。

三、案件法务会计分析

(一) 融资租赁的定价

1. 租金的构成要素

(1) 本金。本金是指承租人需要占用出租人以租赁物件为标的的资金,是计算租金的基数。一般来说,本金包括租赁物购置离厂(岸)价格、交通运输费用、关税、各种必要的保险费、银行服务费和担保费费用等。在融资租赁合同签订前,除设备购置价款以外的费用均由出租人预先承担,在此阶段,出租人可将其中不确定的费用一同计入本金,待承租人验收确认租赁物后,根据实际本金签订合同。

(2) 利率。利率是指承租人占用出租人资金的使用费率,利率通过计算或者双方协商确定。在资本市场上,利率的种类繁多,利率因条件和来源不同有很大差别。

按时间长短可分为短期利率和长期利率。以一年为分界线,期限在一年以内的利率为短期利率,国内融资使用的短期利率是中国人民银行公布的贷款基准利率加上一个利差。国际融资使用的短期利率一般为伦敦银行同业拆借利率[①]加上一个利差。短期利率一般用于融资租赁宽限期内的利息计算。期限在一年以上的利率为长期利率。

---

① 伦敦同业拆借利率(London Inter Bank Offered Rate,简写 LIBOR),是大型国际银行愿意向其他大型国际银行借贷时所要求的利率。它是在伦敦银行内部交易市场上的商业银行对存于非美国银行的美元进行交易时所涉及的利率。

按利率是否可以变动可分为固定利率和浮动利率。固定利率是指租赁双方在签订融资租赁合同时就定好固定的利率值，执行合同时，每期租金计算都以这一固定利率为基础而不发生变动。浮动利率是指利率在整个租赁期内随期数变动，能确定当期的合同执行利率，下一期的利率需要在本期结束后重新确认，浮动利率的计算无法像固定利率那样一次性完成，但一般来说双方会在融资租赁合同中约定浮动利率的计算方法。

还租期数是指租赁期间租金结算或还款的次数，一般有每月、每季度、每半年支付一次及每年支付一次等情况。每期的租赁利率为按年支付的年利率除以还租期数，这一利率为名义利率，并非承租人实际负担的利率，实际利率要高于此名义利率。承租人在资金压力较大时通常希望延长租期、增加还租期数，短期来说现阶段每期需要支付的租金会有所降低。还租期数的设定要综合考虑租赁双方的情况、租赁物使用寿命、法定折旧年限以及项目可行性报告财务分析中的投资回收期，由双方协商确定。

（3）资产余值。资产余值是指融资租赁合同中预计租赁期结束时，预留的剩余融资成本的未来价值。

经营性融资租赁在租赁期结束时会对租赁物以留购、退租或续租等方式进行处理。此时，租赁余值为其提供了价值依据。计算租金时需要将这部分余值按租赁的利率和最后一期期数折算成现值从本金中扣除。资产余值是租赁双方事先按照法律依据，在租赁开始日预先约定的一种融资余值，它与会计核算中的残值的定义有本质上的区别。它是根据物件折旧年限与租期的差额占折旧年限的比例乘以本金计算出来的，而不是租赁物本身的公允价值或财务上折旧后的残值。租赁期结束时，如果资产余值低于租赁物的公允价值，承租人可以优先按资产余值购买，也可以放弃此权利。

当租赁期届满时，承租人对余值的处理有选择权。有时为了保护出租人的利益，防止租赁物在租赁期内被过度耗用或发生损坏，出租人会要求对这部分余值提供担保，此即担保余值。担保余值的保证人可能是承租人，也可能是第三方。

（4）租金支付方式。支付方式有起租即付（先付）和到期付款（后付）之分。先付是指在每期期初付款，即起租时首次支付租金，以后各期期初按期还租。后付是指每期期末付款，即起租后第一期期末开始还租，以后各期期末按期还租。由于先付方式占用本金的时间较后付方式短一期，因而在其他租赁条件不变的情况下，其每期租金和租金总额比后付方式要少。

2. 租金定价体系

《融资租赁公司监督管理办法》和《金融租赁公司管理办法》都有同样的规定，要求融资租赁公司/金租公司建立租金定价体系，根据租赁物价值、其他成本、合理利润等确定租金水平。

《民法典》延续中国银保监会的做法，规定租金由购买租赁物的全部或大部分成本及合理利润组成，或当事人协商确定。《民法典》第746条规定了租金定价的两种方案：一是租赁物大部分或全部成本＋合理利润；二是当事人约定。目前，大部分融资租赁公司对租金定价都有自己的一套核算标准，基本上是采取"成本＋合理利润"的方式确定。

3. 租赁物的成本

《民法典》对租赁物的成本定义为"购买租赁物的大部分或全部成本"①。出租人购买租赁物的成本包括支付给承租人/第三方的融资款（租赁物的价值）、发生的咨询费、产生的员工工资、管理费及其他相应的运营费用。

成本又分为全部成本和大部分成本，在定价中我们使用大部分成本而非全部成本核算租金。原因是，从经济学的角度出发，考虑到融资租赁公司会收取租金保证金，这同融资款抵冲后，承租人实际到手的融资款并不是全部，故在租金定价工作中，有必要将该保证金剔除掉，这让租金定价变得合理且精确。

4. 合理利润的确定

法律法规或政策没有对合理利润进行限制。合理利润通常以行业不同领域的平均利润率为基数，浮动比例不超过50%而计算得出。融资租赁行业的利润率非常不均衡，经营管理不同和会计核算标准不同，利润率也不同；投放领域不同，利润率也会不同。

（二）融资租赁的尽职调查

融资租赁尽职调查是指在租赁项目立项前，融资租赁公司对承租企业的历史数据和文档、管理人员的背景、市场风险、管理风险、技术风险和资金风险等做全面深入的审核和分析，并以此识别此次租赁业务的潜在风险，对风险的程度做出准确的评判，提示并提出防范风险的建议，以便将风险控制在融资租赁公司可承受范围内。

1. 尽职调查的内容

融资租赁交易的目的是保障租赁资产的安全回收，也就是租金的按期顺利回收，而不是收购目标公司自己经营，所以尽职调查更应当偏重法律尽职调查。

（1）主体资格。主体资格调查指交易主体的资格，包括承租人、担保主体、关联主体（如交易主体分公司和子公司、母公司或股东）等。调查交易主体一般需要从工商登记、实际运营、不同行业的行政许可资质证照等方面核查。需要融资方提供的资料一般可包括：企业法人营业执照（含税务登记证，组织机构代码证书）；统计部门颁发的统计登记证；社会保险登记证；其他开展生产经营所需的证照（如医疗机构许可证、卫生许可证等）；工商登记档案，其中应当含有从设立到立项时的资料，包括公司章程（或合资合同、合作合同）、公司董监高的情况和股份公司的发起人协议或出资协议；公司设立时与出资相关的文件，包括资产评估报告、出资证明、审计报告、验资报告等，以及公司设立时的审批文件（国有资产管理部门的批复、相关行政主管机关的审批等）股东或股本的变更资料（包括新进、退出、增减注册资本等）、股权的质押情况、公司分立及合并的相关资料、重大的并购或出售资产的情况资料、公司的资产剥离、置换及项目新设资料；关联公司的前述文件。

（2）资产。以回租为例，目标资产需要查明来源、现状、价值、抵押、质押等，这要现场核查并保留音频或视频资料。目标资产是基础，其他资产是担保，所以法律尽职调查

---

① 《民法典》第746条规定："融资租赁合同的租金，除当事人另有约定外，应当根据购买租赁物的大部分或者全部成本以及出租人的合理利润确定。"

的重点是目标资产(如果是一般的直租项目,则主要对生产厂家和承租人的商业计划书进行调查研究,以确定目标资产生产和交付及质量的可靠性)。

一般要求提供如下资料:权属证明资料(购置发票、权属证书);相关登记机关查询权属登记的回单;来源文件(购置合同、说明书、赠与合同等);财务价格。公司的其他资产,可由公司制作资产清单,一般会包括如下资产:发起人出资资产的相关证明文件及权属转移文件或证书;公司持有股票、债券、票据、现金等;公司拥有的房屋土地的权属证书;公司拥有的被许可使用的财产;公司拥有的特许经营权;公司拥有的知识产权(专利、商票、著作权、使用许可协议、技术秘密等);公司资产的保险措施(财产意外险等)。

(3) 产品。产品涉及未来目标公司的收益是否稳定,也涉及租金的回收是否顺利,所以应当对产品进行专门的调研,包括产品本身的批准许可(如化妆品的批准号)、产品的原材料记录、产品的库存与销售记录、产品的生产标准与质量监督标准或证书、产品技术标准执行情况记录、产品的处罚或投诉记录、产品销售交付或质量不达标纠纷记录以及环保达标文件或审批。

(4) 财务资料。法律尽职调查应当获取的财务资料至少包括如下内容:目标公司近三年的财务报表(含月报、年报;资产负债表、利润表、损益表、纳税申报表、完税凭证);上年度的财务预算和决算,本年度的财务预算与执行情况;未来三年的财务预测报告;近三年的现金流量表;存货盘点表和实地存货盘点记录;银行账户对账单与余额明细表;主要财产变动明细表;贷款明细表;中国人民银行征信中心出具的企业征信报告。

(5) 公司治理结构。审查治理结构和管理团队也很重要,其方向和资料一般包括《股东大会议事规则》《董事会议事规则》《监事会议事规则》《投资决策制度》等,公司内控制度介绍,以及近三年公司重大决策文件(可能为会议纪要等)。

(6) 目标公司的重大合同、对外担保、债权债务及相关的诉讼仲裁等。重大合同、担保、债权债务一般是指对目标公司的资产产生巨大影响,有可能会对融资租赁资产的回收产生重大障碍的合同、担保、债权债务。这种影响可能是增加目标公司的负债、影响目标公司流动性,或者影响目标公司的生产经营。

(7) 关联交易和同业竞争。为了全面了解项目,还应当对目标公司的关联交易和同业竞争情况进行调查,关联交易往往是公司将资产或现金进行挪移的重要方法。关联交易可能造成目标公司的资产和现金流缩水,以致其丧失履行支付租金的能力,一旦发现重要关联交易主体存在,一定要让该关联交易主体作为担保方,对融资租赁项目承担连带责任,以化解关联交易的风险。

(8) 行政违法或处罚。行政处罚涉及的方面很多,如环保、知识产权、产品质量、劳动稽查,在审查生产经营证照时可能一并审查,也可能单独列出行政违法或处罚涉及的资料进行审查。

2. 尽职调查的方法

(1) 现场调查。现场调查是尽职调查最常用的方法,它包括现场会谈和实地考察。现场会谈时,应当约见尽可能多的、不同层次的成员,包括市场销售部门、行政部门、财务部门、生产部门的中层干部。会谈主要了解企业经营战略和发展思路、企业文化、团队精神、企业的内部管理及控制等情况,通过会谈获取对企业高管的感性认识。实地考察应侧重调查企业的生产设备运转情况、生产组织情况、实际生产能力、产品结构情况、订单、应收账款和存货周转情况、固定资产维护情况、周围环境状况、用水、用电、排污情况、员工的工作态度及纪律,等等。

（2）搜寻调查。主要通过各种媒介物搜寻有价值的资料,这些媒介物包括报纸杂志等新闻媒体、论坛、峰会、书籍、行业研究报告、互联网资料、官方记录等。搜寻调查应注意信息渠道的权威性、可靠性和全面性。

（3）官方调取。通过行业协会、政府职能部门获取或调取企业的相关资料,如工商管理部门、税务部门、环保部门、金融管理部门、外汇管理部门、卫生管理部门、质量监督管理部门、供电部门、供水部门、土地及城建管理部门、行业主管部门等。

（4）通知调查。通知被调查人,要求其提供相关资料和申报信用记录,然后对该资料和记录进行抽样验证、分析。

（三）融资租赁合同的加速到期

1. 租金加速到期问题概述

（1）租金加速到期的概念。租金加速到期是指当承租人不履行支付租金义务的情形出现时,出租人在不解除融资租赁合同的情况下,主张合同提前到期,要求承租人支付全部租金。所谓全部租金,包括融资租赁合同项下的全部已到期但承租人未支付的租金,以及合同中约定但目前尚未支付的租金。租金加速到期是合同法赋予出租人的一项权利救济手段。融资租赁交易模式下,出租人和承租人承担的合同义务并非同时履行。在履行顺序上,先由出租人履行支付购买租赁物价款的义务,再由承租人履行支付租金的义务。在承租人不履行租金支付义务时,若不赋予出租人主张租金加速到期的权利,会使出租人陷于损失扩大却无救济的处境。由此,承租人违约拒付租金时,法律赋予出租人要求承租人提前支付全部租金的权利①。

（2）租金加速到期的构成要件。

第一,须有出租人主张租金加速到期之请求。《民法典》第752条规定:"承租人应当按照约定支付租金。承租人经催告后在合理期限内仍不支付租金的,出租人可以请求支付全部租金;也可以解除合同,收回租赁物。"因出租人有两种选择,只有在出租人要求承租人支付全部租金的情况下,法院才能对租金加速到期进行审查。出租人的选择必须是明确、唯一的,不能既请求支付全部租金,又请求解除合同。若没有出租人的请求,法院不得主动判决租金加速到期。

第二,须符合约定或法定的租金加速到期条件。融资租赁合同对租金加速到期条件有明确约定时,法院应尊重合同约定。在合同没有约定或约定不明时,应遵循租金加速到期的法定条件。一般认为,租金加速到期的法定条件由两方面的内容构成:一是仅限于承租人拒付租金的场合;二是承租人欠付租金达到两期以上或数额达到全部租金总额的15%。

第三,须进行催告且给予合理期限。出租人无论是选择解除合同,还是选择租金加速到期,催告程序都是必要程序,即使合同有约定也无法排除催告程序。若出租人未经催告

---

① 胡康生:《中华人民共和国合同法释义(第二版)》,法律出版社,2009,第365页。

即向法院起诉请求承租人支付全部租金,法院可能会将起诉状送达时间作为催告时间。

2. 租金加速到期的财务会计分析

(1) 融资租赁业务出租人的财务分析。一般来说,融资租赁合同的利率高于同期银行贷款利率。主要原因是,融资租赁业务的风险高于银行贷款的风险,并且融资租赁业务的成本也高于银行贷款的平均融资成本。实践中,融资租赁公司要求承租人先行支付保证金、手续费、融资租赁业务服务费等费用,或者规定每期租金的支付时间为期初。在售后回租模式下,融资租赁公司还会要求承租人在出售租赁物时折价、降低评估价。融资租赁公司通过种种业务手段,使得融资租赁的实际利率高于表面的租赁利率。

因为融资租赁合同的期限长短不一,条款的设置各异,承租人支付租金的方式也不同,所以很难从表面上直观比较出各种融资租赁出租人的收益。此时就需要运用内部收益率(internal rate of return, IRR)、财务内部收益率(financial internal rate of return, FIRR)、净现值(net present value, NPV)的方法来进行财务分析。

内部收益率就是资金流入现值总额与资金流出现值总额相等、净现值等于零时的折现率。内部收益率是一项投资渴望达到的报酬率,是能使投资项目净现值等于零时的折现率。内部收益率越大越好。一般情况下,内部收益率大于等于基准收益率时,该项目是可行的。

财务内部收益率是指项目在整个计算期内各年财务净现金流量的现值之和等于零时的折现率,也就是使项目的财务净现值等于零时的折现率。财务内部收益率考虑了资金的时间价值以及项目在整个计算期内的经济状况,不仅能反映投资过程的收益程度,而且财务内部收益率的大小不受外部参数影响,完全取决于项目投资过程净现金流量系列的情况。FIRR 的值越大,收益越好。

净现值为按资本成本或企业要求达到的报酬率折算为现值,减去初始投资以后的余额,即投资项目投入使用后的净现金流量。

FIRR 的计算公式如下:

$$\sum_{t=1}^{n}(CI-CO)_t(1+FIRR)^{-t}=0$$

其中:FIRR 为财务内部收益率;CI 为现金流入量;CO 为现金流出量;$(CI-CO)_t$ 为第 t 期的净现金流量;n 为项目期数。

通过上述公式计算出财务内部收益率后,与基准收益率 i 进行比较:若 $FIRR>i$,则项目/方案在经济上可以接受;若 $FRR<i$,则项目方案在经济上不可以接受。就融资租赁项目而言,租赁收入(含租金和相关手续费等)的现值等于租赁业务成本时的折现率,称为租赁内部收益率。只有在财务内部收益率高于基准收益率的情况下,才会开展此项业务,否则该笔融资业务对其而言则在经济上不合理。

(2) 承租人期限利益丧失的法律分析。期限利益是指在期限到来之前当事人享有的利益[1]。融资租赁合同中,承租人享有的期限利益就是将全部租金分摊到租赁期限

---

[1] [日]山本敬三:《民法讲义 1·总则(第三版)》,解亘译,北京大学出版社,2004,第 225 页。

内。每期租金支付期限到来之前,出租人无权要求承租人支付租金,即承租人对于期限之到来享有期限利益。若出租人宣布租金加速到期,则承租人尚未到期的付租义务全部提前到期,承租人分期付租的期限利益不复存在。期限利益丧失可以理解为出租人对承租人享有的一项惩罚权利,这种惩罚惩戒的是承租人的违约行为[①]。

除《民法典》第752条对租金加速到期有规定外,融资租赁合同中也会有关于租金加速到期的条款,一旦承租人出现了不按时支付到期租金或者其他违约行为,出租人有权要求承租人支付全部租金。《天津法院融资租赁合同纠纷案件审理标准(试行)》(津高法发〔2017〕2号)第4.2.1条关于出租人请求租金加速到期的规定同样遵循了这个原则,提供了两种支持租金加速到期请求的情形:一是租金加速到期符合合同约定的情形;二是对租金加速到期没有约定或者约定不明的,欠付租金达到两期以上或者欠付租金数额达到全部租金15%以上。

(3) 承租人期限利益丧失的财务分析。

承租人的期限利益一旦丧失,失去的不仅仅是分期付租的权利,更有与之对应的货币利益。资金的时间价值是指货币随着时间的推移而发生的增值,是资金周转使用后的增值额。融资租赁合同的租金是按期支付的,有的多达十几期,时间跨度长达数年,虽然租金的计算方式不同(如等额本金法、等额年金法或折现冲抵本金法),但由于分布在不同的时点,每期租金的货币价值实质上并不相同。

考虑到资金的时间价值,丧失的期限利益实际上对应着一定的货币价值。在进行丧失的期限利益货币价值的计算时,需要确定两个重要的因素,即折现日和折现率。折现日一般由法院确定。假设出租人是在第n期至第$n+1$期租金到期日之间某一日(包括第n期租金到期日当天,不包括第$n+1$期租金到期日当天)宣布租金加速到期,可将第$n+1$期租金到期日视为折现日。折现率的确定原则如下:如果知悉出租人的租赁内含利率,应当采用出租人的租赁内含利率作为折现率;否则,应当采用租赁合同规定的利率作为折现率。租赁内含利率是指在租赁开始日,使最低租赁收款额的现值和未担保余值的现值之和(将来赚的钱)等于租赁资产公允价值与出租人的初始直接费用(现在的投资额)之和的折现率。

基于上述对折现日和折现率的确定,假设在某融资租赁合同项下,租赁期限为M年,按季支付租金,季末支付,租金共计N期,租金为C,合同约定承租人欠付租金达到两期时,出租人可宣布租金加速到期,出租人在第n期租金加速到期的损害赔偿计算期和第$n+1$期租金到期日之间宣布租金加速到期,未到期租金的折现率为b。期限利益的货币价值,用数学公式可表达如下:

$$P = \sum_{j=n+2}^{N} C_j - \sum_{i=1}^{N-n-1} \frac{C_j}{(1+b)^i}$$

其中:P为期限利益;b为折现率;C_j为第j期租金,j分别取值$n+2, n+3, \cdots,$

[①] 最高人民法院民二庭:《最高人民法院关于融资租赁合同司法解释理解与适用》,人民法院出版社,2014,第310页。

N；i：需折现租金的期数，分别取值 $1,2,\cdots,N-n-1$。

3. 承租人期限利益的货币价值计算实例①

2014 年 3 月 10 日，原告兴业租赁公司与被告北满特钢公司签订了《融资租赁合同》，租金总额为 224 408 873 元，租赁期限为 36 个月，北满特钢公司每 3 个月向兴业租赁公司支付一次租金，共分 12 期支付，第 1 期租金支付日为 2014 年 6 月 20 日。租赁利率为中国人民银行公布的人民币 1~3 年期贷款基准利率，并随基准利率调整重新确定。合同签订时，中国人民银行公布的人民币 3 年期贷款基准利率为 6.15%。在合同履行过程中，中国人民银行于 2015 年 10 月 24 日将 3 年期贷款基准利率调整为 4.75%。出租人依据合同约定对租赁利率和租金进行了调整。在合同履行期间，北满特钢公司依约支付了前 6 期租金，自第 7 期租金支付之日起出现违约情形，未能依合同约定足额支付租金。经催收后，兴业租赁公司于 2016 年 4 月 12 日宣布了租金加速到期日。截至 2016 年 4 月 12 日，北满特钢公司第 7 期部分租金和第 8 期全部租金未付。第 7 期租金尚欠 21 715 715 元，第 8 期租金 21 430 966 元未给付。

《融资租赁合同》约定：北满特钢公司若未按本合同约定支付到期应付租金，应就逾期未付款项按日万分之五向兴业租赁公司支付违约金，直至全部付清之日止。在合同期限内，若北满特钢公司连续两期或累计三期未按本合同约定向兴业租赁公司支付到期租金，兴业租赁公司有权宣布全部租金加速到期。

融资租赁租金和加速到期租金情况如表 4-1 和表 4-2 所示。

表 4-1 融资租赁租金

期　数	租金支付日(年-月-日)	每期租金(单位：元)
第 1 期	2014-6-20	3 348 333
第 2 期	2014-9-20	3 143 333
第 3 期	2014-12-20	21 751 755
第 4 期	2015-3-20	21 692 814
第 5 期	2015-6-20	21 715 715
第 6 期	2015-9-20	21 715 715
2015 年 10 月 21 日人民银行将 3 年期贷款基准利率调整为 4.75%		
第 7 期	2015-12-30	21 715 715
第 8 期	2016-3-20	21 430 966

---

① 天津市高级人民法院(2016)津民初 36 号民事判决书。

续 表

期　数	租金支付日(年-月-日)	每期租金(单位：元)
出租人兴业租赁公司宣布租金加速到期		
第 9 期	2016-6-20	21 548 225
第 10 期	2016-9-20	21 548 225
第 11 期	2016-12-20	21 548 225
第 12 期	2017-3-1	21 548 225

表 4-2　加速到期租金情况

期数(j)	租金(C_j)(单位：元)	折现期(单位：月)
第 10 期	21 548 225	3
第 11 期	21 548 225	6
第 12 期	21 548 225	9

由于兴业租赁公司于 2016 年 4 月 12 日宣布租金加速到期，处在第 8 期和第 9 期租金到期日之间，由此可知第 9 期租金到期日为折现日。第 9 期租金不折现，只计算第 10—12 期租金的折现值。折现率为季度折现率。故 $n=8, b=4.75\% \div 4=1.19\%$，依据期限利益计算公式，计算结果如下：

$$P = 3 \times 21\,548\,225 - \sum_{i=1}^{3} \frac{21\,548\,225}{(1+1.19\%)^i} = 1\,507\,225(元)$$

本案中，出租人加速租金到期后，承租人丧失的期限利益现金价值超过 150 万元，并且承租人还面临约 150 万元的违约金。出租人是在第 9 期租金到期前提出的租金加速到期，实际上提前到期的租金仅有 3 期，此时便出现了如此巨额的期限利益损失。若在融资租赁合同签订之初便租金加速到期，承租人期限利益的货币价值损失将更为惨重。

四、融资租赁法律风险及防范

(一) 融资租赁合同名实不符的情形及法律后果

1. 名为融资租赁，实为借贷的情形

由于融资租赁合同与借款合同在交易结构上最为相似，都具有融资功能，二者容易产生混淆,实践中不乏交易主体利用融资的特性故意规避借贷的行业监管和法律风险。

第一,双方共同虚构租赁物。出租人与承租人对租赁物不存在的事实达成了合意,通过虚构融资租赁合同的形式掩盖借款之实。

第二,承租人虚构租赁物。这种情况多发生在售后回租中,承租人故意虚构租赁物存在的事实,采取夸大租赁物的价值或伪造增值税发票的形式向出租人融资。出租人对承租人虚构的事实不知情,但疏于尽职调查,在对租赁物发票和租赁物真实性未作充分审查的情况下与承租人签订了售后回租合同。

第三,名义租赁。名义租赁指的是出租人与承租人以价值难以评估、难以分割、难以特定化的设备作为租赁物,如装修材料。在此种模式下,双方虽然签订了融资租赁合同,但出租人从一开始就明知租赁物无法取回,也并无此意愿,其目的仅在于收回融资款和利息,即便承租人违约,出租人也不会解除合同,而是主张全部租金。

实践中,融资租赁合同因性质不符被认定为借款关系的情况最为常见。当融资租赁合同的性质发生改变,法院将其按照借款法律关系处理时,原本基于融资租赁合同约定的本金、利息、保证金、手续费、留购价款如何处理是实践中需要解决的问题。

融资租赁合同按借款合同处理时,需要注意几个方面的变化:一是融资租赁合同的融资本金转化为借款合同的借款本金;二是融资租赁合同的租赁利率转化为借款合同的利率;三是融资租赁合同租赁物所有权与使用权分离的状态在借款合同项下归于统一。

2. 名为融资租赁,实为投资的情形

(1) 合同投资。融资租赁企业与投资公司等其他机构通过合同方式确定投资内容,同时签订融资租赁合同,融资租赁合同的承租人即投资的合作方,融资租赁款或物即融资租赁企业的投资款或物,租金即投资收益。

(2) 项目投资。如融资租赁企业A与其他机构B共同投资其他公司或项目C,A以支付融资租赁物购买款项的方式作为其对C的投资,其合作机构B以实际承担租金或与A约定租金费用分担的方式作为其对C的投资。A与B将该租赁物放置于C处使用并参与C的经营以获取盈利,A与其投资对象C签订融资租赁合同,C为名义上的承租人,但C并不实际承担租金支付义务,而是将B实际支付的租金费用转付给A以完成表面上的租金支付行为。C的经营盈利即A、B的投资收益,由A、B按约定分成;经营亏损即A、B的投资亏损,由A、B按约负担(通常表现为A、B之间分担租金费用)。

融资租赁合同中,租赁物应当由承租人占有、使用和维护。如果租赁物由出租人管理、控制与维护,就不符合融资租赁合同权利义务的特征。如果出租人与承租人对租赁物共同经营,收益共享,风险共担,则可能会按合作合同或联营合同来处理。

3. 名为融资租赁,实为买卖的情形

该交易模式设计为"买卖+售后回租"的方式:产品出卖方A将其产品出卖给买方B后,又从买方B处回购设备。形成相同主体之间的两次往来买卖,两次买卖的货款均不实际发生。之后卖方A将回购后的设备交付并出租给买方B,B按租期分期向A支付租金,租金总额略高于该产品的卖价。该交易结构中,双方的真实合同目的往往是买卖,为了减轻买方短期内的还贷压力,由买方分期向卖方支付融资租赁租金。分期付款买卖在车辆融资租赁中较为常见。

租金是融资租赁合同的核心条款。租金应当根据购买租赁物的大部分或者全部成本以及出租人的合理利润确定。如果合同的租金不是按照上述原则来确定,而是变相的分期付款,以租金之名掩盖货款之实,则应认定为买卖合同法律关系。

(二) 融资租赁合同的损害赔偿

融资租赁合同中,出租人主张损害赔偿主要涉及两方面:一是出租人可得利益或信赖利益的损失;二是融资租赁合同解除时承租人无法返还租赁物造成的损失。实践中,由于租赁物毁损、灭失、附合或者承租人擅自处分租赁物导致租赁物无法返还的情况并不鲜见,在这种情况下出租人只能向承租人主张不能返还租赁物所造成的损失。

《民法典》确立了可得利益、返还利益、信赖利益及履行利益四种赔偿原则,不同的责任承担方式对应着不同的赔偿原则。因融资租赁合同无效、被撤销、解除等原因产生的赔偿原则及情形并不相同。赔偿责任对应可得利益和信赖利益,并且因违约的具体情形的不同,可得利益和信赖利益也有所区别。

1. 融资租赁合同损害赔偿原则

(1) 可得利益损害赔偿原则。《民法典》第584条规定了可得利益损害赔偿原则。融资租赁合同作为一种典型合同也适用此原则。融资租赁合同中,在因承租人违约导致合同解除的场合,出租人的损失以可得利益损失为限。实践中,法院一般也会尊重当事人在合同中对损害赔偿计算方式的约定。

(2) 信赖利益损失之情形。信赖利益损失主要包括订约费用与履约费用,即守约方为订立合同、准备履约和实际履约所支付的费用。在融资租赁合同未成立、无效或被撤销的场合,同样会涉及赔偿信赖利益损失的问题。

2. 融资租赁合同损害赔偿范围

融资租赁合同的损害赔偿范围包括直接损失和间接损失。直接损失指财产上的直接减少,间接损失为可得利益损失。法院在计算和认定可得利益损失时,通常会综合运用可得利益限定规则,如可预见规则、减损规则、损益相抵规则以及过失相抵规则。

(1) 直接损失。直接损失是指承租人违约给出租人造成的直接租金及利息损失。承租人未支付到期租金,导致的直接后果是出租人租金收益的减少。在合同解除之时,承租人未支付的已到期租金属于直接损失,未到期租金属于可以期待的租金,应属于可得利益损失。至于逾期利息或违约金的性质问题,根据《融资租赁合同解释》第22条第2款之规定,损失赔偿范围为承租人全部未付租金及其他费用与收回租赁物价值的差额。

(2) 可得利益。因承租人违约而导致合同解除的情况下,出租人的可得利益主要包括未到期租金。在融资租赁合同签订之初,租金总额、租赁期限及各项费用均已确定。如果合同正常履行,出租人可预期在约定的时间节点收到承租人支付的租金。在合同履行过程中,承租人违约拒付租金,导致出租人可期待的合同利益落空,未到期租金就都属于出租人的可得利益。

此外,可得利益还可能包括未支付的费用。未支付的费用是指根据合同约定承租人应当支付而尚未支付的合同费用,包括租前息、手续费、保证金等。如果融资租赁合同中约定保证金用以冲抵租金,则该保证金不应再计入损失范围。如果合同约定租赁期间届满后租赁物归出租人所有,损失赔偿范围还应包括融资租赁合同到期后租赁物的残值,因为租赁物的残值也是出租人可期待的合同利益。

复习思考题

1. 融资租赁合同性质的认定要考虑哪些要素?
2. 融资租赁合同的租金构成要素有哪些?
3. 融资租赁合同加速到期后,承租人损失的期限利益如何计算?
4. 如何理解融资租赁合同名实不符的情形及法律后果?
5. 融资租赁合同损害赔偿包括哪些类型的损失?

第五章 保理案件法务会计分析

一、基本理论

(一) 背景概述

保理因赊销贸易而生,有利于企业盘活应收账款融资。赊销是现代贸易一种较为普遍的付款方式。根据国家统计局于 2021 年 10 月底发布的数据,全国范围内规模以上工业企业存在应收账款 18.9 万亿元,较 2020 年增长 11.3%[①]。由于受新冠肺炎疫情的影响,全球经济发展趋势下行,各工业企业为保障正常生产经营,常使用应收账款来运转企业资金链。

2018 年 2 月 1 日发布的首份"中国社会融资成本指数"数据显示,中国社会融资(企业)平均融资成本为 7.6%。保理平均融资成本为 12.1%。保理融资成本虽与我国社会融资(企业)平均融资成本相差不大,但其占社会融资权重仅有 0.44%[②]。然而,随着我国中小企业不断发展,保理凭借其独特优势已然发展成为我国主要社会融资手段之一。同时,保理行业也发生了一些负面问题。因此,加强行业监管和保障行业健康发展就显得尤为必要。

(二) 保理定义

现代保理业起源于国际贸易。《国际贸易金融大辞典》将保理定义为金融机构直接买进出口商对进口商的应收账款债权,而承担进口商的信用风险、进口国的政治风险及转移风险的出口融资业务。在英国,保理被定义为以低于应收账款账面价值的价格从所有者手中购买,再由自己负责追收以从中赚取差价而盈利的行为。

我国《商业银行保理业务管理暂行办法》(中国银行业监督管理委员会令 2014 年第 5 号)、《中国银行业保理业务规范》(银协发〔2016〕127 号)、《商务部关于商业保理试点有关工作的通知》(商资函〔2012〕419 号)以及《天津市商业保理公司监督管理暂行办法》(津金监规范〔2021〕3 号)等文件均对保理行为作出了定义。其中,比较有代表性的是《商业银行保理业务管理暂行办法》第 6 条之规定[③],即保理业务是以债权人转让其

[①] 国家统计局:《2021 年 1—10 月份全国规模以上工业企业利润同比增长 42.2% 两年平均增长 19.7%》,国家统计局官网,2021 年 11 月 27 日,http://www.stats.gov.cn/tjsj/zxfb/202111/t20211126_1824870.html。

[②] 《"中国社会融资成本指数"在京发布 企商在线提供全面技术支撑》,企商在线,2021 年 11 月 16 日,https://www.netnic.com.cn/news/newsinfo.php?id=74。

[③] 《商业银行保理业务管理暂行办法》第 6 条规定:本办法所称保理业务是以债权人转让其应收账款为前提,集应收账款催收管理、坏账担保及融资于一体的综合性金融服务。债权人将其应收账款转让给商业银行,由商业银行向其提供下列服务中至少一项的,即为保理业务:应收账款催收;应收账款管理;坏账担保;保理融资。

应收账款为前提,集应收账款催收管理、坏账担保及融资于一体的综合性金融服务。

(三) 保理分类

1. 国内保理和国际保理

国内保理是指应收账款所连接的主体均在我国境内的保理业务;国际保理是指应收账款所连接的主体其中至少有一方在境外(包括保税区、自贸区、其他实行境内关外管理的特殊贸易区)的保理业务。

区分国内保理与国际保理的意义在于确定法律适用依据。国内保理应通用我国的相关法律法规,而国际保理属于涉外民事法律关系,应依据《中华人民共和国涉外民事关系法律适用法》的规定来确定法律依据,可能会涉及国际保理惯例的适用。

2. 公开型保理和隐蔽型保理

公开型保理又称明保理,是指在签订保理合同或在保理合同项下每单发票项下的应收账款转让时立即将债权转让事实通知债务人;隐蔽型保理又称暗保理,是指在保理合同签订后的一定时期内,保理商或债权人都未将应收账款转让事实通知债务人,仅在约定期限届满或约定事由出现后才将应收账款转让事实通知债务人。

区分公开型保理与隐蔽型保理的意义在于确定债务人的责任承担。在公开型保理下,应收账款转让对债务人发生法律效力,实际上债权已转让至保理商。债务人应向保理商承担清偿应收账款的责任。债务人仍向债权人清偿的,为无效清偿。在隐蔽型保理下,债务人仍直接向债权人付款,该清偿行为有效。原债权人应将清偿款交付保理商。

3. 有追索权保理和无追索权保理

有追索权保理又称回购型保理,是指在应收账款到期无法从债务人处收回时,保理商可以向债权人反转让应收账款,要求债权人回购应收账款或归还保理融资款本息[①];无追索权保理又称买断型保理,是指保理商在事先对债务人核准的信用额度内承购债权人对债务人的应收账款并提供坏账担保服务。债务人因发生信用风险未按基础合同约定按时足额支付应收账款时,保理商不能向债权人追索[②]。若保理商无法收回应收账款是由于债务人欺诈、基础合同纠纷、应收账款被公权力机关冻结、不可抗力等非债务人财务或资信方面的原因造成的,保理商仍可向债权人行使追索权[③]。我国《民法典》第766条对保理作出了有无追索权的区分规定。

区分有追索权保理与无追索权保理的意义在于明确保理商的行权方式。有追索权保理中,保理商既可以同时向债务人行使求偿权和向债权人行使追索权,也可以择一行使;无追索权保理中,保理商只能向债务人主张求偿权,无法向债权人行使追索权。

在符合一定条件时,无追索权保理可能会转化为有追索权保理。《深圳前海合作区人民法院关于审理前海蛇口自贸区内保理合同纠纷案件的裁判指引(试行)》第27条第2款和第3款规定:保理合同约定为无追索权保理,但同时又约定如债务人提出抗辩权

---

① 黄斌:《国际保理——金融创新及法律实务》,法律出版社,2006,第54页。
② 钱海玲:《保理法律关系的认定及疑难问题解决对策》,《人民法院报》2015年2月4日。
③ 田浩为:《保理法律问题研究》,《法律适用》2015年第5期。

或抵销权等使债务无法得到清偿时保理商依旧可向债权人行使追索权的,视为有追索权保理。可见,当事人可以通过债权人单方承诺或补充约定等方式将无追索权保理合同变更为有追索权保理合同。

4. 银行保理和商业保理

银行保理是指由商业银行开展的保理,而商业保理是指由商业保理公司开展的保理。区分银行保理与商业保理的意义在于对合同性质与效力的认定。由于银行具有放贷资格,即便其签订的保理合同被认定为借款,也可构成金融借款合同关系,并不会导致合同无效。由于商业保理公司不具有放贷资格,其签订的保理合同如被认定为企业间借贷,则有被法院认定为合同无效的风险。

5. 单保理、双保理和再保理

单保理和双保理根据参与该项保理业务的保理机构数量来区分。单保理是由一家保理机构单独为应收账款买卖双方提供保理业务;双保理是由两家保理机构分别向应收账款买卖双方提供保理业务。再保理业务是指受让其他保理商的再转让应收账款的保理业务。

6. 到期保理和融资保理

按保理商是否支付预付款(或提供融资),保理可分为到期保理和融资保理。所谓到期保理,是指保理商在放弃追索权的情况下受让供应商债权后,在发票到期后向供应商支付应收账款,而供应商并不因让与发票或其他票据就可马上获取现金钱款,只是得到了保理商的坏账融资保理。融资保理也被称为折保理,是指保理商受让供应商的应收账款票据之后,凭借可证明债权已经让与的发票副本及其他文件,向供应商预付资金,债务人应在票据到期后直接将应收账款支付给保理商,保理商再将扣除相关款项后的余款支付给供应商。

7. 正向保理和反向保理

正向保理又称卖方保理,是指由债权人(卖方)发起业务申请的保理,卖方将其现在或将来的基于其与买方订立的货物销售/服务合同所产生的应收账款转让给保理商,由保理商向其提供资金融通、销售账户管理、信用风险担保、账款催收等一系列服务;反向保理又称买方保理,是指由债务人(核心企业)发起或主导业务申请的保理,保理商选择与规模较大、资信较好的核心企业达成反向保理协议,对于为其供货、位于其供应链上游的中小企业提供保理融资。两者的区别主要在于申请主体不同。正向保理的申请人是供应商(卖方),而反向保理的申请主体为核心企业(买方)。

(四)保理构成要件

根据《民法典》第761条的规定及司法实践情况,认定保理法律关系应遵循主客观相统一的原则,从形式要件和实质要件两方面理解把握。

1. 保理商应当具备主管部门批准认定的法人主体资格

开展保理业务的主体是否适格为认定保理法律关系的一项重要因素。目前,在我国可以从事保理业务的主要为商业银行和依法设立的商业保理公司。商业银行从事保理业务时,要接受中国人民银行、中国银保监会和中国银行业协会的监督指导,符合主体经营的有关要求。

2. 保理商与债权人签订书面保理合同

保理合同应采取书面形式,而且约定的权利义务内容应符合保理合同的特征。关于保理合同是否需要采取书面形式的问题,《天津市高级人民法院关于审理保理合同纠纷案件若干问题的审判委员会纪要(一)》指出,保理合同必须采取书面形式。同样,有法官认为,保理商与债权人应当签订书面保理合同①,或签订书面债权转让协议②。《民法典》第762条第2款规定,保理合同应当采用书面形式。

3. 以应收账款转让为前提

保理关系的核心之处在于应收账款转让,其综合性是指保理商基于该应收账款转让为债权人提供保理融资、账户管理、坏账担保等多项综合性金融服务,这是保理法律关系实质要件的主要着眼点。

4. 应收账款必须合法、真实、有效

保理合同的标的为应收账款,应收账款是保理商、债权人和债务人三方法律关系的连接点和关键点。应收账款不适格,保理法律关系就不能成立。分辨哪些应收账款可以叙做保理业务,不仅是保理商展业的基础,也是法院对保理合同性质进行认定的前提。

(五)保理合同

《民法典》合同编首次将保理合同纳入有名合同序列。根据《民法典》第761条之规定,保理合同是应收账款债权人将现有的或者将有的应收账款转让给保理人,保理人提供资金融通、应收账款管理或者催收、应收账款债务人付款担保等服务的合同。

(六)特殊保理合同的效力问题

1. 暗保理合同

暗保理在实践中并不少见。《上海市浦东新区人民法院2014—2019年涉自贸区商业保理案件审判情况通报》披露的数据显示,该院受理的472件保理案件中,明保理有290件,占比61.5%,暗保理182件,占比38.5%。暗保理中,债权人与保理商约定不将应收账款转让事实通知债务人,仅在约定期限届满或特定事由出现后才通知债务人,对此约定可能会带来的风险,由当事人自行承担。因此,暗保理的合同效力仅局限于债权人与保理商之间,对不知情的债务人不产生合同约束力。

2. 反向保理合同

反向保理在我国迅速发展。正向保理是主流交易模式,少数企业开始创新性地以大企业融资需求为支点开展反向保理。据北京市朝阳区人民法院统计,2016年1月至2018年10月该院受理的保理案件中,正向保理2 258件,占总案件量的98.48%,反向保理35件,占比1.52%。

反向保理不是一种具体产品或者合同名称,而是一种保理营销策略。反向保理是指以基础合同项下买方为中心,由保理商为位于买方供应链上游的卖方提供保理服务。保理商对交易风险关注点主要集中在实力较强、信誉较好、违约风险较低的核心买方大

---

① 李良峰:《应收账款转让未通知债务人情形下保理合同案件的裁判思路》,《人民司法·案例》2016年第32期。

② 冯宁:《保理合同纠纷案件相关法律问题分析》,《人民司法·应用》2015年第17期。

企业,而非信誉风险、违约风险相对较高的中小供应商。反向保理在大幅降低保理商风险的同时,为中小企业提供了更多融资机会,可有效缓解中小企业融资困难,被广大商业保理公司和中小企业所接受①。

3. 名实不符保理合同

实践中,法院往往将"名为保理,实为借贷"的合同定性为名实不符保理合同,在认定该种合同的效力时需要区别对待。从区分保理商类型角度出发:当银行作为保理商时,根据其法定的经营放贷资格,所签订的保理合同即使被认定为借款合同,也可按照金融借款合同规则来认定其合同效力;当商业保理公司作为保理商时,由于其不具备经营放贷资格,签订的保理合同将被认定为借款合同,按照企业间借贷处理。

对于"名为保理、实为借贷"的情况,应当采取穿透式审判思维,谨慎地认定该名实不符保理合同无效,按照借贷合同处理较为合适。

4. 通谋虚伪保理合同

在名为保理、实为借贷的保理合同中,如果债权人与债务人通谋虚构基础交易合同,目的在于骗取保理融资,由于基础交易并不真实,故双方签订的基础交易合同为虚伪意思表示,应属无效。如果保理商在明知应收账款不真实的情况下仍签订保理合同,则对保理合同中的意思表示要区分看待。其中,保理为虚伪行为,借款为隐藏行为,保理行为无效,借款行为仍然有效。根据《民法典》第 146 条第 2 款对于隐藏行为依照有关法律规定处理的规定,在法律适用时,可按照《民法典》和《最高人民法院关于审理民间借贷案件适用法律若干问题的规定》(法释〔2020〕17 号)关于借款行为的规则进行处理。

二、案例援引

案例一

天津溢美国际保理有限公司、四川全球通国际旅行社股份公司青羊第三分社合同纠纷一案②

【基本案情】

2016 年 11 月 21 日,天津溢美国际保理有限公司(甲方,以下简称溢美保理公司)与四川全球通国际旅行社股份公司青羊第三分社(乙方,以下简称全球通旅行社)签订《商业保理业务合同》,约定:甲方同意叙做保理业务的每一笔基础交易合同项下的应收账款或收益权,乙方应按照甲方提供的格式和内容向买方送达《应收账款/收益权转让通知书》,由买方盖章确认并寄回给甲方;或由甲乙双方共同前往买方面前盖章确认,并由甲方存档。本合同项下,甲乙双方选择叙做的保理类型为隐蔽型保理。之后,溢美保理公司向法院提起诉讼,请求判令全球通旅行社向其支

---

① 张宇馨:《我国发展反向保理的对策分析》,《对外经贸实务》2009 年第 5 期。
② 天津市滨海新区人民法院(2017)津 0116 民初 771 号民事判决书。

付保理融资款 300 000 元及自 2017 年 2 月 21 日起至 2017 年 5 月 4 日的利息 14 200 元(后续利息以 300 000 元为基数,按月息 2‰计算,自 2017 年 5 月 5 日至实际还款之日)。

【案件焦点】

名为保理、实为借贷的"商业保理合同"效力该如何认定。

【裁判要旨】

法院认为,保理业务是以债权人转让其应收账款债权为前提,集应收账数催收、管理、坏账担保及融资于一体的综合性金融服务,既涉及保理商和当事人之间的权利义务关系,又涉及债权人与债务人之间的合同关系。现行法律尚未就保理交易模式作出专门规定,因此,要准确认定债权人、保理商与债务人三方民事主体在保理合同与基础交易合同中法律关系的核心。

本案中,虽然保理商溢美保理公司与债权人全球通旅行社之间签订了《商业保理业务合同》等基础合同,表面上符合保理合同法律关系成立的形式要件,但根据查明的事实,从作为标的物的应收账款角度分析,仅约定了序号,并没有明确该应收账款的主体、期限及所依据的基础债权债务关系等基本要素,导致该应收账款债权不具有特定性,不符合债权转让的要件。全球通旅行社未能提交基础交易合同,不能确定债权人与债务人发生真实债权债务关系。故双方的法律关系虽然名为保理,但实际不构成保理法律关系,应当按照借贷法律关系处理。

【案件评析】

保理合同及法律关系以应收账款债权转让作为成立的前提,而债权转让的前提是具备特定性。保理商与债权人之间保理法律关系的确立需要事先审查案件所涉及的基础债权债务关系的主体、标的、数额等基本要素是否明确,是否具体、特定。基础债权债务关系约定模糊不清的情况下,无法成立。

本案的应收账款债务人、应收账款期限及所依据的基础债权债务关系不具备转让的基础,不能在合同双方之间形成一致的意思表示,保理法律关系等应收账款的构成要素均不明确。法院无法确定应收账款的真实性与特定性,故认定不构成保理法律关系,本案应按照实际构成的民间借贷法律关系进行处理。

正奇国际商业保理有限公司与百仪家具有限公司、百仪家具(上海)有限公司等合同纠纷一案[①]

【基本案情】

2015 年 12 月 3 日,正奇国际商业保理有限公司(以下简称正奇保理公司)与百

---

① 安徽省合肥市庐阳区人民法院(2016)皖 0103 民初 2702 号民事判决书。

仪家具有限公司(以下简称百仪公司)签订《隐蔽型有追索权商业保理合同》,根据合同约定,正奇保理公司为百仪公司提供应收账款保理融资服务,融资信用额度为150万元,信用期限为2015年12月4日—2016年12月4日。在信用期限内,百仪公司可提出应收账款转让申请,正奇保理公司进行审核后发出《应收账款转让核准书》,双方在合同中还约定了其他事项。

上述合同签订后,2015年12月4日,百仪公司向正奇保理公司提交了《应收账款转让申请书》,申请转让其享有的对应主债务人为中国电信股份有限公司湖北分公司的应收账款3 461 200元,要求正奇保理公司发放基本保理款150万元。同日,正奇保理公司经审核后发出了《应收账款转让核准书》,核定基本保理款为150万元,保理期间为3个月,即2015年12月4日—2016年3月4日,百仪公司的回购日为2016年3月5日。正奇保理公司于核准后当日,按照约定向百仪公司发放了150万元基本保理款。

保理期间届满后,主债务人并未将应收账款回款汇入保理账户,百仪公司也未在承诺回购日履行回购义务。

2016年3月8日,正奇保理公司向百仪公司发出《应收账款回购通知书》,要求百仪公司立即支付回购款,但百仪公司没有履行回购义务,故正奇保理公司向法院提出诉讼,请求法院判令百仪公司支付保理回购款即保理本金150万元,并自2016年4月16日起按保理本金的每日1‰标准支付逾期罚息直至实际支付之日。

【案件焦点】

"暗保理"合同效力如何认定。

【裁判要旨】

法院认为,涉案《隐蔽型有追索权商业保理合同》系签约各方真实意思表示,除《隐蔽型有追索权商业保理合同》中每日1‰的罚息费率过高外,其他内容不违反法律法规的禁止性规定,应为合法有效。百仪公司未在保理期间届满后按合同约定回购应收账款,构成违约,应承担支付应收账款回购款及逾期付款利息损失的违约责任。双方在保理合同中约定的逾期罚息利率标准日1‰过高,本院酌情按年24%调整。百仪公司在保理期满后支付逾期罚息至2016年4月15日,此后至款清之日的利息损失,百仪公司应以未支付的回购款为基数,按年24%的标准给付。

【案件评析】

暗保理合同属于保理合同的一种,其与明保理的区别在于应收账款转让事实未通知债务人。暗保理合同只要双方当事人意思表示真实,不违反法律、行政法规的强制性规定,且不属于法律规定的合同无效情形,应认定合法有效。应收账款转让未通知债务人,只是对债务人不发生法律效力,并不影响保理合同的效力。保理商仍有权要求债权人依据保理合同约定承担违约责任。

上海惟精商业保理有限公司与宁国市裕民商贸有限公司、刘宏等金融借款合同纠纷一案[①]

【基本案情】

上海高凤互联网金融信息服务有限公司(以下简称高凤互联网公司)系提供借贷居间服务的有限责任公司。刘某、程某系宁国市裕民商贸有限公司(以下简称裕民公司)的股东,刘某系裕民公司的法定代表人。裕民公司2018年1月12日的《股东会决议》中载明:刘某、程某所持有的有表决权的股数占公司股权总数的100%,一致同意向高凤互联网公司平台的注册用户借款,借款金额不逾30万元,借款到期日不逾2018年6月30日,借款具体事宜以借款协议为准,借款用于公司正常的经营周转,全体股东一致同意将借款所得资金汇入被告裕民公司的对公账户。经高凤互联网公司撮合,上海惟精商业保理有限公司(以下简称惟精保理公司)作为出借人同意向裕民公司提供借款。

2018年1月12日,惟精保理公司作为出借人与作为借款人的裕民公司签订了《借款协议》,约定裕民公司向惟精保理公司借款30万元,用于经营周转,借款期限3个月,按月付息到期还本;居间服务费为借款本金的3%,放款时一次性收取;综合年利率12%(含年利率10%及年账户管理费率2%),于每月起息日付息,借款起息日为惟精保理公司将出借资金转入裕民公司指定银行账户之日,利息按借款本金总额30万元×综合年利率×借款期限计算;如借款人逾期不能按时还款,则逾期利息按欠款金额及借期内利率均按24%计算,平台催收费按年化服务费率及逾期天数上浮50%计算。同日,刘某、程某向惟精保理公司出具《担保函》,承诺对惟精保理公司在前述《借款协议》项下的债权提供连带责任保证担保,担保范围为惟精保理公司在《借款协议》项下的本金、利息、复利、罚息等。

上述合同签订后,惟精保理公司于2018年1月15日向裕民公司发放贷款30万元,但裕民公司未按约偿还本息。惟精保理公司向法院提出诉讼,请求判令:① 裕民公司向其支付借款本金30万元,刘某、程某承担连带还款责任;② 裕民公司向惟精保理公司支付利息7 397.25元,刘某、程某承担连带还款责任;③ 裕民公司向惟精保理公司支付自2018年4月16日起至判决生效之日止的逾期利息(以本金30万元计算,按年利率15%,以实际欠款天数计算),刘某、程某承担连带还款责任。

法院另查明,惟精保理公司营业执照中的经营范围为进出口保理业务、国内及离岸保理业务、与商业保理相关的咨询服务。

[①] 上海市浦东新区人民法院(2018)沪0115民初36585号民事判决书。

民商事案件法务会计分析

【案件焦点】
1. 涉案《借款协议》的效力如何认定。
2. 应在认定涉案《借款协议》是否有效的基础上,确定各方如何承担责任。

【裁判要旨】
首先,涉案《借款协议》无效。惟精保理公司系一家商业保理公司,商业保理公司原来由商务部负责监管,目前由中国银保监会负责监管,具备准金融机构的特点。根据《商务部关于商业保理试点有关工作的通知》的规定,商业保理公司为企业提供贸易融资、销售分户账管理、客户资信调查与评估、应收账款管理与催收、信用风险担保等服务,不得从事吸收存款、发放贷款等金融活动。

一方面,根据《中华人民共和国银行业监督管理法》(以下简称《银行业监督管理法》)第19条的规定,未经国务院银行业监督管理机构批准,任何单位或者个人不得设立银行业金融机构或者从事银行业金融机构的业务活动。惟精保理公司作为准金融机构,通过与高风互联网公司合作,通过互联网借贷平台向不特定对象发放贷款,具备了经营性特征,亦非为解决资金困难或生产急需偶然为之。故惟精保理公司违反了《银行业监督管理法》的强制性规定,符合《合同法》第52条规定的合同无效的情形。另一方面,根据《最高人民法院关于适用〈中华人民共和国合同法〉若干问题的解释(一)》(以下简称《合同法解释(一)》)①第10条的规定,当事人超越经营范围订立合同,人民法院不因此认定合同无效,但违反国家限制经营、特许经营以及法律、行政法规禁止经营规定的除外。商业保理公司应在监管机构允许的经营范围内从事业务,由监管机构监管的金融机构及准金融机构从事发放贷款业务,属于特许经营的范围,须取得相应的资质。惟精保理公司经营范围中不包括发放贷款,其超越经营范围发放贷款,违反了国家限制经营、特许经营的规定,故案涉《借款协议》应为无效合同。

其次,合同无效后的处理。根据《合同法》第58条的规定,合同无效或者被撤销后,因该合同取得的财产,应当予以返还;不能返还或者没有必要返还的,应当折价补偿;有过错的一方应当赔偿对方因此所受到的损失,双方都有过错的,应当各自承担相应的责任。现惟精保理公司与裕民公司之间系无效借款关系,则依照上述法律规定,裕民公司应返还因无效行为取得的财产,惟精保理公司实际支付给裕民公司的30万元,裕民公司应对该欠款负返还之责。

本案中,裕民公司承担上述返还义务后,并未因无效借款关系遭受损失,而惟精保理公司因其资金为裕民公司所占用,如裕民公司仅返还本金,则惟精保理公司将遭受相应利息损失。惟精保理公司作为准金融机构,应知晓相关法律法规之强制性规定,其发放贷款的行为不仅违法违规,更产生了扰乱正常金融秩序的不良后果,故惟精保理公司应自行承担系争《借款协议》合同期内的相应利息损失。裕民

---

① 法院审理此案时适用当时的《合同法》《担保法》及司法解释。《民法典》正式施行后,《合同法》《担保法》及相关司法解释已失效。

公司在系争《借款协议》期满后仍实际占用原告的钱款,应向惟精保理公司支付相应利息,故裕民公司除负担借款本金返还之责外,还应就该钱款向惟精保理公司赔偿自系争《借款协议》到期日起按银行同期贷款利率计算的利息损失。

最后,担保责任的认定。根据《担保法》第5条的规定,担保合同是主合同的从合同,主合同无效,担保合同无效。在涉案《借款协议》无效的情况下,刘某、程某向惟精保理公司出具的《担保函》作为从合同,亦无效。《担保法解释》第8条规定:主合同无效而导致担保合同无效,担保人无过错的,担保人不承担民事责任;担保人有过错的,担保人承担民事责任的部分,不应超过债务人不能清偿部分的三分之一。

本案中,刘某作为公司法定代表人和股东,程某作为公司股东,其提供担保时应审慎了解出借人的相关情况,两被告应当知晓惟精保理公司作为商业保理公司不具有对外发放贷款的资质,在涉案《借款协议》无效的情况下仍为借款人提供担保,存在过错,应当承担被告裕民公司不能清偿部分债务的三分之一。

【案件评析】

本案系上海市高级人民法院2019年7月发布的"2018年度上海法院金融商事审判十大案例"之一。本案认定商业保理公司通过P2P平台放贷行为无效的理由有以下两个方面:一方面,从事发放贷款业务属于特许经营范围,商业保理公司并无此资质,故不符合《合同法解释(一)》第10条规定的超越经营范围依然有效的情形;另一方面,商业保理公司通过互联网借贷平台向不特定对象发放贷款,具备了经营性特征,并非为解决资金困难或生产经营需要,故违反了《银行业监督管理法》的强制性规定,符合《合同法》第52条规定的合同无效的情形。

最高人民法院印发的《关于进一步加强金融审判工作的若干意见》规定:"遵循金融规律,依法审理金融案件。以金融服务实体经济为价值本源,依法审理各类金融案件。对于能够实际降低交易成本,实现普惠金融,合法合规的金融交易模式依法予以保护。对以金融创新为名掩盖金融风险、规避金融监管、进行制度套利的金融违规行为,要以其实际构成的法律关系确定其效力和各方的权利义务。对于以金融创新名义非法吸收公众存款或者集资诈骗,构成犯罪的,依法追究刑事责任。"

上海市高级人民法院在阐释本案裁判意义时指出,互联网借贷具有普惠金融服务的特点,其通过利用互联网信息技术,更好地满足中小微企业和个人之间的投融资需求,商业保理公司、融资租赁公司等准金融机构有其特定的金融业务经营范围,但均不具有吸收存款、发放贷款的资质。对于准金融机构与互联网金融平台合作开展的业务模式,应根据相关法律法规和监管规则予以审查,防止以金融创新为名规避金融监管的行为。

三、案件法务会计分析

(一)保理业务概述

保理业务一般按以下流程进行:首先,债权人与保理商签订保理协议,约定将期限不超过六个月的应收账款转让给保理商；然后，保理商便向债权人支付低于应收账款账面价值的货币；最后，保理商可以直接向债务人进行追收。另外，债权人与保理商之间有可能会对是否具备追索权做出约定。若约定保理有追索权，当债务人无法偿还应收账款时，保理商可以向债权人进行追索，返还应收账款的同时收回起初支付的对价现金。保理业务流程如图 5-1 所示。

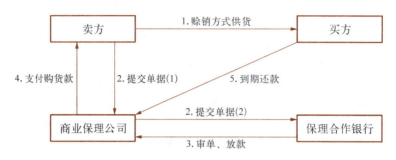

图 5-1　保理业务流程图

（1）基于买卖合同或者劳务合同等其他原因，债权人会把债务人所开具的发票交付于保理商，并同时告知债务人其应当向保理商付款。

（2）债权人应当将证明应收账款存在的发票副本交付于保理商。

（3）保理商按照保理协议当中约定金额的一定比例向债权人支付预付款，并扣除相应的手续费。

（4）保理商负责就应收账款向债务人进行追收，并做好账务管理。

（5）债务人偿付完应收账款后，保理商向债权人支付剩余款项。

（二）保理业务会计处理

1. 会计科目设置

商业保理公司作为专门经营保理业务的非金融机构性质的法人单位，通过支付对价受让得到应收账款后，向转让人提供应收账款催收、管理、融资等综合性商贸服务。保理商在进行保理业务过程中还需要特别重视会计核算工作，针对不同保理业务类型应当有会计账目上的区分。

主要会计科目设置包括库存现金、银行存款、应收账款、其他应收款、应收保理款（下设成本、利息调整、逾期未偿还保理款）、应收利息、固定资产、应付保理款、应付职工薪酬、应交税费、应付利息、其他应付款、实收资本、资本公积、盈余公积、未分配利润、主营业务收入、其他业务收入、主营业务成本、其他业务成本、税金及附加、销售费用、管理费用、资产减值损失、投资收益、营业外收入、营业外支出、所得税费用等。

2. 核算方法

按照融资业务记账习惯，倾向于采用实际利率法，以摊余成本方式核算。

3. 备查登记

在非融资保理或有追索权保理业务中，保理商履行垫付或回购义务后，应将所涉及的应收账款纳入不良应收账款管理，设置备查登记簿，对相关信息进行逐笔登记。

4. 保理公司账务处理

（1）有追索权保理会计分录。保理商接受债权人提供的应收账款办理保理，其会计处理如下：

借：应收保理款——成本（保理的应收账款的账面价值）
　　贷：现金、银行存款（支付债权人的货币资金）
　　　　应收保理款——利息调整

保理商持有应收账款期间，采用实际利率，按摊余成本进行后续计量。

计息日：

借：应收利息
　　贷：投资收益（调整应收保理款——利息调整科目）

债务人向保理商偿还应收账款后，保理商对应收账款进行处置，其会计处理如下：

借：现金、银行存款（收回支付给债权人的货币资金）
　　贷：应收保理款——成本（保理应收账款的账面价值）

将应收保理款——利息调整科目结转为零。

特殊情况下，保理商将应收账款转让给第三方进行再保理时，其会计处理如下：

借：现金/银行存款/应收账款
　　贷：应收保理款（差价计入投资收益）

（2）无追索权保理账务处理。保理商接受债权人提供的应收账款办理保理，其会计处理如下：

借：应收保理款——成本（保理应收账款的账面价值）
　　贷：现金、银行存款（支付给供应商的货币资金）
　　　　应收保理款——利息调整。

保理商持有应收账款期间，采用实际利率，按摊余成本进行后续计量，其会计处理如下：

借：应收利息
　　贷：投资收益（调整应收保理款——利息调整科目）

保理商收到债务人偿还的应收账款后，其会计处理如下：

借：现金、银行存款（收回买货商的货币资金）
　　贷：应收保理款——成本（保理应收账款的账面价值）

将应收保理款——利息调整科目结转为零。

债务人无法偿还应收账款情况时，保理商需要承担债务人拒付或无力付款的信用风险，从而应将该笔无法收回的应收保理款计作营业外支出。

借：营业外支出——应收保理款
　　应收保理款——利息调整
　　贷：应收保理款——成本

（3）折扣保理会计分录。保理商接受债权人提供的应收账款办理保理，其会计处理如下：

借：应收保理款——成本（保理应收账款账面价值×80%）
　　贷：现金、银行存款（支付供应商80%的现款）

应收保理款——利息调整。

四、保理法律风险及防范

保理业务当中,保理商、债权人、债务人之间来往密切,因此,债权人或者债务人的不当履行行为可能会产生违约、侵权等其他法律风险。

(一)债务人违约及防范

保理协议签订之后,债权人按照约定应当将应收账款债权转让至保理商并告知债务人。保理商获得应收账款债权的同时,也需要承担债务人给付不能的信用风险及其他违约风险。保理商为避免承担风险,需要提前做好防范。

1. 确定偿债义务主体

债务到期以后,债务人拒绝向保理商清偿应收账款的情况下,为维护保理商合法权益不受侵害,应当根据保理合同是否约定追索权以及是否通知债务人来确定偿债义务主体。

针对无追索权保理,根据《民法典》第767条,偿债义务主体只能是债务人,保理商无法对债权人进行应收账款追索,只能通过所享有的应收账款债权对债务人主张权利。

针对有追索权保理,需要分别考虑两种情形:一是债权人与保理商进行应收账款转让的同时告知债务人,保理商便可以向债权人与债务人其中任何一方主张应收账款的权利;二是债权人与保理商进行应收账款转让的同时并未告知债务人,债务人可依据《民法典》第546条规定对保理商主张抗辩,保理商在行使应收账款债权过程中会面临限制。因此,保理商与债权人签订保理协议约定其享有追索权的同时,应要求债权人将应收账款转让的事实告知债务人,或者由保理商直接通知债务人。

2. 划分清偿责任范围

公开型有追索权的保理中,保理商既可以向债权人主张应收账款追索权,又可以向债务人主张应收账款求偿权,但债权人和债务人的责任范围并不相同。债权人的责任范围即保理商未收回的保理融资款本息,债务人的清偿责任范围则需要进一步确定。

司法实践中,确认债务人清偿责任范围的首要前提是判定应收账款是否真实存在。在应收账款真实存在的情况下,债务人向保理商的偿债范围便是应收账款账面价值。在应收账款并非真实存在的情况下,若债务人作出付款承诺,债务人应在承诺付款范围内承担清偿责任;若债务人仅作出债权确认,并未作出付款承诺,但构成《民法典》第763条与债权人共同虚构应收账款情形的,仍应在应收账款本息范围内承担清偿责任;若债务人仅作出付款承诺,债务人应在保理融资款本息范围内承担偿债责任。

(二)债权人违约及防范

债权人作为基础法律关系和保理法律关系的中间人,存在两种违约风险:一是擅自与债务人变更或解除基础交易合同;二是在债务人到期不清偿应收账款的情况下,拒绝履行回购义务。

保理商法律风险防范措施包括以下三种。

一是继续履行合同。在未经得保理商同意的情形下,债权人任意变更基础合同当中关键性条款且无正当理由的,该变更后的合同对保理商不发生效力,保理商可以主张债权人继续履行原基础合同与保理合同。

二是变更保理合同。基础合同变更可能会导致应收账款发生变化。在签订保理合同的基础条件发生变化的情况下,应赋予保理商变更保理合同的权利。为了平衡三方利益,债权人与债务人变更基础合同时应征得保理商同意,或者与保理商协商变更保理合同的相关内容。

三是回购应收账款。保理商要求债权人承担回购责任的目的是收回保理融资款本息。考虑到债务人向保理商回款的情况,债权人的回购范围为保理融资款本息与债务人回款的差额。若保理商从债务人处收回的应收账款为零,则债权人的回购责任范围为保理融资款本息。

(三) 应收账款的管理

1. 应收账款定义

应收账款是指产生于企业之间日常贸易往来过程中,因销售产品或提供劳务而形成的以赊销方式收取的款项。从法律角度来说,应收账款是指因销售合同、劳务合同或其他合同而形成的金钱债权,处于应收账款两端的主体属于债权债务关系,拥有应收账款的为债权人,偿还应收账款的为债务人。从财务会计角度来说,应收账款属于会计中资产类科目下的二级科目,计入借方表示应收账款增加,计入贷方表示应收账款减少。

2. 应收账款的范围

保理合同是以应收账款转让为前提的,故对应收账款含义的理解是认识保理合同的基础。应收账款作为会计学上的概念,其性质属于资产类科目[1]。应收账款属于流动资产的一种,期限最长不得超过一年。具体而言,应收账款是指企业在销售或提供劳务过程中,向买方或接受劳务服务的客户收取的货品劳务费用及其间产生的运输杂务等费用[2]。

应收账款在我国立法上首次出现在《物权法》第 223 条。该条第 6 项将应收账款作为一种可出质的权利。根据我国现行《动产和权利担保统一登记办法》第 3 条,应收账款是指应收账款债权人因提供一定的货物、服务或设施而获得的要求应收账款债务人付款的权利以及依法享有的其他付款请求权,包括现有的以及将有的金钱债权,但不包括因票据或其他有价证券而产生的付款请求权,以及法律、行政法规禁止转让的付款请求权。具体包括:① 销售、出租产生的债权,包括销售货物,供应水、电、气、暖,知识产权的许可使用,出租动产或不动产等;② 提供医疗、教育、旅游等服务或劳务产生的债权;③ 能源、交通运输、水利、环境保护、市政工程等基础设施和公用事业项目收益权;④ 提供贷款或其他信用活动产生的债权;⑤ 其他以合同为基础的具有金钱给付内容的债权。

3. 应收账款的追索

根据《民法典》第 766 条之规定,若保理协议签订之初,保理商与债权人之间约定保理商享有针对应收账款的追索权,保理商在应收账款到期后债务人无法偿还或者拒付

---

[1] 陈国辉、迟旭升:《基础会计》(第六版),东北财经大学出版社,2018,第 18—19 页。
[2] 陈迈、王国生:《财务会计学》,首都经济贸易大学出版社,2001,第 26 页。

的情况下,保理商除了向债权人主张返还应收融资保理款本息外,还可以行使针对应收账款的追索权。保理商既可以向债权人进行追索,主张债权人回购应收账款,也可以向债务人进行追索,主张债务人返还应收账款。保理商在获得应收账款后扣除应收融资保理款本息及相关费用后仍有剩余的,应当将剩余款项返还给债权人①。

(四) 债权转让的通知

根据《民法典》第546条规定,债权人在对债权进行转让的过程中应当告知债务人,否则该转让债权行为无法对债务人发生效力。通常保理商在和债权人达成保理协议之前会要求债权人将保理事项以书面形式告知债务人,避免因应收账款债权转让未能通知到债务人而对保理协议项下应收账款的收回产生阻碍。

1. 以债权人或保理商名义向债务人发出应收账款转让通知

由于我国法律法规对债权转让作出了严格规定,为避免因转让通知方式存在瑕疵而导致正常债权转让的效果无法完全实现,应收账款转让过程中,应当由债权人以自身名义对债务人进行应收账款转让告知。这不仅能够减轻债务人对通知所包含债权转让真实性的审查压力,还能够保障债权流转关系的稳定。实践中,往往发出人的正确与否决定了在法律上能否产生通知债务人的效力。同时,根据《民法典》第764条,允许保理商以自己的名义向应收账款债务人发出应收账款转让通知,但应当表明保理商身份并附有必要凭证。

2. 应收账款转让时间应与转让通知时间相协调

为保证应收账款转让约定对债务人发生效力,应收账款转让时间原则上不可晚于转让通知的发出时间。应收账款完成转让之后,保理商以新债权人对债务人进行补发的转让通知,无法对债务人产生法律规定的债权转让通知效力。保理协议签订之后,应收账款债权即发生转让,债权人应当第一时间将转让通知送达债务人。保理协议签订后应当严格按照法律法规要求进行应收账款转让通知,通过中国人民银行登记系统进行保理登记并不能免除应收账款转让通知的义务。

复习思考题

1. 如何理解有追索权的保理和无追索权的保理?
2. 如何理解名实不符保理合同的效力?
3. 若保理商以"不附追索权"方式出售,应收账款保理该如何进行?
4. 企业在完成应收账款保理业务后,应在资产负债表中如何列报?
5. 保理业务进行过程中,应收账款转让是否涉及增值税问题?

---

① 《民法典》第767条规定:"当事人约定之追索权保理的,保理人应当向应收账款债务人主张应收账款债权,保理人取得超过保理融资款本息和相关费用的部分,无需向应收账款债权人返还。"

第六章 银行票据案件法务会计分析

▶ 一、基本理论

票据是一种古老的金融工具。自我国最早的票据——飞钱出现后,票据随着商业经济与信用的发展,也不断在发生演变,不仅在形式上逐步规范和进步,在功能上也不断完善,体现出高度的灵活性和多元性;票据的发展史从某种意义上而言也是我国社会、经济、信用发展演变的缩影。特别是上海票据交易所成立之后,我国票据市场发展进入了新时代,电票基本完成了对纸票的替代,票据交易模式发生了根本性变化,市场基础设施建设速度明显加快,产品及业务创新不断涌现,市场风险管控成效显著,票据研究也蔚然成风。

在上海票据交易所的积极引领下,票据市场业务总量稳步提升,如今票据已经发展成为集汇兑、支付、结算、融资、调控、信用、投资和交易等多种功能于一身的重要金融工具,在促进中小微企业发展、支持绿色金融发展、推动金融供给侧结构性改革、传导货币政策等方面发挥着不可替代的作用。

(一) 票据概述

1. 票据的概念

票据的概念有广义和狭义之分。广义上的票据是指商业上由出票人签发,无条件约定自己或要求他人支付一定金额,并可以流通的有价证券和权利凭证,包括汇票、本票、支票、股票、债券、发票、提货单、保险单等。狭义上的票据即《中华人民共和国票据法》(以下简称《票据法》)中所规定的票据,是指由出票人签发的,由自己或者委托他人在见票时或在指定日期向收款人或者持票人无条件支付一定金额的有价证券,包括汇票、本票、支票。

2. 票据的种类

根据《票据法》第2条规定,票据分为汇票、本票和支票。

(1) 汇票。汇票是指出票人签发的,委托付款人在见票时或者指定日期无条件支付确定金额给收款人或持票人的票据。根据出票人的不同,我国汇票分为银行汇票与商业汇票。银行汇票是银行作为出票人签发的,由自己或代理付款人在见票时无条件支付一定金额给收款人或持票人的票据。商业汇票是由银行以外的单位签发的,委托付款人在指定日期无条件支付确定金额给收款人或持票人的票据。本书研究的范畴为商业汇票,商业汇票根据承兑人的不同,可以分为银行承兑汇票与商业承兑汇票。

(2) 本票。本票是指出票人签发的,由自己在见票时无条件支付确定金额给收款人或持票人的票据。根据出票人的不同,本票分为银行本票与商业本票。商业本票是指由企业单位或者个人签发,承诺自己在见票时无条件支付确定金额给收款人或者持票人的票据。银行本票是申请人将款项交存银行,由银行签发的承诺自己在见票时无条件支付确定金额给收款人或持票人的票据。由于商业本票基于企业单位或个人信用签发,信用程度低于银行本票,目前我国禁止签发商业本票。

(3) 支票。支票是出票人签发的,委托办理支票存款业务的银行或者其他金融机构在见票时无条件支付确定金额给收款人或者持票人的票据。

(二) 票据行为

票据行为是指在票据的权利和义务创设、转让、解除的过程中,基于票据而发生的法律行为,主要包括出票、承兑、背书和保证。

1. 出票

出票是指出票人签发票据并交付收款人的票据行为,包括"签发"和"交付"两个环节。在签发环节,出票人应当按照款式制定票据,在票据上记载事项并签章,出票人按照所记载的事项承担票据责任。在交付环节,出票人依照其意愿将签发好的票据交给收款人。只有签发和交付两个环节全部完成,出票行为才算完成,票据才具备相应的法律效力。

票据上的权利义务关系是由出票行为引起的,出票行为是票据的基本行为。出票行为有效成立后,票据才可以有效存在,其余的票据行为都是以出票为前提,在已成立的票据上发生的行为,属于附属票据行为。

2. 承兑

承兑是指票据的承兑人或付款人承诺在票据到期日支付票据金额的附属票据行为。付款人承兑票据,应当在票据正面记载"承兑"字样及承兑日期并签章。付款人承兑汇票之后,便承担了到期付款的责任。承兑不得附有条件,否则视为拒绝承兑。

3. 背书

背书是指在票据背面或者粘单上记载有关事项并签章,将票据权利授予他人行使或转让给他人的票据行为。背书以转让票据权利为目的,是票据流通的主要方式。票据背书转让后,背书人承担保证其后手所持票据承兑和付款的责任。根据《票据法》[①]的规定,背书人不得将票据金额的一部分转让给背书人,同样不得同时将票据背书转让给两个及两个以上被背书人。

4. 保证

保证是指票据债务人以外的第三人为担保票据义务的履行,提高票据信用程度、保证其流通的一种附属票据行为。本票和汇票可以附加保证行为,保证不得附有条件,附有条件的,不影响对票据的保证责任。票据保证人对票据债务负有连带责任,保证人清偿汇票债务后,可以行使持票人对被保证人及其前手的追索权。

(三) 电子商业汇票

1. 电子商业汇票的概念

电子商业汇票是指出票人依托电子商业汇票系统,以数据电文的形式制作的,委托

---

① 《票据法》第33条规定:"背书不得附有条件。背书时附有条件的,所附条件不具有汇票上的效力。将汇票金额的一部分转让的背书或者将汇票金额分别转让给二人以上的背书无效。"

付款人在指定日期无条件支付确定金额给收款人或持票人的票据。根据承兑人的不同,电子商业汇票可以分为电子银行承兑汇票和电子商业承兑汇票。其中:电子银行承兑汇票的承兑人为银行业金融机构或财务公司;电子商业承兑汇票的承兑人为金融机构以外的法人或其他组织。

2. 电子商业汇票的票据行为

《电子商业汇票业务管理办法》(中国人民银行令〔2009〕第 2 号)第三章的票据行为包括出票、承兑、转让背书、贴现、转贴现、再贴现、质押、保证、付款和追索。

(1) 出票。出票是指出票人签发电子商业汇票并交付收款人的票据行为。电子银行承兑汇票的出票人应在承兑金融机构开立账户,电子商业承兑汇票的出票人必须是金融机构以外的法人或其他组织。出票人不得在提示付款期后将票据交付收款人。

(2) 承兑。承兑是指付款人承诺在票据到期日支付电子商业汇票金额的票据行为。电子商业汇票遵循《票据法》规定,其签发、取得和转让应当具有合法的交易关系和债权债务关系。因此,电子银行承兑汇票的出票人和收款人不得为同一人。

(3) 转让背书。转让背书是指将电子商业汇票权利依法转让给他人的票据行为。电子商业汇票的背书转让须在提示付款期内完成,应当基于真实、合法的交易关系和债权债务关系,或税收、继承捐赠、股利分红等合法行为。

(4) 贴现。贴现是指持票人在电子商业汇票到期日前,将票据权利转让背书给金融机构,金融机构在扣除一定利息后将约定的金额支付给持票人的票据行为。根据《电子商业汇票业务管理办法》的规定①,持票人在申请贴现时,应该提供用以证明其与直接前手间真实交易关系或债权债务关系的合同、发票材料,并在电子商业汇票上作相应的记录,贴现人对持票人提供的相关材料负有审查责任。电子商业汇票贴现可选择票款对付或其他方式清偿资金。

(5) 转贴现。转贴现是指持有电子商业汇票的金融机构在票据到期日前,将票据权利转让背书给其他金融机构,其他金融机构在扣除一定的利息后,将约定的金额付款给持票金融机构的票据行为。电子商业汇票转贴现可选择票款对付或其他方式清偿资金。

(6) 再贴现。再贴现是指持有电子商业汇票的金融机构在票据到期日前,将票据权利转让背书给中国人民银行,中国人民银行在扣除一定的利息后,将约定的金额付款给持票人的票据行为。电子商业汇票再贴现也可以选择票款对付或其他方式清偿资金。

(7) 质押。质押是指电子商业汇票持票人在票据到期日前在电子商业汇票系统中进行登记,以该票据为债权人设立质权的票据行为,其目的为给债权提供担保。《电子商业汇票业务管理办法》规定:如果主债务到期日先于票据到期日,而且主债务已经履

---

① 《电子商业汇票业务管理办法》第 46 条规定:"持票人申请贴现时,应向贴入人提供用以证明其与直接前手间真实交易关系或债权债务关系的合同、发票等其他材料,并在电子商业汇票上作相应记录,贴入人应负责审查。"

行完毕,质权人应该按照约定解除票据质押;如果主债务到期日先于票据到期日,但是主债务到期未履行,质权人可以行使票据权利,但是不得继续背书。如果票据到期日先于主债务到期日,质权人可以在票据到期后行使票据权利,并与出质人协议将兑现的票款用于提前清偿所担保的债权或继续作为债权的担保。

(8) 保证。保证是指由电子商业汇票上记载的债务人以外的第三人保证该票据获得付款的票据行为。

(9) 提示付款。提示付款是指持票人通过电子商业汇票系统向承兑人请求付款的行为。提示付款期为自票据到期日起 10 日,最后一天遇法定休假日、大额支付系统非营业日、电子商业汇票系统非营业日顺延。持票人应在提示付款期内向承兑人提示付款;如果持票人在票据到期日前提示付款,并且承兑人拒绝付款或未予应答,持票人可在票据到期后再次进行提示付款。

(10) 追索。追索分为拒付追索和非拒付追索。《电子商业汇票业务管理办法》第 65 条规定:拒付追索是指电子商业汇票到期后被拒绝付款,持票人请求前手付款的行为;非拒付追索是指存在承兑人被依法宣告破产或承兑人因违法被责令停止业务活动情形下,持票人请求前手付款的行为。如果追索人在提示付款期内被拒付,可向其所有前手追索;如果追索人在票据到期日前被拒付,则不得向其前手追索。追索人在追索时应当提供拒付证明。

3. 电子商业汇票主要业务规则

电子商业汇票业务应遵循《电子商业汇票业务管理办法》《电子商业汇票业务处理手续》及相关文件规定。

(1)《电子商业汇票业务管理办法》的主要规定。

① 电子商业汇票各当事人应本着诚实信用原则,按照《电子商业汇票业务管理办法》的规定作出票据行为。

② 电子商业汇票出票、承兑、背书、保证、提示付款和追索等业务,必须通过电子商业汇票系统办理。

③ 电子商业汇票业务主体的类别分为直接接入电子商业汇票系统的金融机构、通过接入机构办理电子商业汇票业务的金融机构和金融机构以外的法人及其他组织。电子商业汇票系统对不同业务主体分配不同的类别代码。

④ 票据当事人办理电子商业汇票业务应具备中华人民共和国组织机构代码。被代理机构、金融机构以外的法人及其他组织办理电子商业汇票业务,应在接入机构开立账户。

⑤ 接入机构提供电子商业汇票业务服务,应对客户基本信息的真实性负审核责任,并依据《电子商业汇票业务管理办法》及相关规定,与客户签订电子商业汇票业务服务协议,明确双方的权利和义务。

⑥ 电子商业汇票以人民币为计价单位。

⑦ 电子商业汇票为定日付款票据,付款期限自出票日起至到期日止,最长不得超过 1 年。

⑧ 票据当事人在电子商业汇票上的签名应为该当事人可靠的电子签名。电子签

名所需的认证服务应由合法的电子认证服务提供者提供。电子商业汇票业务活动中，票据当事人所使用的数据电文和电子签名应符合《中华人民共和国电子签名法》的规定。

⑨ 接入机构应对通过其办理电子商业汇票业务客户的电子签名真实性负审核责任。电子商业汇票系统运营者应对接入机构的身份真实性和电子签名真实性负审核责任。

⑩ 出票人签发电子商业汇票时，应将其交付收款人。电子商业汇票背书，背书人应将电子商业汇票交付被背书人。电子商业汇票质押解除，质权人应将电子商业汇票交付出质人。

⑪ 收款人、被背书人可与接入机构签订协议，委托接入机构代为签收或驳回行为申请，并代理签章。商业承兑汇票的承兑人应与接入机构签订协议，在符合《电子商业汇票业务管理办法》规定的情况下，由接入机构代为签收或驳回提示付款指令，并代理签章。

⑫ 出票人或背书人在电子商业汇票上记载了"不得转让"事项的，电子商业汇票不得继续背书。

⑬ 票据当事人通过电子商业汇票系统作出行为申请，行为接收方未签收且未驳回的，票据当事人可撤销该行为申请。电子商业汇票系统为行为接收方的，票据当事人不得撤销。

⑭ 电子商业汇票责任解除前，电子商业汇票的承兑人不得撤销原办理电子汇票业务的账户，接入机构不得为其办理销户手续。

(2) 出票及承兑业务规则。电子商业汇票出票及承兑业务应遵循四个规则。

① 出票人类别必须为企业。

② 出票及承兑业务处理包括出票信息登记、出票人提示保证、出票人提示承兑、承兑人提示保证、出票人提示收票、未用退回处理六个业务子流程。其中，出票人提示保证、承兑人提示保证业务处理详见保证业务处理规则；成功的出票及承兑业务处理须包括出票信息登记、出票人提示承兑、出票人提示收票三个业务子流程；其他出票业务子流程由票据当事人视情况选择使用。

③ 承兑必须在票据到期日前完成。

④ 出票人必须在票据提示付款期末前将票据交付收款人。

(3) 转让背书业务规则。电子商业汇票转让背书业务应遵循三个规则。

① 背书人和被背书人必须为企业。

② 票据在提示付款期后，不得进行转让背书。

③ 票据上未记载"不得转让"事项。

(4) 贴现业务规则。电子商业汇票贴现业务应遵循三个规则。

① 贴出人必须为企业，贴入人必须为接入行、接入财务公司、被代理行或被代理财务公司。

② 贴现必须在票据到期日之前完成。

③ 票据上未记载"不得转让"事项。

(5) 转贴现业务规则。电子商业汇票转贴现业务应遵循三个规则。

① 贴出人和贴入人必须为接入行、接入财务公司、被代理行或被代理财务公司。

② 转贴现必须在票据到期日之前完成。

③ 票据上未记载"不得转让"事项。

(6) 再贴现业务规则。

电子商业汇票再贴现业务应遵循三个规则。

① 贴出人必须为接入行、接入财务公司、被代理行或被代理财务公司,贴入人必须为中国人民银行。

② 再贴现必须在票据到期日之前完成。

③ 票据上未记载"不得转让"事项。

(7) 央行卖出商业汇票业务规则。央行卖出商业汇票应遵循三个规则。

① 卖出人必须为中国人民银行;买入人必须为接入行、接入财务公司、被代理行或被代理财务公司。

② 央行卖出商业汇票必须在票据到期日之前完成。

③ 票据上未记载"不得转让"事项。

(8) 质押业务规则。电子商业汇票质押业务应遵循三个规则。

① 各类业务主体均可作为出质人或质权人。

② 质押申请日期≤质押解除日期<票据到期日期。

③ 票据上未记载"不得转让"事项。

(9) 保证业务规则。电子商业汇票保证业务应遵循三个规则。

① 除中国人民银行不能作为保证人外,保证人和被保证人可为各类业务主体。

② 保证业务包括电子商业汇票出票阶段出票人发起的保证申请、承兑人发起的保证申请和流转阶段背书人发起的保证申请,不同阶段的保证业务流程一致。

③ 同一被保证人可有多个保证人,但被保证人不能通过电子商业汇票系统同时向多个保证人发起保证申请。同一被保证人只有在收到保证申请回复或撤销保证申请后,才能向其他保证人发起保证申请。

(10) 提示付款业务规则。电子商业汇票提示付款业务应遵循六个规则。

① 提示付款期为自票据到期日起 10 日,最后一日遇法定休假日、大额支付系统非营业日、电子商业汇票系统非营业日顺延。

② 持票人可在票据到期日前或提示付款期内发起提示付款。

③ 超过提示付款期提示付款的,按照逾期提示付款进行处理,可在票据到期日后两年内发起逾期提示付款。

④ 提示付款可以选择线上清算方式或线下清算方式,若选择线上清算方式,则承兑人签收时大额支付系统必须为日间处理状态。

⑤ 持票人可与接入行、接入财务公司签订协议,委托接入行、接入财务公司代为发出提示付款、逾期提示付款申请,并代理签字。

⑥ 持票人提示付款或逾期提示付款,接入行、接入财务公司不得无理拒付。除非存在以下法定拒付理由,包括:与自己有直接债权债务关系的持票人未履行约定义务;

持票人以欺诈、偷盗或者胁迫等手段取得票据;持票人明知有欺诈、偷盗或者胁迫等情形,出于恶意取得票据;持票人明知债务人与出票人或者持票人的前手之间存在抗辩事由而取得票据;持票人因重大过失取得不符合《票据法》规定的票据;超过提示付款期未说明合理理由;被法院冻结或收到法院止付通知书;票据未到期;商业承兑汇票承兑人账户余额不足。

（11）追索业务规则。电子商业汇票追索业务应遵循三个规则。

① 为同一票据债务人担保的多个保证人之间不得追索。

② 质权人不能被追索。

③ 追索流程完成后,清偿人可以发起再追索,再追索业务流程同追索业务流程。当票据在以下状态时可发起再追索通知：拒绝追索待清偿;拒绝追索同意清偿已签收;非拒付追索待清偿;非拒付追索同意清偿已签收。

（12）票据行为撤销业务规则。原票据行为发起人可对自己发起的且未被行为接收方回复的票据行为进行撤销。电子商业汇票系统为行为接收方的不得撤销。可以发起撤销的票据行为包括提示承兑、提示收票、转让背书、贴现、回购式贴现赎回、转贴现、回购式转贴现赎回、再贴现、回购式再贴现赎回、央行卖出商业汇票、质押、质押解除、保证、提示付款、逾期提示付款、追索通知和同意清偿。

二、案例援引

案例一

合肥永健工贸有限公司与江苏特丰新材料科技有限公司、江苏泛华化学科技有限公司票据纠纷上诉案[①]

【基本案情】

特丰公司与泛华公司双方系常年业务单位。泛华公司于2018年2月8日、2月12日、4月25日、5月25日、5月29日背书转让电子银行承兑汇票共7张给特丰公司用以支付货款,票面金额均为10万元,总计70万元,到期日为2018年7月29日、8月11日、9月19日、10月24日、11月24日、11月28日,出票人为宁夏宝塔能源化工有限公司、宁夏灵武宝塔大古储运有限公司和宝塔盛华商贸集团有限公司,承兑人为宝塔石化集团财务有限公司,该汇票经北京宝塔国际经济技术合作有限公司、宁夏宝塔能源化工有限公司、宝塔石化集团有限公司、张家港科贝奇机械科技有限公司、合肥永健工贸有限公司、江苏泛华化学科技有限公司等单位背书转让,最终,特丰公司为上述汇票的持票人。汇票到期后,持票人即提示付款,票据状态均显示"提示付款待签收"。直至审理开庭之日,案涉票据状态仍显示"提示付款待签收"。现特丰公司向其上手背书人泛华公司和永健公司主张追偿权,诉至

---

① 江苏省镇江市中级人民法院(2019)苏11民终2222号民事判决书。

法院。

泛华公司持有案涉票据,系特丰公司从永健公司处背书取得票据后背书转让给泛华公司,泛华公司未进行承兑背书退回给特丰公司。

【案件焦点】

持票人在汇票到期后即提示付款,票据状态显示"提示付款待签收"时能否行使票据追索权。

【裁判要旨】

一审法院认为,《票据法》第61条规定:汇票到期被拒绝付款的,持票人可以对背书人、出票人以及汇票的其他债务人行使追索权。汇票到期日前,有下列情形之一的,持票人也可以行使追索权:① 汇票被拒绝承兑的;② 承兑人或者付款人死亡、逃匿的;③ 承兑人或者付款人被依法宣告破产的或者因违法被责令终止业务活动的。《票据法》第62条规定:持票人行使追索权时,应当提供被拒绝承兑或者被拒绝付款的有关证明。持票人提示承兑或者提示付款被拒绝的,承兑人或者付款人必须出具拒绝证明,或者出具退票理由书。未出具拒绝证明或者退票理由书的,应当承担由此产生的民事责任。本案中,特丰公司向承兑人开户行提示付款,但票据状态一直是"提示付款待签收"。一审法院认为,根据法律规定,付款人对其提示承兑的汇票,应当自收到提示承兑的汇票之日起3日内承兑或者拒绝承兑。本案中的电子承兑汇票长期维持"提示付款待签收"状态,持票人就无法取得拒付证明,也无法获得票据金额,此状态应当视为拒绝承兑。故特丰公司有权选择背书人行使追索权,对于特丰公司主张上手背书人永健公司支付票据款70万元的诉讼请求,一审法院予以支持。

二审法院认为,根据《票据法》第41条,付款人对向其提示承兑的汇票,应当自收到提示承兑的汇票之日起3日内承兑或者拒绝承兑。本案中,持票人特丰公司已经在案涉汇票到期后提示付款,但票据状态一直显示为"提示付款待签收",早已超过法律规定期限,特丰公司实际上未能获得承兑。拒绝承兑的证明须由承兑人或付款人出具,案涉汇票一直处于"提示付款待签收"状态,承兑人或付款人在法律规定期限内既未承兑付款,亦未出具拒绝承兑证明,故未能取得拒绝承兑证明的责任不在特丰公司。案涉汇票长期维持"提示付款待签收"状态应视为特丰公司被拒绝付款,有权行使追索权。

【案件评析】

中国人民银行《电子商业汇票业务管理办法》第60条规定:电子商业承兑汇票承兑人在票据到期后收到提示付款请求,且在收到该请求次日起第3日(遇法定休假日、大额支付系统非营业日、电子商业汇票系统非营业日顺延)仍未应答的,接入机构应按其与承兑人签订的《电子商业汇票业务服务协议》,作扣划承兑人账户资金支付票款签收应答,或无款支付的拒付应答。由此确保持票人享有追索权。因银行系统造成延误退票的,该银行应对持票人承担逾期赔偿责任。

芬雷选煤工程技术(北京)有限公司与陕西省煤炭运销(集团)
有限责任公司黄陵分公司、重庆力帆财务有限公司、
重庆力帆汽车销售有限公司、重庆力帆丰顺汽车销售有限公司、
丽水满贯商贸有限公司、徐州恒辰物资贸易有限公司、
江苏悦和物资贸易有限公司票据纠纷案①

【基本案情】

2018年7月2日,力帆销售公司作为出票人,向力帆丰顺公司开具了一张可转让电子银行承兑汇票,票面金额300万元,承兑人为力帆财务公司,到期日为2019年1月2日。在该票据承兑信息栏处记载如下信息:"出票人承诺:本汇票请予以承兑,到期无条件付款;承兑人承诺:本汇票已经承兑,到期无条件付款;承兑日期:2018年7月2日。"随后,案涉汇票经背书转让给陕西煤运黄陵分公司,最终持票人为芬雷选煤公司。2018年12月28日,芬雷选煤公司提示付款后,该汇票"付款或拒付"一栏中载明"同意签收","付款或拒付日期"一栏载明"2019年1月2日"。同时,汇票票据状态显示"结束已结清"。因案涉汇票未得到实际付款,芬雷选煤公司于2019年5月5日向力帆财务公司、力帆销售公司等邮寄《关于要求兑付电子银行承兑汇票的法律事务函》,称从2019年1月起多次要求兑付案涉到期汇票,但均遭到拒绝,至今尚未实际兑付,要求各票据债务人承担票据付款义务及相应法律责任。芬雷选煤公司后向重庆一中院提起票据纠纷之诉。审理中,力帆财务公司确认其至今尚未实际履行案涉电子银行承兑汇票的付款义务。

一审判决,力帆财务公司、力帆销售公司、力帆丰顺公司、陕西煤运黄陵分公司等向芬雷选煤公司支付汇票款300万元及相应利息。宣判后陕西煤运黄陵分公司上诉。重庆高院二审驳回上诉,维持原判。

【案件焦点】

1. 芬雷选煤黄陵分公司是否享有追索权。
2. 芬雷选煤黄陵分公司是否丧失对前手的追索权。

【裁判要旨】

1. 关于芬雷选煤黄陵分公司是否享有追索权的问题

依据《票据法》第54条及第60条的规定,持票人依照规定提示付款的,付款人必须在当日足额付款,付款人依法足额付款后,全体汇票债务人的责任解除。持票人芬雷选煤黄陵分公司在汇票到期日前向承兑人力帆财务公司提示付款后,力帆财务公司虽在电子商业汇票系统中签收票据,票据状态为"票据已结清",但实际并未依法足额付款。涉案票据在电子商业汇票系统中载明的状态与客观事实不符,

---

① 重庆市高级人民法院(2020)渝民终362号民事判决书。

应当以客观事实来判断力帆财务公司是否存在拒付行为。"拒绝付款"不仅包括付款人明确表示拒绝付款的情形,还包括付款人客观上无力履行付款义务而无法付款等情形。力帆财务公司在汇票到期后长期未依法足额支付票据金额,系以实际行为表明拒绝支付票据款项。依据《票据法》第62条的规定,持票人提示付款被拒绝的,付款人必须出具拒绝证明或退票理由书。承兑人力帆财务公司拒绝付款,未向持票人芬雷选煤黄陵分公司出具拒绝证明或退票理由书,自身存在过错,而不应就此苛责持票人芬雷选煤黄陵分公司。此外,本案已经查明承兑人力帆财务公司拒绝付款的事实,故不必再要求持票人芬雷选煤黄陵分公司另行提供拒绝证明或退票理由书。依据《票据法》第61条及第70条的规定,汇票到期被拒绝付款的,持票人可以对背书人、出票人以及汇票的其他债务人行使追索权,可以请求被追索人支付汇票金额及相应利息。

2.关于芬雷选煤黄陵分公司是否丧失对前手的追索权的问题

《票据法》第53条规定:"持票人应当按照下列期限提示付款:……(二)定日付款、出票后定期付款或者见票后定期付款的汇票,自到期日起十日内向承兑人提示付款。"《电子商业汇票业务管理办法》第58条规定:"提示付款是指持票人通过电子商业汇票系统向承兑人请求付款的行为。"第59条规定:"持票人在票据到期日前提示付款的,承兑人可付款或拒绝付款,或于到期日付款。承兑人拒绝付款或未予应答的,持票人可待票据到期后再次提示付款。"第66条规定:"持票人在票据到期日前被拒付的,不得拒付追索。持票人在提示付款期内被拒付的,可向所有前手拒付追索。持票人超过提示付款期提示付款被拒付的,若持票人在提示付款期内曾发出过提示付款,则可向所有前手拒付追索;若未在提示付款期内发出过提示付款,则只可向出票人、承兑人拒付追索。"本案中,持票人芬雷选煤黄陵分公司在汇票到期日前提示付款,其间并未撤回付款请求,承兑人力帆财务公司也并未拒绝付款,并在汇票到期日签收,说明持票人芬雷选煤黄陵分公司提示付款的状态是一直持续到汇票到期日的,故本案应当认定持票人在汇票到期日进行了提示付款,显然无须再次提示付款。因此,本案中持票人芬雷选煤黄陵分公司并不丧失对前手陕西煤运黄陵分公司等的追索权。

【案件评析】

本案基于电子商业汇票数据电文可以在承兑人的信息系统持续储存的特点,确认了持票人的提示付款行为可具有持续性,认定持票人在到期日前提示付款行为在承兑人不做拒绝付款操作的情况下,汇票到期后发生到期日提示付款效力。虽然《电子商业汇票业务管理办法》第11条①规定电子商业汇票信息以电子商业汇票系统的记录为准,但并非所有的记录都不可推翻。承兑人未向已提示付款的持票人支付票据款项,电子商业汇票系统中票据状态却记录为已结清的,经人民法院查明承兑人确实存在拒付事实,可以推翻系统中的不实记录。承兑人存在拒付行

---

① 《电子商业汇票业务管理办法》第11条规定:"电子商业汇票信息以电子商业汇票系统的记录为准。"

为已经人民法院查明,若此时仍要求持票人按照《票据法》第 62 条①的规定提交拒付证明才能行使追索权,对于事实查明已无必要,只会增加持票人的维权成本。人民法院对持票人行使追索权予以支持,既符合《票据法》的立法本意,也符合诉讼经济原则。该案中人民法院根据电子商业汇票的特点,准确适用法律,对规范和完善电子商业汇票的运行方式和操作模式具有重要意义。

淄博庚乾商贸有限公司、
恒大地产集团(深圳)有限公司等票据追索权纠纷案②

【基本案情】

2020 年 12 月 10 日,原告庚乾公司与青岛辛合利坤物产有限公司(以下简称辛合利坤公司)签订《工矿购销合同》一份,约定辛合利坤公司向原告庚乾公司采购化工用品,合同价款为 11 228 000 元,结算方式及期限如下:发货后 6 个月内付款,银行电汇及承兑支付。2021 年 4 月 12 日,原告庚乾公司向辛合利坤公司交付部分货物,此后,原告庚乾公司向辛合利坤公司开具了部分增值税专用发票。

2021 年 2 月 3 日,被告恒大深圳公司作为出票人出具了尾号为 6029 的电子商业承兑汇票一张,收票人为被告好美公司,票据金额为 150 万元,承兑人为被告恒大深圳公司,汇票到期日为 2022 年 1 月 28 日,为可转让票据,承兑信息如下:汇票已经承兑,到期无条件付款。后票据依次背书转让给久鼎烽新材料科技(淄博)有限公司、淄博煜丰科技有限公司、辛合利坤公司。2021 年 5 月 21 日,辛合利坤公司将涉案汇票背书转让给原告庚乾公司。原告庚乾公司于 2022 年 1 月 28 日在电子商业汇票系统提示付款,2022 年 2 月 8 日被拒付,拒付理由为"商业承兑汇票承兑人账户余额不足"。2022 年 2 月 28 日,原告分别向两被告发起线上追索申请,追索类型为拒付追索。现票据状态为提示付款已拒付(可拒付追索,可以追索所有人)。

【案件焦点】

原告庚乾公司是否享有追索权。

【裁判要旨】

法院认为,该案为票据追索权纠纷。《票据法》第 10 条规定:"票据的签发、取得和转让,应当遵循诚实信用的原则,具有真实的交易关系和债权债务关系。票据的取得,必须给付对价,即应当给付票据双方当事人认可的相对应的代价。"本案中,原告庚乾公司为证实其与直接前手即辛合利坤公司存在买卖合同法律关系,向法

---

① 《票据法》第 62 条规定:"持票人行使追索权时,应当提供被拒绝承兑或拒绝付款的有关证明。持票人提示承兑或者提示付款被拒绝的,承兑人或付款人必须出具拒绝证明,或者出具退票理由书。未出具拒绝证明或者退票理由书的,应当承担由此产生的民事责任。"

② 广东省深圳市罗湖区人民法院(2022)粤 0303 民初 5525 号民事判决书。

庭提交了双方签订的购销合同、收货确认单以及增值税专用发票。法院认为，上述证据能够证实原告庚乾公司取得涉案电子商业承兑汇票系基于真实的交易关系和债权债务关系，故原告庚乾公司依法享有票据权利。涉案电子商业承兑汇票到期后，原告庚乾公司在提示付款期限内提示付款被拒付，根据法律规定，汇票到期被拒绝付款的，持票人可以对背书人、出票人以及汇票的其他债务人行使追索权。《票据法》第70条第1款规定："持票人行使追索权，可以请求被追索人支付下列金额和费用：（一）被拒绝付款的汇票金额；（二）汇票金额自到期日或者提示付款日起至清偿日止，按照中国人民银行规定的利率计算的利息；（三）取得有关拒绝证明和发出通知书的费用。"《票据法》第68条规定："汇票的出票人、背书人、承兑人和保证人对持票人承担连带责任。持票人可以不按照汇票债务人的先后顺序，对其中任何一人、数人或者全体行使追索权。"根据上述法律规定，原告庚乾公司要求被告恒大深圳公司、好美公司支付汇票金额150万元以及相应利息，具有事实和法律依据，予以支持。

【案件评析】

这是最高人民法院《关于将涉恒大集团有限公司债务风险相关诉讼案件移送广东省广州市中级人民法院集中管辖的通知》发出后，可以查到的第一份直接以恒大系公司为被告，而未移送广州中院的判决。

根据《民事诉讼法》第26条及《最高人民法院关于审理票据纠纷案件若干问题的规定》（2020年修正）第6条的规定，因票据纠纷提起的诉讼，依法由票据支付地或者被告住所地人民法院管辖。这是票据追索权纠纷的一般管辖原则。随着"三道红线"与房地产贷款集中管理制度的实施，开发商取得融资的压力增大。开发商便以向施工单位、材料供应商等开具商票兑付对价的方式变相融资，在开发经营过程中一旦资金链断裂无法正常兑付，即陷入商票未兑付的连环债务纠纷，恒大、中梁、阳光城等众多房企均相继"暴雷"。作为曾经"宇宙第一房企"的恒大集团，其商票高达2052.67亿元，一骑绝尘。恒大陷入债务危机后，为了防止瓜分资产，避免资产被其他法院拍卖处置，减少部分债权人用法律手段切割风险所带来的连锁反应，最高人民法院发布《关于将涉恒大集团有限公司债务风险相关诉讼案件移送广东省广州市中级人民法院集中管辖的通知》，凡以恒大集团及关联公司为被告、第三人或者被执行人、被申请人的一审民事纠纷及相应的执行案件，应移送至广州市中级人民法院管辖。

对于不起诉恒大及关联公司而被集中管辖的案件，审理期限较为漫长，赔付的金额可能也会受到影响。根据《票据法》第61条和第68条的规定，恒大商票的持票人在商票被拒付后，可选择只起诉前手的背书人，而不将作为出票人的恒大及关联公司列为被告，由票据支付地或当事人自己选择的被告住所地法院管辖，由此可避免案件被集中管辖。但如果被告申请追加恒大或其关联公司为诉讼当事人，则法院会同意追加申请，并在追加后移送广州中院集中管辖。

随着近期广州中院案件的激增及恒大债权人会议的召开，集中管辖有逐步解禁的趋势,浙江和山东部分法院对于案涉恒大的案件,已经开始自行受理,集中管辖也将逐步取消。恒大商票持有人可以根据恒大目前的发展状况,结合自身诉求,从法院距离、诉讼成本、债权受偿方面综合考量,确定好管辖角度,从而找到最有利于自己的法律救济方式。

三、企业票据法务会计分析

随着经济的不断发展,各类经营主体涌入票据市场,我国票据的种类和数量迅速增加,票据在企业经营发展过程中不仅仅扮演着支付结算的角色,同时也是一种重要的融资工具。2016年先后制定下发了《中国人民银行关于规范和促进电子商业汇票业务发展的通知》(银发〔2016〕224号)及《票据交易管理办法》(中国人民银行公告〔2016〕第29号),极大地促进了电子商业汇票的发展。企业票据的使用频率不断增加,使用规模不断扩大。同时,票据是企业日常管理不可或缺的环节,也是企业日常收支严格控制的内容。企业在日常经营中加大对企业票据的管理和使用,不仅有助于提升企业票据管理的水平,还有助于防范企业财务风险。因此,重视企业票据的使用和管理对于企业的财务管理十分重要和必要。

(一) 商业汇票的会计确认

根据《企业会计准则第22号——金融工具确认和计量》(财会〔2017〕7号),企业在经营活动中签发、持有的商业汇票属于金融资产或金融负债。在会计处理方面,通常计入"应收票据""应付票据"科目。

1. 应收票据

"应收票据"属于资产类科目,应收票据的分类按照到期时间可分为短期应收票据和长期应收票据,如无特指,应收票据即短期应收票据。按照是否带息分为带息应收票据和不带息应收票据(带息应收票据是票面注明利息的应收票据,其利息应当单独计算;无息应收票据是票面不注明利息的应收票据,其利息包含在票面本金中)。该科目借方登记企业因销售商品、提供劳务等收到的商业汇票,包括银行承兑汇票和商业承兑汇票,贷方登记票据到期收回的款项,期末借方如有余额,表示尚未到期的票据应收款项的结余额。同时按签发、承兑商业汇票的单位进行明细核算。

2. 应付票据

"应付票据"属于负债类科目。该科目贷方登记企业因购买材料、商品和接受劳务提供等签发、承兑的商业汇票,借方登记支付票据的金额,期末贷方如有余额,反映企业尚未到期的商业汇票的票面金额。

企业应当设置"应收票据备查簿",逐笔登记每一应收票据的种类、号码和出票日期,票面金额,票面利率,交易合同号、付款人、承兑人、背书人的姓名或单位名称,到期日,背书转让日,贴现日期,贴现率和贴现净额,未计提利息,以及收款日期和收回金额、退票情况等资料,应收票据到期结清票款或退票后,应当在备查簿内逐笔注销。

(二) 商业汇票的会计处理

对于取得商业汇票的一方而言,有以下三种选择:一是可以将汇票持有到期;二是可以选择将汇票进行贴现;三是通过汇票的背书,将汇票用于支付结算。

(1) 当企业选择将汇票持有到期时,需要在汇票到期后10日内请求承兑银行或企业进行付款,付款之后,应收票据转为银行存款;如果承兑银行或企业拒付,则转为应收账款。相关会计分录如下:

收到汇票时:

借:应收票据
  贷:主营业务收入——其他业务收入等
    应交税费——应交增值税(销项税额)

承兑方付款时:

借:银行存款
  贷:应收票据

承兑方拒付时:

借:应收账款
  贷:应收票据

(2) 当企业选择贴现时,需要选择银行等具有贴现资格的金融企业进行贴现。企业进行贴现时,需要扣除贴现率,贴现率计入财务费用之后,转入银行存款。

相关分录如下:

借:银行存款
  财务费用
  贷:应收票据

(3) 当企业选择背书汇票进行支付结算时,需要审核所收到的商业汇票是否记载了"不得转让"字样,如果出票企业在出票时记载了"不得转让"字样,则背书行为无效。汇票背书转让之后,如果持票人在汇票到期后规定的期限内请求承兑银行或企业付款被拒,持票人是可以对其前手(汇票背书转让企业)进行追索,要求其付款的;如果企业付款,则同样享有追索权,可以继续向出票企业或其前手(如存在)追索。

涉及会计分录如下:

借:库存商品/销售费用/管理费用等
  应交税费——应交增值税(进项税额)
  贷:应收票据

对于出票企业(签发承兑汇票的企业)而言,出票时,应将其计入"应付票据"的贷方。正常情况下,当汇票到期,承兑人已经付款,出票企业账务处理如下:

借:应付票据——承兑汇票
  贷:银行存款

如果企业无法偿还,则转为逾期贷款:

借:应付票据——承兑汇票
  贷:短期借款

同时，票据是企业日常管理不可或缺的环节，也是企业日常收支严格控制的内容。企业在日常经营中加大对企业票据的管理和使用，不仅有助于提升企业票据管理的水平，还有助于防范企业财务风险。因此，重视企业票据的使用和管理对于企业的财务管理是十分必要的。

（三）企业票据的使用

作为一种兼具支付和融资功能的金融工具，票据完成签发承兑后主要包括两种流向：一是在企业间背书流转；二是通过票据贴现进入金融市场。票据是中小微企业最常用也最实用的支付融资工具，在破解中小微企业融资难题的过程中具有独特优势。票据融资手续简便快捷，相比股票或债券市场较高的发行标准和复杂的发行程序，办理银行承兑汇票仅需要存放一定比例的保证金，并缴纳少量手续费，就可以获得一定期限的银行信用担保融资，而商业承兑汇票的签发则门槛更低、效率更高。随着电子票据的普及和银行"秒贴"产品的推广，企业通过网银端即可发起贴现申请，银行审核通过后一般当日或者次日就能实现资金到账，非常适合中小微企业融资"短、频、急"的特点。

票据的支付功能通过背书流转得以放大，能够帮助企业节约现金支出、促进产业运转循环等。票交所已经建立了全国统一、安全高效、全流程电子化的票据业务平台，制定了完整、规范、统一的业务规则，企业再也不用担心收到伪假票，而且足不出户就能够完成从出票到兑付的所有业务，企业用票的安全性、便捷度和积极性不断提升。2021年1—8月，企业票据签发承兑15.91万亿元，同比增长7.87%；票据背书36.57万亿元，同比增长22.24%。

票交所相继推出贴现通、标准化票据和供应链票据等创新业务和产品，定期发布包括转贴现收益率曲线在内的各类数据产品信息，有力拓宽了持票企业融资渠道，极大提升了票据市场透明度，帮助中小微企业更好地运用票据贴现进行融资。在各项措施的支持下，企业票据融资规模持续扩大，贴现占承兑的比例明显提高。2021年1—8月，票据贴现承兑比为61.74%，较2017年大幅提高10个百分点以上。

（四）企业票据的管理

由于商业汇票具有到期兑付、便于流通、快速变现、易于携带、灵活性高的特点，管理难度较大，稍有不慎，就会给企业带来难以估量的损失。商业汇票作为现代企业融资的重要工具，对于企业的资金流通和稳定发展具有极其重要的意义，商业汇票的管理也是现代企业资金管理的重要一环。

企业商业汇票管理应注意以下五个方面的问题。

（1）票据真伪识别难度。商业汇票由于具有票面金额大、易于变现流通等特点，容易给不法分子及别有用心之人变造、伪造票据提供机会。近年来出现过一些利用高科技手段变造、伪造商业汇票的案例。由于在企业针对收取商业汇票进行查询的过程中，银行不负责鉴别票据的真伪，只能依靠企业财务人员凭经验鉴别。如果辨别不清从而收到假票据，就会给企业带来直接损失，给财务人员带来一定的职业风险。这无形中对财务人员的素质提出了更高的要求。为了预防相应的风险，中国人民银行对商业汇票进行了统一的规范，尤其对纸质商业汇票的真伪检验进行了明确的规定，较为常见的票据检验方法有观察票据的质感、字体、印刷的清晰度及抖动时的声音等，这些都可以检验票据真伪。此外,对于企业收取的银行承兑汇票而言,最直接的检验方式就是将票据拿到承兑银行进行检验,承兑银行会有明确的票据记录,其检验度最高,权威性最强。

(2) 票据开具及背书问题。银行或企业在开具纸质商业汇票时,由于工作人员疏忽、个人对票据质量认识度差异等原因,会出现承兑人印章不清及漏盖等情况。企业收取票据后需要及时与出票人沟通解决。

商业汇票在到期前可以经过多次背书转让,不受次数限制,从而出现票据多次背书的情况。由于背书人及财务人员素质良莠不齐或客观原因,往往在背书过程中出现被背书人名称写错或漏写、背书人印鉴章不清或漏盖、骑缝印章不清或漏盖、粘单撕裂及出框压框等问题。一旦出现上述情况,承兑银行就会要求持票人向有关背书人索取证明,导致票据不能及时托收、资金不能及时回收。根据《票据法》和《支付结算办法》(银发〔1997〕393号),银行或企业签发商业汇票必须记载的事项有表明"商业承兑汇票"或"银行承兑汇票"的字样、无条件支付的委托、确定的金额、付款人名称、收款人名称、出票日期、出票人签章等。因此,在企业开具或者背书商业汇票时,必须认真审查这些必须记载事项的内容,防止在开具或背书环节就存在票据无效的情形。另外,在背书过程中,票面不得出现涂改情况,要确保内容清晰、合理及准确。以背书转让的汇票,背书的连续对于证明持票人汇票权利十分重要。收取经过多轮背书的汇票时,企业尤其需要注意背书的连续性问题。非经背书转让,以其他合法方式取得汇票的,企业需要依法承担举证责任,证明其汇票的权利。

(3) 真实的贸易背景。根据《票据法》及《票据管理实施办法》、《支付结算办法》、《商业汇票承兑、贴现与再贴现管理暂行办法》(银发〔1997〕216号)的有关规定,票据的签发、取得、转让及承兑、贴现、转贴现、再贴现应以真实、合法的商业交易为基础,而票据的取得,必须给付对价。在使用票据进行融资时,企业取得的银行承兑汇票,必须以真实、合法的商业交易为基础。出票企业与供应商协商支付方式前,对供应商的贸易业务审核时,存在信息不对称的风险会导致出票企业最终开出的银行承兑汇票实际上不是以真实贸易业务为背景。在不真实贸易背景下开出的银行承兑汇票会给企业带来极大的不利影响。例如,由于业务是在不真实的贸易业务背景下进行的,所以供应商贸易货物的真实性存在可疑。如果供应商无法按期交付货物给企业,其连锁反应是导致企业无法如期收到贸易货物,从而无法按期向下游客户交付贸易货物。企业还会因此产生支付合同违约金风险。

业务的不真实性,其实质就是出票企业成了被资金短缺企业利用的融资渠道。这种业务的不真实性存在三种情况。第一种情况是供应商存在欺诈、骗取票据行为,出票企业票据已经开出,但无法按期向其下游客户交付货物,导致企业不但对下游客户违约,还有可能最终因无法收到货款而面临到期票据无法偿还的风险。第二种情况是,由于下游客户的原因,不能按合同约定付款,经多次催收依然不能偿还,导致企业资金受影响。第三种情况是企业在签订合同时,上下游企业存在一定的关联关系,出票企业是它们融资的桥梁,为它们提供资金来源。这种业务合同实质上也存在欺诈、骗取票据行为。随着业务的开展,由于这种关联关系的存在,只要上下游企业一方存在资金问题或者蓄意欺诈行为,客户就无法按合同约定支付货款,从而影响企业如期偿还到期的银行承兑汇票。如果出票企业现金池资金不足,企业将无法偿还银行款项,不但导致企业在银行的授信额度受到影响,还不利于企业长期发展。

此外,法律规定票据使用必须要遵守诚实守信的原则,不能用于非法用途和非法转让,进行票据转换时需要出示具体的贸易背景及债权债务关系。从根本上严格票据管理,这样做的目的也是防止民间出现非法买卖银行票据的情况。经过多次转手,银行票据最终的承兑人无法找到第一手承兑人,一旦出现票据真实性问题,银行到期不能贴现,那么企业将会遭受很大的损失。可见,企业对于经过背书而取得的商业票据必须进行严格的贸易背景审查。

(4)商业汇票到期无法承兑。对于商业承兑汇票,到期后由出票人根据自身资金情况予以解付,银行不保证到期解付,如果出票人出现资金链断裂、破产清算等意外情况,票据到期后就无法承兑,出现延期支付、不能支付等问题。此外,企业如果没有及时提示承兑,也会导致票据权利的行使受到限制,从而增加企业资金流动的时间和成本。我国的《支付结算办法》《票据管理实施办法》对不同的商业汇票作出了具体、明确的付款期、提示付款期等规定。

① 商业汇票的付款期限最长不得超过六个月。

② 商业汇票的提示付款期限为自汇票到期日起 10 日内。持票人超过提示付款期限提示付款的,持票人开户银行不予受理。

③ 商业承兑汇票的付款人应在收到开户银行的付款通知的当日通知银行付款。付款人在接到通知的次日起三日内(遇法定休假日顺延)未通知银行付款的,视同付款人承诺付款,银行应于付款人接到通知日的次日起四日内(遇法定休假日顺延)上午开始营业时,将票款划给持票人。

④ 银行承兑汇票的出票人于汇票到期前将票款足额交存其开户银行。承兑银行应在汇票到期日或到期日后的见票当日支付票款。

⑤ 银行承兑汇票的出票人于汇票到期日未能足额交存票款时,承兑银行除凭票向持票人无条件付款外,对出票人尚未支付的汇票金额按照每天 5‰ 计收利息。

此外,商业汇票签发成功后,企业不能自行拆分,只能将整张票面背书、质押或贴现。由于企业上下游业务结算金额存在不一致性,在使用票据时,只能由人工进行组合。加上收取票据的到期日各不相同,支付票据存在到期日不一致的情况,企业背书票据及收取贴息需要付出较大的管理成本。因此,企业在享受汇票便捷支付和资金融通便利的同时,需要根据以上相关规定对企业财务部门收取的票据进行合理的兑付安排,及时提示承兑或委托收款,尤其应给予财务状况出现异常的出票人或背书人必要的关注。

(5)丢失及挪用风险。由于商业汇票具有可变现性、可转让性、可携带性等特点,在票据转让及保管过程中,如果经办人员法治观念不强,加上内控制度不健全以及背书、托收变现过程出现疏忽等,票据就存在丢失及挪用风险。已承兑的商业汇票丢失后,作为失票人,企业需要及时通知付款人挂失止付。例如,当银行承兑汇票被挂失止付时,银行无须向承兑者提供支付,此种情况通常出现于面额较大且出票时间较长的商业票据中。在出票人向银行出示相关票据时,银行会对票据的真实性进行严格的审查,尤其是大额承兑票据,银行将进行更为仔细的审查。特殊情况下,企业可以与承兑银行、法院联系,判断票据的真实性,在联系相关出票银行时,还需要对出票信息及出票时间进行具体的访问,当出票时间过长时,需要考虑是否存在挂失止付的情况。只有在法院和出票银行确认票据准确无误的情况下,承兑银行才能够支付相应的资金。

(五) 企业商业汇票管理中应采取的措施

做好出票前的相关审核工作要注意以下五个方面。

(1) 做好供应商的审核。企业在确定与供应商合作时,需要审核供应商的信誉、库存供应、产品质量等情况,以保证出票企业采购的货物能准时按合同要求向下游客户交付。

(2) 做好客户的审核。对于企业的合作客户,需要谨慎选择。在业务合作中,一是要审核客户的信誉情况,二是要审核客户的资金状况,以保证企业能按时收到货款。签订合同前,客户提供真实的企业报表,以便于企业进行相关分析,确认是否与该客户进行业务合作。为保证企业的资金回笼,可以在合同中约定,由客户提供货款担保人或者相当于货款的抵押物。客户的担保人需要承担连带责任,对于客户的抵押物,企业需要注意该抵押物是否只对一家企业抵押。因为有一些企业为了取得客户信赖而提供抵押物,但是以该抵押物向多家企业提供抵押。当该企业出现资金困难时,由于抵押物存在一物多押的情形,将导致企业不能最终取得该抵押物的所有权。

(3) 从源头入手,提高收取票据质量。

① 通过提高纸质汇票贴息率,引导上游客户尽量使用电子汇票支付货款,减少纸质汇票收取比例,逐步实现库存票据电子化。

② 优化回款结构,加大现金收取比例,适当控制银行承兑汇票、商业承兑汇票比例,如果确实需要使用汇票结算,按到期时间向购货方收取贴息,降低企业票据运营成本。

③ 与票据托管银行合作,建立承兑银行信用评估机制,筛除承兑信用不良银行,鼓励客户支付信用等级高的国有银行、股份制银行开具的汇票,不收取信用等级低的地方商业银行、村镇银行签发的汇票。

④ 把好入票关,对销售人员进行培训,普及票据知识,要求销售人员对收取的票据认真审验,对于存在问题的票据及时予以退回。

⑤ 要求托管银行在收取承兑汇票时,认真查询并使用专用的票据鉴别仪器来辨别票据真伪,同时全面检查票据背书情况,对于出现瑕疵的票据,及时要求背书人出具证明,确保入库汇票真实、合法、合规、有效。

(4) 细化票据管理流程,日常防范票据风险。

① 完善票据管理制度。明确相关部门、岗位职责权限,规范业务流程,加强各环节管控,设置合理的不相容岗位,建立完善的汇票移交和保管制度,确保票据收支有章可循。

② 开通票据池。实行票据集中管理,实现全过程、实时动态管控。委托托管银行对汇票进行要素审查、真伪鉴别以及实物保管,负责对汇票的真实性、完整性、背书连续性进行审核。

③ 建立汇票业务稽查监督机制。定期和不定期组织财务、审计等部门联合检查。在检查过程中,对每张票据的库存及真伪进行认真核实,针对检查中发现的内控薄弱环节,及时采取有效措施加以纠正。

④ 银行承兑汇票以及粘单复印备份。在进行账务处理时,要求将银行承兑汇票以

及后面所有粘单复印备份,以便本企业或下家在背书阶段出现问题时及时联系相关单位,防止推诿扯皮现象的发生。

⑤ 保持汇票背书清晰。在银行承兑汇票背书时,经办人员要保证背书内容书写完整、签章清晰,无潦草模糊现象。

⑥ 完善票据托收台账。建立票据交接记录,在汇票到期前10天办理委托收款,对于超过1个月承兑款没有到账的汇票,及时联系托收行查明原因。

⑦ 控制纸质商业汇票开具数量。严格控制纸质商业汇票开具数量,原则上对外付款减少使用纸质商业汇票,防止票据被仿造及克隆。

⑧ 建立汇票业务稽查监督机制。定期和不定期组织财务、审计等部门联合检查。在检查过程中,对每张票据的库存及真伪进行认真核实,针对检查中发现的内控薄弱环节,及时采取有效措施加以纠正。

(5) 合理选择资金结算方式及汇票融资规模。与现金结算相比,银行承兑汇票结算较为复杂,需要考虑的内容也比较多。相关企业管理者需要对这些隐患进行具体的分析和研究。例如,有些承兑汇票的到期日较长,如果在这一阶段内,企业出现资金周转困难,则需要将汇票拿到银行进行贴现,对于贴现融资,企业还需要支付相关的费用。可见,企业进行资金核算时,需要充分考虑到汇票的到期时间,在与企业进行资金结算时,尽可能地使用现金结算或转账结算。在使用银行承兑汇票结算时,则需要考虑不能及时收到兑付资金的风险。财务人员需要根据市场利率变化情况,及时与银行沟通,调整融资结构,合理配置银行承兑汇票、流动资金、信用证所占比例,以最低的成本取得银行借款,最大限度降低融资成本。

在利用银行承兑汇票进行质押融资时,企业财务人员还要全面了解各银行票据池操作流程及融资政策,综合平衡运行成本、安全成本及效益情况,寻找安全、快捷、低成本的银行开展合作。在保证票据安全入池的情况下,实现效益最大化。

四、票据法律风险及防范

(一) 银行票据审查义务及风险防范

1. 银行票据审查义务

随着电子票据交易基础设施的完善和社会对票据融资渠道的需求,银行票据业务大幅增长,同时也产生了大量的票据纠纷。关于银行审查义务的履行,实务界对此存在不同观点。但本书认为,从保护票据交易公平角度出发,银行审查义务的最低要求应当是对票据交易背景进行形式审查。

虽然基于《票据法》第10条①及《商业银行法》第35条②的规定,银行在发放贷款及

---

① 《票据法》第10条规定:"票据的签发、取得和转让,应当遵循诚实信用原则,具有真实的交易关系和债权债务关系。票据的取得,必须给付对价,即应当给付票据双方当事人认可的相对应的代价。"

② 《商业银行法》第35条规定:"商业银行贷款,应当对贷款人的借款用途、偿还能力、还款方式等情况进行严格审查。商业银行贷款,应当实行审贷分离、分级审批的制度。"

承兑时需要对贸易背景进行审查,但是法律的层面上并没有规定银行应当如何对出票人和收款人之间的贸易关系进行审查。考虑到票据的流通性,以及银行无法控制基础交易执行程度等,若要求银行对基础交易关系进行较高程度实质审查将会影响票据权利的取得,不利于票据的流通,并大幅增加交易成本。《票据法》第 10 条及《商业票据法》第 35 条所规定的银行对真实贸易关系的审查义务,实际上是从银行业审慎经营的角度考虑,要求银行控制风险的措施,银行对真实贸易关系的审查义务属于银行为了加强内部风险控制的工作流程,主要目的是减少商业银行经营金融业务的风险,确保银行金融资金安全。因此,票据法上要求的银行对真实贸易关系的审查义务,应当是指票据业务承办行要求申请人提交交易合同、购销合同、增值税发票或普通发票等足以证明该票据具有真实贸易背景的书面材料,并对申请人提交的证据材料进行形式审查。这种审查应当一次性履行完毕,不要求银行对基础交易的执行程度进行持续审查。

2. 风险防范

从保护银行资金安全的角度出发,对票据交易背景的审查应该高于司法维度中的形式审查。从实际出发,在技术不断发展的今天,承办银行有可能也有必要对票据交易背景进行实质性、持续性的审查。

从社会大众的角度看,商业银行有着相当高的信用度。社会大众选择银行进行交易,选择的不是产品,而是"信赖"。商业银行要维持在社会公众中良好信用的关键就是维护好自身的资金安全,审慎办理好各项业务。《中国人民银行关于切实加强商业汇票承兑贴现和再贴现业务管理的通知》(银发〔2001〕236 号)(以下简称《央行汇票管理通知》)第 1 条就明确了:"严禁承兑、贴现不具有贸易背景的商业汇票。"《央行汇票管理通知》也要求商业银行每次办理票据贴现业务时都需要对证明票据交易背景的材料进行审查,必要时甚至需要核对增值税发票原件。

目前,中国人民银行相关规范性文件及各商业银行总行发布的业务操作规范,都只要求票据贴现申请人应当提交证明基础交易存在的贸易合同及相关增值税发票复印件。落实到票据贴现经办银行,"证明基础交易的存在"的要求只执行到形式审查层面,仅要求客户提供一些纸质材料,能够从形式上证明交易关系的存在。针对不断变化的社会现状和变幻莫测的金融诈骗形式,银行业内部应制定更为严格的规章制度来规范银行的审查工作。

(1) 印鉴管理。银行印鉴管理要从细微处着手,比如,对印鉴管理,应该严格管理有关单位提交的空白印鉴卡。因办理相关业务需要领取印鉴卡片的,由凭证专管员负责调领,并且将领用的记录纳入结算账户档案管理。业务操作人员不得以任何理由把印鉴卡片带出存档处,严禁对印鉴卡片进行复印、拍照等。除了传统的签名印鉴管理技术,有条件的银行可以逐步引入电子签名技术。一些基于生物识别技术生成的电子化"签名",能够更加直接地实现对签署人的身份认证。

(2) 票据核对。对商业汇票代理贴现申请人所提交的增值税发票等复印件的金额、日期及收款人名称等进行审查。若是贴现申请人提供的证件是电子发票,应当在保存好所有电子发票文件的同时,登录国家税务总局的全国增值税发票审核查验服务平台来检索和保证其确认的真实性,并通过截图、录屏等多种方式保存,避免产生明显矛盾和瑕疵。

（3）物流监控。针对需要物流运输的货物交易，应当尽可能通过各种手段监控运输过程。这一举措能够有效地防止贴现申请人通过虚开发票、虚构合同的方式伪造交易背景，并从根源上降低伪造、变造票据的可能。

维护资金安全、控制业务风险是银行生存的基本要求。在票据业务中，银行自身出于审慎经营、风险控制制定的内部管理规章制度相较于法律层面的审查义务要求应当更加严格，更加具有可操作性。从中国人民银行及中国银保监会的角度来考虑，应当提纲挈领地制定银行业的管理规范，通过对操作违规的商业银行施以处罚的方式来提升行业内对审查工作的重视。从各大银行总行的角度来说，要制定更为具体的票据业务操作流程规范，明确各项重要资料的保存方式、各类资料的核对方式，以及提升对于金额巨大的业务审查标准，积极引入高新技术应用于审查工作。同时，应当高度重视各种业务合同版本，特别是票据融资业务等特殊融资业务中配套合同的拟订工作。要根据各种业务个性及需要等拟订不同的合同版本，切忌一个版本各种业务皆准用。对于各经办银行，应当严格执行上级主管部门的规章制度，就各种业务工作流程和风险点，加强对业务经办人员的培训，使其充分了解每个类型票据业务的思路和目的、关键点和风险点，以及各种业务下不同合同之间的关联。

（二）企业票据业务风险及防范

1. 企业票据业务风险

票据违约的发生既有外部环境的影响，也有公司自身内部的问题。在外部宏观环境的推动下，若公司经营和管理出现问题，陷入财务危机，将发生票据兑付违约的风险。

（1）外部风险。

① 企业盈利能力下降。进入2020年以来，我国GDP增速呈现下降的趋势，经济增速整体放缓，在这样的大背景下，社会总需求减少，产品价格下降，加之去产能、降杠杆的政策叠加，一些企业的生产经营难免受到不利的影响，盈利能力减弱。

② 金融市场监管趋严，企业融资受限，面临资金压力。2018年以来，国家多次强调去杠杆、控风险，出台了一系列监管政策对金融市场乱象进行整治管理，加强了对金融机构的监管，银行信贷投放受到明显影响。金融市场的收紧导致企业融资难度增加，进而企业现金流也面临较大压力。部分集团在前期为满足投资扩张的需求，利用财务公司大量签发银行承兑汇票，盲目承兑，大量融资获取资金，在监管趋严后，财务公司承兑汇票到期，企业不能及时获得新一轮融资、做好兑付安排，最终导致资金链断裂，发生违约。

③ 行业景气低迷和周期性发展。按照生命周期理论，行业的发展有四个阶段，分别是幼稚期、成长期、成熟期和衰退期：处于幼稚期的行业大多刚刚兴起，公司规模较小，但利润增速较快；成长期的行业则处于一个快速发展的阶段，具有较高的利润率，从而吸引大量的企业加入；成熟期的行业则各方面相对稳定，利润增速开始放缓，企业之间竞争激烈；到了衰退期的行业则会出现产能过剩的问题，市场规模和利润率呈下降趋势。有些行业受周期性发展的影响比较大，极易受到国内外经济环境的影响，行业波动较为明显。从恒大商票逾期兑付事件来看，民营企业发生风险事件的概率更高，部分经

营情况恶劣的国企在"去产能"政策和供给侧结构性改革的深入推进后,也极易暴露风险出现经营危机。

④ 信用风险。票据信用评级是以揭示信用风险为目的,通过客观科学的一套信用评级模型来对企业签发的票据进行分级评价,主要通过对企业基本情况的定性分析和相关财务数据的定量分析来计算主体违约概率,同时以票据为评价对象在主体评级基础上确定信用等级,从而综合判断票据如期兑付的可能性,为市场参与主体在开展票据业务时提供参考作用。

电票时代的来临有效控制了票据业务过程中的操作风险,极大地提高了市场运作效率,票据规模大幅扩大,但票据信用风险逐渐凸显,市场需要尽快提高对信用风险的防控能力。目前市场以及第三方评级机构对票据这一领域信用评级的研究甚少,与票据流通、增信企业的短期偿债能力等相关的评级指标体系还未形成。商业银行也仅参考信贷要求对票据主体评级,且只考虑到自有客户,而忽略票据强流转的特性,银行的评级外部也无法获取,不能共享信息;第三方评级机构目前也未曾研究出针对票据的评级产品,导致市场大量的票据承兑主体或交易主体没有得到信用评估,市场参与者不能获得充分准确的信息来判断票据违约风险。

(2) 内部风险。

① 公司治理缺陷。虽然票据违约事件的发生受外部宏观环境影响较大,但企业自身治理缺陷与战略抉择失误等也是导致企业陷入财务危机的重要原因,当企业受到外部不利因素冲击时,企业内部也没有及时做好应对措施,最后导致票据违约。

第一,许多公司在融资环境较为宽松时盲目承兑举债,不断拓展业务、开拓市场,但是投资带来的收益不高,抵抗风险能力较差,无法支撑企业快速扩大的需求,巨额债务给公司未来带来极大的资金压力,信用风险急剧上升。当票据集中到期需要兑付时,公司没有足够的现金流进行偿付,外部融资又陷入困境,就会导致流动性危机。第二,公司在经营过程中出现的重大负面事件也会带来信用风险,影响企业的外部融资能力,从而公司偿债能力降低,导致违约。

② 超额签发票据带来财务风险。部分企业通过滚动承兑来暂时缓解资金压力,常见的做法是公司以其信用循环保证,用少量保证金来承兑大量汇票,企业之间或者企业与银行协作套取银行资金,不断实现承兑、贴现、再承兑、再贴现这一过程,在这个循环过程中,信用不断膨胀,进而形成一个泡沫市场。通过这种滚动承兑,企业签发超出自身资产数倍的票据,依靠票据短期资金融资偿还企业长期债务。但随着票据规模的剧增,财务风险也不断积累,给企业的经营状况埋下隐患,从而对票据到期兑付能力产生影响。

2. 风险防范

(1) 合理确定发展战略,避免盲目产能扩张。适当的投资扩张有助于企业的快速成长,盲目的投资会阻碍企业长远发展。有些企业投资大幅增长,积累了许多项目,且投资金额庞大,又由于项目周期较长,无法快速收回资金,经营性现金净流入不足以偿还到期债务,企业只能通过滚动承兑获得短期资金来支撑扩张的需求。随着我国经济增长放缓,社会需求下降,企业投资的项目预期收入大幅下降,企业不得不陷入财务危机。

企业应合理确定发展战略，既要考虑到自身实际情况，还要结合外部宏观环境的影响，选择合适的企业战略，并在战略实施过程中根据现实情况灵活调整决策，主动规避外部环境带来的风险。此外，企业规模要与自身效益匹配，避免盲目扩张，保持集团规模与效益水平的平衡，从而推动企业的可持续发展

(2) 改善融资结构，提高偿债能力。融资结构对企业保持稳健经营具有重要作用。为防止企业票据纠纷的发生要做到以下两个方面：一方面，企业需要适时调整融资结构，考虑行业特性与外部宏观环境等因素来确定具体债务结构比例，保持在合理范围；另一方面，企业还应该提高偿债能力来保证债务的偿还，防止声誉风险，维持企业整体信用水平，从而在以后资金缺乏时快速融资。企业应避免对票据融资的过度依赖，在做融资决策时应考虑到票据业务的特性与企业实际情况，并做好未来经济形势的预测分析，也要拓展更多的融资渠道，多方位解决企业资金短缺问题。

(3) 协调好各利益主体间的关系。企业在进行财务管理时，应主动考虑各方面因素，协调各利益主体的积极性。首先，应当确定企业的整体计划，协调好各利益主体间的关系，再明确企业财务的经营目标。两者相辅相成，共同推动企业与各成员单位快速发展。此外，也要加强对财务的管理监管力度，对财务风险进行有效的控制，不断提升内部审计工作的规范性和实施力度，做好事前、事中及事后的监督管理，完善工作流程，从根本上规范财务的管理。

(4) 加强票据管理，防止声誉风险。企业票据管理不仅是对应收票据的集中管理，还要统筹安排应付票据的开立，企业应该做好应付票据的管理工作，将应付票据的开立纳入财务预算管理，制定严格的审批支付制度，防范票据风险。当企业成员单位需要签发票据以支付结算时，应由财务部门根据企业整体情况统筹安排，从成员单位经营状况、流动性、负债水平、偿债能力等角度科学核定承兑规模，再按照规章办理签发手续，这样提前确定好一个授信额度，可以防止财务部门在开票过程中超过成员单位授信额度办理票据承兑业务。通过集中管理应付票据，财务部门还可以掌握整个企业的票据业务和到期债务信息，这样去统筹债务的偿还与兑付安排会更加方便；同时，根据企业需求与资金状况来合理控制票据的签发节奏，以防止到期债务偿还困难，从而引发声誉风险。财务部门还可以通过票据管理系统对成员单位进行监督，将即将到期的票据信息及时告知成员单位，协助其做好资金安排。

(5) 审慎开展票据业务，加强合规管理。过度追求业务规模而忽略风险，是企业发展票据业务过程中常见的问题，企业应审慎开展票据业务，遵守监管要求，保证商业信用，做到自律合规，禁止签发超过监管要求的票据，控制业务风险，合规办理业务流程。只有票据市场所有的参与主体加强合规意识，遵守规章制度，才能营造出良好的信用环境，防止票据纠纷案件的再次发生。

公司应及时地关注监管部门的监管动态，时刻关注监管指标的变化，从而杜绝违规行为，防范操作风险；应对票据业务操作流程进行自查，根据政策要求和票交所规章，对不合规的操作行为及时整改；同时，票据市场发展迅速，监管政策也随之复杂多变，企业应及时了解监管部门出台的规章政策，判断外部宏观环境的变化，加强内部控制制度，

开展内部监督与自查自纠,确保票据业务合规办理。

(6)加强对票据人员的培训。人才的培养对企业发展票据业务至关重要,在培养员工基本素质时,也要重点培养票据人员的专业能力与风控意识:一是定期进行票据专业培训,增强员工在票据交易时的风险意识和判断能力,建立严格的票据操作流程,通过案例学习,及时发现自身管理缺陷并改正,保证合规操作;二是定期组织票据相关法规制度的学习,加强员工的职业道德培养。为应对票据市场变化,推动票据业务创新发展,财务公司应着力建设一支专业的票据业务团队,对其票据知识、风控意识、市场判断等进行专业培训,从而提升票据业务团队的整体素质。

(7)提高科技水平。企业应加快信息科技的建设,强化科技人才培养,提高自主掌控能力,探索产品创新与服务优化,建设并完善内部票据管理系统,积极接入票交所电子商业汇票系统,从而实现票据的全生命周期管理,提升票据业务处理效率,实现票据交易的多样化发展。在电子票据时代的背景下,应加强电子票据的管理,积极完善票据相关信息,结合大数据与度量模型对票据风险科学防控,在风险控制上实现智能化与流程化,同时,提高自身技术水平,适应票交所模式和市场新规则,转变票据业务风险管理思路。

(三)电子票据交易风险与防范

1. 电子票据交易风险

(1)信用风险。信用风险是指银行承兑汇票到期后,因承兑银行资金紧张,造成银行承兑汇票延迟承兑或不承兑,甚至有意压票,不及时划款而使贴现银行所面临的风险。在票据业务操作过程中,部分承兑银行放松审查、放宽条件,超越自身能力大量签发银行承兑汇票,造成银行信用的极度膨胀,致使承兑到期无款垫付。同时,中国人民银行2016年出台的《票据交易管理办法》对票据业务市场参与主体进行了丰富,进一步创新了票据业务模式,也在一定程度上加大了对票据持票人有效识别、计量、监测信用风险的难度,使票据业务的信用风险变得更为复杂。

(2)交易风险。票交所对电票业务的市场主体进行了扩容,允许证券公司、保险公司、基金公司等主体从事票据交易,并新增了票据质押、托管业务,为将票据作为"标准化产品"交易流通提供了便利,方便了银行利用"票据池"业务进行票据交易。实践中,部分企业在办理电票"票据池"融资业务时,将零散小票质押后,通过银行的增信,化零为整再次开出同等金额的银票,方便了银行持票交易,形成了"票据质押+开出银行承兑汇票+贴现+转贴现+投资+托管"等交易组合。这为银行提供更多业务机会的同时,也增加了转贴现价格不公允、投资不穿透、托管不尽职等操作风险点。银行一旦被身披商业保理、空壳贸易公司、互联网理财外衣的票据中介利用票据质押业务套取信用,自我增信风险就会升级为信用风险。

(3)经营风险。从1995年出台《票据法》到2017年6月票交所正式上线,票据从企业支付结算和融资工具,拓展到银行调剂贷款规模、赚取利差、银行间融资的工具,票据新功能的拓展使得银行的票据盈利模式从赚取中间业务收入向赚取交易差价转变。也就是说,票据在充当"标准化产品"交易时,银行因票据交易节奏快,票据利率波动频率和幅度大,视票据为交易物赚取差价的动机特别强烈。可是,部分机构又因为宏观形势判断失误、资产负债管理欠缺、应对月末季末等关键时点票据利率大幅波动的经验不足等,加大了票据交易的市场风险。此外,票据在充当贷款替代品时,难免会出现票据买卖价格与规模调剂时点不吻合的现象,导致银行顾此失彼,在满足贷款规模或资本充足率考核时,难免会出现亏损。

(4) 合规风险。进入票交所时代,银票主要以电子票据为主,实现了开票、贴现、交易票据全生命周期的交易留痕,纸票伪造变造风险显著弱化,并且大大减少了票据业务的违规操作风险。但是,新的交易环节、新的作业模式使得银行面临新的合规风险。

线上电票交易使得银行的内控要求不达标。在纸票时代,商业银行的票据业务实物保管、资金清算通常在运营管理部,做到前中后台分离。线上票据交易后,使用、管理票据系统的均是票据部,与票据业务相关的发起、开户、票据线上托管、质押票据池入库、资金清算也由票据交易员完成,形成了票据业务的授权授信审批、风险审查等风控流程与票据交易全程交易"两张皮"的现象。此外,因运营管理部对票据实物不核算、不账实核对、不定期查库,风险管理部对票据业务的定价及流程不介入,客观上形成交易员"一手清",违背了商业银行前中后台岗位制约的内控要求。

2. 风险防范

(1) 转变经营理念,从根治票源风险入手,降低信用风险。商业银行在票据业务发展的定位上,应重点突出服务实体企业和提高资产负债运营效率的理念。在票据一级市场上,要突出服务实体企业理念,强调票据承兑、贴现环节贸易背景的真实性,并将贸易背景真实性审核作为风险控制的重要措施。应改变市场上部分银行贴现环节90%票源来自票据中介、10%来自实体企业的现状,有效控制票据中介利用空壳公司套取银行信用,防止其将带毒的票据流入票据市场,导致风险蔓延,引发信用风险事件。

(2) 转变风控理念,从强化内部控制角度,防范操作风险。票交所时代,商业银行不能唯效率、业绩是图,要从内控优先角度出发,防控风险,改变票据业务只交给票据部完成的现状,发挥中后台对票据业务风险的管控作用。具体分析,运营管理部门应从开户、对账、印鉴管理、线上(含线下)票据实物管理等多方面防范操作风险,风险管理部门应从定价、交易对手评级、风险敞口管理等多方面防控信用风险;合规部门应加强合规文化教育,定期排查重要岗位人员八小时内外的异常行为,防范交易员道德风险。

(3) 转变盈利理念,认清票据交易风险本质,防范市场风险。银行应将票据交易作为标准化产品进行管理,在赚取票据利差时,应充分识别利率波动带来的市场风险;应平衡票据交易业务与传统的开出银行承兑汇票业务、票据贴现业务、票据池业务、票据资管业务、票据投资业务的关系,合理匡算业务规模和时点限额,合理控制期限错配、品种错配比例,平衡好前中后的关系,防控流动性风险和市场风险。

(4) 转变合规理念,从兼顾市场规则和监管规则角度,防范合规风险。

一是改进票据贴现环节贸易背景审核方式,满足《票据法》规定的贸易背景审核条款。银行应从风险防范和合规经营的角度出发,在对贴现企业授信时,综合考虑企业的经营规模、纳税申报额、用电量等方面确定企业的最高贴现额度,确保业务量与贸易背景匹配,使得市场规则和监管规则保持一致。

二是有效控制自开自贴关联交易的违规风险。银行可以通过跟踪资金流向的合规性,防范票据中介、票据理财公司利用自开自贴规则骗取银行信用。

三是改进转贴现负债的风险计量方式,满足监管规定的资本计提要求。按照现行的监管要求,银行应将未到期的转贴现负债纳入加权风险资产计算的范畴,但结合银行实际承担风险的大小分析,可以由商业承兑汇票保贴行、保证增信行、首笔转贴现行按照同业业务交易对手属性,计提加权风险资产,合理体现风险分担原则。

四是有效识别线上线下组合交易的风险。商业银行要主动修订线上与线下票据业务规章制度,做到线上交易与线下交易分离,做到实物保管与对应主营业务定期对账,防止"一女多嫁"的风险。

复习思考题

1. 电子商业汇票的业务规则有哪些?
2. 企业在商业汇票进行贴现时,应当如何做会计处理?
3. 企业商业汇票管理中应当注意哪些问题?
4. 什么是拒付追索和非拒付追索?如何理解电子票据追索的行使?
5. 电子票据的交易风险有哪些?并谈谈该如何防范?

第七章 保兑仓案件法务会计分析

一、基本理论

(一) 保兑仓业务概述及优势

1. "保兑仓"的概念

"保兑仓"是指以银行信用为载体,以银行承兑汇票为结算工具,由银行控制货权,卖方(或者仓储方)受银行委托保管货物,对于买方到期无法偿还的承兑汇票保证金以外的差额部分(敞口)由卖方负责回购质押的货物作为担保,银行向买卖双方提供银行承兑汇票的金融服务。标准的保兑仓交易一般包括卖方、买方、仓储方以及银行等四方主体。

2. 保兑仓业务的优势

(1) 对买方的好处。

① 买方借助货物质押以及上游核心企业(卖方)信用获得授信支持(现金或银行承兑),进而可以实现批量采购,通过批量采购获得价格折扣或者账期,可以提前锁定货源,提前囤积货物,以实现集采年销或者旺季销售。

② 在实践中,卖方往往是厂家,而买方是经销商,厂家经常会给予经销商一定的赊销额度以支持经销商的市场拓展。如果经销商利用金融机构提供的流动资金贷款或银票授信额度,提前支付货款或将应付账款转变为应付票据(银行承兑汇票),可使经销商获得更有利的价格或账期。

(2) 对卖方的好处。

① 建立自身可控的销售网络,通过与买方建立的商业信用,有效地扶持买方;由于买方通过银行取得融资、提前付款获取价格折扣,使得自身购买力更强。

② 由于卖方提前获得订单,可以更科学地安排生产计划。

③ 卖方不需要一次性生产,可以根据买方销售情况和还款情况逐步排产,避免不合理库存,控制滞销带来的风险。

④ 在赊销情况下,如果买方提前支付货款或者以银行承兑汇票支付货款,则卖方的应收账款能够提前收回,或者转为应收票据。由于银行承兑汇票将增加买方的违约成本,意味着该种支付方式能够极大地降低卖方赊销回款风险。

⑤ 由于金融机构只接受卖方推荐的买方,卖方对买方拥有较强的主动权。

⑥ 由于货物质押给了银行,买方违约时,卖方可以通过回购或者重新调整销售货物策略,将损失降到最小。

⑦ 由于卖方帮助买方获得了融资支持,并且帮助银行进行风控,卖方可能获得额

外的收入。

(3) 对银行的好处。

① 实现了资产、负债及中间业务的发展,银行在给予买方融资的同时吸收了保证金存款。

② 通过为买方和卖方提供结算服务创造了中间业务收入。

③ 利用封闭的操作流程,严格地打款赎货,使买方的经营性现金流在银行体内循环,封闭运营。

(二) 保兑仓业务的基本交易模式

卖方、买方和银行三方签订保兑仓合作协议;买方向银行申请开具银行承兑汇票;银行根据买方保证金缴存情况,向卖方发出发货指令;卖方按照银行发货指令向买方发货;卖方对银行承兑汇票敞口部分以货物回购作为担保①。实践中常见的一般为厂商银模式和厂商仓银模式。

1. 厂商银模式

卖方、买方和银行订立三方合作协议,其中买方向银行缴存一定比例的承兑汇票保证金,银行向买方签发以卖方为收款人的银行承兑汇票,买方将银行承兑汇票交付卖方作为货款,银行根据买方缴纳保证金的一定比例向卖方签发提货单,卖方根据提货单向买方交付对应金额的货物,买方销售货物后,将货款再缴存为保证金。

在厂商银模式中,一般来说,银行的主要义务是及时签发承兑汇票并按约定方式将其交给卖方,卖方的主要义务是根据银行签发的提货单发货,并在买方未及时销售或者回赎货物时,就保证金与承兑汇票之间的差额部分承担责任。

具体操作流程如图 7-1 所示。

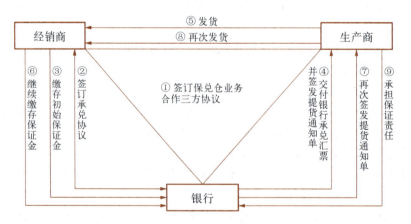

图 7-1 厂商银模式保兑仓业务操作流程图

① 银行与生产商(厂商、卖方)、经销商(销售商、买方)签订保兑仓业务合作三方协议。

② 银行与经销商签订银行承兑汇票协议,申请开立银行承兑汇票。

---

① 《最高人民法院关于当前商事审判工作中的若干具体问题》(2015 年 12 月 24 日)第 8 条。

③ 经销商在银行开立保证金账户,向银行缴存初始保证金。

④ 银行向生产商交付以经销商为出票人、以生产商为收款人的银行承兑汇票并签发提货通知单。

⑤ 生产商根据银行指令在经销商存入保证金的范围内向经销商发货。

⑥ 经销商收到货物实现销售后,再次向银行缴存保证金。

⑦—⑧ 银行再次向生产商签发提货通知单,生产商根据银行的指令在保证金范围内再次向经销商发货,如此重复以上流程。

⑨ 在银行承兑汇票到期日前,若银行签发的提货通知单总金额小于银行承兑汇票票面金额,银行一方面催促经销商回款,另一方面以书面形式通知生产商承担保兑责任。经销商未足额提货,生产商负责累计发货金额低于银行承兑汇票金额部分向银行退款。

2. 厂商仓银模式

相较于厂商银模式,厂商仓银模式增加了仓储方的参与,被称为标准保兑仓模式。厂商仓银模式通常是指以银行信用为载体,以银行承兑汇票为结算工具,由银行控制货权,仓储方(或卖方)受银行委托保管货物,对于买方到期无法偿还承兑汇票保证金以外的差额部分,由卖方负责回购质押的货物,银行向买卖双方提供银行承兑汇票的金融服务。厂商仓银模式一般包括卖方、买方、仓储方以及银行等四方主体。

厂商仓银模式下,交易流程除了包含厂商银模式的交易流程外,还包括仓储方、买方与银行签订监管协议和货物质押协议,由银行控制提货权。

(三) 保兑仓交易合同的性质及效力

1. 保兑仓交易合同的性质

在保兑仓的基本交易模式中,卖方、买方和银行三方签订保兑仓合作协议。在三方协议中,一般来说,银行的主要义务是及时签发承兑汇票并按约定方式将其交给卖方,卖方的主要义务是根据银行签发的提货单发货,并在买方未及时销售或者回赎货物时,就保证金与承兑汇票之间的差额部分承担责任。银行为保障自身利益,往往还会约定卖方要将货物交给由其指定的当事人监管,并设定质押,从而涉及监管协议以及流动质押等问题。实践中,当事人还可能在前述基本交易模式基础上另行做出其他约定,只要不违反法律、行政法规的效力性强制性规定,这些约定应当认定有效。

由此可见,保兑仓交易合同具有混合合同的性质,其中包含着多种法律关系。在卖方与买方之间存在着买卖合同关系,在买方与银行之间是基于银行承兑汇票的借款合同关系,在卖方与银行之间是对保证金与银行承兑汇票之间差额部分的清偿承担保证责任的保证合同关系。此外,当事人之间还可约定其他法律关系,如在有第四方作为仓储方监管货物的情况下,银行或者卖方与仓储方之间的监管协议,银行与卖方之间的质押合同关系。

无论保兑仓交易合同中存在几种法律关系,各方当事人均应按照协议的约定履行各自的义务,当事人之间法律关系的性质应依照合同的约定来进行分析。

2. 保兑仓交易中无真实交易关系的效力认定

如前文所述,保兑仓交易中包含了多种法律关系,其中最主要的法律关系为买卖合同关系、借款合同关系及保证合同关系。若买卖双方无真实交易背景,即买卖合同无效,是否会影响其他两个合同的效力？在解释上,卖方就保证金与承兑汇票之间差额部分的清偿所承担的保证责任,对应的是银行与买方之间基于银行承兑汇票的借款合同关系。承兑汇票应以真实的交易关系为基础,但基于票据的无因性,基础交易关系是否真实并不影响票据关系。

司法实践中,在买卖双方无真实交易关系的情形下,保证合同是否有效存在争议。

一种观点认为,无真实交易背景的保兑仓交易实质上是一个买方向银行进行贷款的行为,买卖双方之间的买卖合同因构成虚伪意思表示而无效,被隐藏的借款合同是当事人的真实意思表示。在卖方、买方及银行三方均知情的情况下,三方当事人签订保兑仓协议的目的很明确,就是为了不受国家对信贷规模的限制,逃避金融监管,套取现金。因此,应当认定借款合同系因逃避金融监管而无效,相应的保证合同也无效。

另一种观点认为,保兑仓交易以买卖双方有真实贸易背景为前提,保兑仓交易无真实的贸易背景,则卖方、买方及银行之间并不存在真实有效的保兑仓交易法律关系。卖方、买方及银行之间真实的合同法律关系应为借款合同关系及担保合同关系,即银行向买方提供融资借款,卖方为买方向银行的借款提供担保,借款及担保均系当事人真实意思表示,如不存在其他合同无效情形,应当认定为有效。

根据《九民会议纪要》,双方无真实买卖关系的,该交易属于名为保兑仓交易而实为借款合同,保兑仓交易因构成虚伪意思表示而无效,被隐藏的借款合同是当事人的真实意思表示,如不存在其他合同无效情形,应当认定有效。保兑仓交易认定为借款合同关系的,不影响卖方和银行之间担保关系的效力,卖方仍应当承担担保责任。因此,在无真实交易背景的保兑仓交易中,要树立穿透式审判思维,在准确揭示交易模式的基础上,探究当事人真实交易目的,根据真实的权利义务关系认定交易的性质与效力。

二、案例援引

惠禹饲料蛋白(防城港)有限公司与广东南粤银行股份有限公司体育支行借款合同纠纷再审案[①]

【基本案情】

2008年4月17日,惠禹公司与新谷公司签订一份《买卖合同》(合同编号为HYDP046),约定:新谷公司向惠禹公司购买津乐牌豆粕7 500吨,每吨价格为3 750元(车板价),总货款为2 812.5万元;交货方法为惠禹公司代办托运、惠禹公司所在地火车站车板交货;交货期限为惠禹公司在2008年5月20日前将货物发运完毕,发运时间以惠禹公司发运货物时承运部门签发的日期为准;货款支付方式为新

---

① 广东省高级人民法院(2012)粤高法审监民再字第1号民事裁定书。

谷公司在合同签订当日内支付10%定金，此合同生效，之后将全部货款用银行承兑汇票办给惠禹公司账户内方可提货，承兑汇票提前贴现发生的贴现利息由新谷公司承担；验收时间为新谷公司应在收货后立即进行验收。双方还对运输方式、违约责任等进行了约定。商行体育支行提供的《买卖合同》内容除交货日期（2008年9月25日）和落款时间（2008年4月18日）与上述合同不同外，其余条款均与上述合同内容一致。

2008年4月25日，新谷公司与商行体育支行签订一份《银行承兑协议书》（合同编号为2008年湛商银承字第0465号），约定商行体育支行为新谷公司办理银行承兑汇票业务，金额为2 000万元，分4张汇票开具，每张汇票金额均为500万元，汇票出票日均为2008年4月25日，到期日均为2008年10月25日。保证金、手续费如下：①新谷公司于汇票到期日前将应付票款足额交存商行体育支行指定的保证金账户，到期由商行体育支行直接划付收款人或持票人。②新谷公司按汇票金额30%存入保证金，并对汇票金额与保证金差额部分提供质押及保证担保，担保合同为2008年湛商体育权质字第014号、2008年湛商体育合字001号。③承兑手续费按票面金额万分之五计算，新谷公司在银行承兑时一次付清。承兑到期日，商行体育支行凭票无条件支付票款。如到期之日前新谷公司不能足额交付票款，商行体育支行有权从新谷公司在商行体育支行所有的存款账户上扣划。对扣划后仍不足支付的部分，票款转作商行体育支行逾期贷款，并按规定计收罚息，在商行体育支行垫付余额得到清偿前，不再对新谷公司办理新的承兑业务。双方还对违约责任进行了约定。

2008年4月25日，商行体育支行与唐某某、彭某签订一份《最高额保证合同》（合同编号为2008年湛商体育最高保字第005号），约定：为了确保2008年4月25日—2008年12月31日新谷公司在人民币5 000万元最高债权余额内与商行体育支行签订的所有主合同项下债务人的义务得到切实履行，唐某某、彭某愿意提供保证担保。唐某某、彭某保证担保的主债权为在本合同规定的期间和最高债权余额内，商行体育支行依据主合同发放的各类贷款、开立银行承兑汇票、保函而享有的对主债务人的债权。主合同债务人履行债务的期限依主合同之约定。保证方式为连带责任保证。保证范围为主合同项下的全部债务，包括但不限于本金、利息、复利、罚息、违约金、赔偿金、实现债权的费用和所有其他应付费用。保证期间为自主合同债务人履行债务期限届满之次日起两年。

2008年4月25日，新谷公司与商行体育支行签订一份《权利质押合同》（合同编号为2008年湛商体育权质字第014号），约定被担保的主债权为2 800万元，期限为6个月，即自2008年4月25日起至2008年10月25日止，质押担保范围为主合同项下的全部债务，包括但不限于本金、利息、复利、罚息、违约金、赔偿金、实现债权费用和所有其他应付费用。上述债务超出质权实现时实际处理出质权利净收入部分，新谷公司自愿承担连带清偿责任。双方在本合同签订之日起7个工作日内到有关机构办理权利出质登记手续。双方还就权利义务、提前清偿或提存、违约责任、合同生效、变更、解除、终止等问题进行了约定。

2008年4月25日，商行体育支行与惠禹公司、新谷公司签订一份《保兑仓业务合作协议》(合同编号为2008年湛商体育保兑字第001号),约定如下所述。

(1) 贸易合同。①惠禹公司、新谷公司同意以银行承兑汇票作为贸易合同的付款方式,并由商行体育支行作为汇票的承兑银行。②惠禹公司、新谷公司保证出具的《惠禹公司买卖合同》约定产品仅为津乐牌豆粕,该合同项下货物已经质押给商行体育支行;惠禹公司、新谷公司双方所签订的上述贸易合同的有关条款与本协议不一致的,以本协议为准。

(2) 银行承兑汇票承兑和交票。①新谷公司向商行体育支行提供前述贸易合同后,商行体育支行按照自身的业务规则条件决定是否承兑、承兑的数额和期限,所承兑的汇票专项用于新谷公司向惠禹公司付款订货。②银行承兑汇票开出后,按约定方式交票。③新谷公司和商行体育支行人员带票到惠禹公司所在地交票给惠禹公司,惠禹公司给商行体育支行出具"收票确认函"。

(3) 货物发送。①惠禹公司收到商行体育支行交来的银行承兑汇票后,组织贸易合同项下货物的发送。②惠禹公司必须在收到银行承兑汇票之日起5个月内全部发货完毕,否则,惠禹公司对已收到银行承兑汇票尚未提货部分的款项履行退款义务。无论何种原因,惠禹公司在收到商行体育支行的退款通知后,必须按商行体育支行退款通知书要求,10日内将未提货部分款项退回商行体育支行。如惠禹公司未按期退款,视为违约,商行体育支行按日万分之五加收违约金。③新谷公司在商行体育支行保证金账户上存入提货资金(不含开票时首次存入)后,向商行体育支行申请开出等额货物的《发货通知单》。④惠禹公司收到商行体育支行的《发货通知单》后,须核对预留印鉴,核实预留号码,并向商行体育支行的工作人员进行查询,联系人为王某某或王某,查询属实后,方能给湖南新谷公司办理发货手续。⑤《发货通知单》原件由新谷公司或商行体育支行在5个工作日内邮寄给惠禹公司。⑥货物发出后,新谷公司必须将当次货物发出相关货运单据和发票提交商行体育支行核对。⑦惠禹公司未按要求核对给新谷公司办理的发货,造成的商行体育支行损失由惠禹公司承担。⑧惠禹公司应当定期向商行体育支行提交货物发运报告,出具《货物发运确认书》,提交频率为每月一次,报告中应详细注明报告截止日的尚需发出货物名称、规格、型号、数量、预计发货时间、延迟发货原因等信息。惠禹公司按约定方式传送货物发运报告,报告原件在3个工作日内送达商行体育支行。

(4) 惠禹公司的责任。①惠禹公司对所收到银行承兑汇票项下新谷公司的债务承担连带保证责任,直到履行了货物发送责任。②无论任何情况下,惠禹公司不准将商行体育支行交给惠禹公司的银行承兑汇票直接退回或背书给新谷公司。根据法律法规的规定或履行本协议的结果导致惠禹公司应退票或退款时,惠禹公司应直接退给商行体育支行。否则,商行体育支行有权以自己的名义向惠禹公司追索该款项。

(5) 违约责任。本协议任何一方违反本协议的任何约定义务,给守约方造成损失,违约方负赔偿责任。

(6) 争议解决。因本协议的履行而产生的任何争议,应由三方协商解决,协商不成的,由商行体育支行所在地法院通过诉讼方式解决。

(7) 本协议自三方签字盖章之日起生效,至本协议下所有汇票债务全部清偿时终止。合同附件为《发货通知单》《退款通知》《货物发运确认书》。

2008年5月21日,新谷公司与商行体育支行签订一份《银行承兑协议书》(合同编号为2008年湛商银承字第0562号),约定商行体育支行为新谷公司办理银行承兑汇票业务,金额为800万元,汇票出票日为2008年5月21日,汇票到期日为2008年11月21日。保证金、手续费、违约责任等内容与双方2008年4月25日签订的《银行承兑协议书》基本相同。

上述合同签订后,商行体育支行为惠禹公司办理了2 800万元银行承兑汇票业务。该2 800万元分6张《银行承兑汇票》办理,6张汇票的出票人均为新谷公司,收款人均为惠禹公司,其中:2 000万元的《银行承兑汇票》出票日期为2008年4月25日,汇票到期日为2008年10月25日;800万元的《银行承兑汇票》出票日期为2008年5月21日,汇票到期日为2008年11月21日。新谷公司先后向商行体育支行交纳保证金840万元后,商行体育支行先后将6张汇票交付惠禹公司,但新谷公司没有按合同约定将出质权利的凭证和其他相关资料移交商行体育支行保管。惠禹公司收到银行汇票后从2008年4月29日开始向新谷公司发货,至2008年9月22日止,惠禹公司向新谷公司发送货物7 792.6吨。2008年9月15日,商行体育支行向惠禹公司发出《发货通知书》,载明:"惠禹公司:根据出票人(新谷公司)于2008年4月25日及5月21日在我行办理银行承兑汇票,金额合计为人民币2 800万元整,按照三方签订《保兑仓业务合作协议》约定,现还剩余价值1 960万元货物未发,上述银行承兑汇票到期日分别为2008年10月25日及11月21日。请求贵司抓紧时间发货,如到期未能足额发完货物,我行将依照有关规定予以处理。"另外,商行体育支行还向惠禹公司出具一份空白《发货通知书》,该通知的内容与上述通知书内容一致。2008年9月25日,商行体育支行向新谷公司发出《银承催收通知书》,要求新谷公司按期足额回笼资金。2008年9月26日,新谷公司向商行体育支行出具一份《证明》,内容如下:"湛江商行体育支行:依据《保兑仓储协议》,我公司已接收全部货物。自2008年4月25日至今,累计接收豆粕7 792.6吨,货值2 874.4万元,特此证明。"2008年9月28日,商行体育支行向新谷公司发出《预警函》,通知新谷公司存入提货资金,并要求惠禹公司办理发货手续或告知其做好退款手续。2008年9月29日,惠禹公司向商行体育支行作出《回复函》,写明:"湛江商行体育支行:由贵行行长助理王能文同志于2008年9月28日送达的《发货通知单》已收悉,现说明如下。依据《保兑仓储协议》,我公司已将额度内豆粕货物全部发完。自2008年4月25日至2008年9月22日,累计向新谷公司发运豆粕7 792.6吨,货值2 874.4万元。新谷公司已经盖章确认,特此证明。附:新谷公司货物接收证明及惠禹公司发货明细表。"2008年10月8日,商行体育支行向惠禹公司发出《退款通知》,要求惠禹公司在收到通知之日起10日内将退款汇入商行体育支行账户。

由于惠禹公司没有向商行体育支行退款,经多次协商无果,商行体育支行遂于2008年10月22日向法院提起诉讼。二审法院另查明,新谷公司与商行体育支行于2008年4月25日签订的《权利质押合同》还约定,新谷公司向商行体育支行提供权利质押的标的物为惠禹公司所供货物7 500吨津乐牌豆粕,并约定新谷公司应将仓单或提单等权利凭证交商行体育支行保管。惠禹公司在收到银行承兑汇票后不久即在商行体育支行处办理了票据贴现业务,其中出票日期为2008年4月25日的4张共计2 000万元汇票于2008年5月5日贴现,出票日期为2008年5月21日的2张共计800万元汇票于2008年5月26日贴现。本案所涉商行体育支行向惠禹公司发送的《发货通知书》共一式四份,内容相同,其中落款日期为2008年9月15日的两份系通过邮寄方式于2008年9月27日寄至惠禹公司,另外没有落款日期的两份系由商行体育支行派专人于2008年9月28日送至惠禹公司。

一审法院判决新谷公司偿还银行承兑汇票垫款1 960万元及利息,唐某某、彭某对新谷公司的上述垫款本息在5 000万元的范围内承担连带清偿责任。

二审法院判决新谷公司偿还银行承兑汇票垫款1 960万元及利息,唐某某、彭某对新谷公司的上述垫款本息在5 000万元的范围内承担连带清偿责任,惠禹公司对新谷公司尚欠商行体育支行的汇票款债务的30%即588万元及利息向商行体育支行承担连带赔偿责任。

再审法院维持了二审判决。

【案件焦点】

1. 商行体育支行、惠禹公司在合同履行过程中是否存在过错。
2. 商行体育支行的汇票垫款未能得到清偿的责任应由谁来承担。

【裁判要旨】

1. 关于商行体育支行是否存在过错的问题

(1) 商行体育支行为保障其能够向新谷公司成功收取汇票款项,在《保兑仓业务合作协议》中约定,惠禹公司在收到商行体育支行的发货通知后才能发出相应数量的货物给新谷公司。商行体育支行主张惠禹公司有1 960万元货物是在没有接到其发货通知情况下发出,属于违约,对惠禹公司之前所发的840万元货物则没有提出异议,而商行体育支行就上述840万元货物也同样未向惠禹公司发出过发货通知。此外,惠禹公司提交的"通话记录查询详单"等证据资料显示,在合同履行期间商行体育支行与惠禹公司确实有过很多次联系,这些证据虽然不能直接证明惠禹公司主张的商行体育支行向其口头发出发货指令,但起码可以说明双方就发货事宜进行的沟通是经常的,商行体育支行对惠禹公司之前在未接到发货通知情况下所发840万元货物持放任态度,在这种情况下惠禹公司有理由相信剩余的货物也无须按照《保兑仓业务合作协议》关于发货条件的约定执行。另外,商行体育支行在没有收到新谷公司提货资金的情况下于2008年9月15日向惠禹公司发出《发货通知书》的行为,也进一步印证了商行体育支行在合同履行中并没有全面地按照协议约定操作。

(2) 本案涉诉汇票中,有2 000万汇票的出票日期是2008年4月25日,到期日为 2008 年 10 月 25 日,有 800 万汇票的出票日期是 2008 年 5 月 21 日,到期日为 2008 年 11 月 21 日。按照《保兑仓业务合作协议》的约定,惠禹公司应在收到汇票之日起 5 个月内全部发货完毕,并且每次发货时要在收到商行体育支行的发货通知后才能发出相应数量的货物。但商行体育支行系在 2008 年 9 月 27 日才向惠禹公司送达了第一份《发货通知书》,此时距离汇票的出票日已经过了四五个月,合同预定的惠禹公司的"5 个月"发货期限已经或即将到期。

(3) 商行体育支行为保障其能够向新谷公司成功收取汇票款项,还专门与新谷公司签订了《权利质押合同》,在其与惠禹公司、新谷公司签订的《保兑仓业务合作协议》中也专门约定了要求惠禹公司、新谷公司保证权利质押成功设立的条款。但在合同实际履行过程中,商行体育支行并没有积极按照上述约定主张自己的权利,向新谷公司或惠禹公司主动索要货物权利凭证或督促办理权利质押登记手续,对惠禹公司、新谷公司在未办理货物质押情况下进行交易持放任态度。因此,商行体育支行在上述合同履行过程中存在过错,其没有为双方按照约定履行合同提供好的条件和环境,甚至对合同相对方惠禹公司按约办事造成了妨碍,或者说在一定程度上诱发了惠禹公司不遵循约定流程发货,商行体育支行对其汇票垫款未能得到清偿负有相应的责任。

2. 关于惠禹公司是否存在过错的问题

虽然商行体育支行在合同履行过程中对于维护自身权益没有尽到应有的注意义务,对新谷公司向其支付汇票款项的行为怠于督促和监管,未能为双方按照约定履行合同创造有利条件和环境,对其汇票垫款未能得到清偿负有责任,但在合同履行过程中,惠禹公司也存在过错。

(1) 虽然商行体育支行不按约办事是导致惠禹公司未遵循约定流程发货的重要因素,但基于《保兑仓业务合作协议》专门对惠禹公司发货流程进行了着重约定,惠禹公司作为这一约定的主要义务方理应尽到相当的审慎注意义务,而本案审理中并没有证据显示惠禹公司曾就商行体育支行为何不按约发出发货通知及是否更改发货流程等问题,向商行体育支行进行过询问或协商,故惠禹公司对本案争议的发生也是有过错的。惠禹公司辩称商行体育支行是先口头通知其发货,事后再以书面发货通知确认,但惠禹公司为此提供的"通话记录查询详单""谈话录音资料""2007 年湛商体育合字第 001 号、005 号两份合作协议""财务记账凭证"等证据资料,均不能直接证明其上述主张。惠禹公司提供的证人证言虽然与惠禹公司上述主张吻合,但由于证人本身系惠禹公司的员工,证人证言的证明力较低,又没有其他有力证据可以佐证,故惠禹公司的上述主张证据不足。

(2) 惠禹公司没有严格按照《保兑仓业务合作协议》的约定向商行体育支行通报发货情况信息。该协议第 3.8 条约定,惠禹公司应当每月一次向商行体育支行提交货物发运报告,通报报告截止日的尚需发出货物名称、规格、型号、数量、预计发货时间、延迟发货原因等信息。但在合同履行过程中,没有证据表明惠禹公司按照上述约定定期向商行体育支行通报发货相关信息,致使商行体育支行不能及时掌握发货情况并有效监控惠禹公司的发货进度,从而对本案争议的发生及商行体育支行汇票垫款未能得到清偿负有一定责任。

(3) 惠禹公司没有按照《保兑仓业务合作协议》的约定协助将货物质押给商行体育支行。该协议第1.2条约定,惠禹公司、新谷公司双方保证出具的《惠禹饲料蛋白(防城港)有限公司买卖合同》约定产品仅为津乐牌豆粕,该合同项下货物已经质押给商行体育支行。虽然商行体育支行对权利质押未能有效设立存在过错,应当依法承担相应的法律责任,但并不能因此免除惠禹公司依据该协议负有的保证将合同项下货物质押给商行体育支行的义务,而且惠禹公司作为供货方,也完全有能力协助或促成将货物质押给商行体育支行。惠禹公司在有能力履行上述义务的情况下却未积极履行,对货物质押未能有效设立负有一定责任,对商行体育支行不能通过质押权来保障汇票垫款的收回负有一定责任。根据上述分析,结合《保兑仓业务合作协议》第4.1条关于惠禹公司应对新谷公司所欠商行体育支行的汇票款债务承担连带保证责任,直至惠禹公司按约履行了发货义务的规定,惠禹公司对本案争议的发生及商行体育支行汇票垫款未能得到清偿负有一定责任,应当承担相应的法律责任。

综合上述分析,本案中商行体育支行和惠禹公司均未严格按照当初约定履行合同,双方对于商行体育支行汇票垫款不能得到清偿均负有一定责任。根据《中华人民共和国民法通则》(以下简称《民法通则》)①关于民事活动应当遵循公平原则的规定,本案让任何一方承担全部责任均有失公平,故双方应按照各自过错责任的大小分别承担相应的法律责任。根据双方过错对本案争议发生所造成的实际影响,二审法院以及再审法院均认为,商行体育支行负主要责任,应承担70%的责任,惠禹公司负次要责任,应承担30%的责任。

【案件评析】

银行对于案涉损失,自身存在重大过失,其并没有按照协议的要求保护自身资金的安全,而是在一定程度上"放任"风险扩大、集聚。即使在本案没有通知的情况下,如果银行严格按照协议约定,在没有对货物取得控制的情况下,停止开出银行承兑汇票,也可能将损失降到最低。故银行对不能收回案涉款项的损失,自身存在重大过错,是造成该损失的主要原因。

案 例 二

中国建设银行股份有限公司温州府前支行与王某某、郑某某等合同纠纷案②

【基本案情】

2011年2月10日,新诚公司与建行温州分行签订了《保兑仓融资业务合作协

---

① 《民法通则》于本案裁判中尚适用,后已于2021年《民法典》施行后失效。
② 浙江省高级人民法院(2015)浙商提字第13号民事裁定书。

议》,约定:为保证新诚公司与银星公司之间的购销合同的顺利履行,保证银星公司与建行温州分行因本协议之融资业务所签订的承兑协议、国内信用证或贷款合同的履行而签订该协议。购销合同的付款方式为银行承兑汇票、汇款方式。银星公司收到银行承兑汇票或者汇款后,应开立相应价值的经签字盖章的《提货单》,交付给建行温州分行。《提货单》为银星公司签发给新诚公司的不可撤销的、唯一的货权凭证。新诚公司自愿将该《提货单》作为建行温州分行提供融资支持的质押物。新诚公司在建行温州分行处开立保证金账户,如需提货,须提交《提货申请书》,并在保证金账户内存入拟提货金额的70%作为保证金。建行温州分行在确认保证金金额后,填写《提货通知书》并签字盖章确认,并将该《提货通知书》通过指定的传真机发给银星公司指定的传真机。银星公司在确认《提货通知书》的真实性、准确性后方可向新诚公司办理提货手续。另外,三方还对权利义务进行了约定。其中,建行温州分行的权利义务包括:① 对经银星公司确认的购销合同,建行温州分行有义务为新诚公司提供融资;② 建行温州分行有权持有《提货单》正本;③ 建行温州分行有权对质押货物进行检查和监督。

2011年2月24日,王某某与建行府前支行签订了编号为XC62878492300435《最高额保证合同》,约定为新诚公司2011年2月24日—2016年2月23日形成的人民币资金借款合同、银行承兑协议等合同所形成的一系列债务提供最高额连带责任保证,担保的最高限额为1000万元。担保范围包括本金、利息及实现债权的费用等。2011年2月24日,郑某某与建行府前支行签订了编号为XC62878492300435《最高额保证合同》,约定为新诚公司2011年2月24日—2016年2月23日形成的人民币资金借款合同、银行承兑协议等合同所形成的一系列债务提供最高额连带责任保证,担保的最高限额为1000万元。担保范围包括本金、利息及实现债权的费用等。2011年2月24日,李某某与建行府前支行签订了编号为XC62878492300435《最高额保证合同》,约定为新诚公司2011年2月24日—2016年2月23日形成的人民币资金借款合同、银行承兑协议等合同所形成的一系列债务提供最高额连带责任保证,担保的最高限额为1000万元。担保范围包括本金、利息及实现债权的费用等。2011年11月8日,银星公司与建行府前支行签订了编号为XC628784923000577《最高额保证合同》,约定为新诚公司2011年8月25日—2013年8月24日形成的人民币资金借款合同、银行承兑协议等合同所形成的一系列债务提供最高额连带责任保证,担保的最高限额为980万元。担保范围包括本金、利息及实现债权的费用等。上述《最高额保证合同》均约定,无论建行府前支行对主合同项下的债权是否拥有其他担保(包括但不限于保证、抵押、质押等担保方式),不论上述担保方式何时成立,建行府前支行是否向其他担保人提出主张,也不论其他担保是否由债务人自己提供,保证在担保合同项下的保证责任均不因此减免,建行府前支行有权直接要求保证人承担保证责任。

2011年8月29日,新诚公司与建行府前支行签订了编号为XC62878492300538《银行承兑协议》,申请建行府前支行对其签发的银行承兑汇票进行承兑,汇票金额合计500万元。同日,新诚公司开具编号为1050005320188694银行承兑汇票,收款人为银星公司,票面金额为500万元,汇票到期日为2012年2月29日。2011年9月7日,新诚公司与建行府前支行签订了编号为XC62878492300549的《银行承兑协议》,申请建行府前支行对其签发的银行承兑汇票进行承兑,汇票金额合计1 460万元。同日,新诚公司开具编号为1050005320529767和1050005320529768银行承兑汇票两份,收款人均为银星公司,票面金额均为730万元,汇票到期日均为2012年3月7日。上述两份《银行承兑协议》均约定新诚公司应在汇票到期日前将应付票款足额交存其在建行府前支行处开立的账户,无论持票人或收款人是否提示付款,在汇票到期日均由建行府前支行将票款足额划至建行府前支行账户。新诚公司未足额支付的部分,构成建行府前支行垫款。汇票已经到期且新诚公司未足额交存应付票款或其他应付款项的,建行府前支行有权自汇票到期日起按日万分之五的标准对未足额交存的款项收取利息。建行府前支行发生垫款的,有权要求新诚公司归还垫款本息。

上述银行承兑汇票到期后,建行府前支行根据托收银行的要求支付了票款。因新诚公司未依约交存票款,导致建行府前支行垫款。截至2012年12月5日,新诚公司尚欠编号为XC62878492300538《银行承兑协议》项下票款本金2 457 769.74元,利息345 321.53元;尚欠编号为XC62878492300549《银行承兑协议》项下票款本金7 179 550元,利息983 598.35元。截至2012年12月5日,新诚公司共计欠建行府前支行票款本金9 637 319.74元,欠利息1 328 919.88元。

新诚公司在一审中曾提起反诉称,新诚公司、银星公司与建行府前支行于2011年2月10日签订了《保兑仓融资业务合作协议》,由建行府前支行向新诚公司开具承兑汇票给银星公司。银星公司向建行府前支行提供等额货物的《提货单》作为质押,由建行府前支行行使《提货单》项下质押物的检查和监督权利。建行府前支行根据新诚公司的请求发放质押物。到期后,建行府前支行向银星公司兑现承兑汇票。《保兑仓融资业务合作协议》签订后,新诚公司向建行府前支行申请开具承兑汇票(金额为1 960万元)给银星公司,并缴纳了980万元保证金。但建行府前支行并没有为新诚公司发放任何空调器。新诚公司向建行府前支行发函要求履行发放货物的义务,并停止兑现承兑汇票,但建行府前支行未履行。现银星公司已经没有建行府前支行可以掌控的空调器。建行府前支行在明知银星公司没有履行合同且没有履行能力的情况下,仍垫付承兑汇票票款,给新诚公司造成了损失,以此为由在反诉中要求建行府前支行赔偿其实际损失。但是一审、二审法院以本诉与反诉属于不同法律关系,且合同签订主体存在差异,不予受理其反诉请求。

再审法院还查明如下事实:

建行温州分行出具的《关于保兑仓协议中盖章情况的说明》载明:2011年1月6日,联东公司、银星公司和建行温州分行三方签订编号BDC005的《保兑仓融资业务合作协议》,2011年2月10日,新诚公司、银星公司和建行温州分行三方签订编号为BDC008的《保兑仓融资业务合作协议》,该两份协议第8条印鉴条款中,银行有效印鉴式样均为"府前支行",而协议最后落款盖章为"温州分行",原因是:保兑仓业务的管理权限在温州分行,经办行为府前支行,因此协议最后落款盖章为"温州分行",有效印鉴式样为"府前支行"。《保兑仓融资业务合作协议》第3条第2款明确约定,《提货单》为银星公司签发给新诚公司的不可撤销的、唯一的货权凭证,新诚公司自愿将该《提供单》作为建行温州分行提供融资支持的质押物。《保兑仓融资业务合作协议》第8条是关于印鉴的约定,该条就新诚公司、银星公司签署该协议及所列附件时须使用的印鉴式样予以明确,同时明确建行温州分行的有效印鉴式样为"建行府前支行",签发协议所列附件的指定人员为"陈某""周某某"任一人。签订《保兑仓融资业务合作协议》时,陈某、周某某均系建行府前支行的工作人员。陈某在一审庭审中陈述,《保兑仓融资业务合作协议》由其提供,建行温州分行是协议履行主体,建行府前支行是经办人,协议第8条中"陈某"的签字是其本人所签,《提货单》由建行温州分行保管。周某某陈述,协议第8条中"周某某"的签字是其本人所签。《保兑仓融资业务合作协议》第12条规定,本协议有效期为一年,但发生下列情况之一的,建行温州分行有权单方面终止本协议,如已给建行温州分行造成经济损失的,新诚公司的赔偿责任不因本协议终止而终止:① 新诚公司未按建行温州分行要求开展保兑仓融资业务;② 新诚公司有违反本协议规定义务的行为;③ 新诚公司经营情况严重恶化或涉及重大诉讼、财产被查封等;④ 银星公司不能按照本协议要求发货。

2011年8月16日,银星公司与新诚公司签订了一份《工矿产品购销合同》(合同编号为:20110816),约定:产品名称"空调器",规格型号"按实际发货",数量"一批",总金额为"500万",交货地点、方式为"送货到需方仓库","运费由供方承担",结算方式为"现金、本票、银行承兑汇票(6个月)、汇款"。对提货时间及数量、违约责任、验收标准、方式及提出异议期限等均未明确约定。同年9月1日,双方又签订了一份《工矿产品购销合同》(合同编号为:20110901),除总金额为"1460万元"外,其他内容与上述购销合同一致。2011年8月29日,银星公司向新诚公司出具了一份《提货单》,载明:"按照2011年2月10日签订的《保兑仓融资业务合作协议》(编号BDC008)和2011年8月16日签订的《购销合同》(编号20110816),本公司已经以以下方式收妥货款:银行承兑汇票,金额为人民币500万元,号码:1050005320188694。本公司承诺贵公司拥有《购销合同》项下与此融资相关的货物提货权(货物清单:空调,总金额500万元),并以此交由建行府前支行质押。未经中国建设银行签章确认,我公司不受理贵公司的提货请求。凡建行府前支行签发的《提货通知书》,由贵公司或授权委托人提货的累计总金额以不超过已支付货款为准,未提货部分由本公司承担连带付款责任。"下方加盖了银星公司公章并由法定代表人陈某某签字。2011年9月7日,银星公司向新诚公司出具了一份《提货单》,载明:"按照2011年2月10日签订的《保兑仓融资业务合作协议》(编号BDC008)和2011年9月1日签订的《购销合同》(编号20110901),本公司已经以以下方式收妥货款:银行承兑汇票,金额为人民币1460万元,号码:1050005320529768、1050005320529767。本公司承诺贵公司拥有《购销合同》项下与此融资相关的货物提货权（货物清单：空调器，总金额1460万元），并以此交由建行府前支行质押。未经中国建设银行签章确认，我公司不受理贵公司的提货请求。凡建行府前支行签发的《提货通知书》，由贵公司或授权委托人提货的累计总金额以不超过已支付货款为准，未提货部分由本公司承担连带付款责任。"下方加盖了银星公司公章并由法定代表人陈某某签字。新诚公司委托代理人在一审第二次开庭审理中回答提问时陈述，新诚公司没有根据《保兑仓融资业务合作协议》约定向建行温州分行提交《提货申请书》，但是出具申请函要求提货。再审中，新诚公司陈述，其没有按《保兑仓融资业务合作协议》约定向银行保证金账户内存入拟提货金额的70%作为保证金。2011年8月29日、9月7日新诚公司与建行府前支行签订的两份《银行承兑协议》第4条第3款约定，建行府前支行承兑的汇票项下的交易关系或债权债务关系发生纠纷，应由新诚公司自行处理，不影响新诚公司在本协议项下的义务与责任。

一审法院判决新诚公司偿还建行府前支行票款本金9 637 319.74元及利息；银星公司对新诚公司的上述付款义务承担连带偿还责任，其连带偿还的范围与连带偿还编号为XC628784923000577《最高额保证合同》所担保的其他债权的总和不超过980万元；王某某对新诚公司的上述付款义务承担连带偿还责任，其连带偿还的范围与连带偿还其与建行府前支行签订的编号为XC62878492300435《最高额保证合同》所担保的其他债权的总和不超过1 000万元；郑某某对新诚公司的上述付款义务承担连带偿还责任，其连带偿还的范围与连带偿还其与建行府前支行签订的编号为XC62878492300435《最高额保证合同》所担保的其他债权的总和不超过1 000万元；李某某对新诚公司的上述付款义务承担连带偿还责任，其连带偿还的范围与连带偿还其与建行府前支行签订的编号为XC62878492300435《最高额保证合同》所担保的其他债权的总和不超过1 000万元。

二审、再审法院均维持了上述判决。

【案件焦点】

1. 本案的法律关系如何认定，即案涉《银行承兑协议》与《保兑仓融资业务合作协议》之间的关系如何认定。

2. 新诚公司是否应承担《银行承兑协议》项下的还款责任。

【裁判要旨】

（1）一、二审法院认为本案的基础法律关系是保兑融资业务合作关系。首先，本案所涉《保兑仓融资业务合作协议》签订主体是建行温州分行、银星公司和新诚公司；而本案《银行承兑协议》签订的主体是建行府前支行与新诚公司。建行温州分行和建行府前支行均为独立的民事主体。因此，《保兑仓融资业务合作协议》和《银行承兑协议》签订合同的主体不同。其次，建行府前支行起诉的依据是新诚公司未依照《银行承兑协议》的约定交存承兑汇票票款，并非新诚公司在履行保兑仓协议中存在违约行为。因此，本案应为金融借款合同纠纷，并非保兑仓融资业务合同纠纷。《银行承兑协议》约定新诚公司应在汇票到期日前将应付票款足额交存其在建行府前支行处开立的账户,无论持票人或收款人是否提示付款,在汇票到期日均由建行府前支行将票款足额划至建行府前支行账户。新诚公司未足额支付的部分,构成建行府前支行垫款。建行府前支行作为涉案银行承兑汇票的承兑付款行,在本案中对到期涉案承兑汇票进行兑付,并未违反票据法及双方的规定,由此产生的垫款,应由出票人即新诚公司负责偿还。建行府前支行依约为新诚公司开具了银行承兑汇票并进行了垫款,新诚公司未依约如期缴存票款,已构成违约。故建行府前支行诉请新诚公司偿还垫款本金及利息符合合同约定和法律规定。新诚公司主张因建行府前支行未按保兑仓协议履行造成新诚公司的损失与本案不具有关联性,新诚公司可另行处理。

(2) 再审法院认为,新诚公司主张,本案的基础法律关系是保兑仓融资业务关系,《银行承兑协议》只是《保兑仓融资业务合作协议》的履行方式。建行府前支行认为,《保兑仓融资业务合作协议》签订主体是建行温州分行,与建行府前支行无关。保兑仓业务是指以银行信用为载体,以银行承兑汇票为结算工具,由银行控制货权,卖方(或仓储方)受托保管货物并对承兑汇票保证金以外金额部分由卖方以货物回购作为担保措施,由银行向生产商(卖方)及其经销商(买方)提供的以银行承兑汇票的一种金融服务。综合全案分析,本案符合保兑仓业务的法律特征,理由是:① 2011 年 2 月 10 日新诚公司、银星公司与建行温州分行签订《保兑仓融资业务合作协议》,注明为新诚公司与银星公司间的购销合同顺利履行签订此协议,并就各方的权利义务作出具体规定,在《保兑仓融资业务合作协议》框架之下,建行府前支行 2011 年 2 月 24 日与王某某、郑某某、李某某,2011 年 11 月 8 日与银星公司等签订的《最高额保证合同》,并与新诚公司 2011 年 8 月 29 日、9 月 7 日签订的《银行承兑协议》均是执行和履行《保兑仓融资业务合作协议》的各方义务,可见本案一系列合同的签订,均以《保兑仓融资业务合作协议》为基础,保兑仓业务合同是后续买卖双方、银行以及担保方介入案涉法律关系的基础合同。② 建行温州分行再审中认可建行府前支行系《保兑仓融资业务合作协议》的经办行,基于保兑仓业务管理权限在建行温州分行,协议最后落款盖章遂为建行温州分行。因此,在案涉保兑仓业务合同关系中,建行府前支行是实际的履行方,建行府前支行认为《保兑仓融资业务合作协议》与建行府前支行无关的主张不能成立。故本案案由应确定为保兑仓业务合作合同纠纷,新诚公司的该再审理由成立。案涉《银行承兑协议》是《保兑仓融资业务合作协议》的履行方式,本案的法律关系系保兑仓融资业务合作合同关系。一、二审判决对法律关系的认定有误,应予纠正。

新诚公司再审主张,新诚公司已将案涉购销合同中的货物质押给建行温州分行,建行温州分行未按《保兑仓融资业务合作协议》约定向其交付货物,新诚公司不应承担银行授信风险和货物灭失风险。再审法院认为对新诚公司的该主张不能予以支持,理由是:① 根据票据无因性理论以及《银行承兑协议》第 4 条第 3 款的约定,本案中 1960 万元银行承兑汇票项下即便不存在真实交易背景,汇票仍应有效,建行府前支行理应无条件向持票人承兑付款。新诚公司已基于《银行承兑协议》享受了信贷利益,应承担最终的还款义务。②《保兑仓融资业务合作协议》中约定建行府前支行有权对质押货物进行检查和监督系协议各方赋予银行的权利,但并不能推知银行有义务保管货物。银行检查和监督权系银行因其自身风险控制所需,银行作为专业金融机构,不可能也无能力对货物进行保管。③从《保兑仓融资业务合作协议》的履行情况来看,建行府前支行不存在违约行为。新诚公司未按协议约定提交《提货申请书》,并在保证金账户内存入拟提货金额的70%作为保证金,无权要求建行府前支行催促银星公司履行交付货物义务。故新诚公司应承担《银行承兑协议》项下的还款责任。在保兑仓业务关系中,建行府前支行并不存在违约行为,故新诚公司主张的再审请求不能成立,不予支持,其应承担《银行承兑协议》项下的还款责任。

【案件评析】

一方面,保兑仓交易模式中,当事人间可能形成买卖、融资、担保、仓储、票据、资金监管类金融服务等多种法律关系。对这些交易关系,法院要从鼓励金融创新、促进商事交易、保障交易安全的角度,确认相关合同效力,不轻易认定合同无效。交易模式中某一环节合同无效,不宜当然否定其他环节交易的法律效力。另一方面,保兑仓模式参与主体广、交易环节多、资金渠道长,很容易被作为虚假交易的一种手段规避金融监管,除非引发诉讼,日常监管很难发现。法院在具体案件审理中则比较容易发现此类情况。

保兑仓交易下,不同法律关系中当事人发生的纠纷一般可以分别审理。但是,如果债权人同时向债务人、担保人、仓储方主张承担相应责任的,应一并进行审理,以便正确区分各自的权利义务,依法认定各自的责任顺位,避免出现重复受偿①。法院在审理此类案件时,应当结合整个交易的情况,判断当事人之间的法律关系,并应根据保兑仓业务的法律特点,合理认定各方的责任大小。

案例 三

兴业银行股份有限公司济南分行诉山东钢铁股份有限公司、山东钢铁股份有限公司济南分公司、福建省旺隆贸易有限公司保兑仓业务合作合同纠纷案②

【基本案情】

2012年2月24日,兴业银行济南分行、旺隆公司与济钢公司签订《保兑仓业务三方合作协议》,约定:为保障兴业银行济南分行与旺隆公司2012年2月24日—

---

① 杨临萍:《关于当前商事审判工作中的若干具体问题》(2015年12月24日),载杜万华主编《商事法律文件解读》总第134辑,人民法院出版社,2016,第27—28页。

② 山东省高级人民法院(2013)鲁商终字第243、293、294、295、403号民事判决书。

2013年2月23日发生的各类授信业务项下协议的履行,旺隆公司、济钢公司双方同意以银行承兑汇票作为双方贸易合同的付款方式,并由兴业银行济南分行作为汇票的承兑银行,济钢公司作为汇票的收款人。兴业银行济南分行同意贷款给旺隆公司,用以支付旺隆公司在上述贸易合同项下的货款。提货采用旺隆公司从济钢公司自行提货的模式。银行承兑汇票开出后,旺隆公司即可向济钢公司提取与初始保证金100%等值的货物。此后旺隆公司每次向济钢公司提货时,济钢公司均应凭兴业银行济南分行签发的《提货通知书》办理。济钢公司收到《提货通知书》的当日立即向兴业银行济南分行签发《发货通知书》,并按《提货通知书》规定向旺隆公司办理发货事宜。济钢公司违反上述规定给旺隆公司办理提货手续的,应当向兴业银行济南分行承担连带还款责任。

2012年2月27日,济钢公司更名为山钢公司;2012年2月28日,设立山钢济南公司。山钢公司同意由山钢济南公司继续履行《保兑仓业务三方合作协议》中济钢公司的相关责任和义务,另两方对此也予以认可。

2012年8月14日,兴业银行济南分行(承兑人)与旺隆公司(承兑申请人)签订《商业汇票银行承兑合同》。约定兴业银行济南分行为旺隆公司办理银行承兑汇票8150万元,期限为2012年8月14日—2013年2月14日。2012年8月15日,兴业银行济南分行将出票人为旺隆公司、收款人为山钢济南公司的17份共计8150万元的银行承兑汇票交付山钢济南公司,按照《保兑仓业务三方合作协议》约定履行了义务。此后,山钢济南公司在未收到兴业银行济南分行的提货通知的情况下,未按《保兑仓业务三方合作协议》约定将剩余5705万元承兑汇票退回兴业银行济南分行,自行将等值货物交付旺隆公司。

兴业银行济南分行与旺隆公司签订的《商业汇票银行承兑合同》于2013年2月14日到期,旺隆公司未按合同约定履行还款义务。截至2013年3月25日,旺隆公司共欠兴业银行济南分行银行承兑汇票垫付款本金56 707 177.04元及利息1 081 765.24元。

兴业银行济南分行诉至法院请求判令旺隆公司偿还银行承兑汇票项下款项5705万元,并承担利息1 081 765.24元;山钢公司、山钢济南公司对上述债务承担连带清偿责任。

【案件焦点】

济钢公司、旺隆公司是否应向银行承担银行承兑汇票项下的还款责任。

【裁判要旨】

山东省高级人民法院二审认为:兴业银行济南分行与济钢公司、旺隆公司签订的《保兑仓业务三方合作协议》,系为了保障旺隆公司2012年2月24日—2013年2月23日与兴业银行济南分行发生的各类授信业务的履行而签订。根据该协议约定,旺隆公司与济钢公司之间设立贸易合同关系,旺隆公司以向兴业银行济南分行申请开立银行承兑汇票的融资方式,将收款人为济钢公司的银行承兑汇票,由兴业银行济南分行直接支付到济钢公司,旺隆公司在银行承兑汇票到期前将票款足额支付到兴业银行济南分行,兴业银行济南分行根据旺隆公司支付票款的数额和进度向济钢公司发出提货通知书,济钢公司依据兴业银行济南分行发出的提货通知书向旺隆公司发货。如济钢公司未接到兴业银行济南分行的提货通知书就向旺隆公司发货,应对旺隆公司的债务承担连带还款责任。后因济钢公司更名为山钢公司,原济钢公司的资产、负债、权益、业务及其他权利与义务由山钢济南公司承继。山钢济南公司未按照约定履行《保兑仓业务三方合作协议》,构成违约,兴业银行济南分行要求山钢济南公司承担连带还款责任符合合同约定和法律规定,故山钢公司应与山钢济南公司共同对旺隆公司的债务承担连带还款责任。兴业银行济南分行依合同约定为旺隆公司垫付了银行承兑汇票款,履行了合同义务。旺隆公司未按合同约定在银行承兑汇票到期前向兴业银行济南分行足额交存票款,应承担还款责任,并按合同约定支付利息。遂判决旺隆公司偿还兴业银行济南分行银行承兑汇票垫付款本金 56 707 177.04 元及利息 1 081 765.24 元;山钢公司、山钢济南公司就旺隆公司的偿还义务承担连带清偿责任。

【案例评析】

本案是山东省内首例保兑仓纠纷案件,是最高人民法院2014年发布的保兑仓业务纠纷案的典型案例,该案的判决起到很好的示范效应。保兑仓是一种新类型融资方式:对卖方而言,保障了收款;对买方而言,降低了融资成本;对银行而言,保障了资金安全。上述案例的判决充分体现了人民法院在支持新类型融资方式、规范融资市场发展方面的职能作用。

三、案件法务会计分析

(一)企业对保兑仓业务的会计处理

保兑仓业务当事人间往往会涉及多个不同的交易活动,如买卖、融资、仓储等,企业应该按照交易发生的具体内容分别进行会计处理。

1. 经销商在银行开立保证金账户,向银行缴存初始保证金

经销商会计处理如下:

借:其他货币资金——银行汇票(保兑仓)——保证金
　　贷:银行存款

2. 银行签发以经销商为出票人、生产商为收款人的银行承兑汇票,经销商将银行汇票交付给生产商

(1)生产商收到汇票,会计处理如下:

借:应收票据——银行汇票(保兑仓)
　　贷:应收账款——经销商

(2)银行开出汇票时,经销商暂不作会计处理。

3. 银行签发提货单,生产商向经销商发货

(1) 生产商会计处理如下:

① 发出货物时:

借:发出商品
　　贷:库存商品

② 按合同约定货物所有权转移给经销商,生产商应确认收入、结转成本:

借:应收账款
　　贷:主营业务收入
　　　　应交税费——应交增值税(销项税额)

借:主营业务成本
　　贷:发出商品

(2) 经销商会计处理如下:

借:库存商品
　　应交税费——应交增值税(进项税额)
　　贷:应付票据——银行汇票(保兑仓)

4. 汇票到期后,经销商支付承兑汇票与保证金之间的差额部分

(1) 生产商会计处理如下:

借:银行存款
　　贷:应收票据——银行汇票(保兑仓)

(2) 经销商会计处理如下:

借:应付票据——银行汇票(保兑仓)
　　贷:银行存款

5. 到期若经销商无力偿还银行敞口,银行代付,生产商需要承担连带责任保证

(1) 生产商会计处理如下:

借:银行存款
　　贷:应收票据——银行汇票(保兑仓)

借:营业外支出或管理费用
　　贷:预计负债

(2) 经销商不作会计处理。

(二) 银行等金融机构对保兑仓业务的业务办理流程

1. 保兑仓业务专项授信额度审批

银行对保兑仓业务专项授信按照其内部规定执行审查程序。经审查部门审查后的项目,分行或者业务部门可在业务授权书规定的权限内自行审批,超出权限逐级上报有权审批人审批。对客户进行充分调查后,确定其保兑仓业务的授信额度、期限和保证金比例。

2. 企业(经销商)在银行开立保证金账户,向银行缴存初始保证金

银行会计处理如下:

借:银行存款
　　贷:保证金——××公司(保兑仓)

3. 办理保兑仓业务提货时,实践中银行一般采用以下几种方式

(1) 首笔保证金可全额用于首次提货,后续提货时须向银行追加保证金,银行向生产商签发相同金额的提货通知书。

(2) 首笔保证金不可全额用于首次提货,经销商提货须需向银行申请并追加约定比例的提货保证金,提货保证金计算公式如下:提货保证金=提货金额×(1-首笔保证金比例)。

(3) 首笔保证金不能用于首次提货,全额预留用于最后一次提货。

4. 银行密切监控保兑仓业务项下资金流向

根据四种不同融资方式,向核心企业支付货款。

(1) 融资以承兑方式发放的,银行承兑汇票的收款人(生产商)应为与银行及经销商签订保兑仓业务合作协议的企业。办理首笔业务时,银行承兑汇票一般由业务管理部门与经营机构双人经办实地送达,并对送达地址、签收人等事项进行双人核实。办理后续业务时,可采用其他符合规定的送票方式,并保证银行承兑汇票有效送达。

(2) 融资以开立国内信用证方式发放的,信用证受益人(生产商)应为与银行及经销商签订保兑仓业务合作协议的核心企业。

(3) 融资以流动资金贷款或法人账户透支方式发放的,贷款连同经销商自有资金一并直接支付给生产商,或者开具以生产商为收款人的银行汇票或支票。以汇票、支票形式支付的,应注明"不得背书转让"。

(4) 融资以商票保贴方式发放的,贴现款直接支付给生产商。

四、保兑仓业务法律风险及防范

(一) 保兑仓业务法律风险发生的原因

从实践来看,保兑仓业务风险主要在于核心企业(供货商)违约风险、客户信用风险、贸易背景真实性以及操作风险。

(1) 就卖方而言,法律风险主要在于买方经销商的失信和销售不力,还可能有小部分来自买方与银行之间的串通。在银行承兑汇票到期后,如果买方不能及时向银行偿还银行承兑汇票与保证金直接的差额,则作为担保方的卖方就必须履行担保责任代为偿还。

(2) 就买方经销商而言,法律风险主要在于卖方的财务状况恶化或破产而导致无法供货,或银行怠于履行控制货权义务而导致货物毁损、灭失或所有权发生转移。此外,还要接受市场供需关系的挑战,如果因为市场萧条销售不力,则很有可能面临高额借款本金及利息、违约金等责任。保兑仓交易往往是大额订单业务,很可能导致买方经销商一蹶不振,甚至面临破产倒闭。

(3) 就资金提供方银行而言,也存在卖方生产商与买方经销商合谋骗贷的可能。虽然买方经销商向银行缴纳一定比例保证金,一般不低于30%,很多银行甚至会收取50%以上的保证金,但其余债权需要向卖方或者其他担保方追索。一般保兑仓交易担保方都签订保证合同而非抵押合同,也就是我们通常所说的"人保",能否顺利实现债权

还要取决于担保方的财产状况。虽然一般情况下保兑仓合同都会约定银行有提货权,但关于提货权的法律性质属于物权还是债权目前还存在很大争议。如果银行提货权为债权,银行的保障力量就大大减弱,仅限于普通的债权请求权;即便定性为物权,银行有无限追溯权和排他权,还存在货物年久灭失贬值的风险,而且银行还需要花大量的精力和金钱去变卖。

(二)因财务管理不善造成事后救济存在困难

1. 企业和银行的财务制度不完善,相关流程过于粗糙,缺乏可操作性

在实践中,由于企业财务制度不完善,未能建立一套完整的款项审批和支付流程,或者相关收付款流程过于粗糙,往往会引起许多争议,这些争议将导致企业难以获得有效司法救济。例如,付款后对方没有书面确认所收款项的内容和数量,导致出现对方不承认收到款项,或对收到的款项认可但主张收到的不是双方争议的款项等情况。

2. 财会人员的法律防范意识欠缺,疏于收集保存财务证据

在许多案件中,企业财会人员不注意保留付款的凭证,在发生诉讼时可能对其不利。因此,不论何时,支付款项都应该取得相应的凭证,特别是直接支付现金或者不规范的金融票据支付,都应该取得收条等凭证。作为收款一方,则应当注意不要重复出具凭证。例如,在一起承揽合同案件中,某纺织公司委托某印染公司加工布匹,双方对已支付的加工费金额发生争议。法院经审理认为,对有争议的两笔款项,案外人邵某虽承认收到款项,但缺乏有效证据证明邵某有权代表某印染公司收取款项,在缺乏其他有效证据证明的情况下,对该两笔款项不能认定。

(三)风险防范对策

1. 对合作对象进行尽职调查,选择优质核心企业(供货方)

(1)核心企业可为生产型企业或贸易型企业,而且应为所属行业或所在区域具备领先优势的企业,近三年连续正常经营;核心企业为贸易型企业的,应为生产型企业所设立或控股的销售型贸易企业,或该贸易型企业与生产型企业隶属于同一集团公司。

(2)核心企业在银行信用等级评定为 A 级(含)以上,上一年度销售收入不低于一定规模。

(3)核心企业主营业务突出,主导产品销售顺畅;保兑仓业务项下销售商品为其主营产品,产品适销对路,质量稳定,退货及返修率低;最近三年销售履约记录良好,未因产品质量、不能按期交货等问题与买方发生贸易纠纷。

(4)与其他银行合作保兑仓等供应链融资业务履约情况良好。

2. 银行合理确定授信额度

(1)保兑仓业务项下,核心企业间接授信额度的占用可以按客户融资敞口余额统计,对所有客户的融资敞口余额之和不得超过核定或分配的间接授信额度。

(2)银行应该为保兑仓业务项下客户核定保兑仓业务专项授信额度,保兑仓业务专项授信额度应根据客户的资信状况和销售规模合理核定,有效期最好不超过一年。已经核定专项授信额度的保兑仓业务不视同无担保信用业务,可在年度业务授权书规定的权限内自行审批,专项授信额度应与客户在本行原有风险敞口合并管理,敞口加总不得超过分行权限,超出分行权限的应上报总行审批。

（3）保兑仓业务项下单笔信用业务均为短期融资，具体期限视标的货物周转时间而定，最长不超过六个月。

（4）办理保兑仓业务的客户须提交首付款或首笔保证金，具体比例由总、分行业务管理部门充分考虑核心企业经销模式、保兑仓业务项下商品流转速度及回款进度等因素，在制定业务合作方案时予以确定，作为客户办理保兑仓业务时应提交首付款或首笔保证金的最低比例。根据风险定价原理确定首付款或首笔保证金比例。

3. 完善提货流程

办理保兑仓业务提货时，可视情况选择如下三种方式。

（1）首笔保证金/首付款可全额用于首次提货，后续提货时银行可以要求经销商追加保证金，银行向核心企业签发相同金额的提货通知书。

（2）首笔保证金/首付款不可全额用于首次提货，客户提货时须向银行申请并追加约定比例的提货保证金。

（3）首付款/首笔保证金不能用于首次提货，全额预留用于最后一次提货。

4. 银行密切监控保兑仓业务项下向核心企业支付货款的资金流向

有四种不同的融资方式。

（1）融资以承兑方式发放的，银行承兑汇票的收款人须为与本行及客户签订业务合作协议的核心企业。

（2）融资以开立国内信用证方式发放的，信用证受益人须为与银行签订业务合作协议的核心企业。

（3）融资以流动资金贷款或法人账户透支方式发放的，贷款连同客户自有资金一并直接支付给核心企业，或者开具以核心企业为收款人的银行汇票或支票。

（4）融资以商票贴保方式发放的，贴现款直接支付给核心企业。

5. 银行应加强业务管理，防范操作风险

银行在保兑仓业务的主要操作环节有出票、通知发货、有关凭证及单据的核实、签发、传递与收取等。

（1）票据送达。办理首笔业务时，由银行业务管理部门与经营机构双人负责银行承兑汇票的实地送达，并对送达地址、签收人等事项进行双人核实。办理后续业务时，可采用其他符合银行规定的送票方式，并保证银行承兑汇票有效送达。核心企业收到银行承兑汇票后，向银行出具预收款及货物监管确认函。

（2）提货。客户向银行申请提货须提交提货申请审批表，并追加提货保证金，银行业务管理部门审核保证金到账情况、提货金额及数量，银行核准后向核心企业发出提货通知书，核心企业收到通知并审核后发货，并向银行出具发货通知书。

（3）承兑到期处理。

① 银行承兑汇票到期前十日，若客户未及时存入足额保证金，经营机构应立即向客户进行催收，要求客户补足保证金。

② 银行承兑汇票到期前五日，若客户仍未存入足额保证金，则经营机构和分行风险管理部门应及时向客户追偿，业务管理部门应积极配合，同时及时向核心企业发出退款通知书，要求核心企业向本行支付未发货部分对应金额的款项。

(4) 逾期处理。在银行承兑汇票到期时,若客户及核心企业均未向银行支付逾期款项,则转为客户逾期,立即停止发放新贷款并取消授信额度。

银行业务管理部门、风险管理部门应及时督促经营机构向客户追偿逾期款项,并根据合同约定要求核心企业承担差额退款责任或连带保证责任,包括但不限于银行承兑汇票敞口部分、逾期利息、罚息以及本行为实现债权而支付的费用。对于客户追加额外担保或其法定代表人/实际控制人提供个人连带责任保证的,应及时行使抵押、质押权利或要求其法定代表人/实际控制人承担连带保证责任。

(5) 妥善管理全部资料。业务办理过程中银行发出的文件资料以及银行收到客户及核心企业的相关资料等均应编号、归档,妥善管理。

复习思考题

1. 保兑仓业务的交易流程是怎样的?
2. 保兑仓业务中存在哪些法律关系?
3. 保兑仓业务合同是哪种类型的合同?应如何适用法律?
4. 卖方承担差额退款责任是否构成保证?构成何种保证?

第八章 股权融资并购案件法务会计分析

一、基本理论

(一) 股权融资与并购概述

股权并购是指并购方通过协议购买目标企业的股权或认购目标企业增资方式,成为目标企业股东,进而达到参与、控制目标企业的目的。随着企业战略发展的需要,股权并购越来越成为企业快速扩张的有效手段,比较经典的是阿里收购吉鑫控股、百度收购YY直播、大连港并购营口港、印记传媒收购福布斯传媒等。实践中,股权融资并购方式一般包括私募投资、杠杆收购、管理层收购、跨境并购等。

私募投资又叫私募股权投资(private equity investment),主要是对非上市公司进行的股权投资。其中,私募股权(private equity,PE)一般通过私募方式筹资,并且投资方向主要为私募的非上市股权。从融资方式角度看,私募股权是指企业通过出让股权获得资金支持,待发展壮大后再通过管理层回购、协议转让等方式重新获取企业股权。

杠杆收购(leveraged buyout,LBO)又称融资并购、举债经营收购,它的实质在于举债收购,即通过信贷融通资本,运用财务杠杆加大负债比例,以较少的股本投入(约占并购资金10%~30%)融得数倍的资金,对目标企业进行收购、重组,并以目标企业未来的利润现金流作为偿债来源。这是一种以小博大、高风险、高收益、高技巧的企业并购方式,也有人称其为"蛇吞象""小鱼吃大鱼"等。管理层收购(management buyout,MBO)是杠杆收购的一种,是指管理层通过杠杆融资的手段获得资本对公司股份进行购买,以期变动目标企业的财产所有权,实现拥有实际控制权并重组公司,达到产权收益目的的收购行为。MBO是在传统的并购理论上逐渐发展演变出来的新型并购方式,具有提高公司治理效率、减少企业成本、完善企业治理结构等作用,所以成为最受欢迎的并购方式之一,同时也是提高企业管理水平、注重人力资本的一种激励方式。

海外并购是指一国跨国性企业,通过一定的渠道和支付手段,将另一国企业一定份额的股权直至资产收买下来,从而对另一国企业的经营管理实施实际的或完全的控制行为。海外并购于20世纪90年代才逐渐成为我国企业对外投资的重要方式。

(二) 私募投资

私募股权投资协议中常常会涉及对赌协议。对赌协议又称估值调整协议,是指投资方与融资方在达成股权性融资协议时,为解决交易双方对目标公司未来发展的不确定性、信息不对称以及代理成本而设计的包含了股权回购、金钱补偿等对未来目标公司的估值进行调整的协议。对赌协议的本质是企业估值与投融资方权益调整的一种或然性的安排,其本质就是投融资双方停止对目标公司现有价值争议不休的状态,将暂无法即刻谈妥的争议点搁置,共同设定目标公司未来的业绩目标,在约定的未来节点,再行调整目标公司估值和双方权益。

私募股权投资中的对赌协议是 PE 机构与融资方达成的,就融资方在投后业绩、上市时间安排、股份回购等可能影响投资方投后收益的主要事项通过条款描述进行的预先演绎,是对未来融资方业绩、财务、经营发展等不确定性情况进行的事先约定。

对赌分为"单向对赌"和"双向对赌"。"单向对赌"指的是标的公司在预期时间内已达成或未实现在股权投资协议中明文的约定或(和)其他承诺,股权投资中的一方主体将权利向另一方出让或由一方向对方承担义务。其目的多是防止标的公司未来运营的业绩或者股权结构等有大幅度变动,而造成投资者的巨大亏损。投资者可以与标的公司、标的公司的实际控制人签订股权投资协议的补充协议,通过该协议对自己的权益加以保障。"双向对赌"指的是,投融资方在股权投资协议中约定可触发的对赌条件,一旦条件达成,既可以使标的公司行使估值调整的权利,也可以使投资者在获利面临风险时得到及时救济。除了标的公司的实际控制人或高级管理人员要弥补企业价值被高估的损失,在企业价值被低估时,投资者要继续注资或将多获得的股权部分赠与标的公司的实际控制人或高级管理人员。

对赌协议的内容一般包括三部分,即资本进入条款、资本调整条款和资本退出条款。资本进入条款是私募股权基金投资协议的基础条款,决定了私募股权基金进入目标企业的途径及进入后在目标企业中的地位和身份;资本调整条款是采用浮动比例,根据目标企业的经营业绩而调整投资方和融资方的股权比例;对赌协议中约定的资本退出条款通常有企业上市退出、并购和股权回购等方式,退出条款可以保证投资方取得一定收益并能实现资本退出。

对赌协议的内容一般根据投融双方的需求来定,主要包括以下三方面:一是企业估值,投融双方根据企业的现有价值、经营状况、市场前景、企业潜力等一系列因素来确定企业的价值,这是对赌协议的基础;二是确定预期目标,主要表现为财务业绩、上市时间等,其中很多是以公司上市为约定,因为公司上市后,对投资者来说其股权价值会有翻倍的增值,也符合财务投资的目的;三是估值调整方式,根据企业完成目标与否,对投融资双方的权利义务进行重新调整,如达成目标则投资方追加投资或者投资方减少持股等,如未达标则向投资方高价回购或者转让经营管理权等。

在并购中,对赌协议"赌"的方式较为多样,实践中常见的对赌类型包括四种模式。

一是以现金作为对赌补偿。并购双方对目标公司未来业绩进行目标设定,当目标公司未能实现约定的业绩目标时,则由目标公司原股东或实际控制人向并购方支付一定金额的现金补偿,但不再调整双方的股权比例。

二是以股权作为对赌筹码。当目标公司未能实现对赌协议规定的业绩标准时,目标公司原股东或实际控制人将以无偿或者以象征性的低价将一部分股权转让给收购方。这种模式在实践中较为常见,并购方通常会通过此种方式分段收购目标公司。

除以股权让渡作为对赌外,实践中有的交易会以股权稀释作为筹码,即如果业绩目标未能实现,并购方可以较低的价格向目标公司增资,以此稀释原股东或实际控制人的股权。

三是以股权激励作为手段。为更好地实现业绩目标,当然缺少不了管理层的共同努力,因而实践中交易双方会对管理层进行激励,当业绩达到目标时,并购方会让渡部分股权给管理层,以此作为激励。

四是以股权特殊权益作为激励。并购双方可约定,当目标公司未能实现对赌协议规定的业绩目标时,并购方将获得特定的权利,如股权优先分配权、一定表决权、一票否决权等等。

(三)杠杆收购与管理层收购

1. 财务模式

杠杆收购融资是一种十分灵活的融资方式。采用不同的操作技巧,可以设计不同的财务模式。常见的杠杆收购融资财务模式主要有三种。

(1)典型的杠杆收购融资模式。即筹资企业采用普通的杠杆收购方式,主要通过借款来筹集资金,以达到收购目标企业的目的。这种模式下,筹资企业一般期望通过几年的投资,获得较高的年投资报酬率。

(2)杠杆收购资本结构调整模式。即由筹资企业评价自己的资本价值,分析负债能力,再采用典型的杠杆收购融资模式,以购回部分本公司股份的一种财务模式。

(3)杠杆收购控股模式。即企业不是把自己当作杠杆收购的对象来考虑,而是以拥有多种资本构成的杠杆收购公司的身份出现。具体做法是先对公司有关部门和其子公司的资产价值及其负债能力进行评价,然后以杠杆收购方式筹资,所筹资金由母公司用于购回股份、收购企业等,母公司仍对子公司拥有控制权。

2. 杠杆收购分析

(1)财务报表综述。财务报表是公司金融分析的基础工具。通过分析拟收购企业的历史数据,投资者可对企业历史、增长率以及收入表现有更加深刻的了解。通过研究拟收购企业历史财务报表中的相关运营指标,如存货周转率、收入增长趋势等,可明确企业未来的发展方向。当投资者明确了解收购企业未来的发展方向与趋势之后,便可由此制作出合理的预计财务报表①。一家公司运营情况的好坏通常由资产负债表、利润表及现金流量表所反映。这三个表相互独立又相互依赖,共同呈现公司经营状况。

① 资产负债表。资产负债表一端详细记录包括公司现金、应收账款及其他可增加收入的资产在内的公司资产。另一端则由负债及所有者权益构成。在杠杆收购中,资产负债表的右半部分资产会大量地转为负债。当然,鉴于杠杆收购主要是关于资本结构的交易,这种变化不会立刻显现出来。企业可用未来的收入现金流去偿还贷款,提升股东权益。

② 利润表。利润表体现一段时间内公司收入的变化。它同时也包括如折旧、分期还款等现金与非现金的支出,因此,净利润总额不等于公司在该段时间内实现的收入总额。

---

① [美]戴维·皮尔格(David Pilger):《杠杆收购入门精要》,李淼译,人民邮电出版社,2015,第21页。

③ 现金流量表。该表体现公司现金流量的变化,可分为公司经营活动、投资活动和融资活动现金流(如负债流入、发行股票流入及股票回购流出)三个部分。公司的所有负债、贷款在资本权益部分都有详尽的记录。在杠杆收购中,投资者最关心的是在收购最初应该设定怎样的杠杆率,公司应该拥有多少库存现金用于偿付贷款。

(2) 杠杆收购分析的目标。

① 库存现金。分析库存现金的一个目的为通过预估库存现金测度其负债能力。该信息对任何投资者来说都同等重要。一方面,加速负债偿还有利于减少利息支出;另一方面,当市场状况变坏时,公司能够进行新的融资选择,如当公司已经偿还大部分借款后,在需要进行新一轮融资时,是有可能再次以公司资产为抵押获得新的融资项目投资的。然而,当其所有资产已经抵押时,该种方案便不可行。因此,公司的偿债能力是同其未来融资弹性挂钩的。

② 敏感性分析。杠杆收购分析的目标还应包括列出所有可影响投资者回报的状况。每个财务分析均包括对未来的预测,预计当发展如计划所愿时的结果。然而,世事难料,因而在预测中要设计多种情景与方案。用于分析不同情景下结果的通用分析方法称为敏感性分析,它运用 Excel 中的相关功能来统计不同输入情景的结果。

尽管杠杆收购分析的主要目标是预测未来的投资回报,但其他类型的信息也需要知道。鉴于杠杆交易的高风险特征,需要着重留意公司的负债程度,以及其他预测性分析。

(3) 创建杠杆收购分析的步骤。

① 确定交易资金的来源及用途。首先,需要确定杠杆收购的资本投入及偿还方法。为了确定交易支出,需要先了解公司现在的股票价格。在现有股价下还需要给予股东更多的好处以收购更多的股份,此时的报价为收购要约价。要约价格乘以股票数额便是股权收购价格。其次,还需要支付银行家、律师等人员相应的交易费用。最后,还需要考虑资产负债表中以有息负债等名目存在的净负债,它们需要在杠杆收购后付费进行再融资。总之,所需资本(或用于完结交易的资金)为股权收购资本、交易费用和净债务再融资之和:

$$\text{交易成本}=\text{股权收购}+\text{相关交易费用}+\text{净债务再融资}$$

在确定需付成本后,现在可考虑资本来源。投资者最终均应确定收购所需交易的资产,其数量常受敏感性分析中不同的融资选择方案和信用情况的影响。在很多案例中,股权投资者都希望利用尽可能高的杠杆率和尽可能少的自有资本降低风险。一旦确定了股权投资后,债务融资数应等于交易成本余额。此时可利用多种借贷工具(以不同的利率)进行杠杆收购融资,这些不同借贷工具的利率是基于包括信贷结构中资信度等在内的多种因素决定的。

② 预测出预计利润表。利润表分析首先可用于参考公司过去的表现。基于基期表现,可预测公司未来的成本结构及收入增长率。收入显现了公司的总体成长状况,因而需要预测公司的年度收入增长率。这些增长率是基于过去的收入增长率、整体经济状况及所在行业增长状况等因素预测的。

③ 计算预计库存现金量。现金是公司资产负债表中很重要的部分。通过现金流量表可以追踪每期的现金流变动。典型的现金流量表由三部分组成，即经营活动中的现金流量、投资活动中的现金流量与融资活动中的现金流量。在杠杆收购中，更关心的是可用以偿付债务的预计未来库存现金。因此，杠杆收购中的现金流分析注重资金偿付方面的库存现金，即扣除营业活动和投资活动现金流之后剩余的库存现金：净收入已消除了货币价值的影响，净营运资本进行了相应调整，资本支出也属已去除影响后的状况。该数字是本期内可实际用于偿还负债的现金流。

④ 通过债务远期分析计算杠杆的变化及偿还。运用债务远期，考虑多种因素后计算出每期偿债数目。须考虑杠杆收购交易者新增的那部分负债，包括资产负债表中的生息负债项目。每期偿还的负债数目取决于可用于偿债的库存现金量以及每期公司资产负债表上剩余的负债数目。

通常，当杠杆收购分析中公司的负债额高于可得库存现金时，其所有的库存现金均用于偿债。当库存现金高于现存负债时，其剩余库存现金加入资产负债表中的库存现金项目下。换句话说，当库存现金量增加时，其可保证期末的库存现金一般高于偿债额度。

公司利润表上的利息收入和利息支出均是在债务远期额度的基础上计算得出的，这部分为杠杆收购的核心。公司的成败取决于其偿债能力，它对投资者来说决定了此项交易是否成功。

⑤ 确定预期回报和资本倍数。在完成上述分析后需要计算其预期回报。可用内部收益率来预测未来每期投资的回报高低，用预估的未计利息、税项、折旧及摊销前的利润来衡量公司的潜在价值。后一项指标接近于类似公司在企业的潜在价值中减去公司的净负债后得到的潜在权益价值，由此可计算公司投资的潜在收益率。通过比较初始股权投资的数目与最后出售公司后所得收益，可完成分析。

除了内部收益率外，还可计算投资潜在的资本倍数，即用初始股权投资除以潜在股权收益。该指标不考虑货币的时间价值，以绝对货币价值计算，从而更有利于了解投资者预期回报的确切数目。

⑥ 计算股东权益与相关信用度指标。一般来说，投资者都倾向于用指标来衡量公司的财务健康状况及表现。统计数字及指标在衡量企业财务健康状况和同其他公司做相应对比方面是极其有用的工具。在杠杆收购分析中，有些统计数据可用以判断公司的资本结构和信用状况。这些指标包括产权比率，资产负债率，未计利息、税项、折旧及摊销前的利润，利息补偿数等。

⑦ 敏感性分析。在变化的初始权益投资和退出税息折旧及摊销前利润（earnings before interest, taxes, depreciation and amortization, EBITDA）倍数的基础上，可就投资的预期回报创建敏感性分析。通过敏感性分析，可预测不同状况下相应的预期回报，从而使整个分析变得更加完整、更有意义。

（四）海外股权融资与并购

我国企业海外并购的发展过程主要分为两个阶段。第一阶段是 1992—2000 年，此期间主要以窗口公司或者比较有创新思维的公司为主，投资区域也主要集中在与中国有贸易往来的东南亚和非洲国家。此时的海外投资主要是尝试性的，其规模不大。第二阶段是2001年我国加入世界贸易组织（World Trade Organization，WTO）后至今，对外投资总额从2000年的20多亿美元增加到2001年的70多亿美元，随后不断发展。

1. 海外并购的流程

一般来说，海外并购的整个流程可主要分为计划、构架团队、尽职调查、投标、谈判、签署交易文件、过渡期监控及满足交易先决条件、交割、期后价款调整及索赔、后续整合及运营。

首先，在计划阶段，需要定位目标资产或者目标公司。比如，中国国内油气公司都有一支专门寻找项目机会的团队，这些团队长期跟踪、分析一些潜在的项目机会，并等待适当的时机出手。从卖方的角度来说，出卖资产无非基于以下几种原因：一是从减少风险、优化自身资产组合的角度考虑；二是资产已到生产末期，所涉及的弃置费用高；三是资本开支巨大，如一个独立的E&P公司深水资产太多，打算出让部分深水开发资产以便减轻公司的资本开支负担；四是拟出让资产未达到卖方的预期回报；五是储量上升空间不大或者增产的成本高；六是所在资源国政治风险高，或者有恐怖袭击，或者安保成本太高；七是变现退出等。从买方的角度，需要分析卖方处置资产的原因，以便能跟上卖方思路，了解其在交易中最关心的问题。计划阶段还需要考虑时间表问题，一般卖方都会有一个时间表，但该时间表是否现实，买卖双方能否就时间表达成统一，是在此阶段需要考虑的问题；同时，计划阶段还需要考虑买卖资产是否达成一致问题，一般来说，卖方出卖好资产的同时，会搭售一部分相对劣质的资产，买方需要考虑是否能够接受；计划阶段还需要考虑买卖需要的基本条件，如买方是否会转售、初步税务筹划和架构，以及进行公开拍卖还是一对一的谈判。

其次，在计划完成后，买卖双方均需要开始组建团队。一般来说，团队均有技术、商务、法律、财务、税务人员，同时视交易的需要，还可能会有人力、公关（政府公关、媒体公关、投资者公关）、审计、董事会办公室等人员的加入，团队还需要视情况聘用相应专业的外部顾问，包括但不限于投行、会计师事务所、律师事务所、技术服务公司、人力资源顾问、公关公司、情报公司等。交易团队出于保密需要，会对项目设立代号，内部成员沟通时，用代号指代潜在交易。

接下来就进入了正式的交易流程：潜在买方与卖方先行签署保密协议，卖方开放资料室，买家做尽职调查，然后基于第一轮尽职调查结果报价，卖方选择部分潜在买家进入第二轮，第二轮尽职调查后，卖方选择几家潜在买家进入谈判程序；买卖双方就价格、文本等达成一致后，签署交易协议；如果买卖双方有一方系上市公司，则在签署交易协议后，往往需要按照有关交易所的披露规则对交易发布公告；签署交易协议后，等待政府审批、第三方同意或放弃优先购买权等先决条件的满足进行项目交割，买方支付价款，得到资产或者公司；交割后，一般会按照交易文件规定的价款调整方式进行价款调整，如果在一定期限内出现了交易文件约定的应由卖方负责的索赔事件，则卖方还应向买家支付相应的赔偿。

最后，买家继续经营整合所购得的资产或公司，并购流程结束。

2. 海外并购的特点

海外并购究其性质，本质上还是买卖关系。无论是资产类并购、股权并购还是公司并购,都离不开买卖这个特性。但由于海外并购自身特点,涉及的交易结构复杂,交易不确定因素多,交易潜在的风险大,交易所涉及的金额巨大,交易可能的时间较长,需要技术人员参与,需要流程化的方式来推进,有着自己的一套专业化方法,同时需要高度复杂且冗长的交易文件来分担交易各方的风险。从中国企业走向海外的经验看,海外并购一般来说具有五个特点。

第一,海外并购一般涉及较为复杂的交易结构设计。由于考虑到投资保护、税务筹划、买入后未来处置的灵活性等目的的实现,海外并购的交易架构往往会通过一系列特殊目的公司的设置来达到商业目的。

第二,海外并购交易不确定因素大。一般来说,所有的项目中,能从开始走到最后交易完成交割的,可能只有不到百分之十几的概率。影响并购交易成功的因素,从技术、储量、估值、法律变化、财税制度、政府审批、第三方同意、合作伙伴优先购买权、竞争对手、股东批准等,不一而足,均可能影响交易的完成,交易完成的时间也不确定,往往受制于政府审批或/和第三方同意。

第三,海外并购交易的潜在风险大。除了系统性风险、政治风险、环保风险、合规贪腐风险,还有技术风险、商务风险、财税风险和法律风险等。

第四,海外并购交易的交易文件的管辖法及争议解决方式均含涉外因素,技术化程度高,对参与人员提出较高要求。以石油行业的海外并购来看,石油合同的管辖法一般是资源国法律,涉及石油合同下参与权益买卖的交易文件一般是英国法,争议解决方式一般倾向于国际仲裁(因为法院判决在其他国家的执行较难)。国外法律管辖、资产权益在海外、涉及的审批机构大多数在海外等涉外因素多。尽管海外并购行为理论上遵循契约自由、当事人意思自治这些大原则,但是,涉外因素决定了只有买卖双方对于涉外因素的把握具有同等知晓程度的情况下,买卖双方才是真正平等沟通的商业主体,这对海外并购的参与人员提出了较高的要求。

第五,海外并购自身的跨境、外汇、交易价金高等特性往往带来项目流程管理的难度。比如,海外并购的交易金额往往巨大,巨大的交易金额带来的是更为复杂的外汇、汇率等问题。如中海油的 Nexen 并购案①:如何在交易交割当天支付上百亿的加币,需要提前准备、配合;如何将美元兑换成加币,是否考虑锁定汇率,上百亿加币如何汇出、如何支付,均需要提前谋划;海外并购交易大多使用外部顾问,对外部顾问的管理、工作成果质量的控制,也需要提前计划。

3. 海外的法律环境

各个国家的法律规定不同,所以在不同国家进行海外并购应遵循的规则及审查程序也不同。本书主要以美国与英国为例,阐述两国的相关规定和政策。

(1)美国:一个总原则、三项基本法律和适当限制。美国企业并购的法律环境可以概括为一个总原则、三项基本法律和适当限制。一个总原则就是自由的市场交易原则。在美国,企业是否有并购需要以及并购对象的选择与并购行为的实施,完全是企业根据

---

① 《中海油 151 亿美元收购加拿大 Nexen 公司》,新浪财经,2022 年 6 月 10 日,http://finance.sina.com.cn/focus/zhysg/。

市场需要，为谋取竞争优势和利益最大化而采取的市场行为。企业并购是一种自由的市场交易活动，由买卖双方通过自由谈判的公正交易达成，原则上政府对企业并购不加干预。

三项基本法律是指在并购活动中，企业应遵守的最基本的法律，包括公司法、合同法以及债权债务关系法，这些法律为企业并购提供了基本规则。

适当限制指的是自由的市场交易原则并不意味着企业并购是完全自由放任的，政府也通过法律对某些并购作适当的限制。这些限制包括：一是对政府管制的行业，企业并购要经政府审批；二是对上市公司，由于涉及股票市场和公众投资者利益，规定其向美国证券交易委员会（Securities and Exchange Commission，SEC）报告，并履行规定的信息披露义务；三是政府对大的企业并购要实施反垄断审查，确保企业并购活动不妨碍自由、公平的竞争；四是对外国企业并购美国国防军工企业的，要经政府审批。政府的法律形式的适当限制，旨在维护消费者权益，保护公平竞争以及国家安全等。具体而言，美国对外资的限制主要包括：一是完全出于国家安全考虑而明确禁止外资介入，主要针对国内航空运输、核能生产和利用、国内水路运输；二是严格限制外国直接投资介入，主要针对电信、广播等部门；三是对外国投资实行对等原则，主要针对油气管道、铁路、矿产采掘等行业；四是对水力发电、某些地区的水产业和航运业实施特殊限制。

（2）英国。英国政府依法掌控跨国并购，特别是成立了一系列由政府资助或主导的所谓"机构"，实施有效的管理。这样，英国政府在重大的跨国经济活动中就扮演着协调者、管理者的角色，展示维护国家利益和社会公正的开明形象，而不是以控制、垄断和武断干预者的面目出现在世人面前。

英国对跨国并购的监管机构主要有两个：一个是公平交易署（Office of Fair Trading，OFT）；另一个是竞争委员会（Competition Commission，CC）。英国通过这两个机构以及有关行业机构对跨国并购实施严格而有序的监管。

公平交易署是根据英国《2002年企业法》成立的政府监管跨国并购的主要职能部门。OFT是一个不设部长的政府机构，拥有700名全职职工。它由一个政府主导下组建而成的委员会负责，该委员会任命主席和首席执行官。根据英国法治观念，《2002年企业法》的立法初衷是把"部长们从有关竞争的决定中解脱出来"，把这些决定权交给竞争委员会和公平交易署，英国的竞争观念和管理框架已将OFT确立为一个法定机构，因为政府需要将政策与保障竞争的决定脱钩，以允许专家们和竞争管理机构就并购和市场问题做出决定。

竞争委员会接受OFT指令，对跨国并购进行调查，实施竞争测试（competition test），然后决定跨国并购的成败。该委员会是政府资助的决策机构，于1999年由反垄断委员会改建而成，现有150名成员，设有主席、三位副主席和一名首席执行官，均由贸工部部长任命。CC主要由各类专业人员组成，包括会计师、律师和经济学家，有煤气、电力、通信、报纸和水务等专门小组，其职责是通过进行竞争测试，判定某项跨国并购是否会对市场竞争造成重大的不利影响。如果认定并购案会大大扼杀竞争，将不可能通过测试，因而无法被批准。

除了上述两个政府机构之外，在兼并竞标阶段，还有一个并购小组（Takeover Panel）

负责监管。该机构成立于1968年,其主要职能是负责发表和实施欧盟和伦敦金融城关于并购的法规,中心目标是保证在并购竞标过程中对所有股东一律公平对待。各领域各行业还分别有自己的监管机构,如能源领域由天然气电力市场办公室(Office of Gas and Electricity Markets, Ofgem)监管,通信领域由电信办公室(Office of Telecommunications, Oftel)监管,金融领域由金融服务署(Financial Service Authority, FSA)监管。其他领域和行业都有类似机构对跨国公司的运作实施监管。对于欧盟以外国家的企业,在成功实施兼并后,这些行业监管机构将依据欧盟和英国的有关法律法规对其实行具体细致的监管,所以一项并购案至少会有4~5个机构参与监管。

二、案例援引

案例一

苏州工业园区海富投资有限公司与甘肃世恒有色资源再利用有限公司、香港迪亚有限公司、陆波增资纠纷再审案[①]

【基本案情】

2007年11月1日,甘肃众星锌业有限公司(以下简称众星公司)、苏州工业园区海富投资有限公司(以下简称海富公司)、香港迪亚有限公司(以下简称迪亚公司)、陆某共同签订一份《甘肃众星锌业有限公司增资协议书》(以下简称《增资协议书》),约定:众星公司注册资本为384万美元,迪亚公司占投资的100%。各方同意海富公司以现金2 000万元人民币对众星公司进行增资,占众星公司增资后注册资本的3.85%,迪亚公司占96.15%。依据协议内容,迪亚公司与海富公司签订合营企业合同及修订公司章程,并于合营企业合同及修订后的章程批准之日起10日内一次性将认缴的增资款汇入众星公司指定的账户。合营企业合同及修订后的章程,在报政府主管部门批准后生效。海富公司在履行出资义务时,陆波承诺于2007年12月31日之前将四川省峨边县五渡牛岗铅锌矿过户至众星公司名下。募集的资金主要用于以下项目:① 收购甘肃省境内的一个年产能大于1~5万吨的锌冶炼厂;② 开发四川省峨边县牛岗矿山;③ 投入500万元用于循环冶炼技术研究。第7条特别约定第1项:本协议签订后,众星公司应尽快成立"公司改制上市工作小组",着手筹备安排公司改制上市的前期准备工作,工作小组成员由股东代表和主要经营管理人员组成。协议各方应在条件具备时将公司改组成规范的股份有限公司,并争取在境内证券交易所发行上市。第2项业绩目标约定:众星公司2008年净利润不低于3 000万元人民币。如果众星公司2008年实际净利润完不成3 000万元,海富公司有权要求众星公司予以补偿,如果众星公司未能履行补偿义务,海富公司有权要求迪亚公司履行补偿义务。补偿金额=(1-2008年实际净利润/

[①] 《中华人民共和国最高人民法院公报》2014年第8期(总第214期)。

3 000万元)×本次投资金额。第4项股权回购约定：如果至2010年10月20日，由于众星公司的原因造成无法完成上市，则海富公司有权在任一时刻要求迪亚公司回购届时海富公司持有之众星公司的全部股权，迪亚公司应自收到海富公司书面通知之日起180日内按以下约定回购金额向海富公司一次性支付全部价款。若自2008年1月1日起，众星公司的净资产年化收益率超过10%，则迪亚公司回购金额为海富公司所持众星公司股份对应的所有者权益账面价值；若自2008年1月1日起，众星公司的净资产年化收益率低于10%，则迪亚公司回购金额为(海富公司的原始投资金额－补偿金额)×(1＋10%×投资天数/360)。此外，还规定了信息披露约定、违约责任等，还约定该协议在各方授权代表签字并加盖公章后，于协议文首注明之签署日期生效。协议未作规定或约定不详之事宜，应参照经修改后的众星公司章程及股东间的投资合同(若有)办理。

2007年11月1日，海富公司、迪亚公司签订《中外合资经营甘肃众星锌业有限公司合同》(以下简称《合资经营合同》)，有关约定如下：众星公司增资扩股将注册资本增加至399.38万美元，海富公司决定受让部分股权，将众星公司由外资企业变更为中外合资经营企业。在合资公司的设立部分约定，合资各方以其各自认缴的合资公司注册资本出资额或者提供的合资条件为限对合资公司承担责任。海富公司出资15.38万美元，占注册资本的3.85%；迪亚公司出资384万美元，占注册资本的96.15%。海富公司应于本合同生效后10日内一次性向合资公司缴付人民币2 000万元，超过其认缴的合资公司注册资本的部分，计入合资公司资本公积金。第68条、第69条关于合资公司利润分配部分约定：合资公司依法缴纳所得税和提取各项基金后的利润，按合资方各持股比例进行分配。合资公司上一个会计年度亏损未弥补前不得分配利润。上一个会计年度未分配的利润，可并入本会计年度利润分配，还规定了合资公司合资期限、解散和清算事宜，还特别约定，合资公司完成变更后，应尽快成立"公司改制上市工作小组"，着手筹备安排公司改制上市的前期准备工作，工作小组成员由股东代表和主要经营管理人员组成。合资公司应在条件具备时改组成立为股份有限公司，并争取在境内证券交易所发行上市。如果至2010年10月20日，由于合资公司自身的原因造成无法完成上市，则海富公司有权在任一时刻要求迪亚公司回购届时海富公司持有的合资公司的全部股权。合同于审批机关批准之日起生效。《中外合资经营甘肃众星锌业有限公司章程》(以下简称《公司章程》)第62条、第63条与《合资经营合同》第68条、第69条内容相同。之后，海富公司依约于2007年11月2日缴存众星公司银行账户人民币2 000万元，其中新增注册资本114.771 7万元，资本公积金1 885.228 3万元。2008年2月29日，甘肃省商务厅甘商外资字[2008]79号文件《关于甘肃众星锌业有限公司增资及股权变更的批复》同意增资及股权变更，并批准"投资双方于2007年11月1日签订的增资协议、合资企业合营合同和章程从即日起生效"。随后，众星公司依据该批复办理了相应的工商变更登记。2009年6月，众星公司依据该批复办理了相应的工商变更登记。2009年6月，众星公司经甘肃省商务厅批准，到工商部门办理了名称及经营范围变更登记手续,名称变更为甘肃世恒有色资源再利用有限公司。另据工商年检报告登记记载,众星公司2008年度生产经营利润总额26 858.13元,净利润26 858.13元。

由于众星公司2008年未实现约定的3 000万利润,2009年12月30日,海富公司诉至兰州市中级人民法院,请求判令世恒公司、迪亚公司和陆波向其支付协议补偿款1 998.209 5万元并承担诉讼费及其他费用。

【案件焦点】

业绩对赌的约定是否合法、有效,即本案《增资协议书》第7条第2项是否具有法律效力。

【裁判观点】

本案的一审与二审分别对于"对赌协议是否有效""股东与投资者之间的对赌协议是否有效"进行了评析,二审法院将对赌协议中"完成业绩"与"不能完成业绩"予以区分,提出不能完成时的协议实为借贷。

再审中,最高人民法院认为:海富公司作为企业法人,向世恒公司投资后与迪亚公司合资经营,故世恒公司为合资企业。世恒公司、海富公司、迪亚公司、陆某在《增资协议书》中约定,如果世恒公司实际净利润低于3 000万元,则海富公司有权从世恒公司处获得补偿,并约定了计算公式。这一约定使得海富公司的投资可以取得相对固定的收益,该收益脱离了世恒公司的经营业绩,损害了公司利益和公司债权人利益,一审法院、二审法院根据《公司法》第20条和《中华人民共和国中外合资经营企业法》①第8条的规定认定《增资协议书》中的这部分条款无效是正确的。但二审法院认定海富公司18 852 283元的投资名为联营实为借贷,并判决世恒公司和迪亚公司向海富公司返还该笔投资款,没有法律依据。《增资协议书》中并无由陆波对海富公司进行补偿的约定,海富公司请求陆波进行补偿,没有合同依据。此外,海富公司称陆波涉嫌犯罪,没有证据证明,法院对该主张亦不予支持。但是,在《增资协议书》中,迪亚公司对于海富公司的补偿承诺并不损害公司及公司债权人的利益,不违反法律法规的禁止性规定,是当事人的真实意思表示,是有效的。迪亚公司对海富公司承诺了众星公司2008年的净利润目标并约定了补偿金额的计算方法。在众星公司2008年的利润未达到约定目标的情况下,迪亚公司应当依约应海富公司的请求对其进行补偿。迪亚公司对海富公司请求的补偿金额及计算方法没有提出异议,法院予以确认。根据海富公司的诉讼请求及本案《增资协议书》中部分条款无效的事实,法院依照《合同法》第60条②、《中华人民共和国民事诉讼法》③第153条第1款第2项、第186条的规定,判决如下:迪亚公司向海富公司支付协议补偿款19 982 095元。

---

① 《中华人民共和国中外合资经营企业法》于本案审判中仍适用,后已于2020年《中华人民共和国外商投资法》施行时废止。

② 《合同法》后已于2021年《民法典》施行后废止。

③ 当时适用的为2007年修正版《中华人民共和国民事诉讼法》,后已多次修订。

【案件评析】

此案被称为中国对赌第一案。最高法院判决后，对我国资本投资中对赌协议法律效力认定的法律完善与司法裁判产生了积极促进的影响。此案过后，最高法院在公报案例中基本明确：在民间融资投资活动中，融资方和投资者设置估值调整机制（投资者与融资方根据企业将来的经营情况调整投资条件或给予投资者补偿）时要遵守公司法和合同法的规定。投资者与目标公司本身之间的补偿条款如果使投资者可以取得相对固定的收益，则该收益会脱离目标公司的经营业绩，直接或间接地损害公司利益和公司债权人利益，故应认定无效。但目标公司股东对投资者的补偿承诺不违反法律法规的禁止性规定，是有效的。在合同约定的补偿条件成立的情况下，根据合同当事人意思自治、诚实信用的原则，引资者应信守承诺，投资者应当得到约定的补偿。

2019年最高法院出台的《九民会议纪要》对对赌协议的法律效力做了进一步的明确与完善。该纪要对对赌协议的法律效力采用了两分法的原则，即对订立对赌协议的主体进行区分：其一，对于投资方与目标公司的股东或者实际控制人订立的对赌协议，如无其他无效事由，应认定有效并支持实际履行；其二，投资方与目标公司订立对赌协议的，人民法院应当审查是否符合公司法关于"股东不得抽逃出资"及股份回购的强制性规定，判决是否支持其诉讼请求。具体来说：① 承担对赌义务不能构成"股东抽逃出资"；② 回购应当以完成减资程序为条件；③ 承担金钱补足义务时，应当确保具有利润。

案例二

万科 VS 宝能管理层股权收购案

【基本案情】

万科企业股份有限公司成立于1984年5月，分别于1991年1月和2014年6月在深交所和香港上市。早在1988年万科进行股份制改造时，创始团队为了股改上市而放弃了控股股东的地位。创始人王石选择做"职业经理人"，仅持有极少量股份，其余管理人员所持有的股份也微乎其微，意味着创始团队一直以来既没有足够的股权也不拥有公司的实际控制权。根据万科2014年年度报告，前十名股东持股情况如表8-1所示。

自2000年以来，华润公司这家自身做地产、消费及公用事业的央企成为万科最大的股东，却也仅拥有约15%股权。由此可以看出，万科的股权结构非常分散，不存在绝对控股的大股东和实际控制人。作为最大股东，华润长期以来作为"财务投资人"，不控股也从不干涉王石对于万科的经营理念。王石等管理层作为公司可利用资源的实际经营者打理日常运营，对公司的发展具有决策权力，但所持有的股权微乎其微。

表 8-1　万科 2014 年年度报告期末前十名股东持股情况表

股东名称	股东性质	持股比例
华润股份有限公司	国有法人	14.91%
HKSCC NOMINEES LIMITED	外资股东	11.91%
国信证券	其他	3.30%
安邦人寿保险股份有限公司	其他	2.13%
GIC PRIVATE LIMITED	其他	1.32%
刘元生	其他	1.21%
UBS AG	其他	1.08%
全国社保基金	其他	0.72%
中国建设银行	其他	0.65%
南方东英资产管理有限公司	其他	0.65%

2015 年

7 月 11 日，宝能系旗下前海人寿举牌万科，持股达 5%。

7 月 14 日，前海人寿再度举牌，持股达 10%。

8 月 4 日，华润狙击前海，在 8 月 31 日和 9 月 1 日两次增持万科后，华润共计持有万科 15.29% 股份，超过宝能系的持股比例拿回万科大股东。

12 月 6 日，宝能系旗下钜盛华和前海人寿持续增持万科，共占股 20.008%，再次成为万科第一大股东。

12 月 17 日，在宝能对万科的持续增持"逼宫"之下，万科创始人、董事会主席王石终于出面，在他的 4 500 字内部讲话中直抒胸臆"不欢迎宝能"，被视作向宝能发出的宣战檄文。

12 月 18 日，万科宣布停牌，筹划资产重组，双方僵持。

12 月 23 日，安邦表示支持万科，并购入万科股票。

12 月 24 日，宝能系及其一致行动人占股 24.26%，代表被收购方的管理层及华润占股 20.46%，安邦保险占股 7%，跻身万科第三大股东。

2016 年

1—2 月，万科耗资 1.6 亿元回购 1 248 万股，继续停牌，重组正常推进。

3 月 13 日，万科宣布已与深圳地铁集团签署战略合作备忘录，拟主要以定向增发股份的方式支付对价，初步预计交易规模介于人民币 400 亿元到 600 亿元之间。

4月6日,钜盛华向前海人寿让渡14.73亿股表决权。前海人寿共有万科A股26.81亿股,占总股本的24.29%,为第一大股东。

6月17日,万科董事会表决引入深圳地铁重组预案,但却遭到华润的反对,万科股权之争陷入了"万宝华"三足鼎立的态势。

6月26日,宝能系提出包括罢免创始人王石、郁亮等12位董事及监事的议案,遭到万科董事会否决。

7月4日,停牌半年多的万科A复牌,但迎接它的却是连续两个跌停。其后,宝能系再度出手,在7月6日达到持股25%,触及举牌线。

8月4日,恒大集团在毫无征兆的情况下从二级市场大量购入万科股份,占总股本的4.68%。

11月9日,恒大再次增持万科A至8.285%,之后多次增持至9.452%、11.03%、14.07%,迅速成为仅次于宝能系和华润的第三大股东。

12月18日,万科终止与深圳地铁重大重组。

2017年

1月12日,华润拟将其合计持有的15.31%万科A股股份协议转让给深铁集团。至此,华润方退出此次争夺。

3月16日,恒大集团将持有的万科14.07%股份的表决权委托给深铁行使,并在三个月后将全部协议转让给深铁集团,此次转让完成后,深铁共持有万科29.38%股份,已明显高于宝能系,成为万科第一大股东。

原本站位不明朗的恒大集团已明确支持深铁和万科,最终华润、恒大退出,深铁接盘实现控股,长达两年之久的"宝万之争"落下帷幕。

【案件焦点】

宝能杠杆资金的来源。

【法律适用】

(一)《上市公司收购管理办法》①

举牌与报告:

2015年7月,前海人寿首次举牌万科之前,万科的第一大股东华润持股仅为14.89%。不到15%的第一大股东,是完全可以通过在二级市场上收购股票就可超越的——三次举牌而已。由此,拉开了"宝万之争"的序幕。

"举牌"为《上市公司收购管理办法》中第二章第13条关于权益披露的规定:通过证券交易所的证券交易(竞价交易、大宗交易都算),投资者及其一致行动人拥有权益的股份达到一个上市公司已发行股份的5%时,应当在该事实发生之日起3日内编制权益变动报告书,向中国证监会、证券交易所提交书面报告,通知该上市公司,并予公告;在上述期限内,不得再行买卖该上市公司的股票。

对于已经拥有5%~30%权益的投资者及其一致行动人,拥有权益的比例占该

---

① 此处适用的是2014年修订版《上市公司收购管理办法》,后2020年又进行了修正,部分规定有所调整。

上市公司已发行股份比例每增加或减少5％,也要编制权益变动报告书,向中国证监会、证券交易所提交书面报告,通知上市公司并公告,并在报告期限内和作出报告、公告后2日内,不得再行买卖该上市公司股票。

2015年7月10日,宝能系通过前海人寿第一次举牌,持股万科5％。7月11日,万科披露《简式权益变动报告书》,《上市公司收购管理办法》中所规定的举牌标准是"投资者及其一致行动人拥有权益的股份达到一个上市公司已发行股份的5％"。从此案例看,这5％指的不仅是股份所有权,通过收益互换等形式持有的收益权也包含在内。

(二)《公司法》

1. 控股股东认定

在此次万科《关于第一大股东变更的提示性公告》中,万科披露,"公司股权结构分散,第一大股东发生变更后,仍不存在控股股东和实际控制人"。这里涉及控股股东认定的问题。根据《公司法》第216条第2款,控股股东是指出资额占比超过50％,或虽不足50％,但其出资额或表决权比例足以产生重大影响的股东。从会计上看,"重大影响"通常指持股比例在20％~50％。在《全国中小企业股份转让系统挂牌公司信息披露细则》对于"控制"的定义中,有一条为"可以实际支配挂牌公司股份表决权超过30％"。因此,从实操的角度讲,认定第一大股东持股比例在30％以下的公司为"无控股股东"通常是没有问题的,万科第一大股东持股比例20％,认定为"无控股股东"也是无争议的。

2. 董事的表决权

2016年6月17日,万科召开董事会审议引入深圳地铁集团的重组方案,万科董事会11人,其中万科3人,华润3人,其余5人中有4人为独立董事,一人为外部董事,第一大股东宝能尚未进入董事会,共11个表决权。对于引入深地铁重组方案,万科3名董事赞成,华润3名董事反对,1名董事因属于关联方回避表决,剩余4名董事赞成,合计7票赞成,3票反对,1票回避表决。

华润和万科主要的争论在于,董事会三分之二是指所有董事的三分之二,还是表决董事的三分之二。万科认为是参与表决的董事的三分之二,即10个董事表决,7人投票就表示通过。华润则认为应该是全体董事的三分之二,即董事会合计11人,需要8个赞成票才能通过。根据《公司法》第48条的规定,董事会的议事方式和表决程序,除本法有规定的外,由公司章程规定。董事会应当对所议事项的决定作成会议记录,出席会议的董事应当在会议记录上签名。董事会决议的表决,实行一人一票。因此,应该是参与投票的董事的三分之二,董事会负责公司日常运行,董事对董事会表决权的行使,既是权利,也是一种义务。

3. 股东会的决议

2016年6月23日深夜,宝能集团旗下钜盛华投资、前海人寿发布声明:"明确反对万科发行股份购买资产预案,后续在股东大会表决上将据此行使股东权利。"对上述声明,华润随即回应,重申其反对重组预案的立场。目前,宝能集团方面及华润合计持股比例高达39.6%，足以在万科股东大会上否决本次重组。

根据《公司法》第103条第2款：股东大会作出决议，必须经出席会议的股东所持表决权过半数通过。但是，股东大会作出修改公司章程、增加或者减少注册资本的决议，以及公司合并、分立、解散或者变更公司形式的决议，必须经出席会议的股东所持表决权的三分之二以上通过。本案中资产重组方案属于公司重大事项，需要出席会议的股东所持表决权的三分之二以上通过，宝能和华润合计持股39.6%，若是双方共同投出反对票，则重组方案没有通过的可能。

4. 召开临时股东大会

2016年6月26日傍晚，万科发布公告称，确认收到钜盛华和前海人寿的提案，要求召开临时股东大会，罢免包括王石、郁亮在内的万科上市公司10位董事和2位监事。

《公司法》第100条规定，股东大会应当每年召开一次年会，单独或者合计持有公司百分之十以上股份的股东请求时，应当在两个月内召开临时股东大会。因此，罢免董事需要经过股东大会，召开临时股东大会需要单独或者合计持有公司百分之十以上股份的股东请求，宝能系合计持有万科股份远超10%，因此，宝能系可以提请召开临时股东大会，要求罢免董事。

【案件评析】

万科股权之争爆发以来，宝能系的资金来源一直是市场关注的焦点。2016年上半年房地产企业销售业绩排行榜显示，万科以1876.7亿元的销售额位列榜首，宝能地产以66.5亿元的销售额位列榜单第103位。在万科股权争夺战中，宝能系的资金主要来源于万能险产品和银行理财资金，动用了10多倍的杠杆。杠杆资金就是宝能通过抵押等方式直接向银行借钱，根据深交所问询后披露信息显示，钜盛华与前海人寿一致行动人都是宝能系实际控制人，都是姚某。姚某先质押了钜盛华持有的7.28亿元万科股票，融了51亿元给宝能投资，加上东拼西凑16亿元，共计投资67亿元资金，做兜底资金，也叫作劣后资金，再立浙商宝能合伙基金，用两倍杠杆引入浙商银行的132.9亿元银行理财资金，最终一并注入钜盛华。拿到钱后，姚某以一半直接增持万科，另一半继续加杠杆，然后返场买入万科股份，2015年7月—2016年8月，钜盛华累计买入万科约9.26亿股，均价在12.96元一股到14.56元一股之间，计算可得知，累计增持总额为120.03亿～134.8亿元。前海人寿累计买入约7.36亿股，均价在13.22元一股到15.35元一股之间，累计增持总额为97.26亿～112.97亿元，三者相加，宝能共动用资金432.99亿～463.51亿元。通过杠杆资金，宝能系目前已成为多家上市公司的大股东。宝能系对市场的示范意义就在于，一家小企业通过高杠杆资金可以控股行业内一流的大企业，并驱逐大企业的管理团队，由此导致实体经济和资本市场的劣币驱逐良币。此例一开，若被大规模复制，将降低整个经济的运行效率，抑制实体经济中企业家的创业热情，鼓励高杠杆金融资本的冒险精神。A股市场乃至中国经济都可能因此受到较大的负面影响。本次"万宝之争"真正的转机在于国家监管部门的出手，2016年12月，深交所同时对万科与宝能发出监管函，批评万科违规透露了未公开的重大信息，同时对宝能严重警告。2017年2月,中国保监会发布处罚公告,姚某10年内不得进入保险业。同年6月,华润将将名下所有股份转让与深圳地铁,恒大也将股份悉数转让,如此一来深圳地铁以总股本的29.38%跃居万科第一大股东,成功让宝能系本次恶性收购战落空。

案例三

拜耳收购孟山都全球反垄断审查案

【基本案情】

2018年6月7日,拜耳股份公司(Bayer Aktiengesellschaft, KWA Investment Co.,以下简称拜耳)宣布,已成功完成对孟山都公司(Monsanto Company,以下简称孟山都)的收购,交易总金额达630亿美元。交易完成后,孟山都将在美国纽约证券交易所退市,拜耳成为其唯一股东。收购孟山都是拜耳历史上最大的一笔交易,也是德国企业有史以来规模最大的海外并购,因而拜耳和孟山都的交易备受市场关注。

拜耳的总部位于德国,核心业务包括医药保健、农业及畜牧业。拜耳最知名的产品是被称为世纪之药的阿司匹林。孟山都是一家总部位于美国的跨国农业公司,是全球最大的种子公司,也是第一个进行转基因作物田间试验的公司。此外,孟山都还生产农化产品,其产品草铵膦除草剂在全球被广泛使用。孟山都致力于推动数字农业服务,通过地理信息系统、全球定位系统和其他计算机技术将地理学、农学、生态学、植物学、土壤学等学科结合,监测调控作物生长的过程,调控农业生产。拜耳和孟山都合并之后的新实体将成为全球最大的种子和农药公司,控制全球种子和农药25%以上的供应量。交易完成后,世界农业巨头将呈现三足鼎立的格局,陶氏杜邦、中国化工和拜耳将合计掌握全球60%的种子和农药市场份额。

拜耳和孟山都的业务遍布全球,其交易应通过欧盟、美国、中国、加拿大、韩国、澳大利亚、巴西、土耳其、印度、俄罗斯、南非、秘鲁、墨西哥、智利等十几个辖区的反垄断审查。2018年3月13日,中国商务部附条件批准拜耳收购孟山都案,所附条件包括结构性条件和行为性条件。结构性条件包括要求剥离拜耳的蔬菜种子、非选择性除草剂业务以及一部分的性状业务。行为性条件包括承诺中国用户能够以公平、合理和无歧视的条件使用拜耳和孟山都的数字农业产品。

本交易除在中国执法辖区被附条件批准外,也在欧盟获得了附条件批准。2018年3月21日,欧盟委员会批准了该交易,认为集中双方拜耳和孟山都提出的救济措施能消除其对市场竞争的顾虑。拜耳承诺的救济条件包括剥离双方重叠的种子、性状和农药业务以及同意授权数字农业产品。此外,美国司法部也于2018年5月29日附条件批准了本次交易,要求拜耳剥离约90亿美元的相关资产及授权数字农业产品。这是美国有史以来最大规模资产剥离的案件。在获得全球各辖区反垄断申报批准后,拜耳收购孟山都的交易已于2018年6月7日成功完成。

【案件焦点】
1. 本次交易将对哪些市场带来竞争影响。
2. 何种救济措施方案能维持相关市场的竞争,以及保障农民和消费者的利益。

【法律适用】
在拜耳收购孟山都案中,中国商务部、欧盟委员会与美国司法部均对种子与性状、农药和数字农业的市场进行了分析。在不同的地域,拜耳和孟山都在非选择性除草剂(如草甘膦和草铵膦)、种子、性状以及数字农业等市场存在横向重叠,在农药和种子等商品市场存在纵向关系。

在种子与性状方面,孟山都是全球最大的种子供应商。拜耳虽在种子业务市场的份额较小,但其在种子研发方面投入巨大,使其拥有非常优秀的研发团队,一直是孟山都不容小觑的竞争对手。在转基因种子、非转基因性状方面,拜耳和孟山都合计市场份额达六成,且市场前四位竞争者占据八成以上的市场份额,全球市场已高度集中,本次交易将进一步增强拜耳在全球性状市场的支配地位。因此,执法机构认为本次交易会排除种子和性状市场的竞争。

在中国农药市场中,孟山都是非选择性除草剂市场份额最大的供应商,而拜耳在市场份额方面排名第三,两者市场份额相近,在交易前竞争非常激烈。此外,孟山都和拜耳都持有大量制剂专利,对市场有极强的控制力。因此,执法机构认为本次交易会对非选择性除草剂的竞争造成不利影响,同时会减少两者的创新动机。

数字农业为一个全新领域,全球数字农业市场尚在起步阶段,还需要投入大量人力物力进行研发,市场现存的竞争者和潜在进入者非常有限。目前孟山都是该市场的领先者,考虑到拜耳一贯较强的研发能力,拜耳被看作数字农业领域的重要潜在竞争者。但是,集中后拜耳将会在数字农业市场缺乏研发的动机,相关市场的整体创新能力和未来的技术进步将受到影响。此外,集中将结合双方市场的力量,提高相关市场进入门槛,增加后来者进入市场的难度,从而进一步减少相关市场的潜在竞争,最终对消费者产生不利影响。

综上所述,中国商务部、欧盟委员会与美国司法部认为本交易将会增强拜耳对非选择性除草剂市场及数字农业市场的控制力,并会巩固双方在蔬菜种子市场及性状市场的支配地位。集中将直接消除一个较大的竞争者,导致市场竞争的减少,短期无法出现有效竞争者,而且可能导致价格上涨等排除、限制竞争效果。除因地区不同而导致的农作物需求不同,竞争分析的重点市场略有差别外,三大执法机构最终所附条件在结构性救济措施方面基本一致,即剥离部分种子业务、部分性状业务以及非选择性除草剂业务。在行为性救济措施方面略有不同,在数字农业部分,中国商务部从用户角度出发,要求授权范围更广,即要求拜耳须基于公平、合理和无歧视原则许可中国所有农业软件应用程序开发者将其数字农业软件应用程序连接到拜耳的数字农业平台,并允许中国用户使用拜耳数字农业产品。欧盟委员会则仅要求将其授权给竞争者巴斯夫(BASF)。此后不久也做出决定的美国司法部则是要求拜耳将数字农业业务全数剥离给巴斯夫,而不是要求拜耳仅将其授权给巴斯夫。

值得一提的是，除执法机构对合并后相关产品市场份额较高、竞争格局改变的竞争担忧外，由于拜耳和孟山都将其农化产品（如非选择性除草剂）优势植入种子和性状研发中，开发了大量性状专利，采购其包含特定性状种子的农户只能使用配套非选择性除草剂等农化产品才能达到抗除草剂、抗杀虫剂、高产等效果，这在实际上造成了捆绑销售的效果。本交易完成后，拜耳在非选择性除草剂市场力量进一步增强，围绕非选择性除草剂从事相关捆绑销售等排除、限制竞争行为的能力进一步强化，这也是本次执法机构的关注重点。

由于本次交易对竞争影响巨大，拜耳在 2017 年已向其竞争对手巴斯夫和先正达（Syngenta）接洽，有意将交易涉及的部分资产出售。最终拜耳向欧盟委员会提出将大部分的剥离业务出售给巴斯夫，欧盟委员会认为巴斯夫目前无销售种子或非选择性除草剂方面的业务，因而和拜耳在该部分市场没有横向重叠。此外，巴斯夫具有足够财力进入种子和非选择性除草剂市场参与竞争。因此，欧盟委员会认为巴斯夫是合适的买家。2018 年 8 月，巴斯夫完成对拜耳共约 76 亿欧元的剥离业务收购。

【案件评析】

本案为交易金额达 630 亿美元的巨额交易，合并后将对全球农业、农化业的版图造成巨大影响，因而各大法域的竞争法执法机构皆谨慎看待此次交易。同时从本案各竞争法执法机构在竞争分析思路以及附加限制性条件上的协调统一也可以看出，在审查过程中，各大法域的竞争法执法机构保持了密切的联系、合作。欧盟、美国、中国三大法域竞争法执法机构也加强与农业大国如澳大利亚、巴西、加拿大、印度和南非等国家的竞争执法机构的合作。在审理此类全球性大型复杂并购案件时，加强国际合作可以提升各自审理的效率，同时有助于交易双方对并购交易日程的预期和把握，也有利于救济措施方案的顺利实施。

在拜耳和孟山都交易过程中，各国环保人士和组织不断发出警告，反对两大农业巨头的合并。理由主要为拜耳和孟山都在其公司历史上皆有不良的记录，拜耳在 1991 年推出的"益达胺"（Imidacloprid）和"可尼丁"（Clothianidin）杀虫剂，诱发了欧美数以百万的蜜蜂死亡的生态危机。孟山都则是官司缠身，2018 年美国加州旧金山高等法院裁决孟山都必须赔偿 2.89 亿美元给因使用孟山都的除草剂草甘膦而致癌的花草管理员约翰逊。此外，交易后，拜耳将成为全球最大的种子和杀虫剂供应商，环保人士担心这可能会使种子价格上涨、消费选择减少、作物多样性降低，并增加农民对拜耳产品的依赖。欧盟、美国和中国的竞争法执法机构皆收到来自社会各界和环保人士对本交易关切的电邮、信函，认为拜耳收购孟山都的交易将导致转基因食品增加、食物选择减少、环境和气候变迁等危害。虽然各界提出的担忧对于人类的发展都极其重要，但欧盟委员会认为，其职责在于保护公平竞争，上述考量不属于竞争分析的考察范围，拜耳提出的救济措施已足以消弭欧盟委员会对竞争的顾虑，欧盟委员会遂批准了该交易。

在大环境的驱使下，全球农业、农化业企业纷纷强强联手，如 2017 年的中国化工收购先正达和陶氏杜邦合并案等案件。这些大型农化并购案显示出了在人口持续增长、世界对粮食需求增加的情形下,世界资本逐渐集中、竞争减少的趋势,致使少数的大企业对有限的粮食占有主导地位。但从另一角度来分析,企业合并后可以进行资源整合,通过协同效应,有足够能力改进农业系统,对提高粮食产量、降低自然资源消耗亦会起到正向作用。

三、案件法务会计分析

(一) 私募投资的估值定价方法

私募股权融资过程一般包括意向接洽、商业计划、沟通谈判、尽职调查、协议成交五个环节,其中估值定价是焦点。中国证券投资基金业协会于2018年3月30日发布的《私募投资基金非上市股权投资估值指引(试行)》规定了三大种估值方法,即市场法(包括参考最近融资价格法、市场乘数法与行业指标法)、收益法(现金流折现法)以及成本法(净资产法)。

1. 市场法

(1) 参考最近融资价格法。参考最近融资价格法指采用被投资企业最近一次融资的价格,对非上市股权进行估值。该方法常用于对尚未产生稳定的收入或利润且融资活动相对比较频繁的初创企业股权进行估值。在实践中,天使投资基金以及偏早期投资的风险投资基金在对一些"互联网+"企业、商业模式创新型企业、原创技术型企业等企业估值时,会采用此方法。

这是一种客观依据较少的估值方法。在其适用性上,即使针对初创企业,如果出现如下情况,则该最近融资价格一般不会作为被投资企业公允价值使用:① 近期没有主要的新投资者融资;② 近期融资规模或者融资比例对被投资企业不具有重要意义;③ 最近融资是在企业被迫出售股权或企业陷入经营危机形势下获得的拯救性投资。

在运用参考最近融资价格法时,对最近融资价格的公允性判断是最主要的考虑因素。一般情况下,要结合企业及其所在行业实际情况,对影响最近融资价格公允性的一些具体因素进行调整,如不同轮次融资造成的新老股权价格差异、距上次融资间隔长短问题等。特别是要考虑到,本次估值距离上次融资的时间越久,最近融资价格的公允性和参考价值就越受到削弱,在这种情况下,如何以此价格为基础进行合理调整就是一个主观因素或者说是交易谈判的难点。

(2) 市场乘数法。市场乘数法是指根据被评估企业所处发展阶段和所属行业的不同,基于企业的某一项经营成果指标,运用一个乘数,如广泛应用的市盈率(P/E)、市净率(P/B)、企业价值/息税折摊前利润(EV/EBITDA)、企业价值/息税前利润(EV/EBIT)、企业价值/销售收入(EV/Sales)等,对非上市公司股权进行估值的方法。

在实务中,用乘数法计算出的企业价值,需要扣除企业价值中需要支付利息的债务,以此作为股东全部权益价值。在此基础上,还需要根据被评估企业各自情况的不同,对需要调整的有关事项进行调整,得到被投资企业调整后的股东全部权益价值。在此基础上,在计算股权投资基金持有的部分股权的价值时,如果被投资企业经过多次融资和引进投资者后股权结构比较复杂,各轮次股权的权利和义务并不一致,也就是实际上出现了同股不同权的情况,还应当采用合理方法,依据调整后的股东全部权益价值计算私募基金持有部分股权的价值。如果被投资企业的股权结构简单,即同股同权,则可直接按照私募基金的持股比例计算持有部分股权的价值。

(3)行业指标法。行业指标法是指某些行业中存在特定的与公允价值直接相关的行业指标,此指标可作为被投资企业公允价值估值的参考依据。行业指标法通常只在有限的情况下运用,此方法一般被用于检验其他估值法得出的估值结论是否相对合理,而不作为主要的估值方法单独运用。此外,并非所有行业的被投资企业都适用行业指标法,通常在行业发展比较成熟及行业内各企业差别较小的情况下,行业指标才更具代表意义。

2. 收益法

在估计非上市股权的公允价值时,通常使用的收益法为现金流折现法(DCF法)。现金流折现法是当前企业价值评估中使用最广泛的模型,是收益法中最主要的应用模型。现金流折现法的基础是现值定律。现值定律指出,企业的任何资产的价值等于预计未来能够获得的所有现金流量折现后的价值总和。作为PE投资中被投资企业价值的计量模型,现金流折现法通过对被投资企业每一期自由现金流进行折现并加总来计算被投资企业的价值。

由于不能事先决定公司的存续期,所以必须假设它是无限的。所以,理论上估值时必须明确预测每一期间的现金流。但是,这样做显然是不可行的。因此,实践中通常将存续期划分为两个阶段。对于第一阶段内每一时期的现金流必须做出明确的预测,这一阶段被称为明确价值期;对于第一阶段之后的第二阶段不必预测每一时期的现金流,而只需要用某种市场法进行估值,这一阶段被称为持续价值期或者终止期。

现金流折现法的具体计算过程如下:① 预测被投资企业在明确价值期内的自由现金流;② 估计被投资企业在明确价值期之后的持续价值;③ 计算被投资企业的平均资本成本,作为折现率;④ 按照公式计算企业现值;⑤ 根据实际情况对企业现值进行调整。

用现金流折现法计算企业价值,需要明确的外生变量包括企业的明确价值期、企业明确价值期内每期可能的现金流量和对应的折现率等。通常情况下,企业的价值和预期获得的现金流量呈同向关系,现金流量预期越高,企业的估值价值越高。产生现金流的不确定越小,企业的平均资本成本就越低,折现率也会相应较小,从而企业的价值也就比较高。现金流产生的时间越靠前,企业的价值越大。

现金流折现法逻辑严密,内容完整,架构严谨,角度全面,但现金流量法具有一定的局限性。首先,它的主观性较强。虽然现金流以会计为基础,能与重要财务指标联系起来,但由于现金流量是在各种假设的理想状况下预测出来的,有很多主观判断,可能存在预测偏差。所以,要采用多种方法保证预测数据的客观性和准确性。其次,该方法一般适用于增长稳定、业务简单、现金流平稳的企业,当面对具有较高不确定性的企业进行估值预测时,就会出现较大的偏差。对于 PE 投资于高成长性企业的情况,由于企业初期的现金流波动较大,而且发展较快,所以企业未来的现金流很难预测,在这种情况下企业估值不太适合采用这种方法。最后,企业价值评估中折现率的确定上,不管是用资本资产定价模型还是累加法,都需要很多假设条件和数据判断,所以折现率难以确定。折现率的高低对于企业价值评估的结果影响很大,如果选取的折现率不准确,评估结果的误差就很大。

3. 成本法

在估计非上市股权的公允价值时,通常使用的成本法为净资产法。成本法是指在合理评估企业各资产和负债价值的基础上将企业全部资产和负债进行加总,从而确定被投资企业价值的方法。成本法的前提假设是:企业是由一系列相互独立的单项资产组成的,而公司的价值就取决于构成公司的各要素的评估价值之和。成本法是从构成被投资企业整体的各资产要素的重建角度来考察企业的价值,最后进行加总,从而获得被投资企业的估值。

成本法的理论依据是"替代原则"的体现,即任何一个理性的经济人进行购置资产的投资时,其愿意支付的价格不会高于获得相应功能资产替代品时所需的成本。通过成本法获得的企业价值,其实是对企业账面价值的调整值。成本法起源于对传统的实物资产的评估,如建筑物和机器设备的评估,而且着眼于单项资产的价值。成本法考虑企业的成本,很少考虑企业的收益,所以成本法是通过调整资产负债表的资产和负债,最后确定其现时的市场价值。

计算公式如下:

$$企业价值 = 有形资产 + 无形资产 - 企业负债$$

(二) 融资并购尽职调查与财务分析

在企业融资并购过程中,尽职调查与财务分析是不可缺少的两个环节。

1. 尽职调查

尽职调查是指通过收集基本资料对拟合作或收购标的企业进行基本面分析,了解企业所有者、历史沿革、人力资源、营销与销售、生产与服务、采购现状、法律与财税风险等。其目的在于从公司获取的资料判明标的企业潜在的风险以及对预期投资收益可能产生的影响。

一般来说,融资并购中的调查主要应包括企业的营运、规章制度及有关契约、财务等方面的内容。具体的调查内容则取决于管理人员对信息的需求、潜在的目标公司的规模和相对重要性、已审计的和内部财务信息的可靠性、内在风险的大小以及所允许的时间等多方面的因素。

(1) 对目标公司营运状况的调查。对目标公司营运状况的调查主要依据兼并方的动机和策略的需要,调查并衡量目标公司是否符合兼并的标准。如果兼并方想通过利用目标公司的现有营销渠道来扩展市场,则应了解其现有的营销和销售组织及网络、主要客户及分布状况、客户的满意程度和购买力、主要竞争对手的市场占有率;在产品方面,则应了解产品质量、产品有无竞争力和新产品开发能力;还要了解目标公司在生产、技术、市场营销能力、管理能力以及其他经营方面与本公司的配合程度有多高。除要对上述情况进行调查外,更重要的是还要查明兼并后原有的供应商及主要客户是否会流失。

(2) 对目标公司规章制度、有关契约及法律方面的调查。这主要包括以下四个方面的内容。

① 必须调查目标公司组织、章程中的各项条款,尤其对重要的决定,如合并或资产出售的认可,须经百分之几以上股权的同意才能进行的规定,要予以充分的注意,以避免兼并过程受到阻碍;也应注意公司章程中是否有针对特别投票权的规定和限制;还应对股东大会及董事会的会议记录加以审查;如果是资产收购,还应取得股东大会同意此项出售的决议文件。

② 应对目标公司的主要财务清单进行审查,了解其所有权归属、使用价格及重置价格,并了解其对外投资情况及公司财产投保范围。该公司若有租赁资产,则应注意此类契约的条件对兼并后的营运是否有利。

③ 审查目标公司的全部对外书面契约更是不可缺少的调查内容,包括审查任何使用外界商标及专利权或授权他人使用的权利义务的约定,还有租赁、代理、借贷、技术授权等重要契约。审查中要特别注意在控制权改变后契约是否继续有效。在债务方面,应审查目标公司的一切债务关系,注意其偿还期限、利率及债权人对其是否有某种限制。其他问题如公司与供应商和代理销售商之间的契约上的权利义务、公司与员工之间的雇佣合同及有关工资福利待遇的规定等,都应予以审查。

④ 还应对目标公司过去所涉及的诉讼案件加以了解,弄清这些诉讼案件是否会影响目前和将来的利益。

(3) 对目标公司财务和会计问题的调查。对目标公司财务和会计方面的调查,目的在于使兼并方确定目标公司所提供的财务报表是否准确地反映了该公司的真实状况,若发现有误,则要求其对财务报表做必要的调整。通过调查还可以发现目标公司一些未透露之事,如通过目标公司的律师费支出,可能会发现未被透露的法律诉讼案件。又如,通过对各种周转率(如应收账款周转率、存货周转率等)进行分析,可以发现有无虚列财产价值或虚增收入等现象。

在资产科目的审查方面,应注意在账面上是否存在不能收回的应收账款,是否为疑账、现金及商业折扣、过期的应收账款、销售退回和折让提供充分的准备。对于长期股权投资,则要注意所投资公司的财务状况。对土地、建筑物、设备及无形资产(如专利权、商标、商誉等)的价值评估,应依据双方事先同意的评估方式进行调整。

在负债方面,应尽可能查明任何未记录的债务,对于未列示或列示不足的债务,必要时可要求卖方开立证明,保证若有未列债务出现应由其自行负责。若有些债务已经到期未付,则应特别注意债权人法律上的追索问题以及额外利息的支付;还应进行税务审查,确定应交税款的数额及应由谁来缴纳,过去是否存在偷漏税收、是否存在应交税费。对目标公司负债的检查,还应注意是否有对其他人借贷的担保承诺,因为这可能会因负连带责任而招致额外的损失。

2. 财务分析

财务分析是指以企业财务报告等核算资料为基础,采用一系列的分析方法和指标,对企业的财务状况和经营成果进行研究与评价，为投资者、经营管理者、债权人和社会其他各界的经济预测或决策提供依据的一项财务管理活动。企业并购中，财务分析具有双重目的：一是剖析洞察企业自身财务状况与财务实力；二是分析判断外部利害相关者的财务状况与财务实力。财务分析主要是根据企业或外部利害相关者的财务报告资料进行的，其内容可归纳为营运能力分析、偿债能力分析、盈利能力分析与发展能力分析。

（1）营运能力分析。营运能力主要考查资产的营运效率，即生产资料的配置组合对财务目标所产生的作用。分析内容主要包括人力资源营运能力分析与生产资料资源营运能力分析。其中，人力资源营运能力分析主要涵盖人力资源劳动效率分析与人力资源的有效规模分析。在企业并购中有时会出现大幅度的人员减少，这是因为根据"人力资源劳动效率＝商品产品销售净额/平均职工人数"的原理分析，企业并购且人员重组减少后，人员减少而岗位不变，从而增强了劳动效率并降低了人力资源成本。并购后的企业必然维持一定的员工数量，这时进行财务分析并研究人力资源有效规模时，主要从人力资源技术构成、目标劳动效率及定岗目标的设置三个方面进行分析，从而制定出合理的企业员工数量。生产资料资源营运能力分析主要通过三项财务指标开展，即总资产周转率分析、流动资产周转率分析与固定资产周转率分析。在企业并购中，就市场竞争角度和企业并购的目的而言，企业若要达到行业平均先进资产收益率，主要有四种途径：第一，保持现有资产结构而使流动资产收益率提高；第二，在流动资产获利能力既定的情况下，追加流动资产投资；第三，缩减固定资产并追加到流动资产中；第四，通过扩大销售、压缩存货与应收账款，保持应收账款和存货等流动资产相对快速与稳定的周转速度。

（2）偿债能力分析。企业的偿债能力是指企业用其资产偿还长短期债务的能力，分为短期偿债能力与长期偿债能力。

长期偿债能力是企业偿还长期债务的现金保障程度。企业的长期债务是指偿还期在1年或者超过1年的一个营业周期以上的负债，包括长期借款、应付债券、长期应付款等。分析一个企业长期偿债能力，主要是为了确定该企业偿还债务本金和支付债务利息的能力。由于长期债务的期限长，企业的长期偿债能力主要取决于企业资产与负债的比例关系，取决于获利能力。衡量企业长期偿债能力的指标主要有四个，包括资产负债率、产权比率、已获利息倍数和长期资产适合率。需要注意的是：债权人、股东和经营者出于对自身利益的考虑，对资产负债率有不同的期望值，从企业财务管理的角度出发，企业在确定资产负债率时，应当兼顾各方利益，审时度势，在充分预计预期利润和风险的基础上，权衡利弊做出决算，合理配置资本结构；企业在确定其他指标时，同样应在考虑高回报的同时，兼顾风险控制问题，还要结合自身的具体情况，参照同行业的水平，确定合适的长期偿债能力指标水平。

短期偿债能力是指企业以流动资产支付一年内即将到期的流动负债的能力，它是流动资产对流动负债的保证程度，是衡量企业流动资产变现能力的重要标志。企业短期偿债能力的大小主要取决于企业营运资金的多少、流动资产的变现速度、流动资产的结构以及流动负债的多少等因素影响。衡量短期偿债能力大小的指标主要有三个，即流动比率、速动比率和现金流动负债比率。企业在进行指标分析时，应充分考虑企业应收账款和存货的质量、应收账款和存货的周转速度对指标的影响,应尽可能通过企业资源的合理调配,将三个比率维持在一个合理的水平,以避免货币资金的闲置浪费,提高资金的运营能力。

（3）盈利能力分析。企业盈利能力分析的目的在于观察企业在一定时期实现企业总目标的收益及获利能力,也是观察企业资金投资的增值能力,它通常体现为企业收益数额的大小与水平的高低。衡量企业盈利能力的主要指标有六个,即主营业务利润率、成本费用利润率、总资产报酬率、净资产收益率、社会贡献率和社会积累率。一般情况下,这六个指标越高,表明企业的盈利能力越强。在这六个指标中,净资产收益率是企业盈利能力的核心。

（三）融资并购的会计信息披露

所谓会计信息披露,是指企业将直接或间接地影响到使用者决策的重要会计信息以公开报告的形式提供给信息使用者,会计信息披露质量的关键在于披露是否真实可靠、披露是否充分及时以及披露的对象之间是否公平。中国证监会发布的2021年修订版《上市公司信息披露管理办法》于2021年5月1日起正式施行,该法第4条规定:"发行人、上市公司的董事、监事、高级管理人员应当忠实、勤勉地履行职责,保证披露信息的真实、准确、完整、及时、公平。"即企业信息披露应当遵循真实、准确、完整、及时、公平的原则。

我国现行资本市场信息披露规范体系中,对会计信息披露的规范集中体现在对定期报告披露的要求上,定期报告包括年度报告和中期报告（半年报、季报和月报）。临时报告和业绩报告中也涉及少量的会计信息披露要求。

1.年度报告

年度报告是定期披露信息的最主要形式,它传递的是上市公司全年的情况,是相关利益者进行决策的基础,是其他报告形式所无法比拟的。国务院发布的《股票发行与交易管理暂行条例》第57条规定,上市公司应当向证监会、证券交易场所提供经注册会计师审计的年度报告。

年度报告应当包括下列内容:① 公司简况;② 公司的主要产品或者主要服务项目简况;③ 公司所在行业简况;④ 公司所拥有的重要的工厂、矿山、房地产等财产简况;⑤ 公司发行在外股票的情况,包括持有公司5%以上发行在外普通股的股东的名单及前10名最大的股东的名单;⑥ 公司股东数量;⑦ 公司董事、监事和高级管理人员简况、持股情况和报酬;⑧ 公司及其关联人一览表和简况;⑨ 公司近三年或者成立以来的财务信息摘要;⑩ 公司管理部门对公司财务状况和经营成果的分配;⑪ 公司发行在外债券的变动情况;⑫ 涉及公司的重大诉讼事项;⑬ 经注册会计师审计的公司最近两个年度的比较财务报告及其附注、注释,该上市公司为控股公司的,还应当包括最近两个年度的比较合并财务报告;⑭ 证监会要求载明的其他内容。

《上市公司信息披露管理办法》第13条规定,年度报告应当在每个会计年度结束之日起4个月内编制完成并披露。

2.中期报告

中期报告是公司在每个会计年度的上半年结束之日起2个月内编制完成并披露的

财务报告。它是上市公司每年应当定期披露的法律公告,是反映公司上半年度经营业绩和财务状况的重要文件。上市公司应当在每一个会计年度的上半年结束之日起2个月内,向国务院证券监督管理机构和证券交易所提交记载以下内容的中期报告,并予以公告:① 公司财务会计报告和经营情况;② 涉及公司的重大诉讼事项;③ 已发行的股票、公司债券变动情况;④ 提交股东大会审议的重要事项;⑤ 国务院证券监督管理机构规定的其他事项。中国证监会要求公司的全体董事必须保证中期报告所提供的信息真实、准确、完整和公正,并就其保证承担连带保证责任。中期报告也是主要由公司及会计师完成的,但律师也要参与其中一部分的制定,并且要对全部内幕进行合法性的审核。

中期报告一般包括以下内容:① 财务报告;② 经营情况的回顾与展望;③ 重大事件的说明,此处特别要注意披露涉及公司的重大诉讼、仲裁事项;④ 发行在外股票的变动和股权结构的变化;⑤ 股东大会简介;⑥ 备查文件,是指公司在披露中期报告后在公司办公地点备置的有关文件,在中国证监会、证券交易所要求提供时和股东依据法规或公司章程要求查阅时,公司应及时提供。在中期报告中应明确说明备查文件是否齐备、完整。

3. 临时报告

临时报告是指上市公司按照有关法律法规及规则规定,在发生可能对上市公司证券及其衍生品种交易价格产生较大影响的重大事件时,需要向投资者和社会公众披露的信息,它是上市公司持续性信息披露义务的重要组成部分。临时报告已经成为投资者及时掌握上市公司重大事件、调整投资决策的重要依据。

临时报告需要披露的重大事件内容很多,2019年修订的《证券法》第80条列示了12款重大事件:① 公司的经营方针和经营范围的重大变化;② 公司的重大投资行为,公司在一年内购买、出售重大资产超过公司资产总额30%,或者公司营业用主要资产的抵押、质押、出售或者报废一次超过该资产的30%;③ 公司订立重要合同、提供重大担保或者从事关联交易,可能对公司的资产、负债、权益和经营成果产生重要影响;④ 公司发生重大债务和未能清偿到期重大债务的违约情况;⑤ 公司发生重大亏损或者重大损失;⑥ 公司生产经营的外部条件发生的重大变化;⑦ 公司的董事、1/3以上监事或者经理发生变动,董事长或者经理无法履行职责;⑧ 持有公司5%以上股份的股东或者实际控制人持有股份或者控制公司的情况发生较大变化,公司的实际控制人及其控制的其他企业从事与公司相同或者相似业务的情况发生较大变化;⑨ 公司分配股利、增资的计划,公司股权结构的重要变化,公司减资、合并、分立、解散及申请破产的决定,或者依法进入破产程序、被责令关闭;⑩ 涉及公司的重大诉讼、仲裁,股东大会、董事会决议被依法撤销或者宣告无效;⑪ 公司涉嫌犯罪被依法立案调查,公司的控股股东、实际控制人、董事、监事、高级管理人员涉嫌犯罪被依法采取强制措施;⑫ 国务院证券监督管理机构规定的其他事项。当企业发生合并时,符合重大事件规定的,应当制定临时报告。

4. 预测性信息

预测性信息是指在决策有用观念指导下,企业在传统的以面向过去为主体的财务报告或者公司报告中,增加对未来期间的财务或者非财务信息的披露。

预测性信息是对未来某种事实的估计和推测,习惯上被称为软信息。由于对软信息的真实性和准确性的判断存在一定的困难,所以在西方资本发达市场曾经经历了由禁止发布到鼓励但非强制性披露的政策演变过程。对于相关利益者了解公司未来的生产经营状况,并进行合理的投资决策,防范和化解投资风险,预测性信息有重要的作用。

关于信息披露,在万科宝能股权之争案中,万科披露的《简式权益变动报告书》《关于第一大股东变更的提示性公告》《详式权益变动报告书》等文件都属于应披露的信息范围内,但是在宝万股权之争过程中,万科和宝能存在信息披露违规行为。比如,深交所称,万科2016年7月20日公告于7月18日、7月19日通过电子邮件、现场提交和邮寄快件等方式,向监管部门提交了报告。此前,万科于7月19日向非指定媒体透露了报告全文这一未公开重大信息,违反了《深圳证券交易所股票上市规则》①第2.9条和第2.14条规定,故对公司采取发出监管函、对主要负责人采取监管谈话等措施。与此同时,深交所也向宝能系公司钜盛华下发监管函。函中指出,钜盛华于2015年12月、2016年7月,披露拥有万科股份权益的《详式权益变动报告书》。经交易所多次督促,截至2016年7月,钜盛华仍未按法规要求,将相关备查文件的原件或有法律效力的复印件备置于上市公司住所。深交所称,钜盛华的上述行为违反了《深圳证券交易所股票上市规则》规定,交易所对其采取发出监管函、对主要负责人进行监管谈话等措施,要求钜盛华遵守法规规定,在指定媒体上履行信息披露义务,杜绝此类事件发生。

四、股权融资并购法律风险及防范

(一) 私募投资法律风险及防范

近年,在我国私募股权投资市场,出现了很多私募股权投资基金与融资企业之间金额巨大的对赌协议案例,如蒙牛乳业与摩根士丹利、鼎辉投资、英联投资的对赌协议,永乐电器与摩根士丹利、鼎晖投资的对赌协议等。最高人民法院2019年印发的《九民会议纪要》第2点"关于公司纠纷案件的审理"首次提到"对赌协议"的效力及履行。对赌协议作为近年来金融法律中的热点,不仅在各大投资协议中被投资者使用,同时也伴随着法律效力等法律风险,本节主要阐述私募投资中对赌协议的法律风险及防范。

对赌协议法律风险主要产生于对赌协议法律效力的认定问题。对赌机制是一种舶来品,但目前在我国资本市场应用十分广泛,因而存在许多法律纠纷,如我国首例对赌案"海富投资案"②,以及"华安医药案""华立投资案"等,《九民会议纪要》对对赌协议的效力和认定又做了进一步的完善。

1. 对赌协议的法律风险——法律效力认定

《九民会议纪要》以订立对赌协议的主体为标准,划分了三种类型:一是投资方与

---

① 当时适用的为2014年修订版,后又进行过多次修订。
② 苏州工业园区海富投资有限公司与甘肃世恒有色资源再利用有限公司、香港迪亚有限公司、陆波增资纠纷再审案,最高人民法院(2012)民提字第11号民事判决书。

目标公司的股东或者实际控制人对赌；二是投资方与目标公司对赌；三是投资方与目标公司的股东、目标公司对赌。

（1）投资人与目标公司的股东或者实际控制人之间对赌。对于投资方与目标公司的股东或者实际控制人订立的"对赌协议"，只需要审查协议条款中是否具有无效事由，若没有，则认定协议有效。这是因为，目标公司股东或实际控制人作为独立的民事主体，其承担法律责任不会对公司及公司债权人产生责任影响。这种司法处理规则在《九民会议纪要》颁布前后都没有发生变化。

在海富投资案中，最高法院认为，在增资协议书中，某亚公司对于海富公司的补偿承诺并不损害公司及公司债权人的利益，不违反法律法规的禁止性规定，是当事人的真实意思表示，是有效的。

（2）投资人与目标公司之间对赌。这类对赌协议或条款的效力，在实践中争议较大。在海富投资案中，法院认为，如果某公司实际净利润低于3 000万元，则海富公司有权从某公司处获得补偿，这一约定使得海富公司的投资可以取得相对固定的收益，该收益脱离了某公司的经营业绩，损害了公司利益和公司债权人利益，因而这部分条款无效。海富投资案作为公报案例，在颁布后的相当长时间内，司法审判一直是按投资人与目标公司之间对赌无效来统一认定的。

《九民会议纪要》对"一刀切"的做法进行了修正，投资方主张目标公司实际履行对赌协议的，人民法院应当审查是否符合公司法关于"股东不得抽逃出资"及股份回购的强制性规定，判决是否支持其诉讼请求。具体来说：① 承担对赌义务不能构成"股东抽逃出资"；② 回购应当以完成减资程序为条件；③ 承担金钱补足义务时，应当确保具有利润。

（3）目标公司股东与目标公司连带时与投资人对赌。《九民会议纪要》出台前，受海富投资案的影响，处理目标公司股东和目标公司连带与投资人对赌纠纷时，要区别对待：在民间融资投资活动中，融资方和投资者设置估值调整机制（投资者与融资方根据企业将来的经营情况调整投资条件或给予投资者补偿）时要遵守公司法和合同法的规定。投资者与目标公司本身之间的补偿条款如果使投资者可以取得相对固定的收益，则该收益会脱离目标公司的经营业绩，直接或间接地损害公司利益和公司债权人利益，故应认定无效。但目标公司股东对投资者的补偿承诺不违反法律法规的禁止性规定，是有效的。在合同约定的补偿条件成立的情况下，根据合同当事人意思自治、诚实信用的原则，引资者应信守承诺，投资者应当得到约定的补偿。

《九民会议纪要》出台后，除目标公司股东承担义务外，还需要按新规定审查目标公司的对赌义务。需要注意的是，如果对赌条款约定目标公司股东承担金钱补足义务，目标公司对该义务进行担保，是否应当受《公司法》第16条的强制性规定约束，即公司为公司股东或者实际控制人提供担保的，必须经股东会或者股东大会决议。公司给投资人承担金钱补足义务，鉴于投资人也是公司股东，该义务本质上是公司分红，是股权关系，而《公司法》第16条涉及的是债权义务，是公司对第三人提供担保的情形，因而《公司法》第16条的对外担保条款是不能适用在对赌协议纠纷中的。

2. 对赌协议的风险防范

（1）设置缓冲条款。在对赌协议中设置相应的对赌中止、终止条款，有利于融资企业成功上市及上市后解套,以及避免由于其他因素而导致协议履行不能的纠纷发生。投资方收购了目标公司,或者政策法规的出台使得企业转型,对赌目标无法完成,可以这种不可抗力的出现作为对赌终止的事由。融资企业为符合境内上市的审核要求,对赌的有关约定自目标公司向中国证监会递交正式申报材料时自动中止。

(2)针对股权回购的对赌条款。对于回购内容的安排,在对赌协议签订后,可单独就股权回购内容,由双方签订股权转让协议,可将协议设定为附条件生效,或在双方就回购事项产生初步争议时,争取与对方就此单独签订转让协议,届时可绕开对赌协议的内容,直接按股权转让协议项下的法律关系向法院提出主张。在对赌协议的其他条款设定中,如将目标公司上市作为对赌内容,则建议添加针对上市安排的条款,一般操作为上市文件递交前回购条款终止、上市未批准回购条款恢复效力,确保回购条款不会成为目标公司无法上市的原因,从而确保投资方能够依据回购条件行使权利。

(3)针对业绩补偿条款。考虑到很多投资方为财务投资者,无法掌控目标公司的实际经营状况,为了便于纠纷发生时举证,业绩所设定的指标建议是投资方确定能够获取的,并且能保证该指标的真实性。此外,业绩补偿的计算方式不以复利计算,而且以银行同期贷款利率的四倍作为上限参考。对于回购的义务主体,可仅设定为原股东和实际控制人,不再将目标公司包括在内,确保回购操作主体的合法性。但如果拟将目标公司确定为责任主体,可尝试规定为目标公司对原股东或实际控制人的债务承担担保责任,并要求召开相应的股东大会,以符合《公司法》对公司为股东担保的形式规定。

(二)公司并购法律风险及防范

如今,国民经济飞速发展,企业间的竞争十分激烈,企业间的并购带来了一条新的发展生路,大型企业间的并购成为新的潮流和趋势。作为一种投资性质的活动,企业并购可以很好地对资源进行优化,增加经济规模,让企业具有更大的竞争优势,并购的案例也逐渐增多。但在并购过程中,不断出现的法律风险、经济风险严重影响着并购的成功进度。企业只有对并购中的风险有充分认识,提前做好相应防范,才能有效规避风险,保证企业并购顺利实施。

1. 法律风险

(1)财务隐蔽风险。财务报表是并购中进行评估和确定交易价格的重要依据,财务报表的真实性对于整个并购交易也就显得至关重要。虚假的报表美化目标公司财务、经营,甚至把濒临倒闭的企业包装得完美无缺,使买方被彻底蒙蔽;另外,财务报表是对过去某一时期经营情况的显现,故其制定后财务状况的不良变化未必有显示,所以不真实的财务报表也会影响买方的权益。

在公司并购过程中,要关注公司资产的构成结构、股权配置、资产担保、不良资产等情况。

第一,在全部资产中,流动资产和固定资产的具体比例需要分清。在出资中,货币出资占所有出资的比例如何需要明确,非货币资产是否办理了所有权转移手续等同样需要弄清。只有在弄清目标公司的流动比率以后,才能很好地预测公司将来的运营能力。

第二,需要厘清目标公司的股权配置情况。首先,要掌握各股东所持股权的比例,了解是否存在优先股等方面的情况；其次，要考察是否存在有关联关系的股东。

第三，有担保限制的资产会对公司的偿债能力等有影响，所以要对有担保的资产和没有担保的资产进行分别考察。

第四，要重点关注公司的不良资产，尤其是固定资产的可折旧度、无形资产的摊销额以及将要报废和不可回收的资产等情况，需要重点考察。

第五，公司的负债和所有者权益也是收购公司时所应该重视的问题。公司的负债中，要分清短期债务和长期债务，分清可以抵消和不可以抵消的债务。资产和债务的结构与比率决定着公司的所有者权益。

第六，注册资本在500万元以下的公司不会经常成为税务机关关注的重点。因此，很多小公司都没有依法纳税。所以，如果收购方收购注册资本比较小的公司，一定要特别关注目标公司的税务问题，弄清其是否足额以及按时交纳了税款。否则，可能会被税务机关查处，刚购买的公司可能没多久就被工商局吊销营业执照。

(2) 合同管理风险。目标公司对于与其有关的合同有可能管理不严，或由于卖方的主观原因而使买方无法全面了解目标公司与他人订立合同的具体情况；尤其有可能企业以信誉或资产为他人设定了担保而没有档案资料反映，甚至连目标公司自己都忘得一干二净，只有到了目标公司依法需要履行担保责任时才会暴露出来。

(3) 商业秘密泄露风险。被收购方在并购交易中最常见的风险就是商业秘密的泄露，对于技术性和科技型的企业来说，甚至最大的风险就是商业秘密的泄露。在收购方对被收购方的尽调或者前期接触过程中，不可避免地会知悉和接触到被收购方的各类商业秘密，如核心技术、关键工艺、主要客户和供应商等。该等商业秘密都是目标公司赖以生存的关键性的资源，如果在尽调过程中对该等商业秘密不进行有效的保护，轻则会给目标公司带来麻烦，重则造成公司经营的灭顶之灾。

(4) 商业信誉风险。企业的商誉也是企业无形资产的一部分，很难通过账面价值来体现。然而，目标公司在市场中及对有关金融机构的信誉程度、是否存在信誉危机的风险，是反映目标公司获利能力的重要因素；建立良好的信誉不易，改变企业在公众中的形象就更难，兼并一个信誉不佳的公司，往往会使并购方多出不少负担。

(5) 诉讼仲裁风险。很多情况下，诉讼的结果事先难卜或者说无法准确地预料，如果卖方没有全面披露正在进行或潜在的诉讼以及诉讼对象的个体情况，那么诉讼的结果很可能就会改变应收账款，从而改变目标公司的资产数额；而且在某些特殊情况下，如诉讼对象在判决的执行前进行破产清算，甚至会使目标公司作为资产的债权减小到不可思议的程度。

(6) 公司实际控制风险。很多并购案例中，收购方要求实现相对或者绝对控股权。这不仅在股权比例上应有所体现，更要在收购方对目标公司董事会成员和管理层班子的调整上实际体现，否则可能面临虽持有多数股权但并不实际掌握对公司的控制权的风险。公司控制风险方面的案例，在有关并购的纠纷案件中时有出现。此外，在并购后的章程中，要注意公司股东会和董事会的权力分配，以及具体权能的表决机制，即哪些事项实行简单多数决，哪些实行绝对多数决等。还要进一步重视监事会的设置和作用。总之，对公司的控制至少体现在三个方面：股份比例多少；董事会中董事人数多少；股东会和董事会的权力分配、权限范围,以及具体权能的表决机制。当然,公司法定代表人、公司经理、财务负责人等由谁担任对公司实际控制的影响显而易见。不要简单地以为持有股份多就一定能实现对公司的控制。相反,即使股份比例不占优势,在公司三会的权力分配、表决机制、经理和财务负责人选任等方面处理妥帖,仍可以实现对公司的控制。

2. 风险防范

并购协议中的"四剑客"是指并购协议风险中避让的四类重要条款,这四类重要条款是买卖双方异常激烈的讨价还价的关键所在,同时也是充分保护买卖双方交易安全的必要条件。

(1)陈述与保证。在合同中,双方都要就有关事项作出陈述与保证。其目的有二:一是公开披露相关资料和信息;二是承担责任。由于这些资料和信息有些具有保密性质,实践中,卖方往往要与买方就此达成专门的保密协议,涉及目标公司最核心商业秘密的文件或材料,目标公司应当审慎决定是否提供给收购方或者中介机构。属于目标公司核心商业秘密文件,但是又涉及收购方本次收购的关键文件,可以允许收购方现场查阅,但是不得拍照、复印和摘录。

就卖方来讲,需要披露的事项包括目标公司组织机构、法律地位、资产负债情况、合同关系、劳资关系以及保险、环保等重要方面;就买方来讲,陈述与保证则相对简单,主要包括买方的组织机构、权利无冲突及投资意向等。通过上述约定,保护双方(主要是买方)在后期调查阶段发现对方的陈述与保证和事实有出入时,可以通过调整交易价格、主张赔偿或退出交易等方式来避免风险。

(2)卖方在交割日前的承诺。在合同签订后到交割前一段时间里,卖方应作出承诺,准予买方进入调查,维持目标公司的正常经营,同时在此期间不得修改章程、分红、发行股票及与第三方进行并购谈判等。卖方如不履行承诺,买方同样有权调整价格、主张赔偿或者退出交易。

(3)交割的先决条件。在并购协议中有这样一些条款,规定实际情况达到了预定的标准,或者一方实质上履行了合同约定的义务,双方就必须在约定的时间进行交割;否则,交易双方才有权退出交易。可以这样说,烦琐的公司并购程序的唯一目的就是交割,即使双方或其中一方没有完美无缺地履行合同,但只要满足特定的要求,交割就必须完成。这样的规定对于交易双方都有益处,避免了因一方微小的履行瑕疵而被对方作为终止合同的把柄。

(4)赔偿责任。对于交易对手的履行瑕疵,并非无可奈何。合同还可以专设条款,对受到对方轻微违约而造成的损失通过扣减或提高并购价格等途径来进行弥补或赔偿。对于目标公司的经营、财务状况等在交割日与签约日的客观差异,也可以通过上述途径来解决。这样做的好处,不仅使得交割能够顺利进行,达到并购的目的,而且使得双方在客观情况发生变化时仍能保持交易的公平,排除了因客观情况改变以及一方为达到使自己有利的价格隐瞒部分真实情况而嫁祸于另一方的交易风险。至于非因恶意而疏于披露某些信息,不加限制的赔偿就会随时置责任人于不确定的失衡状态,从而使得责任人无法预测和评估可能要发生的赔偿责任,从而加大其风险。有鉴于此,我们还可以在合同中加入限制赔偿条款,即把诸如环保、经营范围等政策性风险以及善意隐瞒的责任限制在特定的时间或项目内,将并购过程中不可预知的风险降到最小。

(三) 海外并购法律风险及防范

根据统计数据,2014—2016 年,中国投资方主动发起的海外并购交易持续升温,热度不减,无论是在数量方面,还是在金额方面,均呈现良好的增长态势。2002—2016年,年均增速高达 35.8%。2017 年,中国政府积极鼓励并大力支持企业实施"一带一路"境外投资,中国企业响应国家"一带一路"倡议,2017 年我国十大海外并购交易中就有四宗涉及"一带一路",交易总额高达 472 亿美元,有的交易甚至树立了中国企业对标的国家企业投资的新标杆。积极贯彻"走出去"政策,不仅有利于企业发展,同时对于消减过剩产能、促进产业升级也具有积极作用。可以说,"一带一路"概念的海外并购不仅是 2017 年我国海外并购中的新兴亮点,也极有可能成为未来我国海外并购中的持续热点。

面对来自政治、安全、法律等方面的不同风险,中国企业在并购前要对遇到的法律风险类型进行合理的预估、研判,并有针对性地提出充分的应对措施,以提高企业海外并购活动的实际效果。

1. 法律风险

(1) 反垄断法律风险。运用反垄断法对跨国并购活动进行规制和监管是各国常见的做法,东道国为防止并购方对其本国某一行业造成垄断,往往依据本国反垄断法律规定,对跨国并购进行反垄断审查,如未能通过审查,并购企业就会面临并购失败的风险。因此,并购方应充分研究东道国的反垄断法,尽量规避东道国反垄断法中对其不利的规定。同时,针对海外并购,各国实行的反垄断审查模式不同,相应的法律风险也呈现出不同的特点。以美国为例,美国是实行事后申报审查制度的国家,这种事后申报审查制度对并购企业而言有利有弊:有利之处是并购企业不需要获得有关部门的审查批准即可实施并购,提高了并购效率。不利之处则是有时即使企业前期事实上完成并购,美国的反垄断调查机构仍然有权在调查的基础上做出垄断认定,从而有可能导致并购失败或者加大并购成本。有时即使并购侥幸逃过"初步调查",不被认定为垄断,调查机构仍可能"穷追不舍",以"需要深入调查"为借口再次启动调查,如此无休无止地拖延进程,加大了并购时间成本,并最终可能导致海外并购投资活动无功而返。

(2) 劳动者保护法律风险。劳动者保护的法律风险同样不容忽视。中国企业在"走出去"过程中,有必要对劳动者保护的法律风险类型进行全面的认知和了解。一是劳动者参与并购的法律风险。中国三一重工宣布收购普茨迈斯特这家德国家族企业时,数百名工人在普茨迈斯特总部门前举行了示威活动,他们除担心失业外,还抗议一直对此项并购交易并不知情。依据德国劳动保护的相关法律,企业要保障劳动者有事先知悉涉及其切身利益的工作事项(如工作地点、工作流程、工作条件等重要事项)的权利。若企业在并购过程中没有充分保障劳动者的知情权,则会面临因职工反对而阻碍整个并购进程的风险。二是劳动合同法律风险。具体表现为不与劳工签订劳动合同,或仅做口头约定,这种做法极有可能引起合规风险,使得企业在劳资纠纷当中处于不利的局面。中国企业在与当地劳工签订劳动合同时,若没有注意并严格遵循东道国立法中关于劳动合同签订、履行方面的强制性规定,就会产生相应的法律风险。三是劳动者裁减管制法律风险。中国企业在完成并购后、裁减劳动者之前,一定要充分了解东道国对劳工当地化的最低比例要求、雇佣外籍劳工的比例限制、外籍劳工签证审批等有关裁减老员工、雇佣新员工的规定,以防范相关风险的发生。

(3) 知识产权风险。在知识产权保护方面,我国企业法律意识相对淡薄,专业人才欠缺,在海外并购尤其是并购西方发达国家的企业时十分被动。一是知识产权诉讼纠纷诉讼费用很高。海外很多国家的知识产权在被并购的时候所获得的赔偿金额非常高,而且有不断上涨之趋势。在美国,一件普通的并购知识产权案件往往会花费高达500万美元的诉讼费用。二是海外并购过程中,中国企业必然会涉及引进技术或引进专利许可,其中也会遭遇相应的知识产权风险。例如:合同中包括不合理的技术限制,不能在原产品的基础上创新;当原产品进行创新之后,须重新购买其知识产权;购买的知识产权会附带一些无效或非必要专利等诸多不公平条款。三是无法体现出知识产权的附加价值。我国企业"走出去"过程中,由于缺乏知识产权布局,所购买的知识产权无法实现附加价值,所以购买的产品存在成本高、利润低的问题。例如,由于知识产权附加值的缺乏,中国大量的光伏企业在实施"走出去"的战略发展过程中,所购买的相关产品以及技术所产生的利润非常低,无疑将中国企业海外并购的风险层层加深。

(4) 国家安全审查风险。在海外并购过程中,首先就是东道国政府实施所谓的国家安全审查的风险。东道国政府基于多种因素,对并购方进行严苛审查,如国家安全、社会利益、行业保护等,而且有时东道国考虑的因素变动不居,让人难以捉摸,防不胜防。因此,应对东道国国家安全审查风险重要且艰难。随着我国海外并购日趋频繁,我国海外并购的经验和实力也有了显著提高,出现了许多积极、恰当应对东道国国家安全审查风险的成功案例。诸如潍柴动力收购德国凯傲、徐工收购德国施维英等,都表明我国并购企业对于国家安全审查的风险认知正在逐渐加深,应对措施也逐渐成熟、日臻完善。

然而,发达国家为防止本国企业的先进科学技术与管理经验等轻易外流,会千方百计阻挠他国尤其是新兴经济体企业并购其本国企业,实施披着"合法、合理"外衣而实为不公平、不公正的审查监管。2018年11月,美国正式启动《2018年外国投资风险审查现代化法案》(Foreign Investment Risk Review Modernization Act of 2018,FIRRMA)试点项目,美国外资投资委员会(Committee on Foreign Investment in the United States,CFIUS)审查的交易范围将扩大到对美国特定行业涉及关键技术的美国企业开展的非控制性投资,对于特定交易实施强制申报制度,以阻止外国投资者获得美国关键技术,如目前美国政府将中兴公司和华为公司列入美国出口管制实体清单,以国家安全名义,动用国家力量采取打压政策。2020年3月,FIRRMA法案全面执行。日本在其《外国投资法》中就设定了对外资并购审查的制度,包括三条积极标准和三条消极标准,这些标准十分抽象,可随意发挥,这为日本"随心所欲"地对外资并购进行管控提供了便利。因此,事前了解东道国的法律以及修法动态,并做好充分准备,找准时机,快速推进并购,避免"夜长梦多",是应对这类"目的性"解释与"倾向性"立法的最佳策略。

(5) 生态环境保护法律风险。生态环境保护法律风险已成为关系中国企业海外投资成功与否的重要风险源之一,主要原因在于西方国家环境立法的高标准与我国企业对相关风险的预判失误。一般而言,发达国家普遍高度重视环境保护,环境保护立法严苛,执法严格,与我国情况差异较大,我国企业对此认知不足,准备不够。我国企业海外投资"一带一路"沿线国家主要集中在基础设施建设、能源、资源、交通等产业,会对目标国生态环境带来一定影响,容易引发环境矛盾。2014年3月,中国铝业被秘鲁环境部门要求禁止在特罗莫克(Toromocho)矿山进行施工。原因是当地政府部门调查发现,中国铝业将废水违规排放到当地湖水中。类似事例不仅给中国海外并购企业造成了经济损失,也对中国的海外投资造成了不利影响。

2. 防范对策

(1) 完善创新国内法律。立法机关需要不断完善与并购有关的法律规范,提高立法质量,发挥好立法对我国企业海外并购行为的护航与保障作用。然而,各界对海外并购风险的了解不够深入,致使我国现有法律规范中,与海外并购直接相关的条款较少,更未形成完整的体系,以至于我国企业在应对国外反垄断及国家安全审查时,缺乏本国立法支持,无法有效应对。

我国应该在借鉴国外相关立法的基础上,修改并完善我国企业海外并购的相关法律。第一,要结合重点内容,即以常见的适用范围、使用时效与处置力度等方面为中心,有针对性地进行修改,给我国企业提供坚强有力的保障。第二,要结合我国实际进行修改。我国的市场经济具有鲜明的中国特色,经过多年发展,已较为成熟,在立法过程中要有一定的自信。在境内资本输出、支付方式、资本与技术引入等领域,要给我国企业"松绑",放宽乃至取消限制,促进海外并购的顺利进行。

(2) 充分利用东道国国内法与国际公约。这主要包括三个方面。

一是积极求助东道国的司法审查程序。西方国家法治化程度较高,一般可对行政机关的决策进行司法审查,在东道国国家安全审查机构做出否决并购交易的决定后,我国企业可以运用司法救济的途径,通过提起诉讼的方式要求东道国法院启动对该项决定的司法审查程序,如此或许有一线转机。

二是合理运用WTO规则。WTO奉行非歧视性原则,成员一般不能在贸易伙伴之间进行区别对待,在对待他国并购申请时应一视同仁,从而促进并购领域的资本自由流动。中国企业可以依据非歧视标准和规则,通过启动WTO的争端解决程序,借助WTO争端解决机制维护自身合法利益。

三是充分利用双(多)边投资协定。在双(多)边投资保护协定签署或修订过程中,可以选择如下路径保护本国企业海外并购利益:① 通过谈判协商,达成"国家安全例外"条款,排除对方利用国家安全审查对并购实施干预的可能性;② 在协定中对双方可接受、可预见的有碍"国家安全"的情形进行较为明确的、具体的规定,对抽象的"国家安全"概念进行详细界定,防止对方随意发挥;③ 将司法审查条款融入投资协定,即在投资协定中明确,若东道国政府对并购活动实施了贸易保护等不当控制行为,投资者可以根据投资协定,以东道国政府违反投资协定中的内容为诉讼理由起诉东道国政府。

(3) 建立对外并购审批机制。建议在商务部框架内新设一个专门机构,对海外并购活动实施合理的控制,给予必要的指导。一是筹建的机构应该担负国外反垄断法调查咨询,负责分析主要目标国的法律体系与案件审查情况,为相关企业提供资源与决策辅助。二是筹建机构应该积极研究海外并购反垄断的审查机制,在我国企业具有并购意向的同时,为其提供国外反垄断审查的评估、预测等服务,既包括对并购后的企业在东道国国内是否会构成垄断性质的预判,更应针对并购后的企业在东道国是否会构成垄断而遭受制裁甚至被否决并购交易进行评估、预测,以供我国并购企业参考并及时制定应对策略。

（4）健全知识产权价值评估体系,降低涉知识产权风险。中国企业在海外并购过程中特别要注重针对跨国并购知识产权价值的评估,进一步做好知识产权测评机制的建设工作,重点防范知识产权的侵权风险。一是中央政府应保留必要的外资并购监管与审批权限。在对知识产权价值评估的过程中,政府应该加强监管,有效防止部分并购企业(尤其是国有企业)为追求私利而置国家利益于不顾。二是逐步建立知识产权评估项目随机复查和听证制度。财政部和地方政府应该每年对进行并购的知识产权项目抽查,对其价值的评估进行复核审查,以便及时发现其中的问题,并及时加以纠正和完善。三是政府应着眼于一些涉及国家经济命脉的领域和行业,如武器制造、核心知识等,尽量减少外国的参与度,同时还应做好相应的保密措施,确保国家信息安全。

（5）企业加强监测和防范,降低生态环境风险。我国应该强化国内环境保护法制,加强向海外能源领域投资的中资企业的东道国环境责任和社会责任。同时,中国政府要从法律上保护和维护中国海外能源投资企业的正当合法利益。建立日常化的环境风险防范和应急措施机制,并购前加强可能导致的环境压力风险评估,针对生产作业中容易发生的环境事故加强监测和管理,健全环境保护规章制度,加强与东道国在生态环境保护上的国际合作。

复习思考题

1. 杠杆收购主要有哪些财务模式?
2. 如何理解对赌协议的有效性?
3. 私募投资的估值定价方法有哪些?
4. 公司并购过程中会产生哪些法律风险?
5. 海外并购的法律风险主要有哪些?

第九章 企业破产清算案件法务会计分析

一、基本理论

(一) 企业破产概述

1. 破产的概念

通常所说的"破产"一词,有两种含义:一是指客观状态,即债务人不能清偿到期债务的客观事实状态,它主要用于描述债务人的经济状况;二是指法律程序,即法院根据当事人的申请或依职权,对不能清偿到期债务的债务人所进行的一种特别程序。狭义上的破产程序仅指破产清算,广义上的破产还包括破产重整与和解。我国破产法将破产清算程序、和解程序与重整程序集于一身。可见,我国采取广义的破产法概念。

企业清算可分为破产清算和非破产清算。破产清算是指公司或者公司债权人在公司资不抵债、明显丧失清偿能力时,向法院提出破产清算申请。法院经审查后确认公司满足破产清算的条件,便会作出裁定,受理破产的申请,宣告公司进入破产程序,指定管理人开始破产清算。非破产清算则是指公司的资产尚足以清偿所有债务,为清理公司债权债务、保障公司能够继续正常经营而进行的清算,或因为一些特殊的原因而导致公司经营中断、解散而对公司进行的清算。

破产清算程序主要强调的是公权力的介入,非破产清算则更倾向于公司自行进行清算,而且清算之后公司仍可通过重整等方式继续经营。自法院宣告破产之后,公司就不可逆转地进入破产清算,不可能再逆转回重整、和解程序,也就是说破产清算之后,公司不可避免要注销公司,消灭法人资格。但是非破产清算结束后,公司之前的债权债务消灭,而公司法人资格不一定终结。

根据我国公司法的规定,当公司出现下列情形将引起非破产清算:

(1) 公司章程规定的营业期限届满或公司章程规定的其他解散事由出现;

(2) 股东会或股东大会决议解散;

(3) 依法被吊销营业执照、责令关闭或者被撤销;

(4) 人民法院依照《公司法》第183条的规定予以解散。

公司因非破产清算(指公司自愿解散和被责令依法解散的情形),适用《公司法》和《破产法》规定的程序。本章主要就破产清算程序进行具体阐述。

2. 破产案件管辖

根据各国立法规定,破产案件的管辖主要有三种:一是由专门法院管辖,如美国,其破产案件由联邦法院管辖;二是由普通法院管辖,如德国、英国、意大利等;三是由商事法院管辖,在实行商人破产主义的国家,主要根据破产人的身份确定管辖法院,即商人破产由商事法院管辖,非商人破产由民事法院管辖。

在我国,只有人民法院有权管辖破产案件,其他任何组织和部门都无权管辖破产案件。

(1)地域管辖。根据《中华人民共和国企业破产法》(以下简称《企业破产法》)第3条的规定,破产案件由债务人住所地人民法院管辖。债务人住所地指的是债务人的办事机构所在地,如破产企业主要办事机构所在地与其工商登记住所地不一致,以破产企业主要办事机构所在地为住所地,由破产企业主要办事机构所在地人民法院管辖。没有办事机构的,由其注册地人民法院对该破产案件进行管辖。

(2)级别管辖。破产案件一般由基层法院管辖。对于破产案件的级别管辖,我国《企业破产法》并未作出明确规定,但《最高人民法院关于审理企业破产案件若干问题的规定》第2条规定:"基层人民法院一般管辖县、县级市或者区的工商行政管理机关核准登记企业的破产案件;中级人民法院一般管辖地区、地级市(含本级)以上的工商行政管理机关核准登记企业的破产案件;纳入国家计划调整的企业破产案件,由中级人民法院管辖。"由此可见,对于破产案件的级别管辖,一般依照破产企业核准登记机关的级别予以划分,但这也仅仅是规定了一般的级别管辖原则,不同省区市在具体的司法实践中,会对破产案件的级别管辖作出具体的规定。

(3)跨境破产的管辖原则。跨境破产一般是指境外破产人的部分财产在我国境内或者我国境内破产人的部分财产在我国境外的破产。对此,我国《企业破产法》第5条明确规定:"依照本法开始的破产程序,对债务人在中华人民共和国领域外的财产发生效力。对外国法院作出的发生法律效力的破产案件的判决、裁定,涉及债务人在中华人民共和国领域内的财产,申请或者请求人民法院承认和执行的,人民法院依照中华人民共和国缔结或者参加的国际条约,或者按照互惠原则进行审查,认为不违反中华人民共和国法律的基本原则,不损害国家主权、安全和社会公共利益,不损害中华人民共和国领域内债权人的合法权益的,裁定承认和执行。"

3. 破产原因

(1)破产原因概述。破产原因又称破产界限,是指法院据以对债务人开始破产程序或者宣告债务人破产的依据。它是适用破产程序所依据的特定的法律事实,属于破产程序开始的实质要件。由于破产程序的内涵不同,破产原因的含义也有所不同。广义上的破产原因还包括开始和解程序和重整程序的原因。但是破产理论上有时将破产原因与和解原因、重整原因进行相应的区分,破产原因特指法院可以作出破产宣告的界限。

需要明确的是,破产原因作为法院宣告债务人破产的特定的法律事实,必须符合两个要求。一方面,必须是客观存在的一种事实状态,而不是债权人或债务人主观臆断出来的。另一方面,这种事实状态必须符合法律规定,不能以法定以外的事实做判断。犹如破产能力由法律赋予一样,破产原因的标准也是由法律规定的。

根据我国《企业破产法》第2条的规定,企业法人不能清偿到期债务,并且资产不足以清偿全部债务或者明显缺乏清偿能力,可以认定为具备破产原因。

(2) 破产原因的认定。为了更好地在实践中把握破产原因的适用,推进破产案件的依法受理,2011年出台了《最高人民法院关于适用〈中华人民共和国企业破产法〉若干问题的规定(一)》[以下简称《破产法司法解释(一)》],对破产原因的认定作了详细规定。

关于破产原因的一般认定,《破产法司法解释(一)》第1条规定:债务人不能清偿到期债务并且具有下列情形之一的,人民法院应当认定其具备破产原因:① 资产不足以清偿全部债务;② 明显缺乏清偿能力。相关当事人以对债务人的债务负有连带责任的人未丧失清偿能力为由,主张债务人不具备破产原因的,人民法院应不予支持。也就是说,企业法人具备如下两种情形之一时,便具备了破产原因:①"不能清偿到期债务"且"资产不足以清偿全部债务";②"不能清偿到期债务"且"明显缺乏清偿能力"。

首先,"债务人不能清偿到期债务"是指对于依法成立的债务,债务人在债务清偿期限内不能足额清偿的情形。根据《破产法司法解释(一)》第2条的规定,下列情形同时存在的,人民法院应当认定债务人不能清偿到期债务:① 债权债务关系依法成立;② 债务履行期限已经届满;③ 债务人未完全清偿债务。

其次,对于"资产不足以清偿全部债务的认定"。根据《破产法司法解释(一)》第3条的规定,人民法院应当审查债务人的资产负债表,或者审计报告、资产评估报告等,经审查显示其全部资产不足以偿付全部负债的,人民法院应当认定债务人资产不足以清偿全部债务,但有相反证据足以证明债务人资产能够偿付全部负债的除外。

最后,"明显缺乏清偿能力"即丧失了一切清偿债务的可能。对此,《破产法司法解释(一)》第4条规定,对于债务人的账面资产虽大于负债,但存在下列情形之一的,人民法院应当认定其明显缺乏清偿能力:① 因资金严重不足或者财产不能变现等原因,无法清偿债务;② 法定代表人下落不明且无其他人员负责管理财产,无法清偿债务;③ 经人民法院强制执行,无法清偿债务;④ 长期亏损且经营扭转困难,无法清偿债务;⑤ 导致债务人丧失清偿能力的其他情形。有理由认为,这些规定某种程度上实现了破产原因的概括规定与实践中破产原因认定具体事实的对接。

4. 中国香港地区破产与清盘程序

中国香港地区终止企业法人地位分为破产与清盘(香港相关规定中,公司破产称为清盘)两种形式。破产针对的是无限责任公司,以中国香港地区关于破产的规定为法律依据,债务人与债权人均可向法院提出申请;清盘针对的是有限责任公司,以公司法为法律准绳[①]。公司清盘有三种方式。一是股东自愿清盘,即公司通过股东会特别决议,不愿意经营此前的业务,自行解散。二是债权人自愿清盘,即公司无能力清还所有债务且不能继续营运,公司由债权人委任一名清盘人,负责监察及处理整个清盘过程,该清盘人必须是执业会计师或律师。三是强制性清盘。公司一旦出现以下情形之一,将被强制性清盘:① 公司通过特别决议并按照高等法院的要求进行解散;② 公司自成立之日起一年内未开展业务或停止经营活动超过一年;③ 公司成员总数降至七人以下;

---

① 王福谦:《香港企业破产案审理及借鉴》,《特区经济》1992年第1期。

④ 公司不能偿还其债务；⑤ 高等法院认为该公司应该解散。这时，经理须把权利交付代为善后之人，代为善后之人将一切库存货物变卖成现金，现金到手之后，先提取善后工作之人的薪水，然后付还小额债务，如房租、工人工资，再清偿其他债务。若有剩余，则按股份多少分给各股东①。

强制清盘的法律处理程序与破产程序类似，自愿清盘可以不通过法律程序，如主要原因是股东不和，清盘完毕到注册处核销公司法人地位即可。破产与清盘的重要区别是，破产涉及个人财产，破产人以后不能再担任公司董事，个人消费受到限制，而被清盘公司股东仅负有限责任。根据中国香港地区关于破产的规定，香港的有限公司清盘一般应当遵循如下程序（自动清盘除外）：① 向有关公司发出还债要求书；② 向法庭、破产管理署及有关公司提交清盘呈请书；③ 法庭聆讯；④ 法庭颁布清盘令；⑤ 所有债权人（"债主"）和其他有关人士进行会议；⑥ 委任清盘人；⑦ 变卖公司资产及将款项分发给债权人；⑧ 解除清盘人之职务；⑨ 解散公司。清盘程序于提交呈请书时正式开始。

根据中国香港地区相关规定，公司清盘呈请一旦向法院提出，公司清盘同时开始，公司正式开始清盘后，公司的控制权就掌握在清盘人手上，公司的资产不再属于股东或董事。其中，由股东发起的债权人自动清盘或股东自动清盘，清盘由股东大会通过特别决议的一刻开始。由董事发起的债权人自动清盘，董事要做一份宣誓书，证明清盘是唯一解决办法，再把宣誓书存入公司注册处，从存入那一刻开始，公司正式开始清盘。法庭强制性清盘并不是从法庭颁布清盘令之日开始，而是从债权人向法庭提交破产申请之日开始，因此，法庭可以将从申请之日到判令破产期间的资产转移宣布为无效。

进入清盘程序，公司由清盘人控制。清盘人由处于优势的一方来委任，在三种类型的清盘中，虽然被强制清盘的公司也可以是资产多于负债，但一般来说都是资不抵债，可以说只有股东自动清盘一种是资产多于负债，公司有足够的金钱还给债权人，所以股东有权委任清盘人。至于其他两种清盘，绝大多数公司都是资不抵债，公司话语权就会落到债权人手上②。

（二）企业破产清算的基本流程

1. 破产清算的申请

清算申请是指债务人或者债权人向法院提出的意图变价债务人财产而分配给债务人的意思表示。一般而言，清算申请人包括债务人和债权人。首先，在债务人有破产原因时，可以直接向法院申请清算。债务人直接向法院申请破产清算的，称为自愿清算申请。其次，债务人不能清偿到期债务时，债权人可以直接向法院申请债务人破产清算。债权人向法院申请破产清算，相对于债务人而言，可称为非自愿清算申请。再次，已经解散的企业法人有破产原因的，对该法人负有清算的人或组织，应当向法院申请该债务人破产清算。最后，商业银行、证券公司、保险公司等金融机构有破产原因的，国务院金

---

① 何兰萍：《〈1865年香港公司条例〉与近代外商在华公司制度之嬗变》，《上海经济研究》2013年第9期。
② 朱雪青：《香港与大陆破产法律制度相关问题比较研究——对三鹿集团破产案的再思考》，《科技视界》2012年第33期。

融监督管理机构可以向法院申请该金融机构破产。

债务人或者债权人向法院申请破产清算的,应当提交破产清算申请书,破产清算申请书应当载明下列事项:① 债务人的基本情况;② 申请清算目的;③ 申请清算的事实和理由;④ 法院认为申请书应当记载的其他事项。破产清算申请书为债务人或者债权人申请清算的形式要件,此外,还应当提交相应的"证据"。

债务人直接申请破产清算的,除向法院提交破产申请书以外,还应提交企业法人营业执照、法定代表人身份证明、财产状况说明、债务债权清册以及有关财务会计报告等;债权人直接申请债务人破产清算的,除向法院提交破产申请书外,还应当提交有关债务人不能清偿到期债务的"证据",包括但不限于债权的成立或有效、届期未获清偿等方面的"证据"。在债权人直接申请债务人破产清算的场合,债务人有权在收到人民法院的破产清算申请之日起七日内,对清算申请提出异议。

原则上,我国破产清算程序的开始实行申请主义;破产清算程序以债务人或者债权人向法院提出破产清算申请为要件,没有破产清算申请的,法院不得依职权对债务人适用破产清算程序。

2. 破产清算的受理

清算申请的受理,是指法院经审查认为破产清算的申请符合破产法的规定而予以接受,并开始破产程序的司法上的审判行为。法院在受理破产清算申请之前,应当在法定期限内对债务人或者债权人的清算申请进行形式审查,审查的事项包括债务人有无破产能力、申请人提交的申请是否符合法律规定等。经审查,符合法律规定的,法院应当裁定受理破产清算申请。

法院作出受理破产清算的申请之裁定时,应当对于债务人是否具有《企业破产法》第2条第1款规定之"破产原因"进行调查,因为不具备调查并确认债务人是否具有"破产原因"的程序条件,往往难以作出宣告债务人破产清算的裁定。法院受理破产清算的申请,并不表明债务人财产必定沦为破产财产,也不表明已经开始的清算程序必定产生分配的效果。只有在债务人自行申请破产清算的场合,若已有较为充分的事实表明债务人具备《企业破产法》第2条第1款规定之"破产原因",法院才可以在受理破产清算的申请时,一并作出宣告债务人破产的裁定。

关于清算申请的受理,还有必要特别注意两点。

第一,法院受理破产清算的申请,并不意味着具有分配效果的破产清算程序的开始。法院受理清算申请,仅仅表明破产程序已经开始,但已经开始的破产程序可能向重整程序或者和解程序方向发展。在因破产清算的申请而开始破产程序的场合,是否开始具有分配效果的破产清算程序,仍取决于法院经审理后是否作出宣告债务人破产的裁定。一般而言,法院受理破产清算的申请后,债务人是否具有"破产原因",应当根据管理人执行其"调查"债务人财产状况职务的结果予以判定。管理人在接管债务人的财产和营业后,应当根据《企业破产法》第25条的规定,对债务人的财产状况予以调查,并制作债务人财产状况报告后向法院提交,该财产状况报告将成为法院认定债务人是否具有《企业破产法》第2条第1款规定之"破产原因"的依据。在法院受理破产清算申请后,若法院查明债务人有《企业破产法》第2条第1款规定之"破产原因",除非经利害关系人申请而开始重整程序或者和解程序,法院应当裁定宣告债务人破产清算。

第二,清算申请并非法院裁定开始清算程序的绝对条件。在依法开始重整程序或者和解程序后,在破产程序进行期间,若有法定的应当宣告债务人破产清算的事由出现,不论是否有利害关系人请求法院宣告债务人破产,法院均可以依照职权并依照法律的规定开始破产清算程序。例如:《企业破产法》第 79 条第 3 款规定,债务人或者管理人未按期提出重整计划草案的,人民法院应当裁定终止重整程序,并宣告债务人破产;第 99 条规定,和解协议草案经债权人会议表决未获得通过,或者已经债权人会议通过的和解协议未获得人民法院认可的,人民法院应当裁定终止和解程序,并宣告债务人破产。

3. 破产程序的转化

(1) 破产程序向重整程序的转化。破产重整是指对可能或者已经发生破产原因但又有挽救希望与价值的企业,通过对各方利害关系人的利益协调,强制进行营业重组与债务清理,以使企业重获新生的法律制度[①]。依照我国破产法的规定,作为防止债务人破产清算的重整程序,因其开始发生效力的程序的差异,可以划分为直接开始的重整程序和经破产程序转化的重整程序。

所谓直接开始的重整程序,是指法院裁定受理利害关系人的重整申请而开始的重整程序。依据我国破产法的规定,债务人有法定之破产原因或者重整原因时,债务人或者债权人可以直接申请法院对债务人进行重整。根据我国《企业破产法》第 2 条的规定,企业法人不能清偿其到期债务,并且资产不足以清偿全部债务或者明显缺乏清偿能力,或者有明显缺乏清偿能力可能的,均可申请破产重整。

所谓经破产程序转化的重整程序,是指法院在破产程序开始后因裁定受理重整申请而开始的重整程序。非以重整为目的的破产程序开始后,若债务人有再生的意愿并具备启动重整程序的条件,利害关系人可以在破产程序进行中申请对债务人进行重整,以避免法院宣告债务人破产清算。根据我国《企业破产法》第 70 条第 2 款的规定,债权人申请对债务人进行破产清算的,在人民法院受理破产申请后、宣告债务人破产前,债务人或者出资额占债务人注册资本 1/10 以上的出资人,可以向人民法院申请重整,此为破产清算向重整程序的转化,应作如下理解:① 在有的债权人提出对债务人破产清算而法院受理的情况下,债权人不能再提出对债务人重整,只有债务人或者出资额占债务人注册资本 1/10 以上的出资人,可以向人民法院申请重整;② 提出的时间是在人民法院受理破产申请后、宣告债务人破产前。

利害关系人申请对债务人进行重整,法院经审查认为重整申请符合破产法规定的重整条件的,应当裁定准许债务人重整,重整程序开始。重整程序开始时,法院应当指定管理人,接管债务人的财产和营业;但债务人申请法院准许其自行管理财产和营业的,管理人接管债务人的财产和营业的权利,由债务人行使。重整程序开始后,管理人或者自行管理财产的债务人应当在法定的期间内拟定重整计划草案,并提交给利害关系人决议。

---

① 王欣然:《破产法原理与案例教程》,中国人民大学出版社,2015,第 220 页。

重整计划草案构成重整程序的参加人(利害关系人)相互合作的基础,不仅要规定利害关系人在重整计划中的权利,而且要规定债务人满足利害关系人权利要求的具体措施或步骤。利害关系人按照其权利地位的差异形成不同的表决组,对重整计划草案进行表决。重整计划草案经各利害关系人表决通过的,应当报请法院裁定批准。各表决组通过重整计划草案并报请法院批准,或者法院基于法律的规定强制批准重整计划草案的,重整程序终结。重整计划草案未获得通过且未依照《企业破产法》第87条的规定获得批准,或者已通过的重整计划未获得批准的,人民法院应当裁定终止重整程序,并宣告债务人破产。

重整程序的最终目的是通过执行重整计划而使债务人获得复苏,故重整计划的执行成为重整程序是否达到目的的衡量标准。一个完整的重整程序必然应当包括重整计划的执行这个阶段。依照我国破产法的规定,重整计划由债务人负责执行。经法院批准的重整计划对所有参加重整程序的利害关系人具有约束力,尤其是债务人应当执行重整计划。若重整计划中规定有重整计划执行的监督期,则管理人还应当监督债务人执行重整计划。

(2)预重整制度。预重整是在美国破产重整实践中自行发展起来并为其他国家所吸收借鉴的一种债权债务处理模式。2018年3月4日,最高人民法院发布《全国法院破产审判工作会议纪要》,明确提出:"探索推行庭外重组与庭内重整制度的衔接。在企业进入重整程序之前,可以先由债权人与债务人、出资人等利害关系人通过庭外商业谈判,拟定重组方案。重整程序启动后,可以重组方案为依据拟定重整计划草案提交人民法院依法审查批准。"在预重整模式下,债务人企业在向法院申请破产重整之前,先与债权人进行协商并拟定重整计划的内容,在请求债权人对重整计划表决通过后,将先期投票结果与重整申请一同交法院审查,法院完成审查和受理工作,裁定批准重整计划,批准后的重整计划具有约束全体债权人的效力,从而有助于早日实现债务人复兴[①]。

具体而言,预重整制度从时间上可以划分为两个阶段:第一阶段是庭外重组阶段;第二阶段是司法强制管制阶段。这两个阶段的分界线为债权人或债务人向法院提交重整申请。预重整程序相较于重整程序而言比较简单。首次,债务人与债权人进行协商谈判。这个过程一般在债权人会议上进行,债务人对全部或者部分债权人发出协商谈判或者债权人会议的通知。在债权人会议上,债务人企业需要进行信息披露,应全面、详细地公开其财务状况和营业状况。其次,债务人企业制定重整计划,这个程序可以在谈判之前也可以在谈判之后。再次,对重整计划进行投票表决,对重整计划的表决也是在债权人会议上进行,通过分债权类别进行分别投票,最终如果有半数以上的债权人同意,则意味着通过该重整计划。最后,在投票结束后,由债务人或者债权人向法院提出破产重整申请,在提交申请的同时提交该重整计划,由法院进行裁定批准,使该重整计划具有约束所有债权人的效力[②]。

预重整具有以下三个特征:第一,在向法院申请重整之前,债权人和债务人已经进

---

① 徐阳光、王静:《破产重整法律制度研究》,法律出版社,2019,第18页。
② 徐阳光、王静:《破产重整法律制度研究》,法律出版社,2019,第25页。

行了协商,并且拟定了企业解困的重整方案,该方案应当包括正式重整方案的核心内容;第二,债务人请求债权人针对该方案进行了表决,而且该方案得到了大部分债权人的同意并获得通过,即预表决;第三,在通过该方案后还必须向法院提出转入重整申请,并在申请的同时提交该方案。预重整与重整虽然在程序上有很大的相似之处,但两者是不同的概念、不同的程序,在相关的程序和步骤上体现出明显的区别。预重整制度将司法重整内的部分移至法庭外进行,是法庭外债务重组和法庭内司法重整的结合。

(3)破产程序向和解程序的转化。和解程序是指为了避免破产清算,由债务人提出和解申请并提出和解协议草案,经债权人会议表决通过并经法院许可的解决债权债务问题的制度。破产法上的和解可以分为法院内的和解和法院外的和解。法院内的和解属强制性和解,它不需要每一个债权人同意,只要由债权人会议以多数表决制度通过即可,一旦生效即对所有债权人产生效力。法院和解又有破产宣告前的和解与破产宣告后的和解之分,破产宣告前的和解具有阻却破产清算程序的功能,而破产宣告后的和解则无此功能。在我国,破产法上的和解仅限于破产宣告前的法院和解,本节所称的和解也是指这种和解。关于法院外的和解,根据我国《企业破产法》第105条的规定,破产案件受理后,当事人在法院外自行和解的,经法院认可后具有相当于法院和解的效力。但是,法院外的和解必须经全体债权人一致同意,并不得损害有担保债权人的权益。

和解的申请只能由债务人向法院提出,其他任何利害关系人均不得提出和解申请,法院也不得依职权开始和解程序,这是各国破产法一致承认的原则。我国《企业破产法》第95条规定:"债务人可以依照本法规定,直接向人民法院申请和解;也可以在人民法院受理破产申请后、宣告债务人破产前,向人民法院申请和解。"后者即破产程序向和解程序的转化。债务人向法院提出和解申请时,应同时向法院提交和解计划(和解协议)草案。法院应当对债务人的和解申请进行审查。我国《企业破产法》第96条规定:"人民法院经审查认为和解申请符合本法规定的,应当裁定和解,予以公告,并召集债权人会议讨论和解协议草案。"对此,可以作如下理解:① 申请人必须是债务人;② 债务人必须具备和解程序开始的原因,即破产法第2条规定的原因;③ 申请形式须是书面申请;④ 没有法院应当驳回申请的理由。该规定也应适用于从破产清算程序中经债务人申请转化而来的和解程序。

债权人会议讨论和解协议草案,应当按照特殊决议的表决方式进行,根据我国《企业破产法》第97条的规定,通过和解协议草案的决议,必须由出席债权人会议的有表决权的债权人的半数通过,并且所代表的债权额占无财产担保的债权总额的2/3以上。债权人会议通过的和解协议并不当然具有法律效力,须经法院的许可。法院应当对债权人会议通过的和解协议进行审查,如果不存在不认可的法定事由,应认可和解协议。经法院认可的和解协议应当公告,和解协议自公告之日起对所有债权人具有约束力,至此,和解程序终结。和解协议草案经债权人会议表决未获得通过,或者已经债权人会议通过的和解协议未获得人民法院认可的,人民法院应当裁定终止和解程序,并宣告债务人破产。

4. 破产宣告

(1)概念和分类。破产宣告是法院依当事人申请或者依职权对已经具备破产条件的债务人所作出的宣告其为破产人并对其财产依法进行分配的司法行为。根据多数国家的破产法规定,以破产宣告作为破产程序开始的标志。根据对债务人的破产宣告是依据利害关系人的申请做出还是法院依据职权而做出,可以分为破产宣告的申请主义以及职权主义。一般来说,各国破产法以申请主义为原则,以职权主义为例外。

① 依申请作出的破产宣告。在绝大部分国家,破产法规定法院应依申请宣告债务人破产,这体现了私法"不告不理"的精神,避免了公权力对私人生活的过度干涉。法院对有关当事人的申请进行形式审查和实质审查,认为符合破产宣告条件的,应作出宣告债务人破产的裁定。经审查认为不符合破产宣告条件的,则应驳回其申请。对于法院所作出的破产宣告的裁定或者驳回申请的裁定,申请人或者被申请人均可上诉。

例如,根据美国的破产程序,在债权人提出强制清算的申请后,法院首先要通知债务人,使其有机会进行答辩。法院在收到债务人的申请后,只要申请表填写无误,即可向债务人发送通知。起诉通知中无非是说明已有债权人申请债务人破产的事实,债务人当在收到通知后20日内作出答复,否则,即缺席宣告债务人破产。债务人在收到起诉通知后,有两种方式主张自己的意见:一是不对破产申请作出实质性的答辩,而是根据联邦民事诉讼规则对破产申请本身以及程序的适当性提出反对意见,如主张法院缺乏管辖权等;二是对申请本身作出实质性答辩,这种实质性答辩既可以提出抗辩事由,如没有破产原因等,也可以直接同意清算。如果债务人对破产申请本身或者程序适当性提出异议,法院应当对之进行审查。如果异议成立,该破产程序就要重新启动。如果债务人没有提出异议,法院就要进一步审理债务人提出的抗辩事由。如果法院认为不存在真正需要审理的事实问题,法院应当立即作出判决,宣告债务人破产或者驳回申请。如果有需要审理的问题,法院就应当按一般民事程序进行审理①。

在大陆法系国家,对破产申请审查的具体程序虽然与美国不尽相同,但十分相似。例如,根据日本现行破产法的规定,法院首先应当审查形式要件,如果形式要件不充分,法院可以责令当事人补充,当事人无法补充的,法院则会以其申请不适法而予以驳回。如果法院认可了形式要件,那么法院就要进一步审查实质要件。在审查中,可以不经过口头辩论,但必须给债务人陈述的机会。在实质审查后,法院认为存在破产原因的,即可宣告债务人破产;反之,则应驳回其申请。

根据我国《企业破产法》的规定,债权人或者债务人都可以申请债务人破产清算。根据《企业破产法》第134条的规定,商业银行、证券公司、保险公司等金融机构有该法第2条规定情形的,国务院监督管理机构可以向人民法院提出对该金融机构进行重整或破产清算的申请。法院要对申请进行审查,是否符合该法第2条规定的破产要求。如果具备破产原因,并且债务人未提出和解或者具备申请资格的人未提出重整申请,又不具备该法第108条规定的情形的,法院应当宣告债务人破产。

② 法院依职权宣告债务人破产。当出现某些特殊情况时,法律也例外地赋予法院依职权宣告债务人破产的权力。例如,按照英国破产法及实施细则的规定,在下列情况下,法院可以宣告债务人为破产人:债务人自请宣告破产的;债权人会议以普通决议决

---

① 潘琪:《美国破产法》,法律出版社,1999,第444—445页。

定申请债务人破产的;债权人未举行债权人会议的;债务人没有提交债务清册的;债务人没有按照和解协议分期支付款项的;债务人在公开审查后 14 天,和解协议未得到批准的;公开审查程序无期限中止的①。

我国《企业破产法》第 104 条第 1 款规定:"债务人不能执行或者不执行和解协议的,人民法院经和解债权人请求,应当裁定终止和解协议的执行,并宣告债务人破产。"那么,这里的宣告债务人破产,法院是依职权宣告还是依申请宣告,对此条该如何理解?我们认为,对该条规定的理解应为:无论债权人是否申请债权人破产,法院都应该宣告债务人破产清算。故此,此处的破产宣告应理解为职权宣告更为合理②。

(2) 破产宣告的裁定。法院宣告债务人破产清算的,应当以裁定为之。法院宣告债务人破产清算的裁定,自作出之日起生效。根据我国《企业破产法》第 107 条的规定,人民法院依照本法规定宣告债务人破产的,应当自裁定作出之日起 5 日内送达债务人或者管理人,自裁定作出之日起 10 日内通知已知债权人,并予以公告。法院以通知和公告送达破产宣告的裁定,通知和公告至少应当载明申请人、被申请人的名称或者姓名,以及法院宣告债务人破产清算的时间。若法院在受理破产清算申请同时宣告债务人破产清算,通知和公告还应注明以下内容:申报债权的期限、地点和主体事项;管理人的名称或者姓名及其处理事务的住址;第一次债权人会议召开的时间和地点等;法院认为应当通知和公告的其他事项,诸如有关债务人的财产、账册、文书、资料和印章等的保管事项。

(3) 关联企业实质合并破产。随着市场经济的发展和现代公司制度的完善,关联企业已经成为现实经济生活中一种日趋重要的经济现象。关联企业是指在公司治理结构上存在控制或者施加重大影响的能力,且使被控制或者被影响的企业不能独立作出意思表示的企业联合体。关联企业的存在有其合理性,其出现适应了规模经济的要求,通过分散经营可以降低商业风险,获得最大的经济收益。然而,有的企业出于合理配置产业链、商业利益最大化的目的设立关联企业,并且利用这种关联关系转移公司资产、逃避债务,通过破产侵害债权人权益的现象日益突出。除公司法关于法人人格否认的制度、破产法有关破产无效及撤销的制度外,我国现行法律尚无有效规制此类行为的制度规定,而且由于关联企业间存在复杂的债权债务关系,运用传统的破产法律制度处理关联企业破产,会耗费大量的人力物力,而利用合并破产制度,能够较大程度地化繁为简,有利于提高司法效率。

实质合并破产制度源于美国,是美国破产法官根据其衡平权限创造的一种适用于关联企业破产情形的公平救济措施。其核心要义在于否认各关联企业的独立人格,消灭所有关联企业间的求偿要求,各成员的财产合并为一个整体以供全部关联企业的债权人公平清偿③。关联企业合并破产是在启动破产清算程序前后,发现债务人企业利用关联关系使企业法人人格严重混同,而且区分其财产、债务将严重迟滞破产清算进程

---

① 董安生等编译:《英国商法》,法律出版社,1991,第 540 页。
② 李永军:《破产法——理论与规范研究》,中国政法大学出版社,2013,第 408 页。
③ 徐阳光、王静:《破产重整法律制度研究》,法律出版社,2019,第 56 页。

进而侵害绝大多数债权人利益时,把债务人企业以及与该企业相关联的其他企业的资产、负债合并,计算出关联企业真正的破产财产并依法分配给关联企业各债权人的破产制度①。其目的是保护相关债权人的利益,使得债权人能够得到公平清偿。

我国《企业破产法》并没有规定合并破产的内容,相关司法解释也并未就合并破产作出进一步的规定。2019 年发布的《全国法院破产审判工作会议纪要》对关联企业实质合并破产的审慎适用、实质合并申请的审查、实质合并审理的法律后果等内容进行了一定的约束和规范②。但对于实务中存在的合并破产的申请主体等争议问题,并没有予以规定,只是提及"人民法院收到实质合并破产申请"。根据《企业破产法》,"债权人、债务人以及出资额占债务人注册资本十分之一以上的出资人"均享有破产申请权。基于企业破产制度是针对单一企业破产而制定的法律规则,破产程序的启动应当是依申请为原则。

实践中,最具争议性的就是法院能够依据现实需要将其他关联企业裁定合并破产。有部分人认为法院不应当主动适用合并破产,虽然破产企业是否具有破产原因由法院进行认定,但是出于破产法依申请启动为原则的制度框架,法院不能够既充当合并破产程序的申请人,同时又担任裁判者的角色,这不利于对企业法人利益的保障。

5. 破产财产的变价与分配

(1) 破产财产的变价概述。破产财产的变价涉及众多利害关系人的利益,尤其涉及债权人的受偿利益。为保护破产程序中利害关系人利益,破产财产的变价应当采取公开的方式进行,以确保破产财产变价的公平与公正。我国《企业破产法》第 112 条第 1 款的规定:"变价出售破产财产应当通过拍卖进行。但是,债权人会议另有决议的除外。"此规定体现了利益最大化原则必须服从债权人自治。这说明以何种方式变价破产财产取决于破产程序的债权人的意思,只有在债权人会议对于破产财产的变价方法没有形成决议时,管理人才以拍卖的方式变价破产财产。债权人会议在决议变价破产财产的方法时,除拍卖以外,还可以通过决议,单独采取或者合并使用招标出售和标价零售的方式。

(2) 破产财产的变价程序。

① 由管理人拟定变价方案。根据我国现行破产法的规定,人民法院在受理破产申请后,应当指定管理人。管理和处分债务人的财产是管理人的职责。破产立法一般规定,破产财产由管理人予以变价;管理人变价破产财产时,应征得债权人会议或者债权人会议代表机关的同意。在破产宣告后,管理人的职责之一就是及时拟订破产财产变价方案提交债权人会议讨论,并按照债权人会议通过的破产财产变价方案适时变价破产财产。

---

① 孙英:《关于关联企业合并破产问题的调研——以枣庄法院近 10 年审理的破产案件为分析样本》,《山东法官培训学院学报》2021 年第 5 期。

② 例如,《全国法院破产审判工作会议纪要》第 32 条规定:关联企业实质合并破产的审慎适用。人民法院在审理企业破产案件时,应当尊重企业法人人格的独立性,对关联企业成员的破产原因进行单独判断并适用单个破产程序为基本原则。当关联企业成员之间存在法人人格高度混同、区分各关联企业成员财产的成本过高、严重损害债权人公平清偿利益时,可例外适用关联企业实质合并破产方式进行审理。

② 提交债权人会议讨论。根据我国《企业破产法》第 111 条第 1 款的规定，管理人应当及时拟订破产财产变价方案，提交债权人会议讨论。

按照我国《企业破产法》第 61 条的规定，讨论并通过破产财产的变现方案是债权人会议的重要职责。根据《企业破产法》第 111 条及 64 条的规定，债权人会议关于破产财产变现方案的决议，由出席会议的有表决权的债权人过半数通过，并且其所代表的债权额占无财产担保的债权总额的 1/2 以上通过，即通过。如果破产财产的变现方案经债权人会议表决未通过的，由人民法院裁定。

③ 由管理人按照方案实施变现。原则上，管理人应当按照破产财产变现方案适时变价破产财产。《企业破产法》第 111 条第 2 款规定，管理人应当按照债权人会议通过的或者人民法院依照本法第 65 条第 1 款规定裁定的破产财产变价方案，适时变价出售破产财产。

在变现过程中，如果出现有的破产财产按照债权人会议通过的方案或者人民法院裁定的方案不能变现时，应提交债权人会议重新讨论如何解决；如果破产财产的分配方案经债权人会议讨论未通过而是由法院裁定的，则应报告法院，由法院作出新的裁定解决。

(3) 破产财产的分配。破产分配是指管理人将破产财产依照法定顺序和程序分配给已经确认债权的债权人的过程。破产分配是破产清算程序的关键性阶段，是管理人变价破产财产后的必然程序选择，也是所有破产法制度上的终点①。

分配方案是破产财产的法律依据，其内容应当记载破产分配的主要事项。根据我国《企业破产法》第 115 条的规定，破产财产分配方案应当载明下列事项：① 参加破产财产分配的债权人名称或者姓名、住所；② 参加破产财产分配的债权额；③ 可供分配的破产财产数额；④ 破产财产分配的顺序、比例及数额；⑤ 实施破产财产分配的方法。

依照我国破产法的规定，在实施破产分配前，应当优先清偿破产费用和共益债务。破产费用包括：人民法院受理破产申请后，破产案件的诉讼费用；管理、变价和分配债务人财产的费用；管理人执行职务的费用、报酬和聘用工作人员的费用。共益债务，即破产程序中为全体债权人的共同利益，由债务人财产及其管理人行为而产生的债务，具体包括：因管理人或者债务人请求对方当事人履行双方均未履行完毕的合同所产生的债务；债务人财产受无因管理所产生的债务；因债务人不当得利所产生的债务；为债务人继续营业而应支付的劳动报酬和社会保险费用，以及由此产生的其他债务；管理人或者相关人员执行职务致人损害所产生的债务；债务人财产致人损害所产生的债务。根据我国《企业破产法》第 113 条的规定，破产财产在优先清偿破产费用和共益债务后，依照下述顺序清偿。

① 破产人所欠职工的工资和医疗、伤残补助、抚恤费用，所欠应划入职工个人账户的基本养老保险、基本医疗保险费用，以及法律、行政法规规定应当支付给职工的补偿金。

② 破产人欠缴的除前项规定以外的社会保险费用和破产人所欠税款。

---

① 李永军：《破产法——理论与规范研究》，中国政法大学出版社，2013，第 317 页。

③ 普通破产债权。

根据我国香港地区关于破产的相关规定,破产或清盘企业的财产可一次或多次分配给债权人,债权人分为优先受偿与普通受偿两类。其分配顺序为法院、破产管理处规定收费、工人欠薪、所欠税收、有抵押的债权人。剩余资产按比例分配给普通债权人。应当特别指出的是,在许多发达国家,如德国、澳大利亚等国家,职工的工资债权已经在优先权中剔除,而将其纳入社会保障体系,税收也改为一般破产债权,这样做是为了充分保护债权人的利益。

6. 破产清算程序的终结

破产清算程序的终结是指在破产清算程序进行过程中,发生了应当终止破产清算的程序的原因时,由法院裁定结束破产程序。各国破产法对此均有规定,根据我国《企业破产法》的规定,人民法院裁定终结破产程序的法定原因有:① 先对债务人开始破产清算程序而又有重整程序被法院裁定批准的;② 先对债务人开始破产清算程序而后债务人申请和解程序被法院裁定批准的;③ 破产财产不足以支付破产费用的;④ 破产财产分配完毕的。

(1) 破产程序因和解而终结。我国《企业破产法》第105条规定:"人民法院受理破产申请后,债务人与全体债权人就债权债务的处理自行达成协议的,可以请求人民法院裁定许可,并终止破产程序。"

破产程序因和解而终止时,发生以下效力:① 破产人因破产宣告而被剥夺的对财产的管理处分权,重归破产人;② 因破产宣告对债务人发生的公法或私法上的限制,也因和解的成立而终结。

(2) 破产程序因分配完毕而终结。破产分配是破产程序进行的主要目的,所以破产分配完毕,程序进行的目的就不复存在,故应当终止破产程序。根据我国《企业破产法》第120条的规定,破产财产分配完毕后,由管理人提请人民法院终结破产程序。人民法院应当自收到管理人终结破产程序的请求之日起15日内作出是否终结破产程序的裁定。裁定终结的,应当予以公告。

(3) 破产程序因破产财产不足而终结。根据我国《企业破产法》第43条的规定,债务人财产不足以清偿破产费用的,管理人应当提请人民法院终结破产程序。人民法院应当自收到请求之日起15日内裁定终结破产程序,并予以公告。

破产程序终结后具有以下法律后果:① 破产企业的法人地位终止。自清算程序终结之日起,债务人的企业法人地位彻底归于消灭;法人地位终止的债务人,其法人登记应当注销。② 管理人终止执行职务。破产程序终结后,管理人终止执行职务,这取决于两个条件的同时满足,即已经办理破产企业的注销登记,并且不存在诉讼或者仲裁未决的情形。③ 未受偿的债权继续有效。自破产程序终结之日起2年内,发现可供分配的破产财产的,债权人可以请求按照破产财产分配方案进行追加分配。破产人的保证人和其他连带债务人,在破产程序终结后,对债权人依照破产清算程序未受清偿的债权,依法继续承担清偿责任。

(4) 追加分配。追加分配是指在破产财产的最后分配之后,又发现可供分配的财产后,经法院许可而实行的补充分配。我国《企业破产法》第123条规定了追加分配制度。追加分配在许多国家的破产法中,均规定由破产管理人为之,如《德国破产法》第203条、《日本破产法》第215条。

在我国,破产程序终结后,管理人不复存在,故根据《企业破产法》第123条的规定,追加分配应由法院为之。但财产数量不足以支付分配费用的,不再进行追加分配,由人民法院将其上交国库。根据我国《企业破产法》第123条的规定,自破产程序依照该法第43条第4款或者第120条的规定终结之日起2年内,有下列情形之一的,债权人可以请求人民法院按照破产财产分配方案进行追加分配:① 发现有依照该法第31条、第32条、第33条、第36条规定应当追回的财产的;② 发现破产人有应当供分配的其他财产的。

对于追加分配,各国法律均规定了限制时间,经过期间发现的财产,不再进行追加分配。我国现行破产法规定,自人民法院终结破产程序之日起2年内可以追加分配,但超过2年的不得追加分配。

二、案例援引

桂林广维文华旅游文化产业有限公司破产重整案①

【基本案情】

桂林广维文华旅游文化产业有限公司(以下简称广维公司)拥有全球第一部山水实景演出、广西旅游活名片、阳朔旅游晴雨表的《印象·刘三姐》剧目。该公司为股东及其关联控制人代偿或担保债务涉及总额超过15亿元,导致不能清偿到期债务且资不抵债,据此提出破产重整申请。

2017年8月15日,广西壮族自治区高级人民法院(以下简称广西高院)裁定受理本案并指定管理人。管理人采取邀请招标方式并经公开开标,从交纳投标保证金、具体重整方案的细化可行性情况确定北京天创文投演艺有限公司(以下简称文投公司)以7.5亿元出资额成为重整投资方。2017年11月8日,第一次债权人会议召开,重整计划草案确定相关债权数额并将出资人权益调整为零,明确文投公司义务。享有担保权的债权组,代表债权金额275 892 800.36元,表决通过该草案;普通债权组过半数同意,代表债权金额761 128 974.33元,占该组债权总额的77.30%,超过2/3;出资人组表决未通过该草案。2017年12月4日,广西高院裁定批准重整计划草案,终止重整程序。2018年1月,文投公司出资资金到位;1月26日,广西高院裁定确认柳州银行股份有限公司等15位债权人债权共计1 469 526 673.18元,其受偿金额分配共计589 207 646.36元;2月中旬,文投公司完成股权过户。

---

① 本案为2018年最高人民法院发布的全国企业破产审判十大典型案例之一。

【案件焦点】

是否应批准广维公司破产重整申请。

【裁判要旨】

法院为了让《印象·刘三姐》这一具有代表性的作品重焕活力,通过对管理人履职报告及相关请示的研究分析,批准管理人采取邀请招募重整人的方式确定重整方。招募的投资人必须与广维公司及实际控制人没有利害关系,而且重整方应具备实际经营《印象·刘三姐》项目的能力,包括资金实力、类似项目经营经验、处理复杂局面的能力、政治过硬、没有不良记录等等,最终确定北京天创文投演艺有限公司为重整投资中标方。接下来,法院敦促管理人制定可行的重整计划草案,让管理人立足于最大限度保护债权人合法权益及债务人持续发展的基础上,与中标人协商确定重整经营方案。随后,广西高院作出终审裁定,批准广维公司重整计划草案,终止该公司重整程序。

【案件评析】

本案系全国首个直接由高级法院受理的破产重整案件。由于考虑到公司经营项目为国际知名大型实景《印象·刘三姐》剧目,对广西旅游业、地方经济影响较大,而且公司所有资产被国内、区内数十家法院查封,涉及职工人数众多且成分复杂等情况,广西高院依据我国《企业破产法》第4条、《民事诉讼法》(2017年修正版)第38条第1款之规定,将本案作为全区有重大影响案件裁定立案受理。为确保《印象·刘三姐》剧目演出不受破产重整影响,本案实行演出相关业务自行经营、管理人监督、法院总协调的模式,确保重整期间公司正常经营,各项收入不减反增。该案历经3个月21天顺利终结并进入重整计划执行阶段,广维公司摆脱债务困境重焕活力,确保800多名演职人员就业机会,也解决了关联公司548名职工安置问题,相关产业通过《印象·刘三姐》项目实现升级改造,推动了地方经济发展。

案例二

江苏苏醇酒业有限公司及关联公告实质合并破产重整案[①]

【基本案情】

江苏苏醇酒业有限公司(以下简称苏醇公司)是江苏省睢宁县唯一一家拥有酒精生产许可证的企业,对于地方经济发展具有重要影响。2013年以来,由于企业盲目扩张,经营管理混乱,造成资金链断裂,并引发多起诉讼。徐州得隆生物科技有限公司、徐州瑞康食品科技有限公司系苏醇公司关联企业,三家公司均是从事农产品深加工的生物科技公司。截至破产重整受理前,三家公司资产总额1.25亿元,负

[①] 本案系最高人民法院2021年10月发布的第29批指导性案例第164号。具体内容参见江苏省睢宁县人民法院(2018)苏0324破1号之一民事裁定书。

债总额4.57亿元,资产负债率达365.57%。2017年12月29日,三家公司以引进投资人、重振企业为由,分别向江苏省睢宁县人民法院(以下简称睢宁法院)申请破产重整。睢宁法院经审查认为,三家公司基础和发展前景较好,酒精生产资质属于稀缺资源,具有重整价值,遂于2018年1月12日分别裁定受理三家公司的破产重整申请。因为三家公司在经营、财务、人员、管理等方面出现高度混同,而且区分各关联企业成员财产的成本过高,遂依照《九民会议纪要》第32条的规定,依据管理人的申请,于2018年6月25日裁定三家公司实质合并破产重整。

重整期间,投资人徐州常青生物科技有限公司在对苏醇公司的现状进场调查后提出:苏醇公司已经停产停业多年,其核心资产酒精生产许可证已经脱审,面临灭失风险,还存在职工流失、机器设备闲置贬损以及消防、环保等安全隐患影响重整的情况。同时,企业原管理层早已陷于瘫痪状态,无能力继续进行相关工作,公司账面无可用资金供管理人化解危机。在此情况下,管理人提出由重整投资人先行投入部分资金恢复企业部分产能的方案。

【案件焦点】

1. 是否准许江苏苏醇酒业有限公司、徐州得隆生物科技有限公司、徐州瑞康食品科技有限公司实质合并破产重整。

2. 是否准许投资人徐州常青生物科技有限公司进行试生产。

【裁判要旨】

法院认为,各债权人表决组同意重整计划草案的人数均已超过各组到会的有表决权债权人总数的1/2,而且其所代表的债权金额均占该组债权总额的2/3以上,因此,该重整计划通过。此外,该重整计划内容符合法律规定,公平对待债权人,且该经营方案具有可行性。

关于是否准许投资人徐州常青生物科技有限公司进行试生产的问题,法院认为,破产管理人所提出的债务人面临的相关问题真实存在,如企业赖以生存的酒精生产许可证灭失,则该企业的核心资产将不复存在,重整亦将失去意义。因债务人目前没有足够的资金供管理人使用,由投资人先行投入资金进行试生产可以解决重整过程中企业所面临的困境,亦能使企业资产保值、增值,充分保障债务人及债权人的利益,维护社会稳定,更有利于重整后企业的发展。破产管理人的申请符合破产保护理念,亦不违反法律法规的相关规定,应予以准许。

【案件评析】

对于投资人能否在接管企业前提前进场进行试生产,虽然《企业破产法》及相关司法解释没有具体规定,但为了实现破产法的拯救功能,在特定情况下,准许投资人进场试生产,通过市场化、法治化途径挽救困境企业,是符合我国破产审判需要的。

允许投资人进行试生产,有其必要性。首先,破产企业面临着严峻的形势:一是苏醇公司面临停产停业后酒精生产许可证脱审、生产资格将被取消的风险,而且该资质灭失后难以再行获得,重整也将失去意义;二是该企业还面临环保、消防验收、机器设备长时间闲置受损等外部压力;三是原企业内部技术人员流失严重,职工因企业停产生活困难,极易产生群体事件;四是企业管理层陷于瘫痪状态,无能力继续进行相关工作,公司账面无可用资金供管理人化解危机。

其次,投资人参与重整程序最大的风险在于投出的资金及资产的安全性,投资人希望通过试生产全面了解企业实际状况及生产活力与动能,为重整后恢复经营提供保障。

最后,苏醇公司作为当地生物科技领域的原龙头企业,对区域产业链的优化、转型及发展起到举足轻重的作用,在经济高质量发展的需求下,当地党委、政府急需企业恢复产能,带动上下游产业发展,解决就业问题,维护社会稳定。

综上所述,如不准许投资人进行试生产,则会给企业造成不可挽回的巨大损失,一旦失去酒精生产许可证,该企业的核心资产就不复存在,即便最后重整成功,企业也失去了核心竞争力。因此,允许投资人试生产是必要而迫切的。但是,虽然投资人试生产可以解决投资人接管企业前企业面临的上述问题,但为了避免投资人采取不合理的生产方式,损害破产重整中其他权利主体的利益,其试生产仍应以取得法院或债权人的批准或同意为宜,并接受法院、管理人以及债权人的监督。

故在破产重整过程中,破产企业面临生产许可证等核心优质资产灭失、机器设备闲置贬损等风险,投资人亦希望通过试生产全面了解企业经营实力的,管理人可以向人民法院申请由投资人先行投入部分资金进行试生产。破产企业核心资产的存续直接影响破产重整目的实现,管理人的申请有利于恢复破产企业持续经营能力,有利于保障各方当事人的利益,该试生产申请符合破产保护理念,人民法院经审查,可以准许。同时,投资人试生产在获得准许后,应接受人民法院、管理人及债权人的监督,以公平保护各方的合法权益。

案例三

重庆海虹服饰有限公司破产清算转重整案——破产清算转重整,充分运用重整维系有经营前景企业生存[①]

【基本案情】

重庆海虹服饰有限公司(以下简称海虹服饰公司)是一家成立于2004年11月的民营企业,注册资本6 000万元,主要从事工作服的加工与销售。受经济下行压力影响以及新冠肺炎疫情冲击,企业经营出现困难。经债权人申请,2020年5月28日,重庆市第五中级人民法院裁定受理海虹服饰公司破产清算案。

管理人接管企业时发现,企业处于正常经营状态,在职职工50人,有完整的生产线和成熟的销售网络,而且有10份购销合同未履行完毕。为维持企业营运价值、

[①] 最高人民法院2021年5月发布的优化营商环境十大破产典型案例之一。

稳定职工就业,经管理人申请,法院许可海虹服饰公司继续营业。2020年11月27日,法院在充分考虑债权人利益的情况下,经债务人申请依法裁定海虹服饰公司由破产清算程序转为重整程序。2020年12月16日,海虹服饰公司第二次债权人会议召开,重整计划草案获参加表决的债权组全票通过。2021年1月6日,法院裁定批准重整计划。该案虽经历破产清算到重整的程序转换,但从裁定受理到裁定批准重整计划历时仅224天。

【案件焦点】

是否批准重庆海虹服饰有限公司破产清算程序转为重整程序。

【裁判要旨】

我国《企业破产法》通过规定破产清算与重整之间的转换,为进入破产清算但仍具有市场前景的企业提供了重生的机会。利用破产程序转换拯救具有市场价值的危困企业,促进更多企业重生,对于做好"六保"工作具有积极意义。人民法院应按照法律规定,针对不同企业的情况进行精准识别和研判,依法灵活运用恰当的破产方式,积极促进有拯救价值的企业重整。

【案件评析】

本案中,法院在综合分析企业生产、销售能力和市场前景的基础上,及时依法裁定由破产清算转入重整,高效完成整个破产程序,实现了相关利益主体共赢。企业摆脱困境继续发展,职工就业得以保障,同时也大幅提高了债权清偿率,最大限度维护了债权人合法权益。

三、案件法务会计分析

(一)企业清算的法务会计应用

法务会计为企业清算服务,能够给清算业带来新的业务处理方法和技巧,能够极大地提高清算效率,最大限度保护、平衡相关利益各方的合法权益,实现清算的最终目的。从法务会计的知识结构与业务技能来看,法务会计能够主导所有市场主体的清算,并适应各种类型的清算。

1. 法务会计从事企业清算的业务基础

企业清算最核心的内容是法律业务与会计业务的结合,对每一个具体清算事务的处理几乎都要以会计资料为基础,按照法律规范或程序去处理。从债权人的确定到债权人会议的召集,从破产财产范围的界定到破产财产的分配,从破产资产的追缴到破产企业义务的履行,从职工安置到资产处置,无一不是会计与法律的结合。以劳动债权的处理问题为例:从财务角度上来看,要查看职工的收入资料、工作年限、实际发放情况,包括加班加点的情况;从法律角度上来看,要考虑欠发工资、应付的加班费,重点要做好经济补偿金的计算与发放,还要考虑职工有无工伤情况,要依据《工伤保险条例》,按照法定程序与法定标准来进行处理。实际上,清算中的每个环节都同时涉及或运用法律与会计的各种专门知识。

2. 法务会计从事企业清算的业务范围

法务会计业务主要体现在法律与会计事务相结合的业务中,可分如下方面:① 对债权债务的全面核查与认定,其中包括税收优先权、劳动债权、公益债务、抵押优先权相互关系的处理,还包括别除权、撤销权、取回权、抵销权的行使与限制;② 劳动债权的优先单独处理;③ 相关损失的计量与财产公允价值的确认;④ 财产抵押及涉讼财产的清理;⑤ 经营者责任的界定。

3. 企业清算中的法务会计核心角色——管理人

管理人在破产事务中具有重要作用。企业进入破产程序后,根据人民法院的指定,由管理人负责破产财产的管理、处分和业务经营;与此同时,管理人还是破产方案的拟定者和执行人。管理人在破产事务中主要履行以下职责:① 接管破产企业的财产;② 负责登记债权;③ 接受对债务人的债权的履行;④ 代表债务人参加民事诉讼;⑤ 对破产财产进行估值、拍卖或者分配等。

可见,管理人的职责主要围绕法律和财务问题展开,而同时拥有法律知识和会计知识的法务会计人员无疑是担任管理人的最佳人选。纵观整个破产程序,管理人始终处在核心位置上,可以说管理人能否履行职责是破产程序能否成功的关键所在。

目前从世界各国破产法的规定来看,管理人由律师或者注册会计师担任。在我国,律师和注册会计师均可担任破产管理人,但律师和注册会计师在执业过程中能真正成功融合或整合的案例较少,基本上是分开治理的。法务会计正是沟通法律和会计之间的桥梁。在会计师事务所拥有律师执业资格和在律师事务所拥有注册会计师资格证的法务会计师可以做出担任管理人的尝试,甚至还可以通过成立破产清算事务所来担任管理人这一角色。由法务会计师担任管理人的优点便会凸显出来,进而获得社会和法官的认可。

1. 运用法律手段,保全企业破产资产

法务会计可以运用法律手段,最大限度地保全企业破产资产。法律手段包含三种基本方式,分别是诉讼、仲裁和调解。三种方式各有利弊,法务会计则可根据预重整业务中遇到的具体情况,选择适当的解决方式,从而最大限度地保全企业破产资产。

2. 合理估值,使破产资产价值最大化

法务会计可对破产资产进行合理估值,使破产资产价值最大化。企业的估值方法有许多种,每一种不同的估值方法其侧重点都有所不同,企业的估值不是简单地将资产叠加,而是对其盈利能力、发展前景等综合价值的评价。对预重整企业价值的评估有助于帮助企业获得外界投资,进而使困境企业获得再生。法务会计通过深入分析预重整企业的全部交易、文档、会计资料等,可以根据企业的实际情况使用不同的会计估值方法。

3. 识别欺诈

法务会计可娴熟地运用会计与法律手段,识别企业的欺诈行为,及时追责,挽回企业财产。破产业务中,经常会出现财务数据造假等违反法律法规的相关事项,主要体现在对于原始凭证进行涂改、虚拟入账事项、降低记录的费用的数额、出现的损失并未入账等行为。这些违法行为属于会计领域，需要同时具备会计和法律知识的专业人才进行有效审核。

4. 节约时间，提高效率

法务会计身兼数职，不仅可以大大地提高工作效率，还可以大大地节约费用开支。对于陷入财务困境的企业来说，越早摆脱困境，则机会成本越低。法务会计同时具备法律知识和会计知识，无疑会减少沟通成本，进而节约时间、提高效率、减少机会成本。

破产预重整是指在向法院正式申请重整前，债权人等利益相关者已经就重整事项进行谈判并达成一致，然后在此基础上形成重整计划，提交法院批准重整计划。这期间，法务会计作为管理人，为保证破产预重整工作的顺利进行，主要开展程序性工作。

（1）破产财产的清理。管理人在完成接管后，通过对相关资料、文件、信息以及相关人员的询问、调查，对破产财产的法律状况、法律风险，从法律的角度做出专业性的判断。破产财产清查的目的是保护企业的财产价值，防止企业资产流失。在清理完毕后，需要通过比较专业的资产评估人员对于企业的财产数量和风险等内容进行预估，从而最大限度掌握企业的真实财务状况。

（2）债权债务的清理。管理人在完成接管工作后，破产管理人应该尽快聘请会计师事务所对破产公司的债权债务进行审计、整理、清册，摸清企业的债权和债务情况，为进一步开展清算工作奠定基础。

（3）合同文件的清理。企业一般都存在大量的合同文件，因而管理人在接管企业后，对合同文件的清理也不容忽视。在此基础上再对所有的合同文件从法律的角度进行审查和核实，这项工作为以后破产管理人对企业的财务审计、债权债务清理以及应诉等工作提供了相应的证据资料。管理人在清理合同时应当特别注意债务人和对方当事人均未履行完毕的合同。

（4）诉讼案件的清查。在破产案件中，不可避免地涉及很多与企业有关的诉讼案件，破产管理人在接管企业后，将代表债务人参加诉讼仲裁或其他法律程序。处理好这些诉讼案件，对于维护债务人债权人及其他利害关系人的利益至关重要。

（5）其他有关工作的清查。管理人接管企业后，除进行上述工作外，为保障今后破产工作的顺利进行，还有一些其他工作需要管理人去处理，如企业基本情况、企业治理结构、人员基本情况、财务情况的核查等。在核查债务人人员基本情况时，应注意重点核查企业是否欠缴职工工资及社会保险费用等情况，因为这直接关系到后续的职工债权的审核与确认。核查企业的财务状况时应注意核查企业的财务管理情况、财务人员和变动情况、财务账册及原始凭证的真实和完整情况、账面记录的真伪情况、财务审批的合法合规或合章情况等。

（三）企业破产重整的法务会计应用

1. 法务会计在重整中的程序性工作

重整是指当企业法人未能清偿到期债务时，不立即进入破产清算程序，在人民法院的主持协调下，债务人和债权人达成协议，并制定重整计划，规定在一定期限范围内，由债务人全部或部分清偿其债务,同时,债务人可以继续经营其相关业务。对那些面临困境却有挽救希望的企业,尽量避免其破产清算,这是重整的根本目的。同时,在该企业破产原因消除后,一旦摆脱经济困境,获得重新经营的能力,再逐渐按计划清偿债务。这期间,法务会计作为管理人,主要协助债务人或申请破产的债权人,履行下列程序性事项:① 协助拟订重整计划;② 协助重整计划的申请、表决和批准;③ 监督重整计划执行。债务人即申请破产的企业是重整计划的实施者,企业的资产与业务重新转归债务人掌控。此时,管理人的角色转为重整计划执行的监督人,期限直到重整期满为止,这也就等同于赋予法务会计以监管重整计划执行的职责。

2. 法务会计在企业破产重整中的监管作用

法务会计作为重整计划的监督人,其监管工作贯穿重整计划的全过程。只有法务会计真正履行其监管职责,并按法定程序、约定计划去监督执行,才能体现重整效力,并达到救活企业的目的。由此可见,法务会计在重整中的监管是决定着企业重整成败的关键因素。在其监管过程中,要掌握以下要点:① 要掌握相关法律控制要点;② 重整计划草案要切实可行;③ 要关注并消除债务人可能发生的欺诈、舞弊等损害债权人利益的行为;④ 要对重整计划的制定和执行进行监督。

(四) 企业破产和解的法务会计应用

在破产运行程序中,管理人作为中介一方,是联结司法机关和各方利益主体的纽带。法务会计担任管理人,不仅要履行监督检查债务人在经济方面的行为、监督管理债务人的约定义务,还要承担拟订达成和解的草案和多方沟通、协调的责任。一方面,根据破产法的规定,法务会计可代表债务人向法院提出和解申请。法务会计应审查债务人相关情况,并协助其完成申请前事项:① 审查债务人是否符合破产条件;② 结合相关的破产法律规范,分析判定债务人的财务资料、经营资料,特别是债务与资产的相关资料,核实数据,以备申请之用;③ 法务会计可提供和解协议的方案,或者协助当事人起草和解协议的具体条款。另一方面,在破产法中,应当设置管理人在和解协议执行中的监督权,但是新的破产法在这方面未作出规定。和解协议生效后,法院的所有强制措施均已解除,因此,还需要对债务人实施必要的外部监督,防止其利用和解程序非法转移财产、从事违法经营等侵犯债权人利益事情的发生。在这方面,应当发挥管理人特别是法务会计担任的管理人的监督、协调职能。

(五) 强制清算的法务会计应用

强制清算是指在公司解散之后,无法进行自行清算时,由当事人提出申请,经过司法部门依照法律裁定或者依照职权裁定进行强制清算。当公司选用中介机构作为强制清算组时,法务会计加入强制清算的程序不存在法律上的障碍。法务会计之所以能够在三大中介机构的清算业务的处理上发挥其特有的作用,就是依靠其自身较强的业务素质。但是,依据清算的有关规定,可以只由公司的高级管理人员或者内部的股东来组成清算组,这样法务会计进入清算组的困难就会增加。强制清算过程中,公司的股东会的权力会继续存在,清算组拟订的清算报告和清算草案都要由股东会进行审批,清算组还要向股东会呈交工作报告。在上述的情况下,债权人无法参加清算工作,清算由公司内部人员进行,公司清算往往也是在维护股东的自身利益。使通晓财务和法律方面的法务会计人员介入其中,是完善强制清算程序的一个有效路径①。

四、企业破产清算法律风险及防范

(一)企业濒临破产法律风险防范

1. 企业濒临破产的法律风险

市场经济是优胜劣汰的竞争机制。随着我国市场经济体制改革的不断深入,部分企业因经营不善等各种原因存在长期亏损的状况,必须建立起一套完整的市场主体退出机制,以保障债权人合法权益,同时给予破产人重新开始新生的机会,促进生产要素重新合理分配、流动。我国企业破产制度正是在此背景下应运而生,并逐步完善起来的。破产即意味着企业的死亡,是企业经营中遭遇的最大风险。如何尽快意识到企业濒临破产的状况,以及如何采取必要、有效的措施使得濒临破产企业化险为夷,是企业经营者必须思考的重要问题。

2. 风险防范

(1) 建立风险预警系统。所谓风险预警,是通过对企业财务和其他经营信息的汇总分析后,对有可能导致企业面临破产的风险和危机,进行事先预测和防范的战略管理手段。建立企业风险预警系统需要采取以下措施:① 企业经营者要树立居安思危的风险和预警意识;② 企业应树立全员风险管理意识,全体员工对风险的普遍性和严重性要有足够的认识;③ 建立完整风险预警体系,包括信息收集系统、预警判别系统、警报系统等。鉴于不同行业、企业情况不同,应根据各自实际特点制定不同等级的风险警戒线。同时应注意信息搜集的准确及时,以及协调好各子系统之间的关系,最终实现预警功能的充分发挥。

(2) 债务重组。债务重组与《企业破产法》中的债务重整不同,是企业在出现财务严重困难时为避免进入破产程序而主动采取的一种自救措施。债务重组是指债务人在发生财务困难或面临破产的情况下,债权人通过与债务人协商,对债务期限、偿还方式、债务转移或者债权本息减免达成共识,以改善公司资产负债结构、挽救公司的行为。通常而言,债务重组主要采取以下六种方式:① 债务与资产的整体剥离,此种方案对于原经营业务难有起色的公司较为适宜;② 担保责任和债务的转移,此时承接人往往是债务人的关联公司或股东;③ 以资产或者股权抵偿(直接抵偿或拍卖后用现金抵偿);④ 折价以现金买断,即债务双方通过协商,债务人按照债务总额折价一次性支付;⑤ 债转股,即将债权人对债务人债权转化为负债企业的股权;⑥ 债务豁免②。

(3) 企业并购。企业并购包括兼并与收购。企业之间的兼并与收购行为是企业法人在平等自愿、等价有偿基础上,以一定的经济方式取得其他法人产权的行为,是企业进行资本运作和经营的一种主要形式。企业并购主要包括公司合并、资产收购、股权收购三种形式。其目的就是将优势企业的优质资产及先进管理经验注入被并购企业,实

---

① 龚研:《法务会计在清算中的应用》,《技术与市场》2014年第1期。
② 王春年:《法官商谏——企业法律风险应对》,中国财富出版社,2013,第232—233页。

现并购企业的价值最大化。

(二) 审计机构的法律风险及防范

1. 审计机构的法律风险

审计环节能够保证企业的健康发展,随着我国市场经济相关制度的不断完善,审计在我国的社会经济建设过程中发挥着越来越重要的作用,而当企业相关的财务报表出现严重的错误时,会增加注会师得出不当的审计结论的风险。必须了解审计过程的风险,并对其加以防范。

破产企业在审计过程中,存在的风险主要有主观和客观两种类型。一是发生差错的风险(客观存在风险)。这一风险又具体化为固有风险和控制风险,即审计对象在内部控制程序方面和核算过程中发生重大失实和出现差错的可能性。二是审计检查风险(主观存在风险)。固有风险、控制风险、检查风险共同构成审计风险,其关系如下:审计风险=固有风险×控制风险×检查风险。

实际工作中,破产审计工作开展难度较大,主要原因在于破产企业大多存在管理混乱、财务核算不实、基础资料不完备等问题。因此,破产审计中,固有风险、控制风险客观存在的可能性较高。在这两因素较高的情况下,只有尽可能地控制和降低检查风险,才能使破产审计风险降低,故检查风险是破产审计风险中的关键因素。

检查风险的形成和表现形式是不尽相同的,在某一项较高的检查风险中,可能存在多种问题同时制约和影响审计检查风险。通常,在对破产企业资产、负债损益及债权、债务的清查、核实和确认过程中,影响审计检查风险的主要问题包括三个方面。

一是资产负债的真实性问题。资产不实、账账不符、账实不符,是多数破产企业普遍存在的问题,也是审计工作中的难点。审计人员在检查中若对破产企业资产负债的真实性做出不正确的判断,就有可能导致资产负债的虚增虚减。

二是债权、债务不明确问题。破产企业的债权是构成破产企业财产分配的重要部分,而债务是债权人要求破产企业清偿财产的法律依据。破产审计中对债权、债务做出的任何有差错的认定,都将直接影响破产企业和债权人的经济利益,并需要承担由此而产生的经济损失甚至法律责任。

三是审计证据的证明力问题。审计证据是形成和反映审计结论的依据,没有充分的证据,一方面有可能影响审计人员对整体审计事项判断的准确性,另一方面可能发生审计结论的偏差或失实而形成审计风险。一般而言,审计风险越高,证据的需要量就越大。破产审计,无论从其风险程度还是项目性质来看,对证据的要求都是真实、准确、充分、完整,尤其对审计检查风险较高的问题,更应注意证据的证明力,控制由此而引发的审计风险。

2. 风险防范

(1) 增强审计人员的风险意识。审计风险理论是审计理论体系的组成部分,随着审计业务领域的进一步拓宽和审计对象经济活动的复杂化,被审计单位对审计结论的公允性和审计质量提出了更高的要求。因此,审计人员在审计工作中必须牢固树立审计风险意识,减少审计的主观随意性。

(2) 加强审计风险的预测性分析。加强对审计风险的预测性分析是控制和降低审计风险的有效办法。实践证明,审计风险受企业经营环境、内部因素、业务复杂程度等多种因素影响,正确地分析破产企业的经营环境、内控制度及基础工作等情况,是分析破产审计风险,采取有效控制措施的重要保证。

(3) 制定严格、周密的审计方案。要针对每一个破产企业的具体情况,在充分了解和分析审计风险的同时,制定出严格、周密的审计方案。通过加强审计质量监督和控制,使审计分工、审计责任得到进一步的明确和落实。

(4) 认真学习企业破产的有关法律、法规。审计人员要认真学习《企业破产法》和有关破产企业的规定,以法律、法规为依据,搞好审计监督。此外,控制破产审计风险还要不断提高审计人员业务素质,强化审计人员的法律意识。

(三) 破产管理人的法律风险及防范

1. 破产管理人的法律风险

破产管理人是指在受理破产申请后,在法院的指挥和监督之下全面接管破产财产并负责对其进行保管、清理、估价、处理和分配的专门机构。管理人在破产程序中具有非常重要的地位,且享有、承担独立的程序主体权利、义务,不依附于其他任何主体。破产管理人虽受法院、债权人会议、债权人委员会三方监督,但有权在职权范围内独立执行其权利。

破产管理人是破产程序中职权最为广泛的主体,也是存在渎职风险最大的主体。概括而言,破产管理人的法律风险主要体现在三个方面。

(1) 错误选任风险。管理人一经法院确定后,无正当理由不能辞去职务,故管理人的选任是否符合条件非常重要。如前文所述,虽然法院选任管理人一般均从省高院确定的有资质的管理人名单中确定,但应当注意的是,管理人本身是由具体的人员组成的。如法院在确定管理人名单时未能对相关人员的任职资质和任职能力审查到位,一旦作出错误选任,则必然带来其履职行为无效的法律风险。此外,当前我国尚未建立完备的管理人市场准入机制,破产法对职业资格的规定又过于笼统,这是出现任职资格法律风险的重要原因。

(2) 不能正确履职风险。所谓不能正确履职,是指管理人违反法律规定的勤勉、注意义务,怠工或者不能尽力履职,或者滥用其权利,与债务人或部分债权人相互串通,损害了其他各方正当权益的行为。如果法院或者债权人会议未能及时发现此类行为,将会对破产程序的顺利进行和各方权益造成无法弥补的损耗。

(3) 管理人自身风险。"有权必有责",管理人在履职时也会遇到一定法律风险。破产法虽对管理人未按照规定勤勉履职设定民事、行政、刑事责任,但因责任标准过于笼统,尚未形成一个完善的责任体系,由此带来的管理人执业法律风险不容小觑。此外,管理人的执业责任保险体系尚未建立,这又增加了中介机构的执业风险。

2. 风险防范

(1) 强化选任资格审查。债权人对于法院指定的管理人的资质、选任方式等均有权提出相应的异议,并通过债权人会议决议的形式向法院提出。为此,债权人应当积极向法院了解管理人选任的相关文件资料,必要时也应进行相应的调查。如确实存在异议,应通过正当、合法的途径向法院提出,并提供相应的依据,从而从源头上控制管理人滥用权力的风险。

（2）强化管理人履职监督。债权人为维护自己合法权益，对于管理人不能依法履职或滥用权力的情形，应充分发挥其监督职能，以书面形式及时向债权人会议、债权人委员会提出并要求对其进行讨论审议，并提出更换管理人的申请。如管理人存在拒绝监督的情形，债权人委员会应及时就相关监督事项请求法院作出相应的决定。

（3）完善管理人监督机制。首先，应当完善相应的管理人选任机制，确保管理人选任名单的公开、透明，且根据需要进行必要的调整；其次，应建立管理人考核制度，对执业能力低的中介机构应及时予以剔除；最后，应发挥行业协会的自治功能，对管理人进行必要的业务指导、培训、检查、整改。

（4）参加职业责任保险。随着破产企业规模不断扩大，管理人所处置的资产金额与日俱增，面临的法律风险相应增加。中介机构应根据自己担任管理人的职业责任风险程度，参加职业责任保险，以转嫁必要的职业风险。

复习思考题

1. 什么是破产？狭义破产和广义破产的内涵有什么不同？
2. 什么是破产原因？如何评价我国《企业破产法》关于破产原因的规定？
3. 试比较破产和解与破产清算、破产重整在价值目标上的区别。
4. 如何理解破产管理人的法律风险及防范？
5. 如何理解破产财产的分配顺序？

第十章 建设工程索赔案件法务会计分析

一、基本理论

(一) 工程索赔的定义及特征

1. 索赔的定义

索赔(claim)在辞海中被定义为"交易一方因对方不履行或未正确履行契约上规定的义务而受到损失,向对方提出赔偿的要求",在牛津词典中被定义为"要求承认其所有权或某种权利,或者根据保险合约所要求的赔款,如因损失、损坏等",在朗曼词典中被定义为"作为合法的所有者,根据自己的权利提出的某一资格、财产、金钱等方面的要求"[1]。

工程索赔不一定是因交易一方的过错导致的,工程索赔的损失结果与被索赔人的行为并不一定存在法律上的因果关系。所谓工程索赔,是在建设工程施工合同履行过程中,合同当事人因非自身原因受到经济损失或权利损害时,基于法律规定或合同约定,通过一定的程序向对方主张权利的要求。这种权利既有可能是经济费用的补偿,也有可能是合同工期的延长。

当前理论界和实务界就工程索赔定义未达成统一认识。有的观点认为根据国际工程施工的实践习惯,承包人向发包人的索赔被称为"索赔",而发包人向承包人的索赔为"反索赔",只是正式合同条件范本中一律称为"索赔"[2]。这是由于在国际工程施工实践中,通常将承包人提出的正常付款之外的额外付款或延长工期的要求定义为索赔,国际咨询工程师联合会(Fédération Internationale Des Ingénieurs Conseils,法文缩写FIDIC,中文音译"菲迪克")相关合同条款中便有类似的表述。例如,FIDIC《施工合同条件》(1999版"新红皮书")第20.1款规定:"如果承包商认为,根据本条件任何条款或与合同有关的其他文件,他有权得到竣工时间的任何延长期和(或)任何追加付款,承包商应向工程师发出通知,说明引起索赔的事件或情况。该通知应尽快在承包商察觉或应已察觉该事件或情况后28天发出。"FIDIC《设计采购施工合同条件》(1999版"银皮书")与FIDIC《施工合同条件》对索赔的定义完全一致,同样认为索赔是延长工期和追加付款的请求,并且将索赔的主体限制为承包人,而并未述及发包人的索赔。上述定义

---

[1] 刘力、钱雅丽:《建设工程合同管理与索赔》(第2版),机械工业出版社,2012,第214页。
[2] 杨晓林、冉立平:《建设工程施工索赔》,机械工业出版社,2013,第1页。

都将索赔限定为由承包人单方提出的,但是理论界也有不同的意见。例如,尼尔·G.巴尼(Nael G. Bunni)在 FIDIC《系列工程合同范本——编制原理与应用指南》一书中对索赔的定义如下:"在施工合同中,一般而言,索赔在实践中被认为是一项要求应付给一方的额外付款或要求延长竣工时间的主张。"在这一定义中,就并未将发包人提出的索赔和承包人提出的索赔区别开来。

因此,仅将索赔理解为承包人向发包人提出的索赔是不恰当的,无论是承包人向发包人的索赔,还是发包人向承包人的索赔,都应当属于工程索赔。当然,实践中承包人向发包人提起的索赔更为常见。这是由于现代化建设市场竞争激烈,发包人通常处于优势地位,当发包人需要向承包人索赔时,发包人可以采取多种途径实现其目的,如从应付给承包人的工程款中抵扣、从保证金中扣款以补偿损失等。因此,发包人在索赔中处于更为有利的地位,也更容易索赔成功,而承包人向发包人的索赔则由于其弱势地位经常难以通过自力救济的途径解决。但是,发包人向承包人提出的索赔仍然属于工程索赔。

在我国,一般认为承包人和发包人提出的索赔都属于工程索赔。例如,1999 年版《建设工程施工合同(示范文本)》(GF-1999-0201)第 1.21 款专门就工程索赔给出了定义:"索赔:指在合同履行过程中,对于并非自己的过错,而是应由对方承担责任的情况造成的实际损失,向对方提出经济补偿和(或)工期顺延的要求。"2013 年版《建设工程施工合同(示范文本)》(GF-2013-0201)第 19.1 款和第 19.3 款则分别给出了承包人索赔与发包人索赔的概念:"根据合同约定,承包人认为有权得到追加付款和(或)延长工期的,应按以下程序向发包人提出索赔:……根据合同约定,发包人认为有权得到赔付金额和(或)延长缺陷责任期的,监理人应向承包人发出通知并附有详细的证明。"

正确认识索赔的定义,区分索赔与违约责任、签证等概念的区别,有助于奠定学习索赔理论和积累实践经验的基础,对于维护发包人和承包人的正当利益、保障建设工程项目合理有序的展开有着极为重要的意义。

2. 索赔的特征

结合工程索赔的定义、性质以及建设工程本身的特点,工程索赔的特征可以归纳为三个方面。

(1) 索赔具有双向性。作为一种合同赋予双方的具有法律意义的权利主张,索赔的主体是双向的。在合同的实施过程中,不仅承包人可以向发包人索赔,发包人也可以向承包人索赔。由于实践中发包人向承包人索赔发生的频率相对较低,而且在索赔处理中发包人经常处于优势地位,其可以通过从应付工程款中扣抵或者没收履约保证金等方式来实现索赔目的,因而很少存在"索"的情况。在工程实践中大量发生的、处理较为困难的是承包人向发包人的索赔,这也是索赔管理的主要对象和重点内容。

(2) 索赔以损失、损害的客观发生为前提。根据民法学的损害赔偿理论,索赔必须建立在损失、损害后果已经客观发生的基础上,无论是经济损失还是权利损害,没有损失或损害的事实而提出的索赔都是无法成立的。因此,经济损失或权利损害的客观发生是一方提出索赔的基本前提和条件。在工程建设中,经济损失是指发生了合同以外的额外支出,如人工费、材料费、机械费或管理费等额外开支;权利损害是指虽然没有经济上的损失,但造成了一方权利上的损害,如由于恶劣气候条件对工程进度的不利影响,承包人有权要求工期延长等。

(3) 索赔是未经对方确认的单方行为。建设工程索赔系一方就非因自身原因导致的经济损失或权利损害而向对方提出的经济或时间补偿的权利主张,该主张在获得对方确认(如双方协商、谈判、调解或者诉讼、仲裁)之前并不发生法律效力,对对方亦无拘束力。有人认为工程索赔属于单方法律行为,系属对单方行为和单方法律行为的混淆。所谓单方法律行为,是指基于一方当事人的意思表示就可以发生法律效力的行为,而工程索赔显然不符合单方法律行为的特征。

3. 工程索赔的分类

工程施工中索赔所涉及的范围和内容非常广泛。为了加深对索赔的认识,探讨各种索赔问题的特点,可从不同标准和角度对索赔进行分类。

(1) 按照索赔当事人,可以将索赔分为四类。

① 承包人和发包人间的索赔。这一类索赔基于承包人与发包人签订的施工合同,一般是围绕工程量、工期、工程质量、工程价款、工程变更而产生的索赔,也有一些是与工程中断、合同终止等合同违约行为有关的索赔。实践中,更多的是承包人向发包人主张索赔。

② 总承包人与分包人间的索赔。这一类索赔指基于总包合同而发生的总承包人与分包人之间的索赔。一般包括分包人向总承包人索取工程款或利润、赔偿,或者总承包人要求分包人支付工期延误违约金、工程质量赔偿金等情况。

因上述两种索赔均发生在工程合同履行过程中,故统称为工程索赔。

③ 承包人/发包人与供应商间的索赔。这一类索赔一般基于与建设工程有关的材料、设备等买卖合同的争议而产生。若建设工程中由承包人或发包人负责进行材料、设备的采购和供应,但所供材料、设备因质量不符合技术或封样的要求、供应不足、交付迟延、运输中发生损害等给承包人带来了损失,则工程材料、设备提供人可以向供应商索赔。同样,若承包人或发包人不按时支付货款,供应商也可向其主张索赔。

④ 承包人与保险公司间的索赔。这一类索赔基于承包人与保险公司签订的保险合同,而非建设工程合同,多系承包人受到自然灾害、不可抗力或其他保险合同中约定的损害或损失,按保险单向其投保的保险公司索赔。通过保险方式实现索赔,是运营风险转移机制补偿自身经济损失的有效途径。

因上述两种索赔发生在物资采购、运输及工程保险等过程中,又称"商务索赔"。

(2) 按照索赔依据,索赔可分为三类。

① 合同内索赔。合同内索赔是指合同就索赔事件进行了约定,索赔所涉及的内容及索赔责任可以在履行的合同中找到依据。这是最常见的索赔,因有明示条款约定,故较容易索赔。

② 合同外索赔。合同外索赔是指索赔事件未在合同中约定,索赔原因及责任在合同条款中找不到依据。它包括两种情况:一是根据合同中某些条款的含义,推论出或解释出索赔权,此种合同条款被称为"默示条款"或"隐含条款";二是在合同适用的法律法规、政策性规定或其他标准性文件中找到了索赔的依据。

③ 道义索赔。道义索赔是指索赔权人在合同内、外都找不到可以索赔的合同依据或法律根据，因而无法就此提出索赔的条件和理由，但索赔权人确实遭受了损失，作为受损失方有要求补偿的道义基础，从而根据道义基础就其遭受的损失提出具有优惠性质的补偿，要求被索赔人出于道义给予索赔权人适当的经济补偿。通常，道义索赔往往是承包人向发包人请求索赔。基于下列考虑，发包人可能会同意给予承包人道义补偿：若另找其他承包人，费用会更大；为了树立发包人良好的形象；出于对承包人的同情和信任；谋求与承包人更加理想和长久的合作。

(3) 按照索赔目标，索赔可分为两类。

① 工期索赔。工期索赔指承包人要求发包人延长工期、推迟竣工日期的索赔。表面上看，工期索赔的目的在于获得工期的延长，但实际上真正的目的在于避免承担逾期竣工带来的违约赔偿。由此可知，工期索赔与费用索赔的目标相一致，工期索赔的结果最终仍反映在经济补偿上。

② 费用索赔。费用索赔是以补偿经济损失为目标的索赔，既包括承包人要求发包人调整合同价款、赔偿损失、追加付款的索赔，也包括发包人要求承包人支付赔偿金额、延长缺陷责任期的索赔。

(4) 按照索赔事件性质的不同，可以将索赔分为六类。

① 工期延误索赔。导致工期延误索赔的索赔事件主要包括：发包人未能按照合同约定提供施工条件，如未及时交付设计图纸、技术资料、施工场地或道路以及拖延付款等；发包人指令停止工程施工；其他不可抗力因素作用等原因，造成工程的中断或者进程缓慢，使工程拖延等。发生上述索赔事件后，承包人有权提出工期延误索赔。

② 工程变更索赔。由于发包人或监理工程师指令增加或减少工程量或增加附加工程、修改设计、变更工程顺序等，造成工期延长和费用增加，承包人对此提出索赔。

③ 工程终止索赔。由于发包人违约或发生了不可抗力事件等，造成工程非正常终止，承包人因蒙受经济损失而提出索赔。

④ 工程加速索赔。由于发包人或监理工程师指令承包人加快施工速度、缩短工期，导致承包人人员、材料设备、工程款的额外开支而提出的索赔。

⑤ 意外风险和不可预见因素索赔。在工程施工过程中，因不可抗力、特殊风险以及一个有经验的承包人通常不能合理预见的不利施工条件或外界障碍(如地下水、地质断层、溶洞、地下障碍物等)引起的索赔。

⑥ 其他索赔。如因政策法令变化、货币贬值、汇率变化、物价、工资上涨等原因引起的索赔。

(5) 按照索赔处理方式，可以将索赔分为两类。

① 单项索赔。单项索赔是在每一起索赔事件发生后，由索赔人员立即处理，在合同约定的索赔期限内向发包人或监理工程师提交索赔意向通知书、编报索赔报告、要求单项解决支付，即"一索赔事件一索赔"。

单项索赔要求公司索赔人员能迅速识别索赔事件，在事件发生时或发生后立即进行责任分析和损失计算，并在合同约定的索赔期限内提出索赔，从而避免多项索赔事件的相互影响和制约。

② 综合索赔。综合索赔又称"一揽子"索赔，是指索赔权人在工程竣工结算前，将施工过程中未得到解决的，或索赔权人对被索赔人答复不满意的单项索赔集中起来，提出一份综合索赔报告，合同双方在工程交付前或交付后进行最终谈判。

通常以下几种情况中会采用综合索赔：① 有些单项索赔时间、影响、责任分担非常复杂，不能立即解决，或双方对合同解释有争议，但为了合同继续实施和工程顺利进行，合同双方协商将单项索赔留到工程后期解决；② 被索赔人拖延答复单项索赔，使工程过程中的单项索赔得不到及时解决，最终索赔权人不得已提出"一揽子"索赔；③ 在一些复杂工程中，几个索赔事件同时发生，或有相关性、互相影响，难以一一分清索赔影响和责任，则可以综合在一起提出索赔；④ 工期索赔一般都在工程后期"一揽子"解决。

(二) 工程索赔的重要性与作用

1. 索赔的重要性

在工程建设活动中，合同管理是关键，而合同管理最主要的是工程变更和索赔处理。索赔的本质在于实现承发包双方之间风险的"再分配"。由于承发包双方市场地位不对等，承包人进场的报价可能较低，若不及时索赔，损失会进一步扩大；但若索赔处理得当，除了能够获得应有的补偿，还有可能为项目带来收益。对于发包人而言，若承包人违反施工合同约定的质量、工期标准或因承包人原因给己方造成损失，也应当适时提出索赔。所以，参建双方都应十分重视合同管理过程中的工程变更所产生的工程索赔。

首先，索赔观念和意识的落后会导致成本和风险的失衡。由于国内的合同法律体系尚不健全，短期内还无法提供稳定的技术和保障机制。直观地说，在工程招投标尚未完成时，承包人就已经处于劣势地位，不敢提出争取应得利益的要求，也不敢就招标文件中的不合理问题据理力争，担心和发包人之间产生冲突，影响后期的长远合作，所以难免错失索赔的机会。这样并不能解决问题，施工过程中诸多不确定的变化因素仍然在发生，由此产生的成本必然需要由一方来负责。表面看来好像全部风险都在承包人方面，而事实却并非如此。承包人在被迫缩减成本的同时，难免会采取非常手段以减少损失，随之而来的就是偷工减料、虚报或瞒报工程量等行为的发生，这当然会造成工程质量不过关。发包人即使前期没有承担风险，其在使用该工程后，将面临因质量问题而导致的维修甚至返工，因此往往损失会更严重。

其次，索赔观念和意识的落后会造成过多的行政干预，影响市场经济的大环境。在我国，索赔的缺失或不足导致施工纠纷往往需要依靠行政权力的介入以达到利益平衡的情形出现。在市场经济条件下，索赔本身就是解决争端的市场行为，如果因为索赔的缺失引来行政权力的干预，表面看来是平衡了双方利益，但行政干预实质上就是一种不公平的权力和手段，它违背了市场竞争的自由、公平性原则。这样不仅不能解决实际问题，反而会滋生更多的问题，比如腐败。索赔的薄弱自然地助推了行政干预的生长，进而又限制了索赔的发展，这样的恶性循环是很可怕的。

最后，索赔观念和意识的落后会大大降低承包人的竞争力，导致我国建设施工企业发展受限。显然，因为索赔意识不强、索赔经验不足，我国的承包商一旦投身国际市场，就会四处碰壁，毫无竞争力可言。即使通过压低投标报价勉强中标，也会因为缺乏索赔技巧、索赔经验而难以保证利润。再加上我国国内的建设市场正在不断引入国际承包商，面对着拥有丰富索赔经验的强有力的竞争对手，索赔管理薄弱便会是国内建设施工企业的一大软肋。据美国《工程新闻记录》(Engineering News-Record，ENR)统计，1992年225家国际大承包商名单中，仅有5家中国公司。1993年该数据增加到9家，1994年23家，1995年达到30家。但这些公司的承包总额也仅占225家承包商营业总额的3.7%。2013年，ENR评选出的250家最大的国际承包商的全球营业额约为14 155亿美元，其中，我国入围62家，对外承包工程业务完成营业额共计约1 371.4亿美元，占比将近10%。2015年，65家中国入围企业的营业额达到895.53亿美元，约占250强海外营业总额的17.17%。虽然占比有所提升，但排名前50的中国企业仍然寥寥无几，而且入围企业数占比与企业营业额占比不均衡。可见，尽管我国建设施工企业在国际承包市场上的竞争力越来越强，但与国际著名大型承包商相比仍存在明显不足。我国加入WTO后，国内建设市场国际化是大势所趋。随之而来的索赔薄弱的问题也将在国内建设市场凸显，这势必会给国内承包商带来前所未有的挑战。

2. 索赔的作用

实践经验表明：要在国际工程承包市场占据一席之地，就必须掌握过硬的工程索赔技能和丰富的工程索赔实践经验，这也是影响建设施工企业经济效益的重要因素。同时，据有关数据统计，在国际市场上，工程项目的管理能为工程额外增加3%～5%的经济效益，而有效的索赔管理却能使工程利润增加10%～20%[①]。有些国际工程的索赔额甚至超过了所签订的合同总金额。凡是有经验的承包商都比较善于利用索赔。当前，我国处在经济全球化和一体化的进程中，国内建设施工企业也应该遵循国际惯例对建设工程进行索赔管理。工程索赔的稳步发展有助于提高建设工程承包收益，促进建筑业的良性发展。工程索赔与施工合同相辅相成，在工程建设领域有着不可或缺的作用，主要体现在六个方面。

（1）索赔有助于保障合同的如约履行。施工合同自签订起就确立了承发包双方的权利和义务关系，上述权利受法律保护，义务受法律制约。索赔是合同法律效力的具体体现，是法律赋予承发包双方保护自身正当权益的手段。如若没有索赔和关于索赔的法律规定，则建设工程合同便形同儿戏，对双方都难以形成真正意义上的约束，便会使合同的实施得不到保证，影响社会正常的经济秩序。工程索赔是对于违约方的一道警戒线，能对其产生有力的震慑和影响，使其不得不顾忌违约后可能承担的风险和法律后果，从而保障了合同的如约履行。所以，索赔有助于承发包双方更加紧密地合作，共同促进合同目标的实现。

（2）索赔是落实和调整合同双方经济责权利关系的手段。按照合同法平等、公平的原则，责权利应当是对等的。获得一定的权利和利益，就应当承担相应的责任。离开索赔，合同责任就无法体现，合同双方的责权利会存在失衡的情形。索赔实质上是项目实施阶段承发包双方之间责权利关系和工程风险承担比例的合理再分配，在制衡中保证合同的顺利履行，以保障交易目标的达成。

---

① 郭耀煌、王亚平：《工程索赔管理》，中国铁道出版社，1999，第23页。

(3) 索赔是受损失者应有的合法权利。对承包人来说，索赔是一种维护自身权益、使自己免受损失或及时挽回损失乃至增加利润的手段。在现代承包工程中，特别是在国际承包工程中，如果承包人不能进行有效的索赔，不精通索赔业务，往往会使损失得不到合理、及时的补偿，从而不能进行正常的生产经营，甚至可能面临破产的巨大风险。对于发包人而言，在施工合同履行过程中经常会出现因承包人原因导致工程质量不合格、工期延误或费用增加的情形，通过索赔维护自身合法权益也是发包人保护自身合法权益的必要手段。

(4) 索赔是国际工程承包市场中承包人比较依赖的获利策略之一。由于国际建设市场竞争激烈，承包人为取得工程，时常会以低价中标。发包人为了节约成本与承包人讨价还价，还经常会在招标文件中提出严格的要求使得承包人处于不利地位。承包人主要对策之一就是通过工程索赔，降低或规避风险。如果承包人不注重索赔，不熟悉索赔业务，则难免损失工期利益或工程价款。发包人则应当尽量在合同中就可能发生的索赔事项进行更详细的约定，以此减少索赔事件的发生。

(5) 索赔对企业而言，既维护了企业的合法利益，又可以提高企业的经营管理水平。加强索赔管理，有助于增强承发包双方的自我保护意识，提高自我保护能力，提高履约的自觉性，避免侵害他人利益，进而能带动施工企业管理和工程项目管理整体水平的提高。面对激烈的竞争，压低报价是承包商获取工程的必要手段。然而，由于建设工程受地质、地形、水温、气象等自然条件和因素的影响，施工条件复杂多变，存在履行合同的诸多风险。因此，在每一项建设工程及其合同的履行过程中，索赔都是客观存在的，不能索赔则会使企业面临亏损的风险。相反，通过索赔与反索赔管理，不仅能够维护企业自身的合法利益，同时还能提高企业的合同管理水平。工程索赔是企业经营管理的一个重要组成部分，是主动、正常的经营行为。索赔的管理水平代表着企业的经营管理水平，决定着企业能否立足于竞争激烈的建筑工程承包市场。

(6) 索赔对国家而言，既保证海外工程承包事业的发展，又增加国家的外汇收入。统计资料表明，亚洲已经成为当今世界上最大的承包市场。绝大多数海外工程项目属于发展中国家，但他们的承包者却是美国、英国、德国等发达国家的大型承包公司。发达国家通过国际工程这个渠道进入发展中国家，获取多方面的经济利益。因此，进行有效和成功的索赔，可以促进中国建筑企业开拓国际建设市场，带动劳务输出和设备材料的出口，引进先进的施工技术和工艺，推动中国建筑事业的整体进步。

(三) 正确认识与运用索赔

索赔的根本目的在于保护受损失方利益、追偿或避免亏损，属于被动发生的措施。从合同双方整体利益出发，应避免恶意滥用索赔。对于具体的索赔事件，能否成功索赔，也很难确定，存在一定的风险，所以承包人不能以索赔作为取得利润的基本手段。承包人在合理运用索赔手段的同时，更要注重提升企业本身的实力和技术水平。在此基础上积累索赔经验，既敢于索赔，又不过分依赖索赔。发包人也不能寄希望于通过索赔来减少工程款的支付，而应将更多的注意力放在对施工进度计划的监督和施工管理上。

当然，不管是否有必要提出索赔，承发包双方都应当积极主动地积累和收集索赔相关证据、材料,以便今后随时都能应对变更或突发状况。在工程施工过程中,双方都应重视索赔一手资料的收集和整理,确保今后在结算谈判中占据主动地位。反之,就会面临因缺乏索赔证据而无法维权的尴尬处境。

1. 国际建设工程索赔概况

纵观国际建设工程索赔的发展历程,其主要有三个方面的特点。

首先,国际建设工程索赔起步较早,积累了丰富经验。美、日、英、法、德等发达国家是建设工程索赔的先行者,不仅经济实力雄厚,而且建设工程经营管理水平也较高。这些发达国家的一大批承包商在国际工程承包市场上长期处于垄断地位,绝大多数国际工程都由这些承包商实施。在长达数十年的飞速发展中,前述发达国家的国际工程承包商不仅积累了大量的实践经验,而且进行了长期的工程索赔方面的深入研究,并在此基础上不断创新和改革,将研究成果应用于工程实践。

其次,国际上发达国家的建设工程索赔意识较强。随着世界各国市政基础设施建设规模日益扩大,土木工程技术和质量要求亦不断提高,承包商面临越来越大的工程风险。日趋激烈的竞争,加上低价竞标的普遍存在,承包商在承接工程后出现亏损的现象屡见不鲜。因此,在国际工程承包中,大多数承包商都十分重视索赔工作,树立起较强的索赔意识,在签订建设工程合同前及合同执行过程中善于捕捉索赔机会,敢于提出索赔要求,同时还注意收集索赔证据,以提高索赔的成功率。事实证明,这些举措给承包商带来了较为可观的工程收益。据不完全统计,自 2010 年以来,国际工程承包中,发生索赔的案例和频率呈逐年增加的趋势。同时,工程索赔管理的难度也在逐步加大。因此,如何在法律和合同的框架范围内,通过采用相对客观公正的合理方法来有效分析和解决工程的索赔,达到"双赢"或"多赢"的目标,已成为国内外专家和学者致力研究的重要课题。

最后,上述发达国家都制定了完善的合同条件,有较为完善的理论基础。1957 年 1 月,国际咨询工程师联合会[①]与国际建筑及公用工程联合会[②]在结合已有合同条件的基础上,针对海外土木工程正式联合发布了《土木工程施工合同条件》(*Conditions of Contract for Works of Civil Engineering Construction*),在国际工程界简称为"FIDIC 合同条件"。由于该合同条件名字太长且其官方出版物封面为红色,故业内人士都以"红皮书"相称,这就是"红皮书"的第一版。在国际工程承包实践过程中,FIDIC 合同条件不断充实修改,基本每隔 10 年即发布修正的新版。继 1957 年首次发布 FIDIC 合同条件以来,FIDIC 又分别于 1963 年 7 月、1977 年 3 月、1987 年 12 月发布第二、三、四版,并于 1999 年 9 月出版了一套新型的合同条件,旨在逐步取代以前的合同条件。这套新版合同条件共四本,它们分别是《施工合同条件》("新红皮书")、《生产设备和设计——施工合同条件》("新黄皮书")、《设计采购施工(EPC)/交钥匙工程合同条件》("银皮书")和《简明合同格式》("绿皮书")。该套新版合同条件后来被广泛应用于国际

---

① 即 FIDIC,于 1913 年在比利时根特成立。该联合会最初的成员只有欧洲境内的法国、比利时、瑞士三个独立的咨询工程师协会,此后逐年接纳新的成员。

② 即现在的欧洲建筑工业联合会(European Construction Industry Federation,FIEC)。

工程实践中,产生了极大的影响。此外,FIDIC编制出版的合同条件还包括《电气与机械工程合同条件》("黄皮书")、《设计——建造与交钥匙工程合同条件》("橘皮书")和《土木工程施工分包合同条件》等。

2. 我国建设工程索赔概况

1980年我国恢复在世界银行的合法地位后,即于1981年向世界银行申请贷款建设鲁布革水电站,1983年获得世界银行董事会批准,贷款总额近1.5亿美元。20世纪80年代中期,我国首次实行国际竞争性招标的云南省鲁布革水电站工程成为大型土建工程对外开放的窗口和建设管理体制改革的试点。这是我国首例土建施工国际承包合同管理项目,通过该项目的实施,我国首次认识到了工程索赔管理的重要性和复杂性,索赔概念自此进入了中国工程界。

随着改革开放的逐步深入,我国工程界对索赔的理论研究已经越来越频繁,并就索赔在各类工程项目的运用进行了实践和探索,取得了一定的研究成果。例如,中国建筑工程总公司培训中心编译的《国际工程索赔原则及案例分析》对国外的索赔案例进行了汇总、概述和翻译,《国际工程施工索赔》对国际工程索赔方面的理论、实践、管理和发展进行了全面系统的论述。

随着大量外资项目和世界银行等贷款项目的建设,我国建设工程法律、法规不断完善,工程索赔逐渐被国内工程界所认识和重视,如小浪底水利枢纽工程和二滩水电站,以及许多公路桥梁和发电站工程,都很注重对工程索赔的运用。特别是阿富汗贾拉拉巴德公路修复工程,对于我国施工企业而言是一次较为成功的索赔案例。此外还有坦桑尼亚达市快速公交线第四标段建设项目、尼日利亚阿卡铁路项目等,这些项目索赔成功的经验对我国建设工程索赔的发展起到了非常积极的作用。

经历了近20年的发展,我国建筑业对工程索赔的认知和意识已经大大提高,建设工程领域的很多大型企业先后成立了专门的索赔机构或索赔工作组,索赔管理水平也开始与国际接轨,取得了较为显著的成效,无论在索赔数量还是索赔金额上都呈现不断递增的趋势。我国建筑业界也做出了一系列大胆的创新和尝试:逐步取消国家或地区的统一性定额,淡化定额的权威性,使之逐步成为一般的工程技术参考指标;弱化政府造价管理部门的政府职能,破除政府在价格上的垄断;完善工程索赔制度并制定工程索赔的标准体系,促进企业管理方法和水平的提高;加强专业人士的培养和培训,提高项目管理人员的管理能力和水平;对国有施工企业进行改造,创建以技术管理为基础的新型建筑公司等。

(四) 工程索赔的基本原则

工程索赔的基本原则是建设工程合同当事人在索赔活动中应当遵循的一般性准则。在索赔中坚持有关的基本原则,不仅仅是索赔要求成立的前提,也是索赔取得成功的关键。根据有关法律、法规以及建设工程合同示范文本,建设工程的索赔应当遵循下述基本原则。

1. 以合同为依据原则

索赔的提出首先应当以承发包双方之间存在有效的合同条款为依据。合同是双方当事人经过平等协商后达成的合意,记载着双方的权利义务及合同风险分配的内容,对双方均有法律上的约束力。索赔人提出索赔要求,被索赔人首先需要确定的是其索赔事件和程序是否在合同中存在相应约定,以此来确认索赔提出的要求是否合理、合法。因此,合同条款是索赔合理、合法性的第一判断标准。

我国现行建设工程合同示范文本已就索赔事项有较为详细的表述。承发包双方应以示范合同为蓝本,以确保合同文本本身不存在缺陷或遗漏,权利义务约定明确。同时,在专用条款起草与设计上注重自身风险的防控与权益的维护。一份严谨、完备的合同不仅是工程顺利实施的保证,更是索赔事件发生之后当事人成功处理索赔问题的有效依据。

2. 实际损失原则

索赔权利人提出索赔的前提是实际损失的存在,包括实际的经济损失或者权利损害的存在。实际损失至少包括两层含义:一是损失必须已经产生或者必然产生;二是这类损失必须能被反映在成本费用之中,并构成经营成本的一部分。比如,工期延误往往带来人员的窝工,窝工人工费就是一种实际损失。

3. 合理分担风险原则

因建设工程工期长、合同关系复杂、不可控因素较多,不可避免会发生各种风险。建设工程的合同风险无法全部消灭,只能通过自身的努力使其发生的可能性降到尽可能低的程度,而合同则是应对风险的重要手段。它不仅要对风险的发生进行预测,更为重要的功能是对风险发生之后的损失进行合理的分配。

工程索赔是建设工程合同当事人在工程建设中的风险再分配。在缔结合同时,索赔事件还未发生,因而对于索赔是否发生、表现形式如何、带来的损失有多大等问题,合同双方均不能做出较为精确的预测和计算。因此,作为一种事前对风险分配的设定,合同也只能是风险分担的依据之一。当合同对风险的分配与实际的风险损失二者不相匹配甚至严重失衡而显失公平时,应该从《民法典》的公平原则出发,对风险责任进行合理的再次分配,以达到或恢复一种公平状态。

4. 逾期失效原则

2013年7月1日,国家工商行政管理总局、住房和城乡建设部联合制定的2013年版《建设工程施工合同(示范文本)》正式施行。与1999年版不同的是,其通用条款第19条就承包人和发包人的索赔期限及程序如下表述:若建设工程合同一方当事人在知道或应当知道索赔事件发生之日起28天内,未向合同相对方发出索赔意向通知书的,丧失要求追加(赔付)金额和(或)延长工期(缺陷责任期)的权利。此为2013年版《建设工程施工合同(示范文本)》确立的"索赔逾期失效制度",在2020年版中仍延续了该制度。

索赔逾期失效制度对索赔权利人递交索赔意向通知书的时间和程序提出了更加严格的要求。具体来说,索赔事项发生后,索赔权利人应根据招投标文件及合同中的有关约定在索赔期限内向被索赔人递交索赔意向通知书,意向书应包括索赔项目(分部分项工程名称)、索赔事由及依据、事件发生起算日期和估算损失,无须附详细的计算资料和证明。索赔意向通知书递交给监理,并经监理签字确认,必要时施工企业负责人、现场负责人、监理要一起到现场核对。这样一来,监理可通过索赔意向通知书对索赔事项的起因、损失有了大致了解。鉴于建设工程周期长、事实纷繁复杂的特点,索期失效原则的引入是极为必要的。其有助于承发包双方就工程建设过程中发生的索赔事项履行必要的告知义务,积极行使权利、维护利益,也便于索赔相关事项发生后能在较短时间内予以确定,避免因索赔提出时间距离索赔事项发生的期间过长而影响证据的收集和事实的认定。

5. 有理有据原则

索赔是一方向另一方索取补偿的权利要求。对于索赔权利人来说,索赔成功的一个标准就是被索赔人对索赔请求的承认。为了达到索赔成功的目的,索赔权利人应坚持索赔活动有理有据的原则,充分表述索赔的理由事实,并提出足以支撑索赔请求的事实材料,这就要求索赔权利人在平时的工作中做好各种文件的收集和管理,包括技术资料、数据的积累、重大会议记录的整理等。施工企业与建设单位研究技术问题、进度问题和其他重大问题的会议应做好文字记录,并争取与会者签字,作为正式文档资料。同时应建立业务往来的文件档案编号等业务记录制度,做到处理索赔时有事实和数据的支持。

6. 友好协商原则

从预防索赔的目的出发,承发包双方之间应当建立交换意见和沟通的平台和程序。作为一项投资大、周期长的系统工程,在建设工程实施过程中,各方之间的沟通与合作尤为必要。发包人应当时刻关注工程的进度、材料的选用以及施工与设计的要求是否相符等方面的情况,还应根据自身的需要通过监理工程师发出指令,对相关要求做出调整和变更。但是,发包人的这些调整与变更指令在做出之前应当充分听取施工人的意见,否则,单方面的任意指令将会给承包人带来工程进度的延迟、费用的增加等方面的问题,这也是索赔发生的一个重要原因。

因此,索赔事项发生后,双方更应该本着友好协商的原则进行沟通和互动。否则,一旦双方之间合作关系破裂或合同被解除,带来的后果往往是合同双方当事人合同目的的落空。由于索赔关系到承发包双方的切身利益,谈判就成为双方解决索赔问题的常用方式。为了索赔成功,应该在索赔活动中坚持友好协商的基本原则。

二、案例援引

案例一

西安市临潼区建筑工程公司与陕西恒升房地产开发有限公司建设工程施工合同纠纷案[①]

【基本案情】

2003年3月10日,临潼公司依照约定进入恒升公司位于陕西省西安市建工路

---

① 最高人民法院(2007)民一终字第74号民事判决书。

8号的恒升大厦综合楼工程工地进行施工。同年9月10日,双方签订《建设工程施工合同》,并于2004年4月5日补办了工程报建手续,对双方所签合同进行备案。诉讼中双方持有的合同,内容区别是有无第29-3条。恒升公司持有西安市城市建设档案馆出具的备案合同附有此条。其内容如下:本工程为乙方垫资工程,以实结算,实做实收,按工程总价优惠8个点,工程结算以本合同为准。

2005年2月2日,恒升大厦综合楼地基与基础分部工程,主体(1~10层)分部工程验收合格。11~24层主体工程已完工但未进行竣工验收,恒升公司承认主体已封顶。同年2月26日,临潼公司作出恒升大厦综合楼《建设工程主体完工决算书》,决算工程造价为31 020 507.31元,并主张已送达恒升公司,但无恒升公司签收的文字记录及其他证据佐证,恒升公司不予认可。后双方发生纠纷,致使工程于2005年4月停工至今。

2006年5月15日,临潼公司起诉至一审法院,请求判令恒升公司立即支付拖欠的工程款及逾期利息,并判令恒升公司赔偿临潼公司停窝工损失200万元。针对停窝工损失部分,恒升公司辩称临潼公司资质的个人包工头张某明从未按合同约定向恒升公司申报过工程量及申请支付工程款,故对造成的拖欠工程款、停窝工损失不承担责任。一审法院依据临潼公司申请,委托陕西华春建设项目管理有限责任公司对恒升大厦综合楼已完工程造价和截至2006年6月22日的停窝工损失进行鉴定,并作出华春鉴字(2006)07号鉴定报告:恒升大厦综合楼已完工程造价为20 242 313.44元;针对停窝工损失部分,2004年4月至2006年6月22日的停窝工损失为346 421.84元。对该鉴定结论,临潼公司认为该工程造价应依照合同约定采用信息价;商品砼应采用购买价;备案合同第29-3条内容是恒升公司事后添加的,所以优惠8个点即1 818 793.15元没有依据。恒升公司则认为,临潼公司停工的原因完全在于其自身,故停窝工损失根本没有计算的合法依据,故此上诉至最高院。

最高人民法院二审查明,华春鉴字(2006)07号鉴定报告部分表述如下:"恒升大厦已完工程总造价25 297 208.92元是在该工程所采用的混凝土为商品混凝土且单价采用当期信息价的情况下计算的结果。""该工程停、窝工时间为自2004年4月至2006年6月22日,但数量没有建设单位指定的工地代表签证。"2007年1月12日对该鉴定报告异议的答复及补充意见载明:"工程造价中所含的四项保险费应在总造价中扣除,其金额为175 452.75元;鉴定报告中的已完工程造价应扣除六层以下及十七层以上部分的90厚GS板的造价,其金额为498 355元。"

【案件焦点】
1. 本案所涉工程应以哪个《建设工程施工合同》文本作为结算依据。
2. 恒升公司已向临潼公司支付工程款的数额。
3. 临潼公司主张的停窝工损失是否应得到支持。
4. 恒升公司应从何时开始向临潼公司支付所欠工程款利息。

【裁判要旨】

1. 关于本案所涉工程应以哪个《建设工程施工合同》文本作为结算依据的问题

恒升公司与临潼公司在一审举证期限内向一审法院提供的《建设工程施工合同》文本内容是一致的,即没有第 29-3 条款的内容,长安监理公司出具的《情况说明》也证明《建设工程施工合同》的文本没有第 29-3 条款的内容。《最高人民法院关于审理建设工程施工合同纠纷案件适用法律问题的解释》①第 21 条规定:"当事人就同一建设工程另行订立的建设工程施工合同与经过备案的中标合同实质性内容不一致的,应当以备案的中标合同作为结算工程价款的根据。"恒升公司提交的西安市城市建设档案馆存档的《建设工程施工合同》文本,该合同文本上的第 29-3 条是恒升公司何某京书写的,没有证据证明该条款系经双方当事人协商一致。故二审法院认定应以一审举证期限届满前双方提交的同样内容的《建设工程施工合同》文本作为本案结算工程款的依据。

2. 关于恒升公司已向临潼公司支付工程款的数额问题

临潼公司提出的异议有三个方面。其一是主张恒升公司向其借款 480 万元应从恒升公司的已付工程款中予以扣除。最高人民法院认为,支付工程款与借款是两个不同的法律关系,临潼公司主张将借款 480 万元从恒升公司已付工程款中直接扣除缺乏相应的法律依据,因此不予支持。其二是临潼公司主张恒升公司支付给致圣公司的 580 万元不应全部认定为恒升公司已付工程款。最高人民法院认为,对于恒升公司已付工程款数额的认定问题,一般来讲,收款人应当是临潼公司,如果是按临潼公司的要求向其他单位付款,恒升公司应出具临潼公司委托付款方面的证据,而恒升公司并没有提供相关证据。鉴于临潼公司已认可其中的 340 万元为恒升公司已付工程款,故恒升公司支付给致圣公司的 340 万元应认定为恒升公司已付工程款。其三是临潼公司主张天然气泄漏事故造成的支出 208 410 元应由恒升公司承担。最高人民法院认为,对天然气泄漏事故造成的支出 208 410 元,应以长安监理公司最后出具的说明为依据,临潼公司主张由恒升公司承担依据不足,因此不予采信。综上,恒升公司已付工程款的数额应认定为 8 132 342.4 元。

3. 关于临潼公司主张的停窝工损失是否应得到支持的问题

最高人民法院认为,虽然在陕西华春建设工程项目管理有限责任公司 2006 年 11 月 25 日出具的鉴定报告中,对于恒升大厦工程停、窝工损失计算为 346 421.84 元,但该鉴定报告也明确说明:"该工程停、窝工时间为自 2004 年 4 月至 2006 年 6 月 22 日,但数量没有建设单位指定的工地代表签证。"一审判决以临潼公司未按合同约定申报工程量及申请支付工程款,亦未提供监理公司确认的停窝工证据,故对临潼公司主张的停窝工损失不予支持。由于二审中临潼公司也没有提供相关证据支持其主张,故对临潼公司上诉要求恒升公司按鉴定报告计算的 346 421.84 元支付

---

① 此解释于 2004 年发布,裁判此案时适用,后已于 2021 年失效。

停、窝工损失,最高人民法院亦不予支持。

4. 关于恒升公司应从何时开始向临潼公司支付所欠工程款利息的问题

最高人民法院认为,《最高人民法院关于审理建设工程施工合同纠纷案件适用法律问题的解释》第18条规定:"利息从应付工程价款之日计付。当事人对付款时间没有约定或者约定不明的,下列时间视为应付款时间:(一)建设工程已实际交付的,为交付之日;(二)建设工程没有交付的,为提交竣工结算文件之日;(三)建设工程未交付,工程价款也未结算的,为当事人起诉之日。"合同有约定的,应当遵从当事人约定,只有在当事人对付款时间没有约定或者约定不明的情况下,才分别不同情况适用该条司法解释的规定。从本案双方当事人签订的《建设工程施工合同》的约定来看,约定工程施工到正负零时,甲方向乙方首次支付已完工程量95%的工程款。正负零以下工程,作为乙方第一次报量期。正负零以上工程,由乙方每月25日将当月工程量报甲方,经其审核后在次月13日内将上月所完工程量价款95%支付给乙方。故一审判决恒升公司从临潼公司起诉之日起支付工程欠款利息不当,最高人民法院予以纠正,判决从2005年4月12日停工之日起支付利息。

【案件评析】

(1) 本案建设工程施工合同存在备案合同和存档合同两个版本,关于当事人双方在发生争议时应以哪个文本进行结算,《最高人民法院关于审理建设工程施工合同纠纷案件适用法律问题的解释》第21条规定:"当事人就同一建设工程另行订立的建设工程施工合同与经过备案的中标合同实质性内容不一致的,应当以备案的中标合同作为结算工程价款的依据。"该条是指当事人就同一建设工程签订两份不同版本的合同,发生争议时应以备案的中标合同作为结算工程价款的依据,而不是指以存档合同文本为依据结算工程价款。

(2) 本案中,因临潼公司未按合同约定申报工程量及申请支付工程款,亦未提供监理公司确认的停窝工证据以支持其主张,故一二审法院对临潼公司主张的停窝工损失均未予以支持。

本案中,承包人主张停窝工损失应遵循双方约定的停窝工索赔程序,在发包人不予认可时,还应提供经监理确认的损失数据等作为证据。双方未对停工进行约定时,还应根据诚实信用原则履行合同。对于承包人的损失,双方应本着诚实信用原则履行合同,发包人应明确是否退场并给予合理赔偿,承包人则不能盲目放任损失的扩大。也就是说,发生停窝工时,双方均应有义务避免损失进一步扩大。因为停窝工损失是补偿性损失,索赔方必须提供充分证据以证明。索赔方应及时积极收集客观证据,除证明损失的存在外,还应证明损失发生的原因(如发生停窝工的因素与造成损失之间的因果关系),并对损失金额进行量化,以便于日后索偿。此外,索赔应注重时效性和程序性,合同有约定的应从约定。

案例二

某央企岩土工程总公司海外EPC项目合作纠纷国内仲裁案①

【基本案情】

2007年8月,中国某央企岩土工程总公司(以下简称被申请人)与利比亚发展组织管理中心(以下简称业主)签订《单元住宅房和配套服务设施的施工项目公共工程合同》,合同约定由被申请人实施位于利比亚的2 000套住宅及配套服务设施工程。

2008年5月,被申请人与业主就多个大学校园工程项目签订《公共工程合同》,合同约定由被申请人实施位于利比亚多个大学城项目的相关工程。双方签订上述两份公共工程合同,均由业主以设计-采购-施工(EPC)工程总承包的利比亚模式发包建设。

2008年6月,被申请人与湖北省某建筑集团有限公司(以下简称申请人)就上述两个公共项目的EPC工程总承包合同签订《利比亚住房项目合作协议》(以下简称《住宅合作协议》)和《大学城合作协议》,约定双方组成联合体进行合作;申请人负责项目的全部工程施工,被申请人负责协调处理公共关系,在项目实施过程中负责合同结算、变更和索赔工作等;约定以全部工程款结算总额的76.5%作为申请人的施工费用,被申请人以全部结算总额的6.5%作为项目的管理费、设计费和保函手续费。

2011年2月17日,利比亚发生武装冲突。2月26日,我国政府将在利比亚的工程建设人员等我国公民共35 860人全部撤回国内。之后,联合国做出决议,同意在利比亚设立"禁飞区",法、英、美等多国部队随之发动对利比亚的空袭,利比亚进入战争状态。战争导致我国在利比亚的全部工程项目因不可抗力无法继续开展。本案总分包双方也由此发生争议。

2015年5月,申请人就两个项目的相关争议分别向武汉仲裁委提起仲裁。

(1)针对双方签订的《住宅合作协议》,申请人请求确认为无效合同,请求被申请人支付工程款人民币147 746 187元,赔偿延付工程预付款和进度款的利息损失6 685 494.9元,支付申请人的劳务人工费、采购材料、采购设备等其他经济损失人民币107 666 090元等。请求涉及支付欠付工程款、赔偿相关损失、解除申请人提供的担保责任等。

(2)针对《大学城合作协议》,申请人向武汉仲裁委提起仲裁,请求被申请人支付保函资金、补偿金等欠款2 510万元人民币及利息损失7 208 561.1元,支付工程款等成本费用欠款16 557 721元及利息损失5 066 428.05元,解除申请人为其提供

---

① 该案材料来自2019年11月29—30日赣江新区国际仲裁院举办的"赣江新区国际仲裁院2019年度仲裁员专题培训班"上,上海市建纬律师事务所主任朱树英的专题演讲稿:《一带一路纠纷案件国内仲裁需面对的新问题和新要求——兼说首席仲裁员把握案件审理的注意事项》。

信用保证的保证责任，赔偿因其违约行为给申请人造成的经济损失 64 185 334 元，并承担后续损失至申请人解除保证责任之日止。被申请人则反请求申请人赔偿被申请人垫付保证金利息 270 万元，返还借支款及利息 28 333 624.8 元以及按合同应返还的设备、材料，如无法返还则按物品的价格赔偿损失等。

被申请人则向仲裁委提出了仲裁反请求，请求申请人返还超付的工程款及利息 98 222 658 元，赔偿被申请人损失 84 944 450.71 元等。

【案件焦点】

1. 本案所涉《住宅合作协议》的合同效力。
2. 本案所涉《大学城合作协议》解除协议的效力及保函的法律责任。
3. 湖北省某建筑集团有限公司请求支付已履行《住宅合作协议》的工程进度款及利息应否得到支持。

【裁判要旨】

1. 关于本案所涉《住宅合作协议》的合同效力问题

申请人称：根据协议适用中国法律的约定，被申请人把总承包项下的土建全部分包给申请人承包，应为无效协议。被申请人辩称：《住宅合作协议》系双方真实意思表示，且不违反禁止性法律规定，应为合法有效。本案仲裁庭认为：申请人与被申请人之间签订的合作协议合法、有效。

首先，对本案而言，《住宅合作协议》并未遭到我国法律的否定，合同并不会因为法律规定而无效。其次，尽管申请人提出商务部的批文时间稍晚于被申请人与业主签订《住宅工程合同》的时间，双方签约时并无批准文件，但根据《对外承包工程资格管理办法》①、原《合同法》②及相关司法解释，对外承包工程合同并不以批准登记为生效的前提条件，何况该合同已获主管部门的批准即事后追认。再次，《住宅工程合同》和《住宅合作协议》的签约双方并非同一主体，申请人与被申请人签订《住宅合作协议》不存在批准和签约的时间顺序问题。据此，本案主管部门批准涉外承包工程的时间稍晚，既不影响《住宅工程合同》的合同效力，更不影响《住宅合作协议》的效力。最后，本案申请人与被申请人签订合同的名称为《住宅合作协议》，而合同的前言部分及双方对项目运营管理的合作内容与合同名称一致，不存在名实不符的情形。根据《住宅合作协议》对各自权利义务的约定，双方构成企业间的联营关系，应适用《民法通则》第 52 条③和《中华人民共和国建筑法》（以下简称《建筑法》）第 27 条的规定，双方的《住宅合作协议》符合我国法律规定，因此仲裁庭最终裁决，《住宅合作协议》合法有效，但自裁决作出之日起解除。

2. 关于本案《大学城合作协议》解除协议的效力及保函法律责任的问题

申请人称：合作协议签订后，申请人派遣人员进驻现场进行施工，同时向被申

---

① 指 2015 年修正版，后已于 2017 年废止。
② 指 1999 年发布及实施的《合同法》，现已于 2021 年《民法典》正式施行后废止。
③ 指 2009 年修正版《民法通则》，已于《民法典》2021 年正式施行后废止。

请人出具承诺函,借款2 000万元用于缴纳保函保证金并承担利息,另以被申请人名义向中信银行武汉分行为上述大学城项目申请了保函,并由申请人为被申请人向中信银行提供5.98亿元的信用担保。此后,由于利比亚形势动荡,导致工程无法继续开展,双方经协商签订了《大学城解除协议》,申请人进行了资料移交并提供了相应证据,但被申请人未向申请人全额支付合同中约定的款项,也未解除相应的保证责任。被申请人辩称:双方签订《大学城解除协议》之后,被申请人已依约向申请人支付了撤离人员机票工资费用、施工前期准备工作成本费用,退还了保函资金等,不存在欠付;由于申请人已向被申请人借支巨额款项,有权拒绝支付1 500万元补偿款;已履行了请求中信银行武汉分行解除申请人保证责任的协助义务,由于银行未能解除保证责任,不应承担违约责任及相应损失。仲裁庭最终裁决被申请人为申请人对大学城项目保函办理的5.3亿元信用担保提供替代担保,解除申请人的担保责任。

3. 关于湖北省某建筑集团有限公司请求支付已履行《住宅合作协议》的工程进度款及利息应否得到支持的问题

申请人称:协议签订后申请人即组织人员于2008年6月进场施工,已按照协议要求进行了工程施工,但被申请人未按协议约定进行工程款的支付和结算工作,致使已完工程有大量进度款没有得到支付,给申请人造成了巨大的经济损失。被申请人辩称:申请人请求支付工程进度欠款及利息的条件不成就,被申请人没有支付上述款项的义务;申请人在施工过程中严重延误工期,由此造成的经济损失应由其自身承担。被申请人认为分包工程款已经付超,据此提起仲裁反请求。仲裁庭最终裁决:被申请人给付申请人已完成的工程进度款42 724 508元;对于湖北公司提出的支付其余工程款105 021 679元、赔偿利息损失6 685 494.9元、赔偿其他经济损失107 666 090元的仲裁请求,以及岩土公司提出的返还超付的工程款及利息98 222 658元、赔偿损失84 944 450.71元的仲裁反请求,仲裁庭认为均属于解除合同后对已完工程价款的审定范围之内,由于利比亚战争引起的不可抗力仍处持续状态,因不可抗力致审定工程价款无操作可能性,待不可抗力因素解除后,一并结算、支付。

【案件评析】

(一)如何确认境外工程总承包施工分包合同的效力

首先,用中国法律并不能否定案涉《住宅合作协议》的效力。我国法律中与《住宅合作协议》的效力相关的法律法规包括《建筑法》、原《合同法》和《对外承包工程管理条例》。其中,《建筑法》第2条规定:"在中华人民共和国境内从事建筑活动,实施对建筑活动的监督管理,应当遵守本法。"也就是说,国家监管的范围或干预的范围不包括在我国境外从事建筑活动。从立法目的上来看,国内法律禁止转包、违法分包的主要目的是保证国内建筑质量安全,维护公共利益,此立法目的不能及于境外工程。尽管原《合同法》、《建设工程质量管理条例》、《最高人民法院关于审理建设工程施工合同纠纷案件适用法律问题的解释》①(以下简称

---

① 该解释于2005年实施,适用于该案,后已于2021年废止。

《施工合同司法解释》)也有相关限制、禁止工程项目转包和分包的条款,但原《合同法》的规定来源于颁布在先的《建筑法》有关原则,其基础法律是《建筑法》;《建设工程质量管理条例》则属《建筑法》的下位法,其效力范围不应超出后者的限制;《施工合同司法解释》第4条中的"转包"概念则是在国内工程领域的特有概念,涉外工程中并不存在此类概念。因此,涉案《住宅合作协议》系双方当事人的真实意思表示,应合法有效。

其次,本案中,被申请人与业主的《住宅工程合同》不自然适用申请人与被申请人的《住宅合作协议》,而且该合同中不得分包的约定与《住宅合作协议》的效力无关。申请人要求仲裁庭确认与被申请人的合作协议无效的另一理由是,被申请人与业主的《住宅工程合同》中有不得分包的约定,被申请人违反此约定也构成合作协议无效。仲裁庭经审查确认,根据《住宅工程合同》第17条"分包"的约定,业主并未禁止被申请人分包,只是对岩土公司的分包规定了限制和经业主同意的前置条件。即便被申请人违反了与业主关于分包的约定,也仅构成被申请人对业主的违约,并不影响合作双方的《住宅合作协议》的效力。据此,仲裁庭认为申请人与被申请人之间建立的是合作关系,不认为双方之间存在工程分包关系,也不认为此约定能够成为双方签订的合作协议无效的理由。

(二)已履行《住宅合作协议》的工程进度款及利息应计算并支付的理由

《住宅合作协议》属继续性合同,其特点是在一定时间内持续地履行。根据原《合同法》第97条的规定,该种合同解除后未履行的不再继续履行,已经履行的部分按照有效合同的处理原则及方式进行处理,履行方仍可以请求对方对已受领的利益支付价款,不发生恢复原状的法律后果。

根据合同的相对性原理,合同责任具有相对性,只能在特定的当事人之间即合同关系的当事人之间发生,在因第三人的行为造成债务不能履行的情况下,债务人仍应向债权人承担违约责任。具体到本案中,被申请人与业主之间的《住宅工程合同》以及二者之间的结算以及支付行为,申请人并无任何权利义务,也无法进行推动。因此,申请人的工程完工后,被申请人应当积极履行与业主之间的合同,促进《住宅合作协议》的履行。但被申请人没有证据证明自己已经积极履行了其与业主之间合同的权利义务,因此,被申请人应当向申请人支付十一期以前的42 724 508元工程进度款。至于利息,申请人的申请依据不足,仲裁庭予以驳回。

但由于利比亚战乱这一客观原因的存在,按照我国法律的相关规定和跨国承包工程的国际惯例,利比亚的战争属于不可抗力。在本案中,双方签订的合作协议对于不可抗力的后果并未进行明确约定,但双方协商签订了《大学城解除协议》,对于因战争这一不可抗力解除合作协议后,双方如何承担相关的权利义务,包括如何移交施工现场的相关材料设备、如何进行人员撤离、如何解除相关工程担保、如何赔偿损失等做出了明确约定。由于本案中被申请人为与业主签订《大学城工程合同》的工程总承包单位,对于工程项目实施负总责,所以双方约定由被申请人对于申请人因解除合作协议而产生的损失进行赔偿,即不可抗力产生的风险主要由被申请人承担。

但对于住宅项目下的《住宅合作协议》，双方并未就协议解除达成一致，并因此引发了一系列争议。原《合同法》第94条规定，因不可抗力致使不能实现合同目的的，当事人可以解除合同。因此，2011年2月利比亚爆发战争后，协议一直处于中止履行状态，至今已历经5年，工程已不可能复工，协议目的已不可能实现，被申请人有权依原《合同法》第94条规定单方解除《住宅合作协议》。对于合同解除后的责任承担，由于合作协议中并未进行明确约定，仲裁庭根据原《合同法》第97条，判令合同自解除之日起不再继续履行，已经履行的部分，按照有效合同的处理原则及方式进行处理。但由于双方对于工程款的数额无法达成一致意见，而鉴于利比亚战乱这一不可抗力因素的存在也无法进行鉴定，不可能结算工程价款，所以仲裁庭裁决相关费用待不可抗力因素解除后一并结算、支付，而并非以证据不足直接驳回当事人的仲裁请求，有利于当事人事后再进行结算和追索，维护了当事人的合法权益。此案中仲裁庭对该涉外投资合同中不可抗力风险的应对措施具有非常重要的借鉴意义。

（三）保函的法律风险及应对措施

在建设工程承包中，为了分散转移各方当事人风险，产生了工程担保制度。工程担保的担保人一般为银行、保险公司和担保公司，由银行提供的担保书称为保函，由担保公司、保险公司提供的担保书称为契约担保书。目前，银行保函已经成为最为普遍、最受欢迎的工程担保形式。在工程建设承包尤其是国际工程承包实践中，保函风险一直存在，国内外都发生过各类保函索赔未遂案件，这就需要我们在关注招投标工程本身风险的同时，不断重视建设工程保函中存在的潜在风险。

在工程承包中的银行保函方面，履约保函因为是施工总承包合同的一个组成部分，是风险最高的一种保函。在合同执行过程中的每个环节都会涉及履约保函，加强工程建设各个环节的风险管理，才能有效规避履约保函的风险。首先，应在合同谈判过程中积极主张权利，在开立保函时应首先明确保函的适用法律和管辖权。其次，履约保函尽量采用有条件赔付，如果必须无条件，则应写明基本条件。再次，依据工程合同条款认真履行合同。从次，要求分包商开具履约保函分散风险。最后，选择合法途径解决履约保函争议。在建设项目承包过程中，只有认真研究保函类型和特点，将合同条款与保函条款结合起来，尽可能规避保函风险，才有可能确保建设项目如期建设完成，使业主和承包商都实现预期目标。

（四）整体评析

伴随着"一带一路"倡议的推进实施，更多的中资企业进入国际工程领域，在境外承建国际工程。中国企业在海外承建的工程项目的区域和范围不断扩大，承建工程的规模、技术难度也在不断增加；有的企业承建国际工程后也会分包给境内的其他企业和个人。国际工程的参与主体及施工类型趋于多样化，涉外工程合同纠纷案件在数量增加的同时，其种类也呈现多样化、复杂化趋势。该案件在我国涉外工程建设领域具有重要指导意义，仲裁庭对合同效力的认定体现出其裁判思维的开放性、灵活性，显示出仲裁庭在法律适用层面具有全球化视野，争议解决方式无论在法律的适用还是裁决的执行上，都呈现全球化、多元化的特征，对企业涉外发展具有积极的推动意义，鼓励企业更好地"走出去"，同时对以后此类问题的认定裁判具有借鉴意义。

案例三

江西中煤"赞比亚公路项目出口信用保险索赔案"

【基本案情】

江西中煤与赞比亚政府于2013年4月5日签订了归属于赞比亚政府公路局的公路修建项目，合同金额3 840万美元，随即开始动工修建。江西中煤为降低自身的风险，于2013年9月29日与中国出口信用保险公司签订保单号为SSC00230-131300的出口信用保险合同，保险金额29 847 389.18美元，保单终止日为2015年8月31日。合同约定，江西中煤承建赞比亚的公路修建项目的过程中，因赞比亚政府的国家行为、意外事件等致使业主不能偿付工程款时，由中国出口信用保险公司进行优先偿付。截至2015年5月底，该项目累计计量12期(含开工预付款)，应收汇金额19 665 577.93美元，已收汇15 097 350.38美元，未收汇金额4 568 227.55美元。受当地政府年度决策和财政预算的影响，赞比亚90%的工程受到冲击，80%左右处于半停工状态，尤其是该项目部的计量欠款一度高达700万美元，直接影响项目部资金流动，资金链极易断裂。江西中煤赞比亚公路项目部多次向公路局反映情况，并发送函件说明困难，希望尽快解决资金问题，使得施工顺利进行，但都无济于事。基于此，江西中煤通过律师提供专业法律服务，向中国出口信用保险公司正式提出索赔。

2016年6月22日，中国出口信用保险公司南昌营业部以《赔付通知书》致函江西中煤，告知："因买家/银行ROAD DEVELOPMENT AGENCY(代码：ZMB/412681)破产/拒收/拖欠/其他原因致使贵公司遭受损失，按保单规定，我公司决定向贵公司赔付(大写)贰佰捌拾贰万玖仟伍佰玖拾捌美元壹拾美分(USD2829598.1)，计算公式为：USD3 536 997.63×80%＝USD2 829 598.10。"

【案件焦点】

江西中煤提出的索赔能否得到支持。

【案件评析】

面对错综复杂的国际建筑市场环境，江西中煤赞比亚公路项目出口信用保险索赔案的成功无疑彰显了出口信用保险对涉外建筑企业的重要性。出口信用保险是指由保险公司作为保险人以担保形式向权利人提供的一种保险，是在债务人作为或不作为而不履行合同义务，造成债权人经济遭受损失的情况下，保险人按照合同约定向债权人履行义务或者承担责任的行为。合同信用保证保险广泛应用于公共和私人建筑领域，可以避免承包商破产而带来经济上的损失。保证保险公司签发的合同信用保证保险可以保证项目本身的完工,或者在承包商破产的情况下替承包商代付。由于在工程建设过程中,承包的违约形式主要包括不按照建筑工程合同的要求施工,分别拖欠分包商、材料供应商的工程款等,履约保证保险和付款保证保险的主要作用就是降低承包商的违约所造成的损失。

由于合同保证保险的风险较大,诸多承保主体在开展此项业务时需要花费较大力气对投保企业的信用进行考察,只有对投保申请人的信用状况全面掌握,才能决定是否对投保申请人承保。但是,目前来说,中国仍是一个非征信国家,并不具备完善的信用系统,在开展业务前,承保机构不得不花费大成本进行基础的征信系统建设,而且中国企业长期以来的经营陋习造成征信系统建设本身较为困难。因此,国内的建筑工程合同保证保险业务开展难度较大。所以,建筑施工企业在对涉外工程项目进行信用保证保险投保时,为了使保险公司愿意接受该保证保险,施工企业应该主动提供本企业的信用状况与经营状况,并且将涉外工程的合同以及工程方案提供给保险公司,以便保险公司对此有全面的评估与了解。这样,建筑施工企业便可以在与保险公司互相沟通、全面了解的基础上对涉外工程投保合同信用保证保险。

三、案件法务会计分析

建设工程领域的法务会计在工程索赔中如何发挥作用,我们认为主要有四个方面。

(一) 工程索赔的组织管理

工程索赔是一项复杂而又艰巨的工作,仅靠个人的力量难以完成,因此,组建一个知识全面、经验丰富、人员稳定的索赔工作组是保障索赔成功的重要条件之一。索赔工作组应由项目经理、建设工程专业律师、造价师、会计师和施工工程师等人员组成,并需要由具备正确的索赔策略和战略、工作勤奋务实、头脑冷静沉着、思维敏捷严谨且善于处理公共关系的专业人员组织和领导,而法务会计正符合这样的条件。

此外,需要提高和深化企业家对工程索赔的认识。工程索赔是合同当事人保护自身正当权益、弥补工程损失、提高经济效益的重要而有效的手段。我国加入WTO以后,要求国内建设市场和建设工程施工合同与国际惯例接轨的呼声越来越强烈,在国际建设市场常见的索赔也越来越频繁地出现在国内的建设工程施工领域。在此情形下,如不能够进一步加深对于工程索赔的认识和理解,国内建设企业未来将举步维艰。在这一方面,专业律师则能够通过提供咨询服务、讲解索赔成功案例,帮助企业家树立积极、正确的索赔理念,本着切实履行合同、对工程负责的态度与相对方合作,减少索赔障碍,提高索赔效率,同时有效预防反索赔事件的发生。

(二) 工程索赔的流程管理

1. 审查施工合同等法律文件

在工程实践中,由于发包人与承包人在招投标过程中的地位不对等,发包人常常会在招标文件以及施工合同中列入一些加重承包人责任的条款,或者对承包人的索赔权利加以限制,使承包人在开展索赔工作的初始就处于不利地位。专业法务会计则能够通过审查施工合同等法律文件,尤其是对其中一些特殊条款的风险加以提示和规避,最大限度地维护承包人的合法权益。

2. 提示索赔事项

对于在合同签订时未能列入的索赔条款,律师能够及时提醒并协助发包人或承包人,通过合同履行过程中的会议纪要或往来函件等形式予以固定和确认,为将来实现索赔确定依据。

3. 提示索赔时机

工程索赔中对于索赔时机的把握十分重要,索赔提出得过早,往往容易遭到对方反驳或在其他方面遭受反索赔;提出得过迟,则可能超过索赔期限,导致索赔要求无法被支持。因此,索赔要求必须在索赔期限范围内适时提出。对于专业的法务会计而言,往往在合同订立之初就能够发现索赔机会,并把握索赔提出的最佳时机,而在合同履行过程中则可以协助发包人或承包人大量、有效地处理索赔事件,从而实现索赔利益的最大化。

4. 及时固定证据

建设工程周期长、变化多,合同双方当事人的权利、义务和责任互相掺杂,而承发包双方派驻现场的项目管理人员往往欠缺证据保留意识,致使索赔证据常常得不到有效保存,从而使日后的索赔工作陷入困难和不利局面。专业法务会计能够及时提示和指导调查、收集索赔事件发生的事实证据以及证明实际损失的证据等,并通过证据表面形式和实质内容来审查其真实性、合法性、关联性,协助发包人或承包人设立证据台账,编制证据目录,建立索赔证据档案,从而为后续的索赔工作奠定坚实的基础。

5. 协助编制索赔报告

在索赔事件发生后,仅有事实根据,没有强有力的文字说明和论证,很难说服对方接受索赔要求,因而编写索赔报告就十分必要。索赔报告的编写是一项极为复杂、法律专业性很强的工作,律师在掌握索赔事项发生的全部情况后,能够准确地审核和引用索赔证据,提出明确具体的索赔要求,进行详细严谨的索赔论证,从而编写出完整可信的索赔报告,提高索赔的成功率。

(三) 具体索赔程序

1. 投保信用保证保险的程序与注意事项

对于承包商的资格,一般情况下,国家都会通过法律规定相应的资格要求。中国的工程建设管理部门对于建筑企业都有级别的划分,具体规定不同级别的建筑企业需要满足的条件,以及承建工程的规格、用途等。在公共工程和大多数私人工程里,要求有投标合同保证保险以保证业主能与出价最低的投标商签约。如投标成功,此投标商应签订必需的履约和支付保证保险。因此,承包商应该在准备投标之前就确定其能够得到合同保证保险[①]。项目开发商在招标时需要审查投标的承包商的资格,即是否有能

---

① 邓晓梅:《国际工程保证担保制度特征的研究》,《清华大学学报》2003年第2期。

力完成项目。如果承包商能够提供投标保证保险,就说明保证人已经预先审查过承包商的资格,承包商作为投标人在经济上和技术上有能力完成这个项目。

2. 信用保证保险的投保程序

(1) 申请投保。建筑企业需要填写出口信用保险综合险投保单一式三份,把本出口企业的名称、地址、投保范围、出口情况、适保范围内的买方清单及其他需要说明的情况填写清楚后,企业法人签章,而向保险公司申请投保出口信用保险。

(2) 申请限额。建筑企业在接到保险公司承保并签发的出口信用保险综合险保险单后,应就本保单适用范围中出口的每一家尽早向本公司书面申请信用限额,并填写出口信用综合险买方信用限额申请表一式三联,按表内的要求,把买家的情况、双方贸易条件以及本企业所需的限额如实填写清楚,为本企业在适保范围内的全部海外新旧买家申请信用限额。

申请限额时应注意四个方面。

首先,合同一旦签订应立即向保险公司申请限额。因为调查资信需要一段时间,包括内部周转时间、委托国外资信机构进行调查的时间等,有时长达1个月之久。

其次,在限额未审批之前,如果合同有变更,及时与保险公司联系。

再次,如果合同方式是L/C、D/P或D/A支付方式,但出运选用空运方式或提单自寄,这样的风险已等同O/A风险,应申请O/A方式的限额。

最后,由于保险公司只承担批复的买方信用限额条件内的出口的收汇风险,如果出口与保险公司批复的买方信用限额条件不一致,如出运日期早于限额生效日期、合同支付条件与限额支付条件不一致等,保险公司将不承担赔偿责任。

(3) 申报出口。保险公司通过出口信用综合险买方信用限额审批单批复限额,每批出货后,15天内(或每月十号前)逐批填写出口信用综合险出口申报单(或出口信用保险综合险出口月申报表及保费计算书)一式三份,按表中要求,把出口的情况如实清楚填写,供保险公司计收保险费。对于建筑企业未在规定时间内申报的出口,保险公司有权要求企业补报。但若补报的出口已经发生损失或可能引起损失的事件已经发生,保险公司有权拒绝接受补报。不得漏报和虚报。如建筑企业有故意不报、严重漏报或误报的情况,保险公司对建筑企业已申报出口所发生的损失,有权拒绝承担责任。

(4) 缴纳保险费。根据行业规则,建筑企业在收到保险公司发出的"保险费发票"及有关托收单据的日期起10日内应缴付保险费。如未在规定期限内交付保险费,保险公司对建筑企业申报的有关出口,不负赔偿责任;如超过规定期限两个月仍未交付保险费,保险公司有权终止保单,已收的保险费概不退还。保险公司每个月按申报和报单簿明细表列明的费率,计算应交的保险费。保险费率如需调整,保险公司应书面通知建筑企业,通知发出后第二个月出口的货物,保险费按新费率计算。出口企业将信用证、非信用证出口业务全部投保,风险相对分散,保险费率较低;保险费率的厘定主要取决于进口国国家风险类别、支付方式和信用期限等。一般来说,进口国风险越低、支付方式的风险度越低、信用期限越短,保险费率就越低;反之,则越高。出口企业按约定方式向中国出口信用保险公司申报符合保险单承保范围的全部出口;中国出口信用保险公司每月或按约定时间根据出口企业申报的发票金额和保险单明细表列明的具体费率计收保险费。

建筑企业还需要注意的是,以下出口贸易合同不适用于投保出口信用保险:① 发货前或在劳务提供前,价款全部预付的出口合同;② 金额和付款期限不确定的出口合同;③ 不以货币结算的贸易合同;④ 违反我国或进口国法律的贸易合同;⑤ 投保人与其关联企业之间的交易合同不能办理商业风险的保险,但可办理政治风险保险。

3. 出口信用保险索赔要求及程序

建筑企业在出口工程贸易风险发生后便会向保险公司索赔,这也是建筑企业投保出口信用保险的主要目的。然而,在索赔中,建筑企业必须要了解一些必要的材料及程序,以便能够及时全额地获得赔偿。我们可以从中煤公司成功的索赔经验来说明最后进行索赔的要求以及程序。

建筑企业在提交出口发票申报时,须在一半账期到期前在信用保险通知中提交申报,并将加盖信保出口专用申报章的发票提交企管部核对。信用期限为零天的出口,应在提单日后三个工作日交至企管部(一般申请额度时按照 30 天申请)。如果发生变更或者迟申报应及时填写变更单或迟申报承诺书提交至企管部,以便企管部审核后提交信保公司及时处理变更手续,否则超出时效就无法正常投保,将会影响保险公司的索赔权利。

(1) 填报可损。可损即可能损失,是指保险合同约定的风险事件发生后,可能导致的建筑企业的损失。建筑企业获悉损失已经发生或引起损失的事件已经发生后,应在保险单规定时间内向保险公司填报可能损失通知书,告知保险公司已经发生可能引起损失的事件、造成损失的原因,建筑企业在保险事故发生后已经采取或准备采取何种措施减少损失等。建筑企业填报可能损失通知书并不代表向保险公司提交索赔申请,旨在把建筑企业获悉的风险信号通知保险公司,以便保险双方对可能发生的损失密切关注,携手采取措施控制风险,避免损失进一步扩大。建筑企业填报可能损失通知书的同时,还要向保险公司提供基本的贸易单证资料,如贸易合同(信用证)、商业发票、海运提单或其他运输单据、有海关验讫章的出口报关单、案情说明和贸易往来函电等。委托保险人调查追偿的,还需要签署委托代理协议。在建筑企业出货或完成工程项目之后,发包方(买方)已破产或无力偿付债务、发包方(买方)已提出拒绝收货及付款、发包方(买方)逾期两个月未付或未付清货款,或者发生保险公司承保的政治风险项下的事件,应在 10 天内向保险公司填报短期出口信用保险可能损失通知书。要清楚简述案情,并在赔偿等待期间,努力催收货款,密切与保险公司联系,及时告知追讨或处理的进程和结果。

(2) 索赔损失。在建筑企业收不到工程款或货款且追讨无效,保险条款规定的赔偿等待期届满时,应尽快以书面的形式向保险公司提出索赔,并填写短期出口信用保险索赔申请书,同时,齐全、真实地提供申请书列明的所需单证(包括贸易合同、提单、出口报关单、发票、装箱单、汇票、买卖双方往来函电、信用限额审批单、出口申报表和本公司要求的其他资料)。对建筑企业因发包方(买方)无力偿付债务所致损失的索赔,保险公司在证实发包方(买方)破产或丧失偿付能力后尽快赔付;对其他原因所致损失的索赔,保险公司在规定的赔偿等待期满后,尽快赔付。对发包方(买方)无力偿付债务引起的损失,如建筑企业未在发包方(买方)被宣告破产或丧失偿付能力后一个月内提出索赔,对其他原因引起的损失,如未在赔偿等待期满后两个月内提出索赔,又未提出充分理由,保险公司对建筑企业的索赔有权拒绝受理。

保险公司对保险责任范围内的损失,分别按保单明细表所列商业信用风险和政治风险所致损失的赔偿百分比赔偿,但赔偿以不超过本公司批准买方信用限额或被保险人自行掌握信用限额的上述百分比为限。

(3) 支付赔款与权益转让。保险公司确定赔偿责任、计算赔款后,向建筑企业签发赔付通知书,在建筑企业获悉保险公司的赔偿通知后,须出具赔款收据及权益转让书(中英文各一份)和中英文的追讨委托书。如果发包方(买方)逾期三个月未付或未付清货款,建筑企业在报"可能损失通知书"时同意委托保险公司先追讨,须提供该案的合同、提单、发票、贸易双方往来函电及中英文追讨委托书。

索赔简要程序如图 10-1 所示。

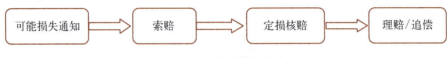

图 10-1 索赔简要程序

鉴于出口信用保险具有特殊性和保护性,以及国家层面的政策性,它对于我国涉外建筑企业的社会意义和作用是显而易见的。当涉外建筑企业遇到因各种原因造成的不能按时收取外汇货款情况的时候,作为保险人的出口信用保险公司会及时根据签订的相关保险合同赔付。只要建筑企业提供有效的证据,整个贸易过程中投保人都合理合法地进行贸易操作,那么保险公司就会根据具体赔付比例赔偿出口方的经济损失,有力帮助建筑企业避免因为货款的原因而遭受重大损失,进而影响企业正常运作。

(四) 工程索赔的谈判与诉讼

1. 法务会计的参与

企业应加强施工项目管理人员索赔观念和知识的培训,因工程索赔工作的开展非常复杂,需要跨越多个专业领域,所以企业还要针对建设项目培养专业、合格的索赔人员。对于任何工程项目来说,索赔人员都要具有超强的专业知识储备,才能够在遇到工程索赔问题时高效处理好相关事宜。因此,组建一个知识全面、经验丰富、人员稳定的索赔工作组是保障索赔成功的重要条件之一,该工作组应当由法务会计、相关领域专家、律所、会计师事务所等专业机构或人员共同参与。

2. 参与索赔谈判

法务会计参与索赔谈判,能够围绕双方共同关注的问题,把握谈判的要点。一方面,可以及时识破对方的意图和法律陷阱,避免己方遭受意外损失;另一方面,又能从大局出发,设计多种解决方案,避免在责任划分的问题上纠缠不清,以最有效的方式争取利益的最大化,推动索赔工作的成功。在谈判中,应掌握以下索赔技巧:① 分清主次。对于那些给承包商带来巨大损失的施工项目来说,承包商要坚决维护自己的权利不受到伤害,但是对于那些影响不大的索赔来说,适当地做出让步也是一种解决问题的好办法,对方在看到合作者的诚意后,才会更加积极主动配合索赔工作的开展。② 及时索赔。索赔问题出现后,承包商要在第一时间制定索赔计划,非必要时不要同时上报多个索赔项目,以免给索赔工作造成不必要的麻烦。③ 施加压力。承包商在开展索赔工作时,要采取友好协商的态度,假如业主对合理索赔置之不理,承包商就要适当地施加一些压力给业主,使业主及时转变自己的态度,使正当索赔工作的开展得以稳步推行。

3. 代理索赔仲裁或诉讼

对于涉及当事人重大经济利益的索赔事项,经与对方协商无法达成一致时,专业律师因为全过程参与了工程索赔,证据收集比较充分,可以根据法律、合同、索赔的难度和索赔成功的概率,建议当事人通过诉讼或仲裁解决纷争,要么自己代理参与诉讼或仲裁,要么在诉讼或仲裁中提供专业支撑。在这一阶段,专业律师所能发挥的作用是无可替代的,并且由于法务会计参与了工程索赔的全过程,在证据收集方面比较充分,案件胜诉的可能性明显加大。在仲裁或诉讼的过程中,应发挥专业索赔工作组的重要作用,即发挥法务会计、相关领域专家、律所、会计师事务所等专业机构的专业协同作用,力求降低工程索赔的法律风险。

工程索赔不仅常见,而且事关各方利益。所有工程参与方都必须重视工程索赔,了解工程索赔,将工程索赔贯彻于整个施工过程,提高工程管理水平。在索赔时,必须做到事实清楚、证据充分,根据实际情况选择最为合适的索赔方式,切实维护自身利益。

四、建设工程索赔法律风险及防范

(一) 工程索赔的法律风险类型

1. 证据不足

索赔证据的充足程度和真实性是索赔能否成功的关键,收集索赔证据是工程索赔中必须重视的重点环节。索赔证据一般包括:施工阶段的各项报告记录,如工程检查验收报告、施工过程中的气象资料、技术鉴定报告等;双方会议记录和往来信件;施工现场条件的原始数据和施工进度记录;施工设计原始图纸及各修订版本;纸质版和电子版的各种合同和协议;施工过程中原材料购买凭据;施工过程中人员工资支付凭据;市场行情资料及国家法律法规等。

在工程索赔的执行过程中,施工单位需要将阶段性的详细索赔报告上报给监理工程师,对各项索赔依据进行详细说明,如施工单位的损失金额、对施工造成的负面影响等。除此以外,还应将索赔报告抄送有关单位。在索赔完成后,施工单位需要将最终的索赔报告详细编辑,抄送给监理工程师和有关单位。最终索赔报告的内容包括以下五个方面:一是索赔申请表;二是施工单位的施工资质证明;三是工程索赔的成因和详细的索赔经过;四是索赔意向书的批复;五是相关附件,附件包括各种工程索赔的文件资料。

2. 损失金额难以确定或未计量

实践中,因设计变更、进度计划变更、施工条件变更或者发包方提出"新增工程"等工程变更导致建设工程的工程量或者质量标准发生变化的情况非常普遍。此时,发包人和承包人往往面对就如何结算工程价款达不成一致的局面。又如,情势变更、成本变动、通货膨胀及货币贬值等原因可能造成损失金额难以确定,甚至相关方可能并未对损失进行估计计量,最终导致工程索赔的难度加大,法律风险提升。因此,在工程造价变更导致的工程索赔事件出现时,除了寻求法务会计专业人员进行定审评估外,施工单位还需要对索赔金额进行合理计算。

在进行索赔金额计算时,最常用的方法是实际费用计算法,实际费用计算法是一种比较容易被对方接受的索赔金额计算方法。实际费用计算法的实施依据是工程造价变更导致的直接支出和在此基础上衍生出的直观损失,这种计算方式得到的计算结果简单明了又有现实依据,被索赔方很难驳回。在进行索赔金额申请时,必须以实际情况为准,狮子大开口的索赔行为是不可取的,无故对索赔金额进行夸大,旨在通过索赔获得经济利益,有可能导致正常的索赔无法得到认可,甚至会被对方抓住漏洞进行申诉。索赔金额的计算需要以现实情况为计算依据,有理有据地计算索赔金额。

3. 不同国别的法律适用风险

在境外工程承包合同中,适用法律选择的余地一般不是很大,一般是适用项目所在国法律。但由于受项目所在国法律的完善程度的制约,在项目实施过程中会遇到较多当地法律没有约定的情形,尤其以发展中国家为甚,而且不同国别对于工程索赔在法律适用上有较大差异,适用法律的风险在于过程中产生的分歧或争端无法可依的情形下给项目带来的不确定性。因此,要充分了解项目所在国法律,选择项目所在国、国际惯例、国际条约等相互结合的适用法律体系,才能有效防范适用法律风险。国际项目的普遍特点有:国际政治、经济影响因素权重明显增大;国际规范标准差异较大;国际竞争激烈且自相竞争严重;区域风险与国际问题等。

(二) 工程索赔成功的关键性因素

1. 良好的合同管理

对于承发包双方而言,合同是整个项目施工最为重要的基础和依据。无论是施工过程中的索赔还是工程完工后的索赔,其处理过程、解决方式、具体金额的计算方法等均应按照合同约定进行。合同管理与索赔工作密不可分,同时也是影响索赔成功与否的根本因素。对于任何一个有经验的发包人或承包人来说,从项目工程的招投标阶段开始,就应当仔细、深入地研读招标文件、投标文件、施工合同等一系列合同文本,并就其中涉及或可能涉及索赔的条款展开全面、具体的分析。即使采用标准合同文本,如FIDIC 合同范本、英国土木工程师学会(Institution of Civil Engineers, ICE)的 ICE 合同范本或新工程合同范本(New Engineering Contract, NCE)、美国建筑师协会(American Institute of Architect, AIA)合同范本或我国的建设工程施工合同示范文本,在工程项目的专用条款中,也必然会有一些专门的、特殊性的约定,而这些约定则可能对索赔起到决定性作用。以下条款尤其需要引起我们的重视。

(1) 与工程索赔直接相关的条款。实践中,大部分工程招标文件或者施工合同中均包含索赔条款,当合同约定的索赔情形出现时,承发包双方即可直接根据该等条款向对方索赔。但在一些特殊的工程招标文件或施工合同中,根本没有任何索赔条款,甚至还列入了一些免责条款,这是由于当前的建设市场向发包人倾斜较为严重,发包人在建设施工合同关系中往往处于优势地位,在合同具体条款的拟定上主导性很强,从而在招标文件或施工合同中加入大量加重对方责任或减免己方责任的条款,使承包人的索赔工作极为艰难。在此情形下,如果承包人在工程投标或签订施工合同时没有对该类条款进行全面、深入的分析和研究,在投标报价中就可能忽略对此类风险的考虑,一旦在工程实施过程中无法进行有效索赔,就可能造成巨额亏损。

(2) 其他重要条款。除了前述与工程索赔直接相关的条款外,承发包双方对于投招标文件以及施工合同中列明的其他重要条款也不应忽视,如双方关于工期、质量、工程变更、结算程序及方式的约定等,此类条款虽然没有直接约定索赔的条件或方式,但也是索赔的重要依据,无论发包人还是承包人对此类条款均应熟知。

2. 证据的收集与管理

证据是决定索赔成败的基础,没有证据或证据不足,索赔均难以成功。索赔证据的收集和整理需要经过细致的准备,如果没有确实的索赔证据,即使抓住了合同履行过程中的索赔机会,也会因证据不充分而使索赔要求无法实现或索赔金额大打折扣。在合同履行过程中必须完善相关文件资料的管理制度,保证各类资料的完整性,以备索赔时提供证据所需。

3. 专业人士的介入

索赔工作虽属于合同管理的范畴,但却涉及工程技术经济管理、财会公关和法律法规等众多专业知识,整个索赔过程也较为复杂。从我国目前的现实情况来看,大多数发包人和承包人单位都没有系统的索赔管理体系,也没有专业的索赔人员,其索赔工作一般由项目管理人员负责,而实践中真正懂得索赔知识、具备丰富索赔经验的管理人员并不多见,这就造成了合同一方虽然客观上遭受了极大损失,却又无法有效进行索赔的不利局面。如果没有专业人士的介入,也就很难形成前文提及的良好的合同管理以及证据的收集与管理。换言之,即便具备了前述的条件,没有专业人士或专业机构具体实施和开展索赔工作,索赔目的在很大程度上也将难以实现。

4. 灵活的索赔策略

工程索赔需要讲究策略,要在索赔的过程中表现出一定的艺术性和灵活性,从客观实际和大局出发,尽量以双方均能接受的方式解决问题,以提高索赔的成功率。索赔的策略性主要体现在两个方面。一是应着眼于重大索赔。对于索赔额高、影响面广的事件,索赔双方都十分重视,因此应作为索赔工作的重点。对某些小额索赔可以适当放弃,但需要及时向对方发出谅解通知,以表达友好合作的诚意。这样做不仅能维系相互间的友谊,也会使重大索赔的解决变得更为容易。二是合理让步。索赔解决过程中常常会出现争执,而让步是解决争执的主要策略之一。让步是为能达到索赔目标、获得整体利益而做出的局部牺牲。

上述四个方面即影响索赔成功的关键性因素。其中,良好的合同管理是索赔成功的根本,证据的收集与管理是索赔成功的基础,专业人士的介入是索赔成功的助推器,灵活的索赔策略是索赔成功的润滑剂。只有做到这四个方面,才能最大限度地实现索赔目的,维护利益受损方的合法权益。

复习思考题

1. 如何理解工程索赔的重要性及其意义?
2. 工程索赔的法律风险有哪些?如何防范该法律风险?
3. 法务会计在工程索赔中如何发挥作用?
4. 工程索赔与违约责任的联系与区别何在?
5. 如何理解出口信用保险对涉外建筑企业的意义?

第十一章　上市公司财务舞弊法务会计分析

一、基本理论

（一）舞弊的概念

1. 舞弊的定义

《中国注册会计师审计准则第1141号——财务报表审计中与舞弊相关的责任》中认为，舞弊是指被审计单位的管理层、治理层、员工或第三方使用欺骗手段获取不当或非法利益的故意行为。《第2204号内部审计具体准则——对舞弊行为进行检查和报告》中对舞弊的定义是：组织内、外人员采用欺骗等违法违规手段，损害或者谋取组织利益，同时可能为个人带来不正当利益的行为。

2. 舞弊的类型

理论界对于舞弊的类型基于不同的角度也有所不同，主要可以分为三类。

（1）按照舞弊人员在企业中的级别，分为雇员舞弊和管理舞弊。雇员舞弊是指公司的内部雇员（除高级管理层）利用职务之便或内部控制制度中的缺陷，以欺骗性手段非法获取单位资产或其他个人利益的行为。管理舞弊是指公司管理层蓄谋、策划的舞弊行为。它主要通过粉饰或发布误导性的财务报告来欺骗投资者、债权人、政府等其他外部利益相关者。

（2）按照舞弊的性质，分为组织舞弊和职务舞弊。组织舞弊是指组织进行的损害外部利益集团的舞弊行为，如偷税漏税、发布虚假财务信息等，一般就性质而言属于管理舞弊。常见的方式为编制虚假财务报告。

职务舞弊是指组织内员工利用职务之便针对组织自身或组织外部的舞弊，如贪污、挪用公司资产等，不仅包含一般员工还可能包括企业管理层，属于谋取个人利益而损害公司利益的行为。常见方式一般为侵占公司资产，也会涉及编制虚假财务报告。

（3）按照舞弊者与企业的关系，分为内部舞弊和外部舞弊。内部舞弊主要是由企业内部人员（包括内部管理者或其他人员）通过业务操作、行使管理职责等从事的舞弊。外部舞弊主要是由企业外部利益相关者（如供应商、零售商、分销商、承包商等）通过多开账单、重复保障或以次充好替代等手法从事欺瞒企业的行为。

（二）上市公司财务舞弊的常见方式

1. 关联方交易舞弊

关联方交易是指企业与其关联方之间发生的交易行为，由于交易双方的特殊关系，一定程度上可以达到降低交易成本、实现集团利益最大化的结果,因而是集团内部常见的交易方式。然而,并不是所有的关联方交易都会导致关联方交易舞弊,很多关联方交易是在企业正常经营过程中发生的,是正常、合法、必然的交易行为。但是在某些情况下,由于关联方之间的特殊关系、交易的隐秘性以及相关业务处理的不确定性,关联方交易成为上市公司舞弊的高发领域,因而也是注册会计师审计中重点关注的领域。

关联方交易舞弊是指管理层利用关联方交易掩饰亏损,虚构利润,并且未在报表及附注中按规定做恰当、充分的披露,由此生成的信息将会对报表使用者产生重大误导的一种舞弊方法。《企业会计准则第 36 号——关联方披露》中指出,关联方交易的类型通常包括下列各项:购买或销售商品;购买或销售商品以外的其他资产;提供或接受劳务;担保;提供资金(贷款或股权投资);租赁;代理;研究与开发项目的转移;许可协议;代表企业或由企业代表另一方进行债务结算;关键管理人员薪酬。通常上市公司会采用以下四种关联交易来进行财务舞弊。

(1)购销业务舞弊。关联方购销业务舞弊主要是指利用关联方关系,在关联销售、关联采购两方面进行舞弊行为。《企业会计准则第 33 号——合并财务报表》指出:上市公司编制合并报表时,与其子公司之间发生的购销业务需要予以抵销;而上市公司与其母公司或者其他非纳入合并的关联方之间的交易虽然无须纳入合并报表范围进行合并抵销,但需要在财务报表附注中进行详尽披露,通常涉及关联方关系、交易价格、交易方式、支付方式等。上市公司关联方购销业务中,如果关联方交易价格不公允,甚至虚构关联交易,容易造成关联利益输送,粉饰报表数据,导致财务信息失真。

(2)资金往来舞弊。资金往来包括以现金或实物形式提供的贷款或权益性资金。资金往来舞弊通常是关联方变相的资金拆借行为导致的舞弊。企业利用闲置的资金按照一定的价格让渡给其关联企业使用,一方面有助于提高资金的使用效率,协调内部资金短缺问题,另一方面可能通过变相约定资金占用费,进行利润调节、虚假出资、偷税漏税或其他损害企业利益的行为。

(3)受托经营舞弊。受托经营舞弊是指管理层利用我国目前缺乏受托经营法规的制度缺陷,采用托管经营的方式服务于公司的利润操纵,成为财务舞弊的一种新方法。常见的舞弊方式主要有:上市公司将不良资产委托给关联方经营,通过协议价格收取回报,而托管方通常只收取低额费用。这样上市公司不仅避免了直接管理不良资产产生的亏损,还可以通过协议凭空获得一笔高额的利润。这笔利润又常常是挂在往来账上的,没有真正的现金流入,因而只是一种虚假的"报表利润";同样,上市公司的关联方还可以将获利能力较强的资产,以较低的协议价格委托上市公司经营,从而虚构上市公司客户的经营业绩。

(4)费用分担舞弊。费用分担舞弊是指上市公司通过操纵与关联方之间应各自分摊的销售和管理费用,实现调节利润目的的舞弊。在上市公司和集团公司之间存在着管理和被管理、服务和被服务的客观事实,存在费用支付和分摊的协议,这往往成为上市公司调节利润的手段。当上市公司的利润不佳时,集团公司可以通过调低缴纳费用的标准、代替上市公司承担各项费用,甚至返还以前年度缴纳的费用等,"人为"调增上市公司的利润。

2. 资产重组舞弊

资产重组在理论界并没有权威性的定义。在证券市场中,资产重组主要是指并购、股权转让、债务重组、资产置换、资产剥离等重组活动。资产重组可以提高资产质量,优化资源配置,促进产业结构调整,是证券市场高速发展的必然现象。资产重组为上市公司改善业绩提供了可能,但资产重组中由于信息不够公开透明,利用重组粉饰财务报表、内幕、关联交易舞弊问题频发,也使得上市公司资产重组成为舞弊的重灾区。下面主要讨论利用并购和债务重组粉饰财务业绩的两种舞弊方式。

(1) 并购舞弊。企业并购主要是指合并和收购,是公司控制权扩张的行为。并购舞弊则是指通过操纵并购日期、交易内容和会计方法的选用,达到虚增利润目的的舞弊方法。

对于并购的会计处理有购买法和权益结合法两种。在购买法下,只有购买日以后被并购公司实现的利润才能纳入收购公司本期利润,尽管财政部曾在《股份有限公司会计制度——会计科目和会计报表》(1998年发布,2003年失效)的补充规定中对购买日的确定做出了规定,但在实务中,如何确定购买日仍然具有弹性。合并报表的编制要求企业应当将所有控制的子公司纳入合并范围,但实务中,哪些纳入合并、哪些不纳入合并成为关键。部分企业通过调整持股比例、在临近资产负债表日时突击购买等,达到操纵利润的目的。在权益结合法下,被合并企业的资产和负债继续按原来的账面价值记录,只要对合并后的资产进行出售,就可以实现被合并企业中被低估的资产通过出售获得收益的增长,进行利润的操纵。

对于合并商誉的处理也是企业合并财务舞弊的高发区。企业合并购买法下,需要在购买日对被购买企业的资产和负债项目重新估价,确定其公允价值,购买成本减去被购买企业净资产的公允价值可以得到合并商誉。因此,通过高估被收购资产、低估被收购的负债,可能造成高额的商誉。现行会计准则对合并商誉的处理仅需要定期进行减值测试,并不要求进行摊销,因而对商誉金额的确认存在很大的可操纵性。例如,在业绩较差时对商誉进行巨额冲销,从而为以后年度的盈利做铺垫。

(2) 债务重组舞弊。债务重组是指在不改变交易对手方的情况下,经债权人和债务人协定或法院裁定,就清偿债务的时间、金额或方式等重新达成协议的交易。债务重组舞弊是指管理层利用债务重组中产生的收益对利润进行调节的一种舞弊行为。

《企业会计准则第12号——债务重组》修订前将债务重组收益计入非经常性损益。上市公司将确认的大额债务重组收益计入营业外收入,进行利润操纵,粉饰财务报表数据,达到避免退市的目的等。债务重组舞弊也可能通过关联方交易,利用关联方之间的受托经营、交易定价的不公允性等进行利润操纵。2019年,财政部颁布修订后的债务重组准则,对债务人的账务处理做出了调整,一定程度上对财务舞弊起到了一定抑制作用,但还是存在着利润操纵的空间。

3. 与管理层、监管机构串通、政府协助舞弊

上市公司管理层包括总经理、财务总监、董事会成员、监事会成员等。管理层与企业财务人员串通进行财务造假,对企业正常经济业务进行错报、漏报,提供虚假、不完整的财务信息,使得上市公司财务信息使用者遭受损失。

上市公司的监管机构串通舞弊涉及会计师事务所、券商、律师事务所等。与会计师事务所串通舞弊主要是通过出具虚假的审计报告，虚假审计使得上市公司财务报告信息失真。部分地方政府为了扶持本地上市公司且出于业绩的驱使，越权给予上市公司不当的政策，而上市公司凭借地方政府的援助达到操纵利润的目的。地方政府援助的主要形式有税收优惠和财政补贴两种。

（1）税收优惠。税收优惠是指国家为了经济发展需要，在税法中贯彻产业政策、区域政策、财政政策等一系列国家政策的具体的税收措施，具有很强的政策导向作用。正确制定并运用这种措施，可以很好地发挥税收的调节功能，促进国民经济的健康发展。税法明确规定，除税法规定的减免税项目外，地方政府无权再减免。但为了扶持上市公司，许多地方政府相互比照，越权给上市公司税收返还政策，使得很多上市公司实际所得税税率甚至比15％还要低。

（2）财政补贴。当上市公司经济不佳、亏损甚至面临"摘牌"危机时，地方政府通常会越权、违规通过提供财政补贴的形式（如资产优惠、特殊项目补贴等）巧立名目，虚增企业利润，粉饰财务报表，或帮助企业度过"摘牌"危机。这些补贴往往数额巨大，而且缺乏正当理由。

4. 利用不当或随意变更会计政策和会计估计舞弊

会计政策是指企业在会计确认、计量和报告中所采用的原则、基础和会计处理方法。会计估计是指企业对结果不确定的交易或者事项，以最近可利用的信息为基础做出的判断。管理层常常通过选用不恰当的会计政策和会计估计等方法操纵利润。

对同一交易或事项往往有多种可供选择的会计处理方法，加上我国的具体会计准则多是原则导向，不可能涉及企业核算的方方面面，因而很多上市公司就利用会计政策和会计估计的选择来操纵利润，粉饰经营业绩。实务中，上市公司常利用借款费用、股权投资、合并政策的选择以及收入费用的确认方法的选择等，操纵公司利润。

同样，会计政策和会计估计的随意变更也容易引起财务信息失真，存在舞弊嫌疑。为保证会计信息的可比性，一般情况下，企业采用的会计政策，在每一会计期间和前后各期应当保持一致，不得随意变更。部分企业会利用会计政策的随意变更，通过不同时期采用不同的会计政策达到利润调节的目的，如存货发出计价方法的变更。会计估计也是如此，不得随便变更。

同时，会计准则也规定，当企业据以进行估计的基础发生了变化，或者取得新信息、积累更多经验以及后来的发展发生变化，可能需要对会计估计进行修订。至于如何根据实际变化进行具体调整，准则并没有涉及，往往需要从业人员运用职业判断和经验，具有较强的主观性。因此，会计估计变更也更加具有可操纵性，容易被用来粉饰财务报表。

5. 掩饰交易事项或事实舞弊

掩饰交易事项或事实舞弊是指上市公司通过利用会计报表项目掩饰交易或事实真相，或者未能在报表附注中完全披露交易真相的一种欺诈方法。"其他应收款"和"其他应付款"常被认为是财务报表中的"垃圾桶"和"利润调节器"。

管理层常常利用这两个报表项目操纵公司利润。"其他应收款"项目中常常涉及的款项包括管理层挪用的资金挂账、已经支付但未取得发票的费用、失败的投资或其他长期无法收回的款项等,都是隐藏潜亏的"垃圾桶",需要从"其他应收款"这个资产的报表项目中还原出来,否则存在高估资产、低估费用,进而高估利润的嫌疑。"其他应付款"则常常是调节各期收入和利润的"调节器",计入其他应付款中的款项,已经满足收入确认条件却不结转,长期挂账,待日后收入不佳时再进行结转。通过"其他应付款"这个项目隐瞒收入,截留利润,起到调节收入和利润的作用。未能在报表附注中完全披露交易主要是指未按照企业会计准则的要求在财务报表附注中披露的事项。常见的造假手段包括隐瞒或者延迟披露诉讼、承诺事项、关联方关系、关联方资金占用、担保事项等,造成财务虚假。

二、案例援引

案例一

顾华骏、刘淑君等投资者诉康美药业股份有限公司证券虚假陈述责任纠纷特别代表人诉讼案[①]

【基本案情】

康美药业成立于 1997 年,于 2001 年在上海证券交易所上市(600518.SH)。公司以中药饮片生产、销售为核心,实施中医药全产业链一体化运营模式。2018 年 10 月 15 日晚,初善君在微信公众号"初善投资"发布文章《康美药业究竟有没有谎言》,对康美药业货币资金的真实性等提出了质疑,认为其造假特征明显,并建议投资者小心。10 月 16 日,微信公众号"市值相对论"发布《千亿康美药业闪崩!大存大贷大现金大质押哪个是坑?》的文章,文中指出康美药业的高存款、高负债、高比例质押和中药材贸易毛利高的问题,质疑康美药业财务造假。文章被众多媒体转载,引发了激烈的讨论。10 月 16 日当日,康美药业股票盘中一度触及跌停,收盘跌幅 5.97%,此后连续三日以跌停价收盘,而同期上证指数跌幅仅为 0.69%。2018 年 12 月 28 日,康美药业收到中国证监会《调查通知书》(粤证调查通字 180199 号),对康美药业立案调查,并要求其全面配合。

2019 年 4 月 30 日,康美药业发布前期会计差错更正的公告,公告指出经过企业自查,康美药业营业收入、营业成本、费用及款项收付方面存在账实不符的情况,对 2017 年财务报表进行重述。公告指出公司在采购付款、工程款支付、收入成本确认等方面存在账务错误,造成应收账款少计 6.41 亿元,存货少计 195.46 亿元,在建工程少计 6.32 亿元,货币资金多计 299.44 亿元,营业收入多计 88.98 亿元,营业成本多计 76.62 亿元等。同日,康美药业还发布了董事、副总经理、董事会审计委员

[①] 广州市中级人民法院(2021)粤 01 民初 726 号民事判决书。

会委员兼董事会秘书邱锡伟先生辞职,原证券事务代表温少生,工作内容调整,变更证券事务代表的公告。

2019年5月17日,中国证监会通报康美药业案调查进展,已初步查明,康美药业披露的2016—2018年财务报告存在重大虚假,涉嫌违反《证券法》第63条①等相关规定。5月21日,康美药业股票交易被实施风险警示,变成"ST康美"。2019年8月16日,证监会对康美药业等作出处罚及禁入告知《行政处罚及市场禁入事先告知书》(处罚字〔2019〕119号)。2020年5月14日,证监会对康美药业作出正式处罚及禁入决定《行政处罚决定书》(〔2020〕24号)及《市场禁入决定书》(〔2020〕6号)。经查明,康美药业存在以下违法事实:2016—2018年,虚增营业收入、利息收入及营业利润;通过财务不记账、虚假记账,伪造、变造大额定期存单或银行对账单,配合营业收入造假伪造销售回款等方式,虚增货币资金;康美药业在《2018年年度报告》中将前期未纳入报表的亳州华佗国际中药城、普宁中药城、普宁中药城中医馆、亳州新世界、甘肃陇西中药城、玉林中药产业园等六个工程项目纳入表内,虚增固定资产、在建工程、投资性房地产项目的金额。处罚决定书中还查明,在《2016年年度报告》《2017年年度报告》《2018年年度报告》中未按规定披露控股股东及其关联方非经营性占用资金的关联交易情况,存在重大遗漏,2016年1月1日—2018年12月31日,康美药业在未经过决策审批或授权程序的情况下,累计向控股股东及其关联方提供非经营性资金11 619 130 802.74元用于购买股票、替控股股东及其关联方偿还融资本息、垫付解质押款或支付收购溢价款等用途。证监会同时披露了董事、监事和高级管理人员在相关会议中的履职情况,认定了康美药业造假案件中涉案人员的违法事实,作出了警告并罚款以及证券市场禁入措施的判决。同时,证监会已将康美药业及相关人员涉嫌犯罪行为的移送司法机关。

2020年12月31日,顾某某、刘某某经11名原告共同推选为拟任代表人,就康美药业证券虚假陈述责任纠纷提起普通代表人诉讼,要求康美药业、马某某、许某某等22名被告赔偿其投资损失。

2021年2月18日,证监会作出对康美药业审计机构正中珠江的《行政处罚决定书》(〔2021〕11号)。因正中珠江出具的康美药业2016—2018年年度审计报告存在虚假记载,未勤勉尽责,审计程序存在重大缺陷,证监会决定对正中珠江责令改正,罚没5 700万元,并对时任年审注册会计师杨某某、张某某、刘某、苏某升予以警告和罚款的决定。2021年3月30日,原告申请追加正中珠江等五名当事人为本案被告,请求判令其与前述22名被告承担连带赔偿责任。

2021年4月8日,中证中小投资者服务中心有限责任公司(以下简称投服中心)受56名投资者的特别授权,申请作为代表人参加诉讼。经最高人民法院指定管辖,广东省广州市中级人民法院适用特别代表人诉讼程序审理该案。广州中院查明,康美药业披露的财报中存在虚增营业收入、货币资金等情况,正中珠江会计出

---

① 此处适用的是2014年修正版《证券法》,该法后于2019年进行了修订。

具的审计报告存在虚假记载。经专业机构评估,损失测算后受损投资者 52 037 名,扣除系统风险后投资者实际损失为 24.59 亿元。广州中院认为,康美药业进行虚假陈述,造成了投资者投资损失,应承担赔偿责任。马某某、许某某等组织策划财务造假,正中珠江会计及相关审计人员违反执业准则,均应对投资者损失承担全部连带赔偿责任。康美药业部分董事、监事、高级管理人员虽未直接参与造假,但签字确认财务报告真实性,应根据过失大小分别在投资者损失的 20%、10% 及 5% 范围内承担连带赔偿责任。2021 年 11 月 12 日,广州中院作出相应判决,判决康美药业及相关责任人向 52 037 名投资者,共计赔偿 24.6 亿元。宣判后当事人均未上诉,判决已发生法律效力。

【案件焦点】

1. 案涉虚假陈述行为的揭露日的认定。
2. 投资损失的确定。
3. 公司高管、独立董事及正中珠江是否承担连带责任,连带责任比例应如何认定。

【裁判要旨】

1. 关于案涉虚假陈述行为的揭露日

由于在揭露日之后购入康美药业股票的投资者将不被认定索赔资格,因而它决定了赔付范围与金额。尽管自媒体不具备官媒等传统媒体的权威性,但投服中心陈述的首次性、相关性、警示性理由被法院认可,将 2018 年 10 月 16 日作为虚假陈述行为的揭露日,即微信公众号"市值相对论"发布《千亿康美药业闪崩!大存大贷大现金大质押哪个是坑?》首次大规模对康美药业财务造假质疑与曝光的时间。

2. 关于投资损失的确定

超过 5 万名原告诉请的损失赔偿金额共计 48.66 亿元,但法院在判决中只支持了其中 24.59 亿元。法院认为,其中部分损失是证券市场的系统性风险所致,与诉讼案期间市场大盘熊市造成 A 股股价整体下跌有关,难以充分认定系康美造假所致。并且,关于系统性风险与非系统性风险的区分较为困难,现阶段对于此方面的测算研究较为薄弱,只能对举证充分事项进行判决。

3. 关于连带责任

2019 年修订版《证券法》第 85 条规定:"信息披露义务人未按照规定披露信息,或者公告的证券发行文件、定期报告、临时报告及其他信息披露资料存在虚假记载、误导性陈述或者重大遗漏,致使投资者在证券交易中遭受损失的,信息披露义务人应当承担赔偿责任;发行人的控股股东、实际控制人、董事、监事、高级管理人员和其他直接责任人员以及保荐人、承销的证券公司及其直接责任人员,应当与发行人承担连带赔偿责任,但是能够证明自己没有过错的除外。"但这并不意味着,所有有过错的信息披露义务人对投资者的全部损失均必须承担 100% 的连带赔偿责任。基于权责一致、罚过相当的原则,信息披露义务人应当按照其过错类型、在虚假陈述行为中所起的作用大小,承担相应的赔偿责任。其中,实际控制人与接受其指派直接参与虚假陈述行为的董事、监事、高级管理人员之间存在意思联络,属于意思关联共同的主观共同侵权,应当对投资者的全部损失承担连带赔偿责任;其他未尽勤勉义务的董事、监事、高级管理人员,则只应当根据其过错程度,承担部分赔偿责任。

【案件评析】

2020年3月,2019年修订版《证券法》正式实施,该法首次明确了注册制的法律地位,并专门设立了"投资者保护"一章,明确规定建立代表人诉讼制度,是中国证券集体诉讼的纲领性法律法规。2020年7月,《最高人民法院关于证券纠纷代表人诉讼若干问题的规定》(法释〔2020〕5号)颁布,以四个章节的42条规定细化了代表人诉讼制度的实施细节。本案是首例采用特别代表人诉讼方式进行的证券虚假陈述责任纠纷案件,标志着以投资者"默示加入、明示退出"为特色的中国式集体诉讼司法实践成功落地,对于增强市场各方的敬畏之心,共同营造良好市场生态具有积极意义。

案例二

王放与五洋建设集团股份有限公司、陈志樟证券虚假陈述责任纠纷案①

【基本案情】

2015年8月10日,五洋建设发布《公开发行2015年公司债券(第一期)募集说明书(面向合格投资者)》。募集说明书载明:本次债券信用等级为AA级;截至2015年3月31日,五洋建设净资产为37.12亿元(合并报表中股东权益合计),最近三个会计年度实现的年均可分配利润分别为1.45亿元、1.87亿元和1.99亿元,三年平均为1.77亿元,预计不少于本次债券一年的利息;本次公司债券发行募集总额未超过发行人最近一期净资产的40%,符合发行公司债的相关法律规定。起息日为2015年8月14日,付息日为2016—2018年每年的8月14日。发行人承诺按照本期债券募集说明书约定的还本付息安排向债券持有人支付本期债券利息及兑付本期债券本金,若发行人不能按时支付本期债券利息或本期债券到期不能兑付本金,对于逾期未付的利息或本金,发行人将根据逾期天数按债券票面利率向债券持有人支付逾期利息;按照该未付利息对应本期债券的票面利率另计利息(单利);偿还本金发生逾期的,逾期未付的本金金额自本金支付日起,按照该未付本金对应本期债券的票面利率计算利息(单利)。募集资金用于偿还银行贷款以及补充营运资金。

募集说明书"发行人、中介机构及相关人员声明"中,德邦证券声明:"本公司已

---

① 浙江省杭州市中级人民法院(2020)浙01民初1691号民事判决书。

对募集说明书及其摘要进行了核查,确认不存在虚假记载、误导性陈述或重大遗漏,并对其真实性、准确性和完整性承担相应的法律责任。"大信会计、锦天城律所、大公国际均声明:已阅读募集说明书及其摘要,确认募集说明书及其摘要与其出具的报告、意见书不存在矛盾,对发行人在募集说明书及其摘要中引用的报告、意见书的内容无异议,确认募集说明书不致因所引用内容而出现虚假记载、误导性陈述或重大遗漏,并对其真实性、准确性和完整性承担相应的法律责任。

五洋建设发布《公开发行2015年公司债券(第二期)募集说明书(面向合格投资者)》,载明德邦证券为主承销商/债券受托管理人。除第二期发行总额、利率、起付息日等内容和第一期不一致外,其余内容基本一致。2015年8月17日和9月14日,五洋建设、德邦证券公布五洋建设公司债券发行结果,五洋建设获准向合格投资者公开发行面值不超过13.6亿元的公司债券。第一期债券证券简称"15五洋债",实际发行规模为8亿元,最终票面利率为7.48%;第二期债券证券简称"15五洋02",实际发行规模为5.6亿元,最终票面利率为7.8%;以上两期债券发行价格均为每张100元。

2016年4月27日,上海证券交易所对五洋建设作出纪律处分决定书(〔2016〕23号),对五洋建设予以通报批评:五洋建设在本次债券存续过程中,存在募集资金使用管理不规范、募集资金专户管理不到位的违规行为。公司在实际收到募集资金后,将其中的10.48亿元划往非关联公司浙江国通物资有限公司进行过账,之后上述款项中的3.58亿元和4.01亿元先后划入公司实际控制人陈某某控制的企业五洋控股有限公司的银行账户。此外,五洋建设还存在募集说明书中未决诉讼披露不完整的问题。2016年7月6日,浙江证监局因五洋建设公司债券募集资金实际使用情况与募集说明书不一致,对受托管理人德邦证券出具警示函。"15五洋债""15五洋02"债券于2016年12月28日开始停牌,原因为重大事项未公告。2016年12月28日,德邦证券发布《关于提示"15五洋债"及"15五洋02"有关风险的受托管理事务报告》,载明五洋建设于2016年12月被列入全国法院失信被执行人名单,但五洋建设并未就有关情况进行披露。2017年7月6日,五洋债券复牌交易。2017年7月17日,五洋建设发布《2015年公司债券2017年是否上调本期债券票面利率以及上调幅度公告》,载明:五洋建设决定上调本期债券票面利率至7.78%,票面利率上调期限为2017年8月14日—2018年8月13日。2017年8月11日,五洋建设发布《关于收到中国证券监督管理委员会调查通知书的公告》,称"因公司涉嫌违反证券法律法规,中国证监会决定进行立案调查","15五洋债""15五洋02"债券于当日停牌至今。2017年8月14日,五洋建设发布《关于"15五洋债"无法按时兑付本息的公告》,宣布五洋建设不能于2017年8月14日按期足额支付利息及回售款项,本期债券构成违约。2017年8月22日,德邦证券发布《关于宣布"15五洋债02"债券本息立即到期应付的公告》,宣布"15五洋02"所有未偿还债券的本金和相应利息于2017年8月22日立即到期应付,五洋建设应立即足额兑付"15五洋02"所有未偿付债券的本金和支付相应利息。2018年1月19日,五洋建设发布公告称,其于2018年1月17日收到中国证监会《行政处罚事先告知书》[处罚字(2018)3号],告知五洋建设涉嫌主要违法事实如下:① 以虚假申报文件骗取公开发行公司债券核准。2012—2014年度的财务报表违反会计准则,通过虚减企业应收账款和应付账款,少计提坏账准备、多计利润。2015年7月,五洋建设在自身最近三年平均利润不足以支付公司债券一年的利息,不具备发行条件的情况下,骗取公司债券公开发行许可,并最终于2015年8月和2015年9月分别公开发行公司债券8亿元和5.6亿元,共计13.6亿元。② 非公开发行公司债券披露的文件存在虚假记载。

2018年7月6日,中国证监会〔2018〕54号行政处罚决定书对五洋建设、陈某某作出处罚,认定当事人存在以下违法事实:五洋建设以虚假申报文件骗取公开发行公司债券核准。五洋建设在编制用于公开发行公司债券的2012—2014年年度财务报表时,违反会计准则,通过将所承建工程项目应收账款和应付款项"对抵"的方式,同时虚减企业应收账款和应付账款,导致上述年度少计提坏账准备、多计利润。通过以上方式,五洋建设2012—2014年年度虚增净利润分别不少于3 052.27万元、6 492.71万元和15 505.47万元。2015年7月,五洋建设在自身最近三年平均可分配利润不多于9 359.68万元,不足以支付公司债券一年的利息(10 352万元),不具备公司债券公开发行条件的情况下,以通过上述财务处理方式编制的2012—2014年年度虚假财务报表申请公开发行公司债券,于2015年7月骗取中国证监会的公司债券公开发行审核许可,并最终于2015年8月和2015年9月两期向合格投资者公开发行公司债券,构成《证券法》第189条第1款所述"发行人不符合发行条件,以欺骗手段骗取发行核准"的行为①。

德邦证券于2018年9月7日发布《关于收到中国证券监督管理委员会浙江监管局调查通知书的公告》,调查通知书的主要内容为德邦证券在五洋建设债券承销过程中涉嫌违反证券法律法规。2019年1月22日,中国证监会〔2019〕6号行政处罚决定书对大信会计作出处罚,认定当事人存在以下违法事实:五洋建设应收账款与应付账款"对抵"的处理对其财务报表相关科目的影响金额远远超出了大信会计2013年及2014年财务报表整体层面实际执行的重要性水平,而大信会计在未获取充分、适当的审计证据加以验证的前提下,即认可了五洋建设关于应收账款和应付账款"对抵"的账务处理。此外,大信会计在得知审计报告用于五洋建设发债目的时,未按照其制定的《审计业务项目分类管理暂行办法》(2013年)的规定将该项目风险级别从C类调整为风险程度更高的B类并追加相应的审计程序。大信会计在审计时未获取充分、适当的审计证据,为五洋建设出具了标准无保留意见的审计报告,出具的审计报告存在虚假记载。

2019年11月11日,中国证监会〔2019〕121号行政处罚决定书对德邦证券作出处罚,认定德邦证券存在以下三个方面违法事实。

---

① 此处引用的为2014年版《证券法》,后已于2019年修订。

(1) 德邦证券未充分核查五洋建设应收账款问题。截至2015年第一季度,五洋建设应收账款数额为300 329.65万元,占资产总额的比重为30.51%。根据德邦证券的工作底稿,德邦证券质控内核初审意见认为应收账款在资产总额中占比较高,并提请内核委员会及项目组关注应收账款回收风险问题。根据德邦证券的核查意见,"内部核查部门和内核委员会关注的主要问题及其落实情况"第一条为"请说明截至目前主要项目的结算情况,是否与合同约定相符,应收账款是否存在回收风险,存货是否存在减值风险"。项目组成员未实际查阅有关明细材料,未充分调查企业的应收款项形成原因、收回的可能性等,仅根据对发行人的问询,回复内部核查部门及内核委员会五洋建设应收账款回收风险较小。

(2) 德邦证券对于投资性房地产未充分履行核查程序。五洋建设为申请公开发行提交的债券募集说明书列示的合并财务报表显示,截至2015年3月31日,投资性房地产38.93亿元,占总资产的比例为39.55%。根据德邦证券提供的工作底稿,德邦证券质控内核初审意见提请内核委员会及项目组关注,投资性房地产在发行人资产中占比较高,并要求项目组说明投资性房地产的具体内容及位置、经营情况、公允价值确定依据、目前的市场价值。根据德邦证券的核查意见,"内部核查部门和内核委员会关注的主要问题及其落实情况"第五条为"请说明投资性房地产的具体内容及位置、经营情况、公允价值确定依据、目前的市场价值"。对此项目组答复"所有的投资性房地产均取得了这些评估报告"。事实上,项目组并未获取五洋建设所有投资性房地产的资产评估报告,而且东舜百货大厦和华联商厦两处投资性房地产入账依据为房地产价值咨询报告,而非资产评估报告。

(3) 德邦证券未将沈阳五洲公司投资性房地产出售问题写入核查意见。相关邮件记录及询问笔录显示,德邦证券项目组成员知悉2015年五洋建设控股子公司沈阳五洲公司已与沈阳出版发行集团有限公司签订协议,将东舜百货大厦以大幅低于公允价值的价格对其出售,可能会对五洋建设产生重要影响,但德邦证券未依照《公开发行证券的公司信息披露内容与格式准则第24号——公开发行债券申请文件(2015年修订)》附录第三章3—1(5)的要求将此写入核查意见。

德邦证券制定《固定收益部公司债券业务尽职调查工作规程》,其中第10条规定尽职调查的内容,包括发行人财务状况和风险调查,包括资产状况、负债及权益状况、盈利状况、发行人流动性指标、效率指标、财务杠杆指标和盈利能力指标等。五洋建设和德邦证券签订《五洋建设集团股份有限公司2015年公司债券承销协议》,聘用德邦证券作为主承销商,负责以余额包销的方式承销本次债券。德邦证券为此开展尽职调查,形成《五洋建设集团股份有限公司2015年公司债券项目尽职调查报告》。2015年6月,德邦证券作为主承销商,对五洋建设公开发行公司债券出具《德邦证券关于五洋建设公开发行公司债券之核查意见》,载明:主承销商已按照中国证监会的有关规定对发行人进行了充分的尽职调查,有充分理由确信发行人符合法律法规及中国证监会有关公司债券发行的规定;有充分理由确信发行人申请文件和信息披露资料不存在虚假记载、误导性陈述或者重大遗漏;有充分理由确信发行人及其董事在申请文件和信息披露资料中表达意见的依据充分合理;有充分理由确信申请文件和信息披露资料与证券服务机构发表的意见不存在实质性差异;主承销商的相关人员已勤勉尽职,对发行人申请文件和信息披露资料进行了尽职调查、审慎核查。

大信会计对五洋建设财务报表进行审计,包括2014年12月31日、2013年12月31日、2012年12月31日的资产负债表,2014年度、2013年度、2012年度的利润表、现金流量表、股东权益变动表以及财务报表附注,2014年12月31日、2013年12月31日、2012年12月31日的合并及母公司资产负债表,2014年度、2013年度、2012年度的合并及母公司利润表、合并及母公司现金流量表、合并及母公司股东权益变动表以及财务报表附注。大信会计于2015年4月27日分别出具大信审字[2015]第4-00214号和大信审字[2015]第4-00220号审计报告。审计报告载明:五洋建设财务报表在所有重大方面按照企业会计准则的规定编制,公允反映了2014年12月31日、2013年12月31日、2012年12月31日的账务及该三年度的经营成果和现金流。

大公国际于2014年6月24日、2015年1月14日出具五洋建设《2014年度企业信用评级报告》和《2015年度企业信用评级报告》。2015年4月21日,大公国际和五洋建设签订《信用评级合同书》,五洋建设委托大公国际对其拟发行的公司债券进行信用评级。2015年5月29日,大公国际出具五洋建设《2015年公司债券信用评级报告》。评级报告对主体信用等级和公司债券信用等级评定均为AA,评级展望为稳定。AA级的定义为偿还债务的能力很强,受不利经济环境的影响不大,违约风险很低。根据大公国际的工作底稿,五洋建设系大公国际的老客户,但项目小组已提请关注"企业对于沈阳五洲的认购和出售事项需要在经营中体现"以及"沈阳五洲出售事项公司的会计处理"。

2015年5月7日,五洋建设和锦天城律所签订《聘请律师合同》,约定五洋建设因发行2015年度公司债事宜,委托锦天城律所作为发行人律师出具法律意见书。法律意见书对发行债券的授权批准、主体资格、实质条件、信用评级、财务审计、法律审查、承销、信息披露、持有人权利保护、其他重大法律事项进行审查,以上内容包括未决诉讼、重大债权债务、受限资产等,结论意见为发行人具备申请发行公司债券的主体资格,发行债券不存在法律障碍,申请发行的材料真实、完备、合规。根据锦天城律所《五洋建设公开发行2015年公司债券资料查验记录》,"房产情况"查验获取"房产评估报告","重要合同文件"查验获取"施工承包合同、借款合同"。

各原告自2015年9月10日始分别陆续买卖、持有"15五洋债""15五洋02"债券。

2017年9月4日,德邦证券代表包括原告朱某某等61人在内的部分"15五洋债""15五洋02"持有人向上海国际经济贸易仲裁委员会(上海国际仲裁中心)申请仲裁。2018年1月19日,上海国际经济贸易仲裁委员会(上海国际仲裁中心)作出(2018)沪贸仲裁字第017号、(2018)沪贸仲裁字第018号裁决书,裁决五洋建设向部分"15五洋债"持有人兑付其所持已回售债券的本金,支付其所持本期债券的第2年的利息,以及自2017年8月15日起至五洋建设实际支付之日止,按年化率7.48%计算的逾期利息,向部分"15五洋02"持有人兑付其所持本期债券的本金,支付其所持本期债券2016年9月11日—2017年8月22日的利息,以及自2017年8月23日起至五洋建设实际支付之日止,按年化率7.8%计算的逾期利息。

浙江省绍兴市中级人民法院于2018年12月3日立案受理五洋建设的破产重整案并指定了管理人,后该案指定上虞区人民法院审理。原告叶某某、陈某某等354人向五洋建设的破产管理人申报了债权并得到确认。原告王某、孔某某等96人在本案中为实现债权支出了律师代理费,其中诉讼代表人王某支出2 500元,孔某某支出4 167元,叶某某支出300 000元,陈某某支出10 000元。

【案件焦点】
1. 部分已获得仲裁裁决、已获得破产债权确认的原告主体是否适格。
2. 债券发行人五洋建设是否构成侵权并应承担赔偿责任。
3. 陈某某、德邦证券、大信会所、锦天城律所、大公国际是否应分别承担民事责任。
4. 原告损失的范围和计算方式。

【裁判要旨】
1. 关于部分已获得仲裁裁决、已获得破产债权确认的原告主体是否适格的问题

本案中部分原告已就债券违约事实向仲裁机构申请仲裁并获得生效裁决,部分原告已就债券违约损失向五洋建设破产管理人申报债权并获得确认。该两部分原告与五洋建设之间的还本付息债权债务关系已经法定程序得以认定,故对于该两部分原告,应驳回其对五洋建设的起诉。至于该两部分原告与陈某某(五洋建设董事长)、德邦证券、大信会计、锦天城律所、大公国际之间的争议因并未得到有效法律文书的确认,原告仍有权向法院提起本案诉讼。

2. 关于债券发行人五洋建设是否构成侵权并应承担赔偿责任的问题

五洋建设作为发行人,不符合发行条件,以虚假财务数据骗取债券公开发行核准,已构成欺诈发行;其行为误导原告在一级市场购入债券,导致原告在债券到期后未能获得本息兑付而产生损失。五洋建设应就其欺诈发行行为对从一级市场购入债券的原告承担赔偿责任。

五洋建设于2018年1月19日在上海证券交易所网站发布《关于收到中国证券会〈行政处罚事先告知书〉的公告》系五洋建设欺诈发行违法行为在全国范围首次被公开揭露。在该揭露日之前于二级市场购入债券的原告,系基于对前述记载了虚假财务数据的公开募集文件的信赖买入债券,并因五洋建设未能兑付到期本息产生损失,应认定其损失与五洋建设的虚假信息披露之间存在因果关系。五洋建设应就其证券市场虚假陈述行为对该部分原告承担赔偿责任。鉴于五洋建设于2018年12月3日经人民法院裁定进入破产重整程序,就原告基于上述赔偿责任向

其所享有的债权,法院予以确认。

3. 关于陈某某的民事责任问题

陈某某系五洋建设的法定代表人、实际控制人,对公司的经营情况、利润水平以及利润产生方式应当知晓。陈某某在公司报表利润与实际情况存在重大差异的情况下,在相关募集文件上签字确认,积极推进公司债券的发行,且未能证明自己没有过错,根据2014年修正版《证券法》第69条及《会计法》第4条"单位负责人对本单位的会计工作和会计资料的真实性、完整性负责"之规定,应当与五洋建设承担连带赔偿责任。

4. 关于德邦证券的民事责任问题

德邦证券系"15五洋债""15五洋02"债券的承销商。2014年修正版《证券法》第31条规定:"证券公司承销证券,应当对公开发行募集文件的真实性、准确性、完整性进行核查;发现有虚假记载、误导性陈述或者重大遗漏的,不得进行销售活动;已经销售的,必须立即停止销售活动,并采取纠正措施。"中国证券业协会为规范证券公司开展中小企业私募债券承销业务发布的《证券公司中小企业私募债券承销业务尽职调查指引》和《证券公司开展中小企业私募债券承销业务试点办法》两个行业规范中亦明确:证券公司应对承销业务中涉及的、可能影响企业偿债能力的其他重大事项进行调查,核实相关发行文件的真实性、准确性和完整性;承销商尽职调查包括但不限于财务状况及偿债能力;承销商应调查主要财务指标、主要资产状况;承销商应查阅有关明细资料,咨询注册会计师,调查企业的应收款项形成原因、收回可能性等。公募债券的发行相较于私募债券,受众面更广、影响更大,德邦证券在案涉债券发行中应参考上述私募债券的行业规范,对发行人财务状况、偿债能力、应收账款情况、主要资产状况等负有更高、更严的核查义务,并对其自身出具文件的真实性、准确性、完整性负责。然而,德邦证券违反证券承销业务规定,未充分核查公开发行募集文件的真实性、准确性,在关注到五洋建设应收账款回收风险问题时,未充分履行核查程序,调查企业应收账款形成原因、收回可能性;在发现五洋建设投资性房地产在资产中占比较高,要求项目组说明投资性房地产的具体内容及位置、经营情况、公允价值确定依据、目前的市场价值时,仅以房地产价值咨询报告代替资产评估报告作为东舜百货大厦和华联商厦两处投资性房地产入账依据,对投资性房地产未充分履行调查、复核程序排除合理怀疑;在项目组成员知悉2015年五洋建设控股子公司沈阳五洲公司已与沈阳出版发行集团有限公司签订协议,将东舜百货大厦以大幅低于公允价值的价格出售,该事项可能会对五洋建设发行条件以及偿债能力产生重大影响的情况下,未将此风险作为重大事项写入核查意见。上述行为均表明德邦证券作为承销商审慎核查不足,专业把关不严,未勤勉尽职,对"15五洋债""15五洋02"债券得以发行、交易存在重大过错。德邦证券关于其即使完整履行相关程序也难以发现财务数据存在虚假记载,自身不存在过错的抗辩意见依据不足,法院不予采信。根据2014年修正版《证券法》第69条之规定,德邦证券应当与五洋建设承担连带赔偿责任。

5. 关于大信会计的民事责任问题

大信会计为用于"15 五洋债""15 五洋 02"债券公开发行的五洋建设 2012—2014 年年度财务报表出具审计报告。《最高人民法院关于审理涉及会计师事务所在审计业务活动中民事侵权赔偿案件的若干规定》第 5 条规定:"注册会计师在审计业务活动中存在下列情形之一,出具不实报告并给利害关系人造成损失的,应当认定会计师事务所与被审计单位承担连带赔偿责任。……(二)明知被审计单位对重要事项的财务会计处理与国家有关规定相抵触,而不予指明。"第 6 条第 2 款第 7 项规定,注册会计师未根据审计的要求采用必要的调查方法获取充分的审计证据,应当认定会计师事务所存在过失。大信会计在未获取充分、适当的审计证据加以验证的前提下,认可五洋建设关于应收账款和应付账款"对抵"的账务处理,为五洋建设 2012—2014 年年度财务报表出具了标准无保留意见的审计报告;在得知审计报告用于五洋建设发债目的时,未按照其已有工作方案,将该项目的风险级别从 C 类调整为风险程度更高的 B 类并追加相应的审计程序。以上行为均表明,大信会计作为审计机构出具存在虚假记载的审计报告,未勤勉尽职,对"15 五洋债""15 五洋 02"债券得以发行、交易存在重大过错。2014 年修正版《证券法》第 173 条规定:"证券服务机构为证券的发行、上市、交易等证券业务活动制作、出具审计报告、资产评估报告、财务顾问报告、资信评级报告或者法律意见书等文件,应当勤勉尽责,对所依据的文件资料内容的真实性、准确性、完整性进行核查和验证。其制作、出具的文件有虚假记载、误导性陈述或者重大遗漏,给他人造成损失的,应当与发行人、上市公司承担连带赔偿责任,但是能够证明自己没有过错的除外。"因此,大信会计应当与五洋建设承担连带赔偿责任。

6. 关于锦天城律所、大公国际的民事责任问题

本案原告以债券发行人五洋建设及与债券发行相关的主体实施虚假陈述行为侵害其合法权益为由提起诉讼,在本案中提交了身份证明文件,债券开户信息以及交易流水,中国证监会对五洋建设、陈某某、德邦证券、大信会计作出的行政处罚决定等证据,符合法律规定的起诉条件。锦天城律所和大公国际虽未受到行政处罚,但与被诉债券发行行为有关,是本案的适格被告。锦天城律所、大公国际虽对财务数据相关事项仅负有一般注意义务,但其应当对可能涉及债券发行条件、偿债能力的重大债权债务、重大资产变化等事项给予关注和提示。

大公国际系本次债券发行的资信评级机构。中国证监会发布的《证券市场资信评级业务管理暂行办法》①第 15 条第 2 款规定:"项目组对评级对象进行考察、分析,形成初评报告,并对所依据的文件资料内容的真实性、准确性、完整性进行核查和验证。"中国证券业协会发布的《证券市场资信评级机构评级业务实施细则(试行)》第 11 条规定:"评级项目组在采信承销商、会计师事务所、律师事务所、资产

---

① 此暂行办法于 2007 年发布实施,适用于本案裁判,后已于 2021 年失效。

估等机构出具的相关材料时,应当在一般知识水平和能力范畴内对其真实性和准确性进行评估。"本案中,根据大公国际出具的《2015年度企业信用评级报告》《2015年公司债券信用评级报告》所载内容,其对沈阳五洲项目的并购价格、截至2014年年底房产价值以及2015年2月出售房产等事项进行了披露。根据中国证监会对德邦证券的行政处罚决定书认定的事实,上述房产的出售价格大幅低于公允价值。由于五洋建设资产中该投资性房产占比较高,该事项属于可能影响发债条件、偿债能力的重大事项,但大公国际对项目核查中提出的"关于沈阳五洲出售事项公司的会计处理"之修改意见,未进一步核实关注并合理评定信用等级,存在过错。法院根据2014年修正版《证券法》第173条的规定,同时考虑责任承担与过错程度相结合的原则以及投资者对信用评级的依赖度,酌情确定大公国际对五洋建设应负的民事责任在10%范围内承担连带责任。

锦天城律所为本案债券发行出具法律意见书。司法部和证监会发布的《律师事务所从事证券法律业务管理办法》第14条规定:"律师在出具法律意见时,对与法律相关的业务事项应当履行法律专业人士特别的注意义务,对其他业务事项履行普通人一般的注意义务,其制作、出具的文件不得有虚假记载、误导性陈述或者重大遗漏。"锦天城律所受五洋建设的委托,对发行过程、配售行为、参与认购的投资者资质条件、资金划拨等事项进行见证,并出具专项法律意见书。在大公国际《2015年公司债券信用评级报告》已提示五洋建设控股子公司出售投资性房产事项的情况下,未见锦天城律所对该重大合同及所涉重大资产变化事项关注核查,对不动产权属尽职调查不到位,未能发现占比较高的重大资产减少情况对五洋建设偿债能力带来的法律风险,故锦天城律所亦未勤勉尽职,存在过错。根据2014年修正版《证券法》第173条的规定,同时考虑责任承担与过错程度相结合的原则,法院酌情确定锦天城律所对五洋建设应负的民事责任在5%范围内承担连带责任。

7. 关于原告损失的范围和计算方式

因原告投资损失由五洋建设欺诈发行、虚假陈述所导致,故对原告依法享有的五洋建设作为破产重整企业应付到期本息及逾期利息之债权,法院予以确认。截至目前,各原告共持有"15五洋债"债券本金351 358 300元,"15五洋02"债券本金276 596 000元。鉴于原告叶春芳、陈正威等已就债券违约事实向仲裁机构申请仲裁并获得生效裁决,或已向破产管理人申报债权并获得确认,故该部分原告投资损失金额应以仲裁裁决确认的计算金额或破产申报债权确认的债权金额为限。对于未经仲裁裁决确认或破产申报确认的原告,其投资损失金额应计如下:"15五洋债""15五洋02"债券本金;"15五洋债"债券按票面利率7.48%,2016年8月14日—2017年8月14日的期内利息;"15五洋02"债券按票面利率7.8%,2016年9月11日—2017年8月22日的期内利息;"15五洋债"债券自2017年8月15日起、"15五洋02"债券自2017年8月23日起,以未付期内本息为基数,按募集说明书载明的票面利率计算的逾期利息。考虑到五洋建设已进入破产重整程序,故逾期利息应计算至2018年12月2日止。

对于原告主张的为实现债权而支出的合理费用,法院就各原告律师费实际支出情况予以审理查明后酌情确认为每人2 000元。

另外,由于公司债券是公司向债券持有人出具的债务凭证,属于有价证券。在发行人向债券持有人承担赔偿责任后,债券持有人负有向发行人承担交回债券的义务,发行人也有依据生效法律文书申请债券登记结算机构注销该债券的权利,故原告应向五洋建设交回案涉债券。

【案例评析】

本案中,发行人财务造假骗取债券发行资格,承销商与中介机构不勤勉尽责,履职不当,严重损害市场信用,扰乱市场秩序,侵犯了广大投资者的合法权益。信息披露不实者、怠于勤勉履职者均应付出违法违规的成本,对投资者的损失予以赔偿。

瑞幸咖啡财务造假案

【基本案情】

瑞幸咖啡成立于2017年,自2018年1月开始运营。公司成立时便定位于迅速扩张的发展战略,2019年5月17日在美上市,从申请上市到成功上市共计用时仅24天,打破了中国企业在美国上市的时间记录。然而,就是这样一个发展速度令人惊叹的上市公司却在2020年1月31日被美国著名做空机构浑水公司指控存在财务欺诈行为。做空报告显示,瑞幸咖啡从2019年下半年开始编造公司财务资料。瑞幸咖啡随后便否认了浑水公司的一切指控。然而,两个月后,瑞幸咖啡内部调查委员会发布公告承认了公司的造假行为,并表示公司在2019年度虚增销售收入22亿元人民币。4月3日,安永华明在公开回应中谈到,瑞幸咖啡管理层中部分人员在2019年虚增企业利润表的各项关键指标。瑞幸咖啡自认财务欺诈行为之后,公司股票价格暴跌75.57%,企业市场价值缩水逾354亿元。截至4月7日停牌之时,瑞幸咖啡总的市场价值仅剩11.05亿元。5月19日,瑞幸咖啡收到要求其从美国市场退市的通知。2021年2月初,瑞幸咖啡在美国申请了破产保护。

【案件焦点】

1. 中美两国监管机构分别如何处理瑞幸咖啡财务舞弊事件。
2. 瑞幸咖啡的内外部治理机制为什么没有能够防范财务造假和欺诈的发生。

【法律适用】

1. 中美两国对瑞幸咖啡财务舞弊事件的处理态度

瑞幸咖啡事件发生后,美国证券交易监督委员会在2020年4月21日发布了一篇提示性的声明谈到,同美国的投资市场相比,含中国在内的多数新兴市场都可能存在很大风险。这些市场存在信息披露不全或者信息披露具有误导性的问题,并且如果投资者的利益受到损害,与美国国内相比获得赔偿的机会较小。此外,声明还谈到美国公众公司会计监督委员会(Public Company Accounting Oversight Board, PCAOB)在对赴美上市的中国企业进行审计时,相关的工作文件不易获取。2020年12月17日,美国证券交易监督委员会表示,瑞幸咖啡选择与美国政府和解,支付18亿美元(近12亿人民币)罚款。

我国证监会于2020年4月3日发布声明称:证监会将会时刻关注瑞幸咖啡事件,并对该公司实施的欺诈行为表示严厉谴责。证监会将按照国际证券监管合作的相关安排,针对相关情况依法进行核查,对证券市场存在的欺诈行为实施严格监管。4月22日,曹宇表示中国银保监会将会积极配合相关主管部门依法对瑞幸咖啡进行处罚。7月31日,财政部公布了调查瑞幸咖啡的结果,2019年4月—2019年12月,瑞幸咖啡合计虚增企业利润9亿多人民币。9月22日,国家市场监管局公布了对瑞幸咖啡(中国)等公司的行政处罚决定书,决定书中指出:瑞幸咖啡虚构企业2019年年度利润表关键性营销指标,并在对外宣传中使用作假的财务信息,从而欺骗、误导公众以及投资者,违反我国《中华人民共和国反不正当竞争法》第8条第1款的规定,认定瑞幸咖啡构成虚假宣传。2020年9月18日,市场监管总局和上海、北京市场监管部门,对瑞幸咖啡(中国)有限公司、北京车行天下咨询服务有限公司等45家涉案公司作出行政处罚,罚款金额共计6 100万元。

从监管机构对瑞幸咖啡财务造假事件作出的一系列处罚结果来看,不难发现,我国监管机构主要依据《中华人民共和国反不正当竞争法》对瑞幸咖啡的境内经营实体下达处罚决定。瑞幸咖啡是典型的"中概股企业",在国际上代表着广大中国企业的整体形象,这次事件引起了国际市场对中国企业信誉的质疑。瑞幸咖啡财务数据造假不仅会给中概股企业的股价带来影响,而且其后续可能会带来"蝴蝶效应",进而使中概股企业遭受更加严峻的做空危机。中国监管机构需要亮明针对财务造假违法犯罪行为的态度,表明对此类事件"零容忍"。

2. 瑞幸咖啡的内外部治理机制为何没有能够防范财务造假和欺诈的发生

瑞幸咖啡公司内部控制失效给财务舞弊创造了机会。

首先,瑞幸咖啡由于首次公开募股(initial public offering, IPO)前一年的销售额低于美国相关初创公司法律规定的门槛,公司被认定为新兴成长公司,可以豁免适用《萨班斯-奥克斯利法案》404条款对新兴成长型公司财务报告内部控制的审计认证要求。

其次,瑞幸管理层的持股比例为81.26%,拥有极大控制权,在一定程度上为高层腐败的滋生提供了罪恶的土壤。并且,瑞幸在董事会组成结构上存在很大问题,其董事会成员不断发生变动,管理层专业财会人员占比很少。公开资料显示,2019年1月7日,瑞幸咖啡宣布任命荷兰人亨德里克·汉德瑞克·沙克尔(Reinout Hendrik Schakel)为公司首席财务官(CFO)兼首席战略官。瑞幸咖啡的运营实体都位于中国境内,作为一名外国人,瑞幸咖啡的CFO对公司运营的理解只限于根据首席运营官(COO)提供的日常公司营运的"收入、成本、运行指标"等信息编制报告并对外披露。2020年4月2日在确认做空机构的指控后,瑞幸咖啡首先将虚增收入和费用的不当行为归结于COO刘某及其下属身上。COO掌控公司的日常运作和管理,具备操纵财务数据的条件,但是对外披露财务信息的第一责任人是公司的CFO,COO财务数据造假需要各部门进行配合,并非其独自可以完成。从事后的调查报告所披露的信息来看,财务造假的责任被界定到CEO和COO,而未涉及CFO,这说明CFO并未承担实质性的信息披露实际责任人的职能。瑞幸咖啡的CFO和COO的职责权限分工存在缺陷,为公司财务造假创造了机会。

再次,公司的审计委员会结构也存在缺陷。瑞幸咖啡上市后,审计委员会主任仍然由执行董事、大股东和实际控制人之一的刘某某担任,虽然符合法规要求,但是由不具备财务背景的执行董事担任审计委员会主任,以及审计委员会缺乏独立性,也是公司首次面对做空机构质疑匆忙发布无实质证据的空洞反驳公告的原因。

最后,缺乏有效的控制活动。瑞幸咖啡的商业运营模式是"线上"与"线下"相结合的全新模式,在这种新模式下,店内不设置收银台,所有订单的预订、付款都依靠互联网和手机客户端。这种运营方式下,所有数据统计都是依靠互联网进行的,但是对于这种统计方式,目前并没有设立相关的强力监管部门。

【案件评析】

成熟证券市场揭发上市公司财务造假的机制包括:内部公司治理;外部风险投资机构、机构投资者、银行等借款方,投行、律师和会计师事务所等交易方和中介机构;做空机构和发起集体诉讼的律师事务所;证券监管机构等。在此机制下,尽管内部公司治理和金融机构等中介机构在阻止公司造假方面存在漏洞,但美国通过市场化的治理机制仍可有效揭发上市公司造假,其有效路径如下:保护做空机构利用合法工具对有问题的上市公司进行"攻击",迫使会计师事务所主动作为、撇清法律责任,鼓励律师事务所发起集体诉讼保护外部投资人利益。

在我国股权高度集中的市场中,财务欺诈的主体以实际控制人为主。财务欺诈损害中小股东利益,在中介机构和机构投资者的治理职能难以有效发挥的情况下,我国需要进一步加大追究造假主体控股股东、高管的民事赔偿和刑事责任的力度,加大对配合公司造假的律师事务所、券商、会计师事务所等中介机构的处罚力度。

三、案件法务会计分析

(一)上市公司信息披露规则

1. 信息披露的要求

信息披露是在证券市场上为了保证上市公司、金融机构、参与的投资者等各方能够进行有序交易,同时保证企业能够有稳定的经营状态、金融机构能够在交易的过程中切实发挥价值、投资者的利益能够在交易中切实得到保护而产生的。我国2019年修订的新《证券法》在第五章中对信息披露有七个方面的基本要求。

(1) 及时。2014年修正版旧《证券法》第63条只提出"真实、准确、完整"的披露要求,并没有规定"及时"。然而,市场需要根据最新信息做出调整,投资者对于投资项目要有充分认识,才能够更好地做出决策,而且获取信息所需的时间越短,遭遇风险的可能性就越小,所以信息披露的及时性非常重要。新《证券法》查漏补缺,把"及时"置于"真实、准确、完整"这三点要求之前。

(2) 真实。信息的真实性是信息质量的核心,当投资者了解、接收到的信息存在虚假时,投资决策的正确性就无法得到保证。公司披露虚假的信息,将面临法律责任。例如,出品《我不是药神》等电影的北京文化曾披露过不真实的信息,在公示财务信息的过程中进行系统性造假,被相关部门举报,收到深交所的关注函,如果该"举报门"事件真实,北京文化将面临退市风险。

(3) 准确。信息的准确性主要是指所公开的信息要能够准确表达其含义,如果接收者在阅读信息的过程中不能够准确理解其所要表达的内容,甚至产生误解,那么对接收者而言就会变得非常被动,信息披露会失去其应有的价值。如披露的信息引人误解,或者为了迎合当前热点事件进行夸大披露,出现蹭热点等行为,挑战信息披露的严肃性,对没有掌握真实信息的投资者产生误导,就可能要面临监管处罚。

(4) 完整。所谓的完整,就是在信息公示的过程中应该将有关信息全部公开,不能够公开一部分、隐藏一部分,如果通过这样的方式披露信息就会对投资者造成影响。所以,信息披露人有义务将信息完整地公开。掩盖一些对企业发展不利的消息,或者通过各种途径将企业在发展过程中可能会遭遇的一些潜在或现实的风险隐藏,这些行为都是不允许的。对披露信息完整性的判断,不是根据信息披露义务人的标准任意为之的,而是需要从信息影响投资判断行为的角度出发进行判断。

(5) 简明清晰,通俗易懂。这两者是新《证券法》新增的要求。既要保证信息的专业性,又要确保所披露信息的可读性、可理解性,该要求与误导性陈述这一违反信息披露义务的表现形式相对应。但因为是新增规定,对于简单明晰、通俗易懂的标准还没有明确的规范,对该标准的把握仍待监管机构在后续适用中予以明确。

(6) 境内外披露同时性。该点是新《证券法》新增的内容。信息披露义务人对于在境内外都公开发行、交易的证券,有义务在境内外都进行披露,在境内外同时接受社会大众的监督。但如何保证披露的同时性,在实践中具体如何判断、操作,也需要进一步细化操作要求。例如,需要明确针对不同的时区应如何处理,以及未同时披露将面临何种惩罚措施等问题。

(7) 公平。信息披露实践中,选择性披露时有发生,新《证券法》第83条新增并明确了公平披露的基本要求,即在信息披露的过程中应该摒弃选择性披露,对于确定要进行披露的信息,所有投资者都应该接收到相同的内容,而且信息发布的时间应该是相同的,不能存在个别部门提前揭露信息或者单独向个人提前泄露信息的情况,要切实保证所有投资者在同一时间接收到相同内容的信息。例如,董明珠在股东大会上提到"2018年税后利润260亿元"等,但是格力公司在之后对外披露的报告中才有其在股东大会上提前公布的内容,也就是说董明珠在公司对外公开披露相关信息之前,对信息进行了公布,但是她公布的对象并不是公众。根据证券交易所股票上市规则,上市公司及信息披露义务人不能在对外披露之前以发布会等任何方式提前泄露重大信息。所以在此次事件中,深交所对格力电器的行为给予督促,要求其严格规范董监高等管理人员对外公布信息的行为。追寻规则背后的法理,即信息披露的过程中一定要保证公平性,确保所有投资者所获得的信息都是对等、对称的。

2. 上市公司信息披露的内容

我国新《证券法》第79条对信息披露的内容作出相应规定,主要包括定期报告、临时报告,以及自愿披露与公开承诺三类。

(1) 定期报告主要包括年度报告和中期报告。新《证券法》关于定期报告的规定中变化较大的主要有以下三点:① 企业的年度财务报告都必须交由具有资质的会计师事务所进行审计,从而大大增加了会计师事务所的责任。② 新增了监事会签署书面确认意见的规定,统一了对董监高的要求。③ 赋予董监高相应的权利,即如果他们对于证券发行相关文件或者定期报告等内容有异议,可以再予以提出并公开。如董监高依据规定提出书面异议并予以公开,将成为证券虚假陈述纠纷中董监高抗辩已勤勉尽责、不承担相关责任的重要证据之一。

(2) 临时报告的公布一般都会对证券的交易价格产生非常大的影响,在很大程度上造成价格的波动,信息披露人有义务在短时间内将临时报告向监管机构等报送,并且将这些信息公布,让社会大众也能及时进行监督。投资者往往通过临时报告披露的信息短时间内迅速做出投资决策。

新《证券法》扩大、调整了"重大事件"的内容,进一步完善了临时报告的架构,第80条规定了提供重大担保或者从事关联交易等应当披露的"重大事件"类型。另外,第80条明确提出控股股东和实际控制人有义务向投资者及时告知相关情况以及协助进行信息披露。同时,对于公司发展过程中发生的重大事件、对公司各方面情况有较大影响的事件,控股股东和实际控制人都应该及时汇报相关情况,同时配合完成对这些信息的披露。

(3) 自愿披露和公开承诺是新《证券法》新增的内容。根据新《证券法》第84条,依法必须向投资者披露的信息,信息披露义务人要准确、及时地进行公开,对于其他可能会影响投资者判断、决策的相关信息,可以自愿选择是否公开。

(二) 上市公司内部控制制度

2008年,财政部会同证监会、审计署、银监会、保监会印发《企业内部控制基本规范》(财会[2008]7号),自2009年7月1日起在上市公司范围内施行,并鼓励非上市的大中型企业执行。基本规范要求上市公司应当对本公司内部控制的设计和实施的有效性进行自我评价,披露年度自我评价报告,并且聘请会计师事务所进行内部控制审计。企业应建立与实施有效的内部控制,该基本规范指出,内部控制应当包括五个要素,即内部环境、风险评估、控制活动、信息与沟通和内部监督。

1. 内部环境

内部环境是企业实施内部控制的基础,主要包括治理结构、机构设置及权责分配、人力资源政策、企业文化等内容。内部环境是内部控制的基础,内部环境的好坏决定着内部控制其他要素是否能有效运行。

治理结构是内部环境的重中之重,上文已经单独分析。机构设置主要是指除了"三会一层"外,企业设置不同层级的管理人员以及其他专业人员组成的管理团队。通过对各机构职能的合理划分,明确各机构的工作任务、责任和权限,避免职能交叉、权责过于集中或过于分散,形成各司其职、相互制约、相互协调的工作机制。

2. 风险评估

风险评估是指企业及时识别、系统分析经营活动中与实现内部控制目标相关的风险,合理确定风险应对策略。风险评估是内部控制的重要环节,主要包括目标设定、风险识别、风险分析和风险应对等环节。

《企业内部控制基本规范》第三章第20条规定,企业应当根据设定的控制目标,全面系统持续地收集相关信息,结合实际情况,及时进行风险评估。由此可见,目标设定是风险评估的起点。企业需要明确目标,识别、分析与内部控制的目标相关的风险,结合自身的风险偏好和风险承受能力,确定风险应对策略,实现对风险的有效控制。

3. 控制活动

控制活动是指企业根据风险评估结果,采用相应的控制措施,将风险控制在可承受范围之内。控制活动是内部控制的重要手段,控制措施主要包括不相容职务分离控制、授权审批控制、会计系统控制、财产保护控制、预算控制、运营分析控制和绩效考评控制等。《企业内部控制基本规范》要求企业应当根据内部控制目标,结合风险应对策略,综合运用控制措施,对各种业务和事项实施有效控制。

4. 信息与沟通

信息与沟通是指企业及时、准确地收集、传递与内部控制相关的信息,确保信息在企业内部、企业与外部之间进行有效流通。信息与沟通在内部控制中处于承上启下、沟通内外的作用。内部环境、风险评估、控制活动、内部监督活动实施的情况和结果需要通过形成内部管理报告在企业中进行传递或者形成外部报告对外进行披露,并通过信息与沟通渠道来反映活动和决策的结果。

5. 内部监督

内部监督是指企业对内部控制建立与实施情况进行监督检查,评价内部控制的有效性,发现内部控制缺陷,并及时加以改进,它是实施内部控制的重要保证。《企业内部控制基本规范》第46条要求企业应当结合内部监督情况,定期对内部控制的有效性进行自我评价,出具内部控制自我评价报告。因此,内部监督不仅要对内部控制的其他要素进行自上而下的监督检查,发现存在的缺陷,还需要评价、监督内部控制缺陷的改进过程,对内部控制的全过程进行评价。

(三)证券纠纷代表人诉讼制度

为进一步强化证券民事责任追究,有效遏制欺诈发行、财务造假等资本市场"毒瘤",防范化解金融风险和促进资本市场改革发展,新《证券法》第95条首次明确了证券纠纷代表人诉讼制度。证券纠纷代表人诉讼分为普通代表人诉讼和特别代表人诉讼(又称投资者保护机构代表人诉讼)两类。2020年7月31日,发布了《最高人民法院关于证券纠纷代表人诉讼若干问题的规定》(法释〔2020〕5号),通过42个条款、4个部分重点规范了普通代表人诉讼和特别代表人诉讼程序,细化了两类代表人诉讼的程序规定,准确回应了代表人诉讼中的实践难题,充分发挥投资者保护机构和证券登记结算机构的职能作用。

1. 普通代表人诉讼

普通代表人诉讼是由受损害投资者作为代表人,按照"明示加入"原则,代表其他众多因同一证券违法行为遭受损害的投资者提起的民事损害赔偿。

(1) 普通代表人诉讼的适用条件。对于原告一方人数在 10 人以上、起诉书中确定 2~5 名拟任代表人且提交了可证明证券侵权事实的初步证据的案件,法院应当适用普通代表人诉讼程序进行审理。

(2) 确定权利人范围。对起诉时当事人人数尚未确定的代表人诉讼,在发出权利登记公告前,人民法院可以通过阅卷、调查、询问和听证等方式对被诉证券侵权行为的性质、侵权事实等进行审查,并在受理后 30 日内以裁定的方式确定具有相同诉讼请求的权利人范围。当事人对权利人范围有异议的,可以自裁定送达之日起 10 日内向上一级人民法院申请复议,上一级人民法院应当在 15 日内作出复议裁定。

(3) 确认原告资格。人民法院应当在权利人范围确定后 5 日内发出权利登记公告,通知相关权利人在指定期间登记。权利人应在公告确定的登记期间向人民法院登记。未按期登记的,可在一审开庭前向人民法院申请补充登记,补充登记前已经完成的诉讼程序对其发生效力。人民法院对登记的权利人进行审核,确认原告资格。

对于权利登记公告前已就同一证券违法事实提起诉讼且符合权利人范围的投资者,可申请撤诉并加入代表人诉讼的,人民法院应当予以准许,并将已经收取的诉讼费予以退还。

(4) 代表人的选定。代表人应当符合以下条件:自愿担任代表人;拥有相当比例的利益诉求份额;本人或者其委托诉讼代理人具备一定的诉讼能力和专业经验;能忠实、勤勉地履行维护全体原告利益的职责。

在登记期间向人民法院登记的权利人对拟任代表人人选均没有提出异议,并且登记的权利人无人申请担任代表人的,人民法院可以认定由该 2~5 名人选作为代表人。权利人对拟任代表人的人选提出异议,或者申请担任代表人的,法院应当自原告范围审核完毕后 10 日内在自愿担任代表人的原告中组织推选。

代表人的推选实行一人一票,每位代表人的得票数应当不少于参与投票人数的 50%。代表人人数为 2~5 名,按得票数排名确定,通过投票产生 2 名以上代表人的,为推选成功。首次推选不出的,人民法院应当即时组织原告在得票数前 5 名的候选人中进行二次推选。推选不出代表人的,由法院指定,并征得被指定代表人的同意。

代表人确定后,法院应当进行公告。原告可以自公告之日起 10 日内向人民法院申请撤回权利登记,并可以另行起诉。代表人因丧失诉讼行为能力或者其他事由影响案件审理或者可能损害原告利益的,法院依原告申请,可以决定撤销代表人资格。代表人不足 2 人时,人民法院应当补充指定代表人。

(5) 调解程序。代表人与被告达成调解协议草案的,应当向人民法院提交制作调解书的申请书及调解协议草案。法院经初步审查,认为调解协议草案不存在违反法律、行政法规的强制性规定,违背公序良俗,以及损害他人合法权益等情形的,应当自收到申请书后10日内向全体原告发出通知。

对调解协议草案有异议的原告,有权出席听证会或者以书面方式向人民法院提交异议的具体内容及理由。异议人未出席听证会的,法院应当在听证会上公开其异议的内容及理由,代表人及其委托诉讼代理人、被告应当进行解释。代表人和被告可以根据听证会的情况,对调解协议草案进行修改。法院应当将修改后的调解协议草案通知所有原告,并对修改的内容作出重点提示。

法院应当综合考虑当事人赞成和反对意见,本案所涉法律和事实情况,以及调解协议草案的合法性、适当性和可行性等因素,决定是否制作调解书。法院准备制作调解书的,应当通知提出异议的原告,告知其可以提交退出调解的申请。未在规定期间内提交退出申请的原告,视为接受。

申请退出的期间届满后,法院应当在10日内制作调解书。调解书经代表人和被告签收后,对被代表的原告发生效力。法院对原告申请退出调解的诉讼继续审理,并依法作出相应判决。

(6)鉴定程序。法院可以依当事人的申请,委托双方认可或者随机抽取的专业机构,对投资损失数额、证券侵权行为以外其他风险因素导致的损失扣除比例等进行核定。当事人虽未申请但案件审理确有需要的,法院可以通过随机抽取的方式委托专业机构对有关事项进行核定。对专业机构的核定意见,法院应当组织双方当事人质证。

(7)上诉。一审判决送达后,代表人决定放弃上诉的,应当在上诉期间届满前通知全体原告。原告自收到通知之日起15日内未上诉,被告在上诉期间内亦未上诉的,一审判决在全体原告与被告之间生效。原告自收到通知之日起15日内上诉的,应当同时提交上诉状,法院收到上诉状后,对上诉的原告按上诉处理。被告在上诉期间内未上诉的,一审判决在未上诉的原告与被告之间生效,二审裁判的效力不及于未上诉的原告。

一审判决送达后,代表人决定上诉的,应当在上诉期间届满前通知全体原告。

原告自收到通知之日起15日内决定放弃上诉的,应当通知一审法院。被告在上诉期间内未上诉的,一审判决在放弃上诉的原告与被告之间生效,二审裁判的效力不及于放弃上诉的原告。

(8)执行。履行或者执行生效法律文书所得财产,法院在进行分配时,可以通知证券登记结算机构等协助执行义务人依法协助执行。法院应当编制分配方案并通知全体原告,分配方案应当包括原告范围、债权总额、扣除项目及金额、分配的基准及方法、分配金额的受领期间等内容。

2. 特别代表人诉讼

特别代表人诉讼是指由人民法院启动普通代表人诉讼,发布权利登记公告,投资者保护机构(以下简称投保机构)在公告期间受50名以上投资者的特别授权,可以依法作为诉讼代表人,按照"默示加入、明示退出"的原则,代表因同一违法行为遭受损害的投资者利益参与民事赔偿诉讼。

(1)投保机构。《中国证监会关于做好投资者保护机构参加证券纠纷特别代表人诉讼相关工作的通知》(证监发〔2020〕67号)规定,证监会系统单位中的投保机构是指中证中小投资者服务中心(以下简称投服中心)和中国证券投资者保护基金公司(以下简称投保基金)。在试点阶段,投服中心作为诉讼主体,接受投资者委托,具体参加特别代表人诉讼;投保基金主要从事数据分析、损失计算、协助分配等工作。二者分工合作,优势互补,形成合力,后续根据需要再制定业务规则从事诉讼代表人相关工作。投服中心专门发布《中证中小投资者服务中心特别代表人诉讼业务规则(试行)》,重点就案件选择机制、诉讼代表人和投资者在诉讼中的权利义务、诉讼活动重要环节规范等内容进行规定。

(2)投保机构代表人诉讼的启动。在上述普通代表人诉讼权利登记公告期间,投保机构受 50 名以上权利人的特别授权,对符合下列情形的案件,投保机构可以作为代表人参加诉讼:一是有关机关已经作出行政处罚或刑事裁判等;二是案件典型重大,社会影响恶劣,具有示范意义;三是被告具有一定偿付能力;四是投保机构认为必要的其他情形。法院依法适用特别代表人诉讼相关程序。

(3)诉讼当事人征集机制。"默示加入、明示退出"是投保机构代表人诉讼特有的诉讼当事人征集机制,也可以说是投资者加入投保机构代表人诉讼程序的参加方式。

投保机构接受 50 名以上投资者特别授权并启动特别代表人诉讼后,经证券登记结算机构确认的受损害投资者,除明确表示不愿意参加该诉讼以外,都可以纳入诉讼原告范围,自动加入诉讼程序,分享诉讼"成果";如果投资者认为自己单独起诉可能会获得更好的诉讼结果,不想通过投保机构代表人诉讼维权,需要在法律规定的期限内向法院明示退出,另行起诉。

诉讼过程中由于声明退出等原因导致明示授权投资者的数量不足 50 名的,不影响投资者保护机构的代表人资格。

(4)配套政策。投资者保护机构应当采取必要措施,保障被代表的投资者持续了解案件审理的进展情况,回应投资者的诉求。对投资者提出的意见和建议不予采纳的,应当对投资者做好解释工作。

特别代表人诉讼案件不预交案件受理费。败诉或者部分败诉的原告申请减交或者免交诉讼费的,人民法院应当依照《诉讼费用交纳办法》的规定,视原告的经济状况和案件的审理情况决定是否准许。

投资者保护机构作为代表人在诉讼中申请财产保全的,法院可以不要求提供担保。

四、上市公司财务舞弊法律风险防范

(一)公司治理对财务舞弊的约束

公司治理是指公司的内部治理,是股东及其他参与者利用公司内部的机构和程序参与公司治理的一系列法律和制度安排,主要由股东大会、董事会、监事会、执行机构等之间的权力、责任及制衡关系组成。内部治理的主要内容包括:公司股东通过股东大会对公司的经营方针和投资计划等重大事项进行决策;董事会代表公司行使经营决策权,决定公司的经营计划和具体投资方案;由经理层负责公司日常经营管理活动;监事会则代表股东行使监督职能,对董事会、经理层的经营管理活动进行监督。因此,权力的约束、监督与制衡是内部公司治理解决的主要问题。

1. 股东大会

在公司组织结构下,股东并不直接参与公司的经营管理,通过股东大会选举组成董事会,负责公司的日常管理活动,召开股东大会代表公司行使经营决策权。股东在决策中具有的影响力由其拥有的股份数额决定,因此,股权结构很大程度上影响股东大会决议的结果。

通常认为,如果国家股份所占比重高,流通股股权分散,则均难以有效参与企业管理,法人股在企业中容易形成绝对控制地位,也容易为了个体利益进行财务造假,损害其他股东和公司的集体利益。因此,要充分协调各类股东所占份额,形成股权之间的相互制约,充分发挥国家股的行政约束力、法人股的经营管理优势以及流通股的市场影响力。

2. 董事会

董事会是由董事组成的,股份有限公司董事会成员为5~19人。董事由股东大会选举产生,并包括由公司职工通过职工代表大会、职工大会或者其他形式民主选举产生的公司职工代表,他们共同代表公司行使经营决策权。上市公司董事会连接了决策机构股东大会和执行机构经理层,在内部治理机制中起到重要的枢纽作用。上市公司董事会与股东特别是控股股东关联过密,甚至由控股股东派出或者出任董事,会破坏董事之间良好制衡机制,容易造成"一言堂"的局面,为股东谋取私利,为财务造假提供便利。因此,当董事保持独立性(包括形式上的独立和实质上的独立),拥有一个正确的价值取向,不受其他利益所左右,以所有股东和公司的集体利益作为行动的准则和追求目标时,董事会能够更加独立地进行决策,减少与大股东、管理层的勾结。

3. 监事会

监事会是由监事组成,代表全体股东对企业的董事和经理的经营管理行为及公司财务进行监督的机构。《公司法》对监事会有如下要求:检查公司财务;对董事、高级管理人员执行公司职务的行为进行监督,对违反法律、行政法规、公司章程或者股东会决议的董事、高级管理人员提出罢免的建议;当董事、高级管理人员的行为损害公司的利益时,要求董事、高级管理人员予以纠正。

监事会及其成员如果能有效履行职责,就能够对公司的经营管理、财务决策的执行有效地监督,一定程度上约束董事会和管理层的行为,降低财务舞弊的发生。但监事的选举、更换和报酬均由股东大会负责,包括股东代表和适当比例的职工代表。股东在选派监事时,因为中小股东力量较小,股东代表几乎都是控股股东的利益代言人。职工代表可来自公司的任一部门,在行政管理上依旧受到管理层的领导,因此在行使监督权时,自身的独立性和有效性势必会受到层级的制约,受控或者屈服于控股股东或管理层。监事的薪酬也由股东大会负责,一定程度上还受制于股东的决议和管理层的审批,更加容易使得监事会形同虚设,完全沦为控股股东或管理层的利益工具。

4. 经理层

经理层由董事会聘任,负责公司的日常经营管理活动,执行董事会决议,是公司常设的业务执行机关。经理层和董事会、监事会不一样之处在于:董事会、监事会是通过会议表决的行式形成决策,而经理则是以自身意志为准。决策形成方式的不同,使得经理虽然行为受到契约关系的约束,但出于自身利益的考虑,管理者会倾向于做出有悖于或者侵害所有者意志的选择,导致代理成本的产生。因此,管理层股权激励作为降低代理成本,提高管理者的经营管理效率、公司治理水平的重要手段,在上市公司中广泛实施。

管理层股权激励通过授予管理层股东权益,将管理层与股东的利益捆绑,降低与所有者之间的利益冲突,使得管理者不拘泥于企业短期绩效的实现,更加关注企业的长期发展,降低委托代理成本,提高企业的价值。但管理层的持股比例同样可能会诱发贪婪心理。管理层的首要职能是管理公司,通常不拥有股权。随着管理者持股比例的提高,其对公司的控制权不断增强,为了维持高股价,或者出于持续聘任、绩效等要求,管理层很可能会利用该权力,操纵盈余粉饰报表,损害公司的利益,即"壕沟防守效应"。

综上所述,内部治理结构(三会一层)如果充分发挥其各部职能,使得企业的所有权、经营决策权、监督权、管理权相互协调和制衡,是易于形成一个激励与约束相结合的有效的内部管理机制的。但光依赖内部治理结构的规范和约束,缺乏有效的外部制衡机制,还是容易出现"内部人控制""一股独大"局面,导致企业财务信息失真、财务造假等损害中小股东和企业整体利益的情况发生。

(二)外部审计的约束

外部审计主要包括由国家审计机关对被审计单位的审计(国家审计)和社会审计组织中的审计师或注册会计师接受委托对被审计单位的审计(社会审计/独立审计)。通常所说的企业的外部审计主要是指狭义的外部审计,即注册会计师对企业的财务报告、内部控制等进行的审计。现代企业的所有权和经营权分离,信息的不对称性增加了所有者对企业监管的难度。要保护所有者的权益、监督企业管理者的行为、保证财务信息的真实可靠,光靠公司治理、内部制约并不能达到很好的效果,外部审计的重要性就更为突出。

对于外部审计而言,注册会计师需要按照审计准则等规范,设计和实施恰当的程序,对财务报表不存在重大错报提供合理保证,对内部控制的有效性发表审计意见。应根据注册会计师法、审计准则、内部控制基本规范和指引的要求,发现财务报表中的重大错报、内部控制缺陷,提请企业管理层进行改正,发表审计意见,出具审计报告,以此来增加企业财务报告的可信赖程度。外部投资者通过阅读审计报表,尤其是注册会计师的审计意见,可以获得对企业财务数据、内部控制等信息相对客观、直观的了解,从而做出恰当的经济决策。

(三)政府部门、法规的监管

《企业会计准则——基本准则》由财政部于2006年发布,2014年进行了部分修订,一直沿用至今。后陆续颁布具体准则和应用指南,构成了我国会计准则体系。会计准则体系以基本准则为主导,对企业财务会计的一般要求和主要方面做出原则性的规定,为制定具体准则和会计制度提供依据。准则体系的建立对提高企业会计信息质量、规范会计核算与信息披露起到了重要作用,一定程度上限制了财务舞弊的行为。

为规范上市公司运作、促进证券市场的健康发展,中国证监会2002年发布《上市公司治理准则》又于 2018 年修订。随后中国证监会以主席令形式于 2007 年发布部门规章《上市公司信息披露管理办法》，并于 2021 年修订，规范上市公司的披露行为，保护投资者合法权益。现行的《公司法》是 2018 年修订版，规定了惩治财务舞弊的条款(第十二章法律责任)，如"公司在依法向有关主管部门提供的财务会计报告等材料上作虚假记载或者隐瞒重要事实的，由有关主管部门对直接负责的主管人员和其他直接责任人员处以三万元以上三十万元以下的罚款"。

新《证券法》于 2020 年 3 月 1 日正式实施，将罚款提高到 1 000 万元，提高了违约成本，可以在一定程度上约束企业的行为，提高企业的财务信息质量，在资本市场起到一定的威慑作用。

（四）市场监督

市场的监督主要来自资本市场和经理人市场的约束机制。资本市场主要通过控制权市场对财务舞弊进行约束。控制权市场是指通过收集股权或投票代理权取得对公司的控制，达到接管和更换不良管理层的目的。当企业因管理不善业绩下滑，企业声誉受到影响时，资本市场往往会迅速做出反应。投资者大量抛售股票使得股票下跌，公司的融资成本提高。新的投资者通过收购的方式接管公司，整顿公司业务，组建新的管理团队，取得公司的控制权。因此在资本市场，面对股价、企业业绩、控制权转移的影响，能够一定程度上约束企业管理者的行为。

经理人市场的约束机制主要针对的是企业的管理者。在现代企业的组织形式中，企业的管理者通常是所有者聘请的职业经理人。在竞争激烈的经理人市场中，经理人会通过任职企业的经营状况向经理人市场显示其经营企业的能力，并维持良好的声誉。同时在任职期间，经理人的聘任和绩效往往与企业的经营状况挂钩，也激励经理人努力工作，提高企业的经营效益。因此，基于声誉和绩效的考虑，经理人市场竞争会在一定程度上约束职业经理人的决策活动，减少管理者财务舞弊的发生。

（五）社会监督

社会监督，尤其是媒体的监督，被认为是揭露违法犯罪的一大利器。媒体利用自身敏锐的新闻洞察力、丰富的渠道、专业的分析能力，收集和分析更加全面的信息，通过提炼和传播，将信息转达给广大投资者，供投资者进行投资决策。同时也依靠传播将企业的财务舞弊行为曝光，让更多投资者知晓，推动舞弊案件的处理进程，维护投资者合法权益。

2001 年，刘姝威在《金融内参》上发表了 600 字的短文《应立即停止对蓝田股份发放贷款》，揭开了自 1996 年上市以来，5 年股本扩张 360% 的股市神话"蓝田股份"的空壳内幕。2004 年，刘峰等在《管理世界》上发表了《控制权、业绩与利益输送——基于五粮液的案例研究》一文，揭露了五粮液上市 6 年里的大股东侵占上市公司利益、关联交易等问题。2010 年，《每日经济新闻》发表调查性文章《胜景山河涉嫌"酿造"弥天大谎》，随后的系列追踪报道引发了证券市场的强烈反应，使得胜景山河在上市当日被紧急叫停。随后证监会介入调查，发现招股说明书存在重大遗漏，最终否决了胜景山河的 IPO 申请。2011 年，《中国证券报》刊登了《自导自演上下游客户，紫鑫药业炮制惊天骗局》的报道，揭露了紫鑫药业 2010 年自编自导关联方交易，成功高价增发，再融资 10 亿元,这直接引爆紫鑫药业事件。

震惊资本市场的康美药业造假案,最初也受到了众多媒体的关注。2012年年底,《证券市场周刊》发表《康美谎言》及《九问康美》的文章,开启了媒体对医药白马股康美药业的质疑。到2018年,自媒体"初善投资"发布《康美药业究竟有没有谎言》,微信公众号"市值相对论"发布《千亿康美药业闪崩!大存大贷大现金大质押哪个是坑?》,提出对康美药业巨额货币资金、存贷双高情况的质疑,引发了大量的讨论。2019年,康美药业发布会计差错更正,后续中国证监会介入调查,最终康美药业受到证券监管机构的处罚。在康美药业事件中,媒体和公众的力量不容小觑,引发了巨大的市场反应。

由此可见,媒体的揭露,尤其是财经类媒体以及一些专业的财经人士、学者的分析调查,对推动舞弊案件处理的进程和加速监管机构的处罚起到了重要的作用。舞弊案件经过媒体部门大范围的曝光,必将使得被揭露公司的声誉、企业形象受到严重的损伤。因此,媒体的监督可以在一定程度上有效地抑制财务舞弊案件的发生,被认为是一种有效的外部监督方式。

复习思考题

1. 投资者因上市公司财务舞弊而遭受损失,可采取哪些措施维权?
2. 如何理解中介机构在上市公司证券虚假陈述纠纷案件中的民事赔偿责任?
3. 普通代表人诉讼与特别代表诉讼的区别有哪些?
4. 上市公司的内部控制包括哪些要素?
5. 如何理解上市公司财务舞弊法律风险及防范措施?

参 考 文 献

一、著作类

[1] 张苏彤:《法务会计高级教程》,中国政法大学出版社,2007。
[2] 张卫平:《外国民事证据制度研究》,清华大学出版社,2003。
[3] 季美君:《专家证据制度比较研究》,北京大学出版社,2008。
[4] 徐继军:《专家证人研究》,中国人民大学出版社,2004。
[5] 王业可:《基于诉讼支持的法务会计研究》,浙江大学出版社,2013。
[6] 张苏彤:《法务会计的诉讼支持研究》,中国政法大学出版社,2012。
[7] 齐兴利、王艳丽:《法务会计理论与实务》,中国时代经济出版社,2018。
[8] 李张平:《金融借款合同纠纷常见问题与法院裁判观点》,人民法院出版社,2018。
[9] 陈志武:《金融的逻辑:金融何以富民强国》,上海三联书店,2018。
[10] 最高人民法院民二庭编:《最高人民法院关于融资租赁合同司法解释理解与适用》,人民法院出版社,2014。
[11] [英] 弗瑞迪·萨林格:《保理法律与实务》,刘园、叶志壮译,对外经济贸易大学出版社,1995。
[12] 杨立新、李怡雯:《中国民法典新规则要点》,法律出版社,2020。
[13] 陈国辉、迟旭升:《基础会计》(第六版),东北财经大学出版社,2018。
[14] 黄斌:《国际保理——金融创新及法律实务》,法律出版社,2006。
[15] 江西财经大学九银票据研究院:《票据学》,中国金融出版社,2021。
[16] 刘心稳:《票据法》,中国政法大学出版社,2018。
[17] 吕来明:《票据法学》,北京大学出版社,2017。
[18] 宋炳方:《票据融资》,经济管理出版社,2014。
[19] 徐斌:《公司财务管理》,上海财经大学出版社,2021。
[20] 李方剑:《金融机构法律风险防范及争议解决》,民主与建设出版社,2021。
[21] 康欣:《民法典时代供应链金融疑难法律问题全解》,中国法制出版社,2021。
[22] 立金银行培训中心:《商业银行保兑仓培训》,中国金融出版社,2011。
[23] [美] 戴维·皮尔格(David Pilger):《杠杆收购入门精要》,李淼译,人民邮电出版社,2015。
[24] 张巍:《资本的规则》,中国法制出版社,2017。

［25］苟旭杰：《股权资本整体解决方案》，人民邮电出版社，2016。
［26］［美］大卫·爱泼斯坦等：《美国破产法》，韩长印等译，中国政法大学出版社，2003。
［27］王欣新：《破产法原理与案例教程》，中国人民大学出版社，2015。
［28］徐阳光、王静：《破产重整法律制度研究》，法律出版社，2020。
［29］袁华之：《建设工程索赔与反索赔》，法律出版社，2016。
［30］刘力、钱雅丽：《建设工程合同管理与索赔》（第2版），机械工业出版社，2011。
［31］杨晓林、冉立平：《建设工程施工索赔》，机械工业出版社，2013。
［32］袁小勇：《上市公司财务舞弊审计研究与案例解析-识别·侦查·防范》，中国财政经济出版社，2018。
［33］佘晓燕：《上市公司财务报表重述》，社会科学文献出版社，2022。
［34］石水平：《公司陷阱》，中国经济出版社，2020。
［35］熊方军：《财务舞弊风险识别与证据收集研究》，中国商业出版社，2018。

二、论文类

［1］李若山、谭菊芳、叶奕明等：《论国际法务会计的需求与供给——兼论法务会计与新〈会计法〉的关系》，《会计研究》2000年第11期。
［2］盖地、张敬峰：《法务会计研究评述》，《会计研究》2003年第5期。
［3］戴德明、周华：《法务会计若干基本问题研究》，《贵州财经学院学报》2001年第3期。
［4］董仁周：《法务会计的概念与特征探析》，《南京审计学院学报》2011年第2期。
［5］董仁周：《论法务会计的本质与目标》，《学术论坛》2012年第1期。
［6］齐晋：《法务会计主体制度分析》，《会计之友》2013年第33期。
［7］张苏彤：《论法务会计的法律环境》，《南京审计学院学报》2012年第3期。
［8］张苏彤：《新诉讼法的实施带给法务会计的影响》，《会计之友》2014年第15期。
［9］何芹：《法务会计在上市公司财务欺诈案件中的应用研究》，《财会通讯》2010年第30期。
［10］温美琴：《法务会计：财务报告舞弊的克星》，《南京财经大学学报》2008年第1期。
［11］林钟高等：《论专家证人制度下的法务会计诉讼支持——基于中外案例比较的研究》，《新会计》2009年第5期。
［12］张羽瑶：《关于我国法务会计主体的理论探讨》，《财会月刊》2009年第9期。
［13］姚涛、沈冰：《如何从会计资料中收集犯罪证据》，《人民检察》2004年第9期。
［14］李明辉：《亟待发展的法务会计》，《法学》2004年第4期。
［15］谢玉爽：《注册会计师诉讼协助和专家证人》，《审计与经济研究》2003年第1期。
［16］王艳丽：《论我国法务会计专家证人制度的构建》，《南京审计学院学报》2010年第3期。

[17] 谭立:《法务会计报告探析》,《会计之友》2005年第12期。
[18] 谭立:《法务会计专家制度的构建与改进》,《社会科学战线》2005年第3期。
[19] 金彧昉,李若山:《法务会计专家在虚假陈述证券民事诉讼中的作用:国际经验及启示》,《会计研究》2007年第4期。
[20] 庞建兵:《试论司法会计学学科体系的构建与完善——兼评"二元论"理论模式》,《现代法学》1998年第2期。
[21] 张殿军、张凯:《法务会计:法律思考与制度构建》,《财会月刊》2010年第26期。
[22] 刘燕:《从"会计法"到"法律与会计"的嬗变——我国会计法与会计法学三十年发展》,《政治与法律》2010年第2期。
[23] 胡光志:《会计法律制度及其前沿问题探讨》,《现代法学》2003年第3期。
[24] 郭华:《司法鉴定程序通则的修改与解读》,《证据科学》2016年第4期。
[25] 程军伟:《立法与实践之困惑:〈司法鉴定程序通则〉的解读》,《中国人民公安大学学报(社会科学版)》2017年第2期。
[26] 郑春美、叶丹:《法务会计理论体系的构建研究》,《财会通讯》2006年第10期。
[27] 张蕊、杨书怀:《法务会计鉴定意见的采信机制研究》,《会计研究》2013年第8期。
[28] 张苏彤:《我国法务会计的发展回顾、应用实践及未来展望研究》,《商业会计》2019年第19期。
[29] 章宣静:《不能把审计报告误作司法会计鉴定使用》,《尚权刑辩》2022年第1期。
[30] 王平、宋鑫:《法务会计介入公司内部治理及内外联动治理机制构想》,《财会月刊》2021年第11期。
[31] 寇鑫、崔彩萍:《瑞幸咖啡财务造假事件的分析及启示——基于资本运作与实业经营视角》,《财会研究》2020年第8期。
[32] 李有星、潘政:《瑞幸咖啡虚假陈述案法律适用探讨——以中美证券法比较为视角》,《法律适用》2020年第9期。
[33] 孟睿偲,张江洪:《借贷债权应有平等的司法保护——以民间借贷司法解释为样本》,《河北法学》2021年第11期。
[34] 潘敏、刘姗:《中央银行借贷便利货币政策工具操作与货币市场利率》,《经济学动态》2018年第3期。
[35] 李建星:《法定加速到期的教义学构造》,《法商研究》2019年第1期。
[36] 钟冰:《改革开放四十年以来我国租赁会计的演进及启示》,《中国注册会计师》2020年第3期。
[37] 成雪梅:《谈融资租赁出租人会计处理》,《财会月刊》2015年第28期。
[38] 赵永军:《保理业务基本分类辨析》,《中国保理》2013年第1期。
[39] 田浩为:《保理法律问题研究》,《法律适用》2015年第5期。
[40] 李良峰:《应收账款转让未通知债务人情形下保理合同案件的裁判思路》,《人民司法·案例》2016年第32期。
[41] 冯宁:《保理合同纠纷案件相关法律问题分析》,《人民司法·应用》2015年第17期。

［42］张宇馨：《我国发展反向保理的对策分析》，《对外经贸实务》2009年第5期。

［43］何兰萍：《〈1865年香港公司条例〉与近代外商在华公司制度之嬗变》，《上海经济研究》2013年第9期。

［44］朱雪青：《大陆与香港破产法律制度相关问题比较研究——对三鹿集团破产案的再思考》，《科技视界》2012年第33期。

［45］孙英：《关于关联企业合并破产问题的调研——以枣庄法院近10年审理的破产案件为分析样本》，《山东法官培训学院学报》2021年第5期。

［46］龚研：《法务会计在清算中的应用》，《技术与市场》2014年第1期。

后 记

江西财经大学以培养具有"信敏廉毅"素质,具备"法律信仰、法治思维、法学素养和创新精神"的法律人才为目标,结合法学专业特点和财经类法学专业特色,于2010年10月开始"法学(法务会计方向)"本科招生和培养。作为较早开设法务会计方向的本科院校,江西财经大学法学院一直致力于培养具备扎实法学理论知识和实务技能、熟悉财务制度和会计实务操作流程的法务会计复合型专业人才,并向社会输送了八批近400名法务会计专业人才。

为满足法务会计特色专业建设和人才培养需要,构建完整的法务会计专业核心课程体系,我们于2020年编写并出版了《法务会计原理》。该书立足于法务会计的基本理论知识,结合部分实践分析,旨在帮助学生形成良好的法务会计知识框架。为进一步实现法务会计应用性要求,引导学生培养法律思维、提升实践能力,又于2021年成立了《民商事案件法务会计分析》教材编写组,由从事法务会计教学与研究的高校教师及法务会计实务专家组成。编写组广泛结合实践中的典型案例以及自身承办的部分诉讼与非诉业务,收集整理前沿最新的理论与案例资料,经过反复论证、召开研讨会,在形成大纲、初稿并广泛听取同行专家意见的基础上,几经修改完成本教材的撰写。

本书旨在探讨法务会计在民商事案件中的理论和应用。在编排上,分为上、下两篇。上篇为"基础理论",共两章,第一章介绍了民商事案件法务会计的目标、从业人员的主体资格和责任、服务内容表现形式、相关法律规范等基本概念,第二章介绍了法务会计能为民商事案件诉讼和非诉业务提供哪些专业服务。下篇为"法务会计实务",共九章,分别介绍了法务会计在金融借款、融资租赁、保理、银行票据、保兑仓、股权融资并购、企业破产清算、建设工程索赔、上市公司财务舞弊等民商事案件中的具体应用。为了方便学生的理解和学习,下篇各章均采用了相同的结构。第一部分梳理不同类型民商事案件的基本法学理论;第二部分列举实践中真实发生的2~3个典型案例,每个案例分别介绍基本案情、案件焦点、裁判要旨和案件评析;第三部分提供民商事案件与法务会计的综合视角,分析法务会计在具体案件中的应用;第四部分站在企业的角度,总结、归纳实践中频发的法律风险,并就如何规避、防范法律风险提供建议。

本教材由熊进光担任主编,冯莹、吴红生担任副主编。全书写作提纲由编写组全体会议讨论确定,组织、协调和统稿由熊进光负责。编写本教材的具体分工如下:

熊进光,法学博士,江西财经大学法学院教授、博士生导师,江西省高校中青年学科带头人,负责写作提纲的拟定、全书统稿及第一章、第四章的撰写;

冯莹,法律硕士(法务会计方向),曾任江西省地质调查勘查院矿产勘查所(原江西

后　记

省核工业地质局二六六大队)法务,现江西鸿富律师事务所律师,负责第七章以及第十一章第一、二节的撰写;

吴红生,会计硕士,江西省地质建设投资集团有限公司法务合约部副部长、江西中煤建设集团有限公司公司律师,负责第十章的撰写;

胡思琪,法学硕士(法务会计方向),江西省武宁县人民法院法官,负责第二章的撰写;

赖祖太,江西省建工集团有限责任公司总经理助理兼法律合规部部长、公司律师部主任,负责第三章的撰写;

张璐,法学硕士,北京市中银(南昌)律师事务所律师,负责第五章的撰写;

齐兮语,法学硕士,北京市中银(南昌)律师事务所律师,负责第六章的撰写;

肖海琦,江西财经大学法学院教师,负责第八章第一、二节的撰写;

舒颐,英国格拉斯哥大学国际会计与财务管理硕士,南昌交通学院教师,中级会计师,负责第八章第三、四节和第十一章第三、四节的撰写;

汪镇龙,法学硕士,北京市中银(南昌)律师事务所律师,负责第九章第一、二节的撰写;

帅康康,法律硕士,北京市中银(南昌)律师事务所律师,负责第九章第三、四节的撰写。

此外,我指导的民商法硕士研究生叶子豪、熊颖、敖园和法律硕士研究生吴书怡、赵雅卉、余意、叶德勇、刘晓艳等为本书收集了大量的案例和研究资料,并分别参加了部分章节的撰写工作。本书得以顺利出版,要特别感谢江西财经大学法学院领导的大力支持以及复旦大学出版社方毅超、李荃老师的热忱帮助。

法务会计属于新兴交叉学科,本教材编写过程中力求体系完整、紧跟前沿。但因作者水平有限,教材编写内容如有不妥之处,敬请各位专家学者和广大读者指正。

熊进光
2022 年 10 月 20 日

图书在版编目(CIP)数据

民商事案件法务会计分析/熊进光主编.—上海：复旦大学出版社,2022.11
(复旦卓越.法务会计系列)
ISBN 978-7-309-16503-6

Ⅰ.①民… Ⅱ.①熊… Ⅲ.①司法会计学-研究 Ⅳ.①D918.95

中国版本图书馆 CIP 数据核字(2022)第 196671 号

民商事案件法务会计分析
MINSHANGSHI ANJIAN FAWU KUAIJI FENXI
熊进光　主编
责任编辑/李　荃

复旦大学出版社有限公司出版发行
上海市国权路 579 号　邮编：200433
网址：fupnet@fudanpress.com　http://www.fudanpress.com
门市零售：86-21-65102580　团体订购：86-21-65104505
出版部电话：86-21-65642845
上海崇明裕安印刷厂

开本 787×1092　1/16　印张 19.25　字数 433 千
2023 年 1 月第 1 版
2023 年 1 月第 1 版第 1 次印刷

ISBN 978-7-309-16503-6/D・1138
定价：52.00 元

如有印装质量问题,请向复旦大学出版社有限公司出版部调换。
版权所有　侵权必究